JN173350

正規の世界・非正規の世界

現代日本労働経済学の基本問題

神林 龍

慶應義塾大学出版会

目　　次

第 I 部：制度の慣性

第 III 部：変化の方向？
—現代の労働市場を取り巻く諸側面

装　丁・渡辺 弘之

初出、統計調査、法律の名称について

　本書は、先達の努力によって 2000 年代以降に研究者に開放された政府統計の個票を縦横に用いた研究に基づいている。総務省統計局や各省庁の統計部局において連綿と政府統計を維持してきた担当者、都道府県や市町村において実査に骨を折った調査員、そして何よりも、貴重な情報を供与した被調査者の人々すべてに、深く感謝の意を表したい。

　また、第 1 章から第 9 章までは、原型をとどめないほどに書き換えられているものの、それぞれ議論の概要を構築した論文がある。その多くは、共同研究者との共同作業によるものである。本書の立論および引用は筆者のみの責任に帰すとはいえ、本書での引用に快諾していただいた共同研究者には感謝申し上げる。以下、初出一覧を掲げる。

第 1 章および第 2 章
　　　　「国営化までの職業紹介制度〜制度史的沿革」『日本労働研究雑誌』482 号、2000 年 9 月、12 〜 29 ページ。
　　　　「民営紹介は公営紹介よりも「効率的」か〜両大戦間期のデータによる検証」『日本労働研究雑誌』536 号、2005 年 2/3 月、69〜90 ページ。
　　　　"The Role of Public Employment Services in a Developing Country: The Case of Japan in the Twentieth Century," *PRIMCED Discussion Paper Series* No. 40、2013 年 3 月。
第 3 章　"Long-Term Employment and Job Security over the Past 25 Years: A Comparative Study of Japan and the United States," *Industrial Labour Relations Review* Vol.70, No. 3, pp. 359-394, Mar. 2017 (with Takao Kato).
　　　　「1980 年代以降の長期雇用慣行の動向」『経済研究』第 67 巻 4 号、2016 年 10 月、307 〜 325 ページ（加藤隆夫氏との共同

論文）。

第4章　"Good Jobs, Bad Jobs in Japan: 1982-2007," June 2016, *Center on Japanese Economy and Business, Working Paper Series* No. 348 (with Takao Kato).

第5章　「日本の解雇規制の成り立ちに関する一考察」浜田宏一・大塚啓二郎・東郷賢編『模倣型経済の躍進と足踏み』ナカニシヤ出版、第5章、109〜132ページ、2010年10月。

第6章　"Wage Inequality in Japan, revisited," mimeograph. 2011年8月25日 European Association of Japanese Studies 2011 において報告。

第7章　"Task Polarization in the Japanese Labor Market: Evidence of a Long-term Trend," *Industrial Relations* Vol.55, pp. 267-293, Mar. 2016 (with Toshie Ikenaga).

"Global Change in the Structure of Employment: A Note on the Japanese Case," mimeograph. 2014年9月9日、European Jobs Monitor: Global Changes in the Structure of Employment において報告。

第8章　"Declining Self-employment in Japan Revisited: A Short Survey," *Social Science Japan Journal* Vol.20, No.1, pp.73-93, Jan. 2017.

第9章　「労働者派遣法の政策効果について」『日本労働研究雑誌』642号、2014年1月、64〜82ページ（水町勇一郎氏との共同論文）。

　また、本書では政府統計や法律が頻繁に引用されるため、煩雑を避けるために略称を用いることにし、次に一覧を掲示する。

総務省
　『国勢調査』　　　　　国調
　『就業構造基本調査』　就調

『労働力調査』　　　　　　　　労調

厚生労働省

『賃金構造基本統計調査』　賃金センサス
『雇用動向調査』　　　　　　雇用動向

その他の機関

Japan Household Panel Survey（慶応大学）　　　　JHPS
Japanese Life Course Panel Survey（東京大学）　　JLCPS

外国

British Household Panel Survey（英国）　　　BHPS
Current Population Survey（米国）　　　　　CPS
European Community Household Panel（EU）　ECHP
General Social Survey（米国）　　　　　　　GSS
Health and Retirement Study（米国）　　　　HRS
National Longitudinal Surveys（米国）　　　NLS
National Longitudinal Survey on Youth（米国）　NLSY
Panel Study of Income Dynamics（米国）　　PSID

法律名

労働基準法　　　労基法
労働組合法　　　労組法
労働者派遣事業の適正な運営の確保及び派遣労働者の保護等に関する法律　　派遣法
雇用の分野における男女の均等な機会及び待遇の確保等に関する法律
　　　均等法
高齢者雇用安定法　　　高年法
労働安全衛生法　　　安衛法

序　章

本書の目的と構成

本書の目的は、近年の日本の労働市場の全体像を描写することにある。筆者が十数年にわたり携わってきた実証的研究を手掛かりに、1980 年代あるいは 1990 年代以降の日本の労働市場の中長期的な動向をまとめる。

序章では、筆者が本書を著した動機を記すとともに、本書の立論の構図と各章の大要を紹介する。本章の性質上、参考文献や根拠資料はそのつど指摘しない。興味ある読者は、直接各章の該当部分を参照していただきたい。

1　そもそも私たちは日本の労働市場の全体像について、あまり知らない

世の中で労働市場改革の議論が広がれば広がるほど、労働市場全体をスケッチしたり解説する文献が少なくなってきたのは皮肉なことである。思い返してみても、労働契約の上限期間を何年にするか、最低賃金をいくらにするか、労働時間の最長時間を何時間にするかなど、個別制度の設計について熱心に議論に参加した論者は少なくない。しかし、将来する労働市場の全体像については、「自由な労働市場」「もはや『女工哀史』の世界ではない」といった抽象的な言葉を、とりあえず列挙しておくにとどまったと感じるのは筆者だけではないだろう。これまでのところ、日本の労働市場の将来像は、少なくとも形式論理の上では、有期契約の上限、最低賃金額や労働時間の上限など個別の論点をそのまま敷衍すれば理解できるものとして片づけられてしまっている。

その好例は派遣法をめぐる議論だろう。詳細は第9章で取り上げるのでそちらを参照していただきたいが、この議論ほど、労働市場に関わる言説の錯綜ぶりを表すものはない。

周知のように、この法律は1996年、1999年、2004年と、1990年代以降立て続けに改正された。その内容が、旧来原則違法とされてきた派遣労働の適法範囲を拡大し、最終的には原則を合法に反転させることだったことから、労働市場における規制緩和の象徴として賛否両論が戦わされた。2008年のいわゆるリーマン・ショックを淵源とした非正規労働者の人員調整には「派遣切り」、同年末から翌年初まで日比谷公園にて組織された社会扶助運動には「派遣村」と、折に触れて「派遣」という言葉が冠され、派遣労働は労働市場の問題を集約する象徴とされたといっても過言ではない。

ところが、派遣労働者の数自体は、その当時にあっても大多数を占めていたわけではない。就調の推定した派遣労働者の数は、リーマン・ショック直前、つまり派遣法が最も緩和された状態だった2007年10月1日時点でも約160万人だった。160万人という集団は、2006年3月末大学卒業者56万人のおよそ3倍程度と小さくはない。しかし、有業人口に対する比率は2.4％程度であって、同時期2007年9月末における完全失業者269万人と比較するとその半分程度にとどまる。非正社員の中でのシェアも、10人に1人に満たない。派遣労働者は、非正社員の主力とは言い難いのである。

だが、そうであるにもかかわらず、派遣法改正は、制度論の細部を離れて、往々にして労働市場全体を変革すると喧伝された。こうした議論の展開は、少なくとも形式的には、160万人の人々の働き方を変えることが、6500万人の被用者全体を揺るがすことにつながると、多かれ少なかれ想定されていたことを示している。

もちろん、"God is in the details"の言葉にあるように、小さな部分が表象するメカニズムは、決して軽視されるべきではない。その証拠に、派遣契約関係は法技術的には単純な直用有期雇用契約と異なるメカニズムに基づいている。第9章でも取り上げるように、古典的ともいえる現在の労働市場の中にあって、派遣契約関係のような新しい契約類型をどう位置づけるかは、私たちの将来を占う上で貴重な萌芽でもあった。

　しかし、派遣労働者に限らず、大学新卒者や定年退職者、外国人労働者、東日本大震災被災者など、1990 年代以降に盛んに取り上げられた個々の制度論の射程は、現実にはことごとく 100 万人単位の集団に収まることが多かったのもまた事実である。それぞれの課題が、該当する人々の人生を左右するほど重要だったことは論を俟たないが、その一方、少数の問題をそのまま相似的に拡大投射することが、社会全体の描写につながるわけでもないことは、忘れられがちだったのではないだろうか。

　結局のところ、派遣労働の問題と非正規雇用の問題は重なる部分は少なくないかもしれないが、同一ではない。

　上記の例のように、1990 年代以降の労働市場をめぐる議論は、部分と全体の関係が整序されずに進んでしまったと考えるのが、本書の出発点である。この背景にはいろいろな要因がある。たとえば労働経済学研究者の場合、米国を中心とした経済学研究全体が、市場全体のメカニズムの描写よりも個人の行動そのものの分析に関心を移しており、そうした流行に乗らなければ学術雑誌で論文を出版することが難しくなってきているという事情がある。

　たとえば、先達が百年以上にわたり継続してきた失業研究についてみても、最近では失業「率」の研究は後背に退き、代わって失業「行動」の研究が多数を占めるようになってきた。「労働契約の上限期間を 3 年にすれば世間でどれだけの有期契約就業者が増えるのか」という問いに答えるのではなく、「労働契約の上限期間を 3 年にしたときにどのような人々が就業しやすくなるのか」という問いに答えるように変わってきたともいえる。もちろん、後者の問いに答えが得られれば、それを足し合わせることで前者の問いに答えることになることは、私たちの議論の暗黙の前提ではある。しかし、そもそも暗黙の前提を意識することなく、前者の問いに注意を払わない労働経済学研究が増えてきていることも否定できないだろう。

　また、個別制度の設計はそれに関わる個人の行動に直接影響を与える。それゆえ、その因果関係を比較的正確に観測しやすい。先の例を使えば、労働契約期間の上限が 1 年から 3 年になれば、それを理由として、ある種の人々の働き方が変わるにちがいないと予想するのはたやすい。学校卒業（あるい

は定年）直後の人々の中には、就業先を選択するのに 1 年というサイクルでは短すぎると感じるが、3 年程度のサイクルであれば経験を積む（生かす）のにちょうどよいと考える人々がいるかもしれない。こう見当をつけた人々を追跡すれば、労働契約期間の上限の引き上げが人々の行動をどう変化させるか、原因と結果を結びつけるのは比較的容易であろう。

このように、個別制度の設計に関する議論であれば、学界の流行に聡い経済学研究者の関心をつなぎ止められた。事実、労基法や派遣法、高年法などの制度変更が個別の被用者に与えた影響についての研究は、相当程度蓄積されている。

だが、こうした制度変更の影響を受ける人々が、社会のどの部分でどの程度存在し、結局のところ労働市場の全体像をどれだけ変えることになったのかについては、専門論文の関心の外に置かれてしまいがちだった。その結果、日本の労働市場が 1980 年代以降の中長期にどう変化してきたのか、そしてその鍵は何かという全体像については、専門家によって十分な知識が創り出されないまま時間が経過してしまったといっても過言ではないだろう。

もちろん、労働市場の全体像がなかなか議論の俎上に載らない理由としては、研究者以外にもさまざまな実務家と呼ばれる人々が関わっていることも看過すべきではない。労使交渉の当事者はもとより、被用者であれば、採用や退職・賃金交渉など、多少なりとも自分の会社の人事に関わることは珍しくないだろう。SNS の時代にあって、人々に向かって発信するのにみずからの具体的体験をもとにできるのは大きな強みでもあるから、個別の制度設計について一家言有する人々が、みずからの体験に基づいて積極的に発言するようになったとしても不思議ではない。

しかし、個人の体験は往々にして労働市場の全体像と一致しない。人々が自分の志向に合った事実のみを記憶しやすいという、いわゆる認知バイアスに原因を求めるまでもなく、単に個人の体験する範囲は労働市場全体と比較して小さすぎるという事情を指摘すれば十分だろう。

従業員 1 万人を擁する大会社であっても、6500 万人の労働市場の中ではほんの一欠片でしかない。さらに、欧米に対して比較的均質といわれる日本社会であっても、内実は多様化し複雑になってきている。比較的少数の例と

して上に示した 100 万人単位の社会集団でさえ、その動向を見極めるためには、個人の体験を並べるだけでは不十分であろう。それ以上に労働市場の全体像を把握したいと思えば、それなりの専門的な情報収集・解析能力が必要なのである。

こうした背景を考慮すると、私たちは自分たちの労働市場の全体像について「実は意外に知らない」と自覚することは重要だろう。本書はこの出発点に立ち返って、現在の日本の労働市場の全体像を少しでも明らかにすることを目的とする。

本書は以下に紹介するように、三つの部分に分かれる。序章に続き、第 1 章と第 2 章からなる第 I 部は導入部分で、日本の労働市場の歴史的経緯や制度的与件を簡単にまとめる。第 3 章から第 5 章が本書の中核で、長期雇用慣行をめぐる近年の動向を示す。残りの第 6 章から第 9 章は各論的役割を担い、将来の方向を考察する上で重要と思われる論点を紹介する。

2　正規の世界、非正規の世界（第 II 部）

近年の日本の労働市場において最も注目されるべき現象のひとつが、「非正社員の増加」であることは、おそらく議論の余地はない。そしてその命題の裏として「日本的雇用慣行に守られた正社員の崩壊」にも注意するべきことも、おそらく議論の余地はない。1990 年代以降のいわゆる「失われた二十年」の中で、正規の世界と非正規の世界がまるでネガとポジのように表裏一体として揺れ動いたと一般に考えられているからである。したがって本書も、非正規雇用と正規雇用という二つの世界についての実証的解説を中核として構成する（第 II 部：第 3 章〜第 5 章）。

日本の労働市場における正規雇用の世界を構成する最も重要な要素は、一般に日本的雇用慣行と呼ばれる制度群で、「終身雇用」「年功賃金」「企業別組合」の鋼鉄のトライアングルで形成されているとされる。本書では、第 3 章で日本的雇用慣行の中核をなす長期雇用慣行について、1980 年代以降の動向を調べる。

長期雇用慣行が成立しているかどうかを分析するには、物事を長期的に追

跡するのが最も単純な方法である。たとえば、長期勤続者が解雇されにくいかは、ある被用者を一定期間観察し続け、その間解雇されたかどうかが確かめられれば、確実に判断できる。

ところが、同一個人を追跡する調査は日本では 2000 年前後になってようやく整備され始めたにすぎず、パネルデータを使って長期雇用慣行の存在を直接計量化するのは、現時点に関してでさえも苦しい。データ構築開始以前の 1980 年代や 1990 年代の動向と比較することは望むべくもない。したがって本章ではパネルデータを利用することをあきらめ、政府統計を中心とした豊富なクロスセクションデータを材料とする。

クロスセクションデータは一時点のスナップショットなので、通時的な現象である長期雇用慣行を分析するには「十年残存率」「離職確率」「失職確率」などの分析概念と多少の仮定の助けを借りなければならない点、結論が弱い。その一方、政府統計のクロスセクションデータは、公的統計制度の方針転換によって 1980 年代のデータから利用可能になっており、四半世紀にわたる長期雇用慣行の推移を概観できる。また、政府統計ゆえに、調査設計が国際的に調整されており、たとえば米国のデータを用いた分析結果もあわせて参考にできる。日本の労働市場の推移の特徴を多角的に吟味できる利点も捨てがたいだろう。

第 3 章で明らかにされた分析結果は、一般の方々が抱いている感覚とは少々異なる。すなわち、長期雇用慣行は日本では 2000 年代初頭に至るまで基本的に温存されており、それが崩壊したのはむしろアメリカ合衆国（以下「合衆国」と表記）においてであるとさえいえる、というものである。正規雇用の世界はことのほか変化がないと言い換えられるかもしれない。

この章では付随的に年功賃金体系についても分析し、1990 年代後半以降のいわゆる年功カーブの平坦化は、すべての企業で進んだわけではなく、一部の企業では年功カーブは相変わらず維持されていることを試みに示している。企業別組合についての動向はここ四半世紀まったく変化がないことを考慮すると、結局のところ、日本的雇用慣行は少なくともそのコアの部分は維持され続けていると考えるのが妥当だ、というのが第 3 章の結論であり、本書を通じて最も強調されるべき点でもある。

　しかし、冒頭に触れたように、一般には日本的雇用慣行の崩壊と非正規雇用の増加は表裏一体の現象だと理解されている。正規の世界で日本的雇用慣行が温存されているとすれば、非正規の世界の膨張、つまり増加した非正規雇用は幻想なのだろうか。第4章ではふたたび政府統計を用いて、今度は非正規の世界を吟味する。論点は二つ、非正規雇用の定義とその構成比の変化である。

　非正規雇用の分析でやっかいなのはその定義である。日本では、政府統計でさえも非正規雇用の定義は複数あり、どの定義を用いるかでシェアも異なればトレンドも異なることが知られている。つまり、データから紡ぎ出される非正規の世界は論者によって多様であり得、それが議論の混乱を招く一因だった。

　第4章では、就調が「呼称」による定義と「契約期間」による定義を同時に収集している利点を生かし、日本的雇用慣行の下ではどちらの定義がより重要なのかを統計的に吟味した。その結果は単純で、呼称による定義のほうが、契約期間による定義よりも、日本的雇用慣行のキーファクターと強い相関を持つというものである。正規の世界を日本的雇用慣行としてとらえれば、そこから外れる非正規の世界は、呼称によって分かたれていると考えるべきなのである。

　第4章では続けて、呼称によって区別される非正規の世界のシェアを計測する。複雑なことを考えるまでもなく、統計で人々の頭数を数えれば、呼称によって区別された非正規の世界が1980年代以降、着実に拡大していることは確認できる。非正規の世界が膨張したという一般常識は、この意味で正しい。ところが、第4章で強調されるべきは、呼称によって区別される正規の世界のシェアは、実は減少していないことのほうだろう。非正規の世界が膨張すれば正規の世界は収縮せざるを得ないというメカニズムは、実は現実には成立していないのである。両者の関係を解く鍵は、正規でもなければ非正規でもない第三のカテゴリー「自営業・家族従業者」の存在にある。たしかに、被圧者の内訳をみれば正規雇用のシェアは減少したといえるが、人口全体でみれば正規雇用のシェアはほぼ一定を保ち続けているのである。結局、膨張した非正規の世界に応じて収縮したのは正規の世界ではなく、「非

被用者」の世界だったのである。換言すれば、1980 年代以降の日本の労働市場の一貫した基調は、「被用者の増加」と「自営業者の減少」だった。

　第 3 章および第 4 章で明らかにされた正規の世界と非正規の世界との不釣り合いな連関は、労働市場に関わることだけでも、ことのほか多岐にわたる議論と結びつくだろう。たとえば、「被用者が増加したときに膨張したのが非正規の世界で、なぜ正規の世界ではなかったのか」といった問題は興味深い。本書でも第Ⅲ部においていくつかの論点を取り上げるが、その前に第 5 章として、正規の世界と非正規の世界との不釣り合いな連関をもたらした要因として「労使自治の原則」という制度的規範の、根強い存在を指摘しておきたい。日本の労働法制は私的自治や労使自治の原則を重視しており、将来の労働市場制度を議論するための重要な制度的前提とするべきと考えるのが、本書の立場だからである。

　少なからずの実務家や政策担当者にとっては、労使自治の原則はすでに自明のことかもしれない。しかし驚くべきことに、経済学研究者やエコノミストと呼ばれる人々を中心に、日本の労働市場は労働法規によってがんじがらめに絡め取られているとする意見は根強い。

　もともと、経済学研究者が労働法の存在に気がついたのは実はそれほど古いことではない。1970 年代から 1980 年代に世界的に注目を集めた日本的雇用慣行に関する経済学的実証研究は、ほぼ例外なく労働法の存在を考慮しておらず、法的規範抜きで自生的に成立する雇用慣行を議論の中枢に据えていたことは忘れるべきではないだろう。1990 年代の法学と経済学の交流の進展の中で、日本の労働市場においても、数量調整の局面を統御する整理解雇法理（より一般には解雇権濫用法理）、価格調整の局面を統御する就業規則不利益変更法理があることが認識されるようになってきたものの、相互理解は簡単ではなかった。第 5 章では、とくに長期雇用慣行と密接に関連していると思われる整理解雇法理の成り立ちを丁寧に観察し直すことで、その中核にある労使自治の役割について強調する。

3　制度の慣性（第Ⅰ部）

　本書の主題は 1980 年代以降の日本の労働市場の動向を、正規の世界と非正規の世界の不釣り合いな連関としてまとめることにあるが、その基礎を提供した労使自治原則は、一朝一夕に成立したわけでもないし、官僚や経営者団体など一握りの人々によって設計されたわけでもない。本書では、そこにたどり着くまでの歴史を記述した第Ⅰ部を前段に配し、日本の労働市場がいかにかたちづくられてきたかを短くまとめる。現在の私たちに与えられた制度的与件をより広く理解するために必要だと思われるからである。すなわち、第 1 章で主に戦前期の労働市場制度の展開を取り上げ、第 2 章で統計的分析を交えながら戦後の日本的雇用慣行の成立までを解説する。

　第 1 章では明治維新後の産業革命期からの日本の労働市場の制度的変遷を、公共職業紹介網の展開から説き起こす。一般に労働政策は、（1）労働契約・労働条件への直律的制約（契約自由の原則への介入）、（2）積極的労働市場政策（公共職業紹介網・公共職業訓練など）、（3）消極的労働市場政策（失業給付などの所得扶助）、（4）集団的労働市場政策の四つに整理されるが、戦前期日本の労働政策の中で有効だったと目されるのは、（2）に分類される公共職業紹介網の整備のみだからである。

　もちろん戦前の労働政策といえば、（1）に属する工場法が有名である。しかし、これもよく知られたように、工場法の対象は年少者と女性労働者に限られ、成年男性を主力とする労働市場全体を一般に規律する法規ではなかった。戦後の労基法とは異なり、契約自由の原則に一般的に介入した法規とはいえないのである。

　工場法以外では、（3）に属する失業保険や（4）に属する労働組合制度がたびたび企図されたものの、これらの労働政策にとって、戦前期はまさに失敗の歴史だった。両者は戦時統制経済と戦後直後の GHQ 改革によって、ようやく立法にこぎつけられたとするのが、異論は少なくないとはいえ、現在では有力な見方だといってよいだろう。したがって、少なくとも戦時統制経済前までの日本の労働市場は、法制度上は文字通り自由な労働市場だったと

考えるべきである。その中にあって公共職業紹介事業は、政府による数少ない介入手段だったのである。

　とはいえ、政府による公共職業紹介網の展開にも工場法制定に比肩するほど紆余曲折があった。第1章と第2章ではその過程をおおまかになぞることで、日本の公共職業紹介網は、政府が立法と財政の力で更地から構築したのではなく、実は当時すでに民間で発達していた職業紹介網を組織ごと吸収することで発達したことを示す。つまり、日本における公共職業紹介網の発達過程は、政府が立法したからといってすぐに労働市場に介入できるわけではないという好例なのである。

　1938年の職業紹介法改正以降、1997年に至るまで、営利紹介は原則として禁止され、職業紹介事業は公的独占の下に置かれてきた。その記憶もすり込まれているからか、公共職業安定所はハローワークという愛称に違和感がなくなった現在でも、「お役所」のイメージが強くつきまとっている。しかしその公共職業紹介網でさえ、当時の民間秩序を受け入れることで出発したという歴史的事実は、労働市場で作用する規範原理を政府が強制的に構築するのがいかに困難か、労働市場の制度的展開に民間で蓄積された経験がいかに重要な役割を担っているかを示している。

　さらに第2章で簡単にまとめられるように、労働市場への政府の介入がどれほどの力を持ったのかは、戦時中でさえそれほど簡単に断定できるものではない。一般に、先の大戦が無条件降伏によって終結し、直後の新憲法とGHQによる戦後改革が時代を画したためか、戦前と戦後で日本社会は大きく変化したと考えられることが多いだろう。戦後の民主化が強調される分、戦時中の政府・軍部による統制も強調される傾向があった。労働市場制度の歴史記述においても同様で、戦後の労働改革は労働運動の高揚をもたらし、現代日本の労働市場制度の礎を築いたと考えるのが通常で、その陰影として、戦時中の政府統制の威力が強調されることがある。

　本書はこの教科書的解釈を否定するわけではないが、第2章では、戦時中の労働市場の統制もいわれているほど機能していたわけではないことを指摘する。そして、労基法や労組法など戦後労働立法の淵源を探ることで、日本の労働市場制度も幾多の淵源があちこちに存在していることを示す。労働市

場制度の合意形成メカニズムとは、単一の主体がすべてを設計・指令できるような代物ではなく、日本的雇用慣行は、長い歴史の流れの中で育てられ、成長してきたとまとめられるのである。

　以上を要するに、1980 年代以降、正規の世界と非正規の世界の不釣り合いな連関をみせてきた日本の労働市場だが、日本的雇用慣行のコアを形成している正規の世界は、驚くほどの粘り腰を残しているとも表現できる（第Ⅱ部）。その強靱さは、労使自治の伝統に基づき蓄積してきた膨大な経験に加え、ある面での経済合理性に裏打ちされている（第Ⅰ部）。少々の外的条件の変化では、正規の世界は揺るがないことも理解できるだろう。

4　変化の方向？（第Ⅲ部）

　もちろん、1980 年代以降の日本の労働市場に本質的な変化がまったくなかったわけではない。営利紹介の解禁や派遣法の適用範囲の拡大といった法制度の改正は、すぐに思いつくだけでも両手では数えきれない。ICT 技術の発達と普及、そして何より少子高齢化や高学歴化など労働力構成の変化など、労働現場になにがしかの影響を及ぼした要素を外に置くほうが難しい。だからこそ、非正規の世界の膨張という現象を目のあたりにした多くの人々は、労働市場そのものが大きく変容してきたはずだという感想を持ったのだろう。

　それでは、こうした変化はいかなる理由で「労使自治に基づいた不釣り合いな連関」を崩し、労働市場の旧来通りのメカニズムに脅威を与えられるのだろうか。この疑問を解決しない限り、私たちの労働市場の将来像は描けない。

　本書では第Ⅲ部として、いくつかの個別具体的な変化を取り上げ、将来の日本の労働市場のメカニズムに根本的な変容を迫るかもしれない予兆として吟味する。すなわち、第 6 章と第 7 章では労働市場での「格差」の進展を、賃金とタスク／ジョブの二極化という観点からそれぞれ解説する。続く第 8 章では自営業の衰退原因に注目する。そして第 9 章では労働法制の変化、すなわち派遣法や最低賃金などの制度変化の意味について考察しよう。第Ⅰ部

や第Ⅱ部と異なり、各章の議論は比較的独立させ、現在の労働市場を取り巻いている諸側面を羅列的に扱う。

まず第 6 章と第 7 章では、労働市場で発生する格差の最近の動向をまとめる。本書の主題である「正規の世界と非正規の世界の不釣り合いな連関」は、必ずしも労働市場で発生する格差を拡大させるわけではない。たとえば、膨張する被用者の世界のフロンティアの労働条件は、温存されている中核部分の労働条件と比較すると改善の速度は速いかもしれない。全体の格差は拡大もすれば縮小もし、その方向は自明ではないのである。もちろん、そう理屈を通したとしても、やはり近年喧伝される「格差の拡大」が頭をよぎる読者は少なくないだろう。とくに 2009 年の自民党から民主党への劇的な政権交代を実際に目にした人々には、「格差の拡大」という語は実感をもってイメージされるかもしれない。

ところが、日本の労働経済学は、この間賃金・所得格差は大きく拡大してこなかったことを示し続けてきた。一見すると矛盾する、日常感覚と専門家の意見の乖離は、いったい何を示唆しているのだろうか。第 6 章では、1990 年代以降の賃金格差の動向に焦点を当てる。この話題に関しては、すでに重要な先行研究がいくつも上梓されており、それらを総括すると「グループ間の賃金格差の縮小とグループ内の賃金格差の拡大が並存した結果、全体の賃金格差は安定的に推移した」と総括できる。ここでいうグループとは、性や学歴などで区分される被用者の集団として定義され、たとえば男女間賃金格差はグループ間格差の典型例である。先行研究によれば、1990 年代以降の日本の労働市場でのグループ間の賃金格差は、とくに女性の高学歴化・長期勤続化が反映され、全般的に縮小する傾向にあった。1980 年代以降、技術変化や最低賃金制度の運用によって賃金格差が急速に拡大した合衆国とは、結果としてまったく異なる傾向を示しているのである。

こうした先行研究の知見に加え、第 6 章で新たに指摘するのは、男性についてはグループ内の賃金格差が拡大した点、なおかつその無視できない部分が、被用者が勤める事業所間の格差が拡大することで生じている点である。同じ産業・地域・企業規模の会社で働いていて、同じ性別・年齢・勤続年数・学歴・職種だったとしても、賃金の高い会社と低い会社の差が拡大して

きたとも言い換えられる。

　残念ながらこの原因は定かではない。しかし、旧来同じようなビジネス環境に置かれれば、だいたい似たような業績を出していた会社の間に、何かしらの差が生じてきたという企業側の要因ゆえかもしれない。他方の被用者にとっては、自分の働いている会社の産業や規模で賃金の高低があることはよく認識していたかもしれないが、そうした目に見えて異なる要素ではないところでの賃金格差の広がりが顕在化してきたともいえる。こうした現象は近年に固有で、被用者の公平感や連帯意識に影響を及ぼしている可能性は否定できないだろう。

　このグループ内の格差を別の角度からとらえ直すのが第7章である。近年の労働経済学では、ある被用者の仕事を評価するのに、職務の内容などさまざまな観点から評価することを試みつつある。同じグループに属する被用者同士でも、仕事内容の格差が拡大していないとは言い切れないからである。

　たしかに、とりわけ日本的雇用慣行の下では職務の内容といっても融通無碍で、特定は難しいかもしれない。とはいえ、職務内容を客観的に把握し標準化しようという人々の努力は、すでに100年前より営々と続けられていた。たとえば、就職時に適切な情報が得られず、どんな仕事が想定されているかまったくわからないとすれば、自分の得手不得手と関係なく、それこそ行き当たりばったりで仕事を選ぶことになり、労使双方にとって不幸を招くばかりである。そこで、ある仕事にはどれくらい肉体的負担が伴うか、どれだけ高度な数理的思考が必要とされるか、どれだけの頻度で対人関係にさらされるかなどを計測しておけば、あらかじめ仕事の具体像をつかむことができ、職業選択時のよいガイダンスが提供できる。この職業紹介の基本原理は、産業革命に際して新しい働き方が叢生した戦前期においても、洋の東西を問わず通用する。実際、合衆国においては "Dictionary of Occupational Titles" として 1938 年以来、この種の情報が継続的に開発されており、日本においては近年「キャリア・マトリックス」というかたちで具現化された。労働経済学研究者は、この職種別情報を利用し、賃金格差の動向が職務内容の変化とどう対応してきたかに注目するようになった。

　第7章ではこのキャリア・マトリックスを利用して、日本の労働市場では

どのようなタスクを使う職種が増えてきたのかをまとめた。先行研究に則って、職務内容を、定型的か否か、肉体を使うか頭脳を使うか、という二つの次元のタスクで整理してその推移を追うのである。

　頭脳を使う場合、分析的に使うのか、対人関係で使うのかを区別し、最終的に被用者が従事する職務を「分析的非定型タスク」「相互関係的非定型タスク」「身体的非定型タスク」「頭脳的非定型タスク」「身体的定型タスク」の五つに大別し、それぞれのタスクのシェアを日本全体について合計して算出する。国調を資料とすることから、1960年代から半世紀にわたる中長期的な傾向が判別でき、その結果、日本の労働市場では1960年代より継続的に定型タスクが身体的タスク・頭脳的タスクの両方について衰退し、逆に三種類の非定型タスクが継続的に増大してきたことが示される。

　分析的非定型タスクや相互関係的非定型タスクが増加傾向にあるのは、ICTの普及による情報革命と矛盾せず、合衆国や欧州の研究と一致する傾向でもある。しかし、日本独特の特徴もいくつか見出される。まず、二つの頭脳的非定型タスクの増大が1960年代より一貫して継続しており、ICTが普及した1980年代以降に限られた趨勢ではない点である。この観察結果は、日本的雇用慣行のキーファクターとなっている情報共有や多能化の普及と親和的で、非定型タスクを中心としたフレキシブルなタスク編成が1960年代より継続的に拡大してきたという諸説と一致する。しかし逆にいえば、タスクの非定型化が決してICTの普及によって革命的に展開したわけではなく、ICTがタスク編成に及ぼした影響は、実は日本では限定的とも解釈できるのである。

　また、身体的非定型タスクも一貫してシェアを伸ばしている点も、日本の特徴である。身体的非定型タスクとは、さまざまな状況の下で、そのつど判断して筋肉を使って仕事を遂行しなければならないような対人サービス職種が典型例で、最近では清掃関連職や介護関連職がある。こうした職務がロボットや情報機器によって代替されず、むしろ人間を多く投入することで賄われてきたのが「正規の世界と非正規の世界の不釣り合いな連関」をもたらしたひとつの要因といえるのではないだろうか。そうだとすれば、この種の技術進歩をどのように位置づけるかが、将来を見通す上では重要なポイント

となる。

　第8章では目を転じて、自営業の衰退の原因について議論する。実は日本における自営業の衰退は近年になって初めて指摘されるようになったわけではない。1980年代より、細々とではあるがその理由が探求されてきたが、その頃の研究では開業率の低下という側面に関心が集中した。とくに1980年代後半から1990年代前半にかけては、バブル経済で上昇した資産価格などが制約となり、自己資産・資金が不足して若年層での自営開業が減少しているのではないかと疑われたのである。自営開業の活発さは産業社会全体の活発さと相関するとみられてもいたので、開業率の低下を問題視する人々は少なくなかった。それに規制緩和の思潮が輪をかけて、新規開業促進政策が次々に策定され、その範囲は参入障壁の撤廃のみならず、会社法の変更にまで及んだ。たとえば、2006年の商法改正によって資本金制度が撤廃され、形式的には、会社設立にキャッシュをほとんど必要としなくなったのである。にもかかわらず、開業率は上昇傾向をみせていない。雇用保険台帳の新規加入事業所数でみる限り、開業率はボトムだった1997年前後の水準を浮き沈みするだけで、1980年代の水準には遠く及ばないのが現状なのである。

　残念ながら日本における自営業衰退の原因は、いまもってはっきりしているわけではない。第8章で紹介する諸論も、先行研究に依拠しながらいくつかの要因を列挙するにとどまる。たとえば、自営業のビジネスの在り方そのものが大きく変化しており、ワークライフバランスの維持や高齢者の就業機会、新規ビジネスのスタートアップとしての役割が弱まってきている可能性があることなどである。

　第Ⅲ部の三つ目の、そして最後の話題は、第9章で取り上げる労働法制の変化が持つ意味である。1990年代以降、ある意味で日本の労働法制は大きく変化を遂げた。長年の検討の末、労働契約を総括する労契法が2007年に成立したほか、育児・介護休業や裁量労働制など労働時間法制には多くの変更が加えられ、最低賃金も実質的に大きく引き上げられた。労働時間や賃金などの個別労働条件の決定メカニズム以外にも、労働市場におけるマッチング・システムにも手が加えられ、職業紹介や労働者派遣などで相次いで制度変更が行われたのもこの時期である。

　第9章では主に最低賃金と労働者派遣制度を題材に、制度改正の効果についての先行研究を要約し、労働法制の変更が労働市場にとってどのような意味を持つのかを検討したい。

　そこで紹介するように、個別の労働法制の変更について、その政策効果を検証する研究は蓄積されており、関心のある読者は是非オリジナルの研究を参照していただきたい。とはいえ、本書の立論、すなわち「労使自治に基づいた正規の世界と非正規の世界の不釣り合いな連関」という視点から、最低賃金や労働者派遣法の変更を位置づける論考は、管見の限り現れていない。そこで第9章には、労働市場のシステムという面からみたときに、上記のような労働法制の変更が持つ意味を考察する役割を担わせよう。このとき、最もストレートな疑問は、「こうした労働法制の変化は労使自治にどのような影響を及ぼしたのか？」である。

　端的にいえば、1990年代以降の労働法制の変更は、労使自治原則に基づき労使コミュニケーションの役割を重視する施策と、逆に労使自治原則から離れ第三者の強行的介入を許す施策とが同時に実行された、と解釈できる。前者は、いわゆるサブロク協定など、もともと労働時間規制の例外創出に一役買っており、日本的雇用慣行の下、正社員の働き方に相当程度影響を与えていた。1990年代には、変形労働時間制や裁量労働制が新たに追加されたが、その利用に際しても労使合意が制度的正統性の根拠とされ、労使自治の伝統の延長線上での制度改正だった。育児や介護などの新しい一時休業制度の運用にも、労使自治原則は根幹に据えられた。現場の人事管理がますます労使自治原則に傾斜する方向に、制度変更が行われてきたと解釈できる。

　その一方、労使自治から離れる方向に舵を切っている制度変更も散見される。代表例は、最低賃金制度のプレゼンスの増大だろう。日本の現時点での最低賃金制度は、個別の労使合意による例外創出は基本的に認めない、今となっては数少ない制度のひとつである。

　旧来、その実質額が余りに小さく、最低賃金が労働市場に与える影響は僅少と考えられてきたが、1990年代末からの継続的かつ大幅な上昇は、最低賃金付近での就労機会を著しく増加させた。この意味で、労使自治原則による例外創出機能をむしろ制限する場面が増えてきたともいえるのである。

　また、派遣労働契約は、派遣労働者と派遣元と派遣先という三者間で成立する契約なので、定義によって第三の契約主体が常に介在する。二者間の契約自治とはかたちが異なり、労使二者間（たとえば派遣先と被用者）の合意も、第三者（たとえば派遣元）の都合によって覆される可能性があり、労使の二者間合意で済ますことのできた直用契約とは異なる。換言すれば、被用者と派遣先との間に成立する指揮命令関係に公式に介入できる存在があり、こうした第三者の振舞い如何では、労働市場における労使自治の役割が大きく変化する契機となることがわかる。

　1990年代以降の労働法制の変化を、相反する二つの力という点から眺めると、相互のバランスや影響する領域が、将来の日本の労働市場の制度設計の方向を見通す重要な論点となることが示唆されよう。

5　現代日本労働経済学の基本問題（終章）

　以上、本書の内容を一文で要約すれば、1990年代以降の日本の労働市場は、「労使自治に基づいた非正規の世界と正規の世界の不釣り合いな連関」として解釈できるが（第Ⅱ部）、近年の技術革新やビジネス環境の変化、労働市場制度の変更は、実は、私たちが前提としてきた労使自治の伝統（第Ⅰ部）を揺るがす要素も含んでいる（第Ⅲ部）とまとめることができる。本書では改めて「終章」を設け、まさに本書で提起した問題が、現代日本を研究対象とする労働経済学の基本問題なのではないかとして本書を閉じる。

　ただし、序章であらかじめ述べておきたいのは、残念ながら本書では、この基本問題に対する解答は用意されていないことである。筆者自身、解答を持ち合わせていないという事情は棚に上げて、ぜひ読者諸賢自身で考えていただきたいからである。

　もちろん、これまでの九つの章で提示してきた材料を使えば、筆者が用意するだろう解答のあらましはみえてくるだろう。すなわち、私たちが考える将来の労働市場制度の方向は、大きくは、旧来の労使自治原則を維持する方向と、第三者の介入を積極的に利用する方向に分かれると考える筋である。

　たしかに、この観点から、近年話題となった個別施策を解釈すると、現下

の労働政策がどのような方向を向こうとしているのか整理しやすい。たとえば、「限定正社員」と呼ばれる労働契約類型を利用するのであれば、個別の労使合意によるフレキシブルな決定権限を認めるよりも、企業をまたぐ産業レベルや全国レベルでの統一ルールをそのまま直律的に適用するほうが運用しやすい。連続労働時間に対する上限規制も、個別の労使合意による例外創出にはなじまない性質を持っている。実は、多くの労働政策が、政府や第三者による直接規制を指向していることがわかる。

　逆に、物議をかもした高度プロフェッショナル制度は、適用範囲を省令で定めるものの、少なくとも審議会の素案の段階では、個々の企業に導入するには被用者の個別同意のほか、労使委員会の賛成が必要とされている。この点を重くみて、労働時間規制の労使合意による例外創出という従来のかたちの延長上に位置づけるとすれば、近年の労働政策のすべてが労使自治の原則と対立する方向にあるわけでもない。

　結局、真実は常に中間あたりのどこかにあるだろうから、将来の日本の労働市場がどちらかの両極端に転回するわけではないだろうし、実態としてもさまざまで、明確な方向を予想するのは難しい。しかし、本書で提起した論点をもとに足下の労働市場をめぐる議論を整理できれば、近い将来の方向性についても一定の結論が得られるものと考えている。

第 I 部

制度の慣性

◆ 　第1部の目的は、現代の日本的雇用慣行を考察するにあたって、その制度的前提を簡略にまとめることである。

◆ 　第1章では、まず、戦前期の公共職業紹介網の変遷を中心に、日本の労働市場への政府介入の在り方を考察する。

◆ 　第2章では、統計的分析によって第1章で得られた知見の頑健性を確かめたあと、簡単に戦後直後の労働立法から説き起こし、低成長期における日本的雇用慣行の普及まで概観する。労働市場に対する政府の介入はそれほど簡単ではないこと、そして日本的雇用慣行が事実としても理屈としても、労使自治の原則に寄り添って成立してきたことがわかる。

第1章

戦前日本の労働市場
への政府の介入

1　『あゝ野麦峠』異聞

　日本社会の成り立ちを考えるとき、戦前期に淵源をたどるのは必ずしも極端なことではない。天皇制や国会などの政治体制然り、日本銀行や財務省などの経済体制然り、裁判所などの司法体制然り。現代に私たちを取り巻く公的制度の多くは、その出自を直接戦前期に求めることができる。家族や会社の在り方など私的制度についても、戦前期からの発展として考えられるものは少なくない。結局のところ、第二次世界大戦時の全体主義や統制経済の影響、戦後直後の民主改革による断絶は、むろん小さくはなかったが、日本社会の連続性をまったく失わせてしまうほどではなかったと考えるべきだろう。

　労働市場制度についても同様である。

　それを、これから説き起こそう。

　戦前日本の労働市場を象徴する言葉といえば、おそらく『女工哀史』だろう。もともとは 1925 年に出版された細井和喜蔵のルポルタージュの書名だが、当時の女性被用者の劣悪な労働条件を告発した書として広く人口に膾炙した。戦前期の日本社会を描写したルポルタージュとして、横山源之助の『日本之下層社会』と双璧をなすといっても過言ではない。現在では、特定の書籍の名前というよりも、戦前期の労働市場の一般的状況あるいは劣悪な労働条件そのものを指し示す代名詞として一般化している観がある。

　女工哀史と似たニュアンスの言葉としては、『あゝ野麦峠』も有名だろ

う。戦前期の長野県岡谷市の器械製糸業の劣悪な労働環境を、山本茂美がインタビューを中心に告発した書の名前として名高い。1968 年に出版されるやベストセラーとなり、1979 年には、大竹しのぶ、原田美枝子、古手川祐子、三国連太郎、地井武男など、昭和後期を代表する俳優陣を揃えて山本薩夫監督で映画化され、同年の邦画収入第 2 位を稼ぎ出すほどのヒットを飛ばした[1]。

　『あゝ野麦峠』は『女工哀史』と同様の主題を扱っただけではなく、「ある製糸工女哀史」という副題もつけられたためか、時として両者は混同して使われることがある。しかし、実際に『あゝ野麦峠』と『女工哀史』を比較すると、相違点も少なくない。前者が製糸業、後者が紡績業という対象のちがいもあるが[2]、なにより前者は、「絹と軍艦」と揶揄された戦前期の社会経済構造を批判する左派的論調を色濃く反映している点にも特徴がある。その意味では、純粋なルポルタージュというよりも、むしろ小説に近い。映画版でも、鹿鳴館を模した舞踏会で絹製ドレスが正装されるカットや、伏見宮妃が製糸工場見学の折に臭いに嘔吐するカットなどがタイミングよく挿入され、名もない工女の厳しい労働現場と、そこから遊離した支配層との対比を、観た者に焼き付ける工夫がある。

　とはいえ、それだけ当時の天皇制や資本主義体制を強烈に批判しながら、政府や警察の具体的な圧力が映画で触れられないことは、現代の視点から考

---

[1]　キネマ旬報社（2003）による（238-239 ページ）。第 1 位はりんたろう監督の『銀河鉄道 999』。

[2]　おおまかにいうと、器械製糸業は、長野県諏訪地方に中心的な産地を形成したとはいえ、立地という意味でも製品の質という意味でも、産業内のちらばりが大きく、地方部の中小規模の事業所が中心である。他方紡績業は、東京や大阪に集中的に立地し、大規模な工場を二十四時間稼働させるのを特徴とする。被用者に求められる技能も、器械製糸業では手先の器用さや反射神経の良さなど、人間性来の運動能力に直結する技能であるのに対し、紡績業では監視労働が中心になるためさほどの熟練は要せず、したがって賃金水準も器械製糸業のほうが高かった。日本経済史の研究史上では、紡績業については高村（1971）、器械製糸業については石井（1972）が双璧をなす。ちなみに、産業革命期の女性労働者の職業病とされた肺結核は、紡績業で頻発し、器械製糸業では多くはなかった。農商務省工務局（1910）によると、「肺結核」「肺結核ノ疑アルモノ」「其他ノ結核性疾患」で在職中死亡したか治癒以前に解雇された女性職工の数は、紡績業全体で 891.9 人、製糸業で 33.1 人だった（pp.4-5、1906 ～ 1908 年の平均）。1 カ月あたりの平均在職女性職工数に対する比率では、前者は 1.21 ％、後者は 0.09％ と 10 倍以上の差がある。

えると少々気にかかる。『あゝ野麦峠』で描かれた製糸工場は、現代風の表現では「ブラック企業」といわれてもよいかもしれないが、その割に、現代の労働基準監督署にあたる規制当局、警察、政治家といった組織や人物がほとんど登場しないのである。2008 年の年末から 2009 年の年初にかけて「派遣村」が大々的に報道された当時、そのストーリーは政策的メッセージに直結しており、派遣法や労働基準監督制度など労働行政や政党に対する批判が中心に位置していたのと比較すると、大きなちがいがある[3]。

　もちろん、時代背景として日露戦争前後という工場法制定以前を想定していただろうから、労働基準監督官ならぬ工場監督官はまだ設置されておらず、劇中に登場しないのは当然かもしれない。しかし、議会や警察署などを舞台に、いかにこうした阿漕な企業を助け、利益を国家や特定個人に還元させるか陰謀をめぐらすというシーンが考えられても不思議ではないだろう。結局のところ、伏見宮妃に象徴される支配層が、いかにして当時の製糸工場の現状に関与したかは説明されない。彼らは工女の犠牲の上を自身の両の足で踏み歩いているわけではなく、どこかふわふわと漂っているという感覚を与えるのである。

　そしてこの感覚は、群像劇を得意とした山本薩夫の面目躍如とするべきかもしれないが、事実としてもおそらく正しい。『あゝ野麦峠』で描写された製糸工場の有様は、誰か特定の人物や何か特定の法律によってあらかじめ設計されたものではなく、当時のさまざまな人々が、良きにつけ悪しきにつけ、さまざまに工夫する中で生まれてきたものだからである。たとえば、映画の冒頭、検番と呼ばれた男工が飛騨地方から工女を引き連れ野麦峠を越えて行くシーンでは、厳しい冬季の峠越えの最中での工場間の連帯意識が垣間見える。普段は優勝劣敗を叫び互いに競争している同士でも、直面する共通の問題に対しては自然と協調できるという典型例だろう。そして現実にも、諏訪地方の製糸工場は製糸同盟という私的業界団体を組織し、さまざまな業界内ルールを創り出し、運用していった[4]。

---

[3]　「ブラック企業」の語は今野（2012）によって市民権を得た感がある。派遣村については、年越し派遣村実行委員会（2009）が当事者からの記録を残している。前者は労働基準行政の機能不全を指弾しており、後者は明確な政策提言を行っている。

　たとえば「工女登録制度」と呼ばれるものがあった。

　『あゝ野麦峠』でも描かれたように、当時の工場は工女の父親（たいていの場合工女は未成年だったから契約主体とはならなかった）と契約を結ぶときに、手付金や前貸金という名目でいくばくかの前払いをするのが常だった[5]。しかし、前払いをしたからといって出発当日に工女が現れない例もあったし、岡谷の工場まで連れてきたあとも、たまの休暇のときに盛り場に遊びに出て戻らないという例もあった[6]。こうした工女は条件がましなほかの工場で働いていることが多く、手付金や前貸金を用立ててまで契約を最初にとった工場は、そのまま泣き寝入りしてしまうと前払い分をまるまる損してしまうことになりかねない。優等工女といわれた有能な工女が移動した場合には、この前払い分も高額だったため、なおさらである。とはいえ、若い衆を動員しての実力行使や、弁護士を雇っての法廷闘争にはそれなりの費用と時間がかかった。

　そこで製糸同盟は、登録制度というルールを整えた。その内容をかいつまんで説明すると、最初の契約を同盟事務所に登録し、工女が工場を移動した場合に、移動元と移動先で貸借証書を作り同盟が管理するというルール、となる。この証書が現金で決済されることは稀で、基本的には同盟中央に保持された上で将来の逆方向の移動で相殺される。中長期的に損得がバランスすることを前提に作られた制度である[7]。一見すると現代のプロスポーツ選手

---

4)　製糸同盟については、石井（1972）が全般的な解説を付しており、細かな設立経緯と実態については武田（1970、1971、1972）がまとめている。

5)　間（1993）によれば「長野県による募集日と前貸金の調査によれば、応募者一人当り募集費の最高三〇円、最低二円五〇銭、平均一二円四〇銭、前貸金の最高四九〇円、最低五円、平均四〇円」とし、「前貸金の最高四九〇円は例外としても、平均四〇円と言う金額は、当時の農民にとっては極めて高額であり、強い拘束力を女工の上にもたらしていた」と評価している（p.5）。ちなみに、1906年に執筆された夏目漱石『坊っちゃん』の主人公の教員としての給与は月給40円と設定されており、同年に石川啄木が高等小学校尋常科の代用教員として採用された際の月給は8円だった。

6)　工女の休暇の過ごし方などは研究論文で参照されることはあまりないが、博物館紀要などでインタビューが保存されていることが多い。たとえば、岡谷蚕糸博物館紀要編集委員会（1997、1998）などがある。

7)　登録制度に関しては、岩本（1970、1971、1972）などの一連の研究のほか、石井（1972）、東條（1990）が詳しい。また、神林（1999）は当時の等級賃金制度と呼ばれた賃金制度との関連を議論し、神林（2001）は登録制度のメカニズムが司法制度の陥穽と関連していたことを明らかにした。

の移籍制度に似ているが、移籍金や人的補償で即時決済せずに、貸借関係を
ストック化して長期的にバランスさせるという点でちがいがある。

　登録制度の内実や社会的評価をめぐっては、とくにその実効性や人道的観
点から研究者の間でも意見が割れている[8]。むしろここで強調したいのは、
岡谷の製糸工場は、議会などの政治権力の助力を得ずに、これだけの組織的
制度を構築したという点である。

　現実に登録制度の規模は大きく、たとえば 1918 年には 218 工場 2 万
6204 名を登録している。この規模は、同年の諏訪郡の器械製糸業の工場の
83 ％、工女の 62% に相当し[9]、現代の日本の NPB12 球団 800 名程度、北
米の MLB30 球団 1200 名程度と比較すると、その規模の大きさがわかる。

　また製糸同盟では、内部のいざこざを裁判所など同盟外に持ち出すことは
固く戒められており、公権力との間に適切な距離を保つことに意が払われて
いた[10]。何か制度というと、すぐに法律やら政府やらが登場する現代とは
ずいぶん趣が異なることは理解できるだろう。

　諏訪製糸業は戦前期の日本の労働市場の一側面を象徴しており、だからこ
そ『あゝ野麦峠』はベストセラーとなり、映画はヒットした。ところが、そ
の労働市場のルールや慣行は決して政府が介入して設計したものではなく、
経営者や被用者、その家族などさまざまなアクターの間の自生的な交渉から
生じてきた秩序だということは、一般にはほとんど知られていないのであ
る。

2　戦前期公共職業紹介の例 [11]

　使用者あるいは被用者で自生的に組織を創り出し、労働市場を制御した事
例は、製糸同盟の工女登録制度にとどまらない。ここでは、戦前期における

---

[8]　脚注 7 の文献を参照のこと。

[9]　Kambayashi（2007）。

[10]　実際、神林（2001）では、1910 年および 1911 年において登録制度内で発生した紛争
　　が、長野地方裁判所上諏訪区裁判所に提訴されていないことが判決原本を通覧するこ
　　とで確かめられている。

[11]　以下、本章は神林（2000）および神林（2005）による。

公共職業紹介網の発展を取り上げ、具体例を重ねたい。

　公共職業紹介網とは、現在でいう公共職業安定所の相互ネットワークのことを指す。公共職業安定所自体は、すでにハローワークという愛称が定着し、ハロワという略語すらも時折見聞きするようになるほど、よく知られるようになった。失業・探職者が雇用保険の失業給付を受け取るのに通わなければならないところであるほか、無料で就職情報が閲覧できたり、就職相談ができたりするところでもある。今や、全国 544 カ所、職員・相談員合計で 2 万 6363 名を擁する拠点として、日本政府の労働政策の最前線を担っている[12]。

　公共職業紹介網は、ここまで広く認知されていながら、いかに発達してきたかは意外に知られていない。日本における職業紹介は、1997 年まで公的独占の下に置かれており[13]、現実問題として公共職業紹介網が存在しない状態を想定することは難しかったからかもしれない。あるいは、失業給付や各種補助金の窓口というお役所としての性格が強く、ちょうど地方自治体がどう生まれたのかを気にする必要がなかったのと同様に、公共職業紹介網についてもその出自を気にかける必要はなかったのかもしれない。

　いずれの理由があるにせよ、事実としては、戦前期には公共職業紹介ではない営利職業紹介が歴として事業として存在していた。しかも、営利紹介は単に存在していただけではなく、1938 年に当時の職業紹介法が改正されるまで、労働市場のマッチングの少なからずの部分を担ってもいたのである。したがって、明治期からの歴史を丹念に追っていけば、営利紹介一色だった世界のどこかの時点で公営紹介が発明され、どこかの時点で公営紹介が営利紹介を追い越し、さらにどこかの時点で営利紹介が消滅する時系列を復元できる。

---

[12]　2016 年度の数値。厚生労働省職業安定局（2016）、p.1.

[13]　一般に、職業紹介事業は経営主体によって、国営、公営（府県市町村営）、民営無料（救世軍など）、民営有料（営利）に分けられる。以下ではとくに断りのない限り、前二者を「公営紹介」または「公共紹介」、後二者を「民営紹介」で統一する。また、民営紹介の大部分は営利紹介なので、このふたつはほぼ同義として扱うが、内容には差があることには注意されたい。したがって、「職業紹介事業の公的独占」とは、職業紹介事業の主体を原則として前二者に限定することをいう。

このとき本書での問題の焦点は、「どうやって日本の公営紹介は営利紹介を駆逐したのか」である。公営紹介が政府の出先機関であり労働市場への政府介入の橋頭堡であるなら、この問いの背後にはすでに政府の剛腕が透けて見えるかもしれない。しかし、これから紹介するのは、笛吹けど踊らず、公共紹介が普及するまでには紆余曲折があったというエピソードである。

（1）　発　　端

問題は、産業革命期の労働市場の混乱に端を発している。

綿絹二部門を両輪として始まった日本の産業革命は、遊休していた農村部の過剰労働力を都市部工業地帯に移すことで、スムーズな経済成長が実現されたとするのが一般的な見方である[14]。この労働移動に活躍したのが、営利職業紹介業者である。「募集人」や「周旋人」など呼称は一定せず、工業労働者から使用人や性産業など、対応する職種もさまざまだったが、概して評判がよくなかったという点では一致している。農商務省は著名な『職工事情』に先立って『工場及職工ニ關スル通弊一般』をまとめ、次のように報告している[15]。

> 「廿六、職工周旋業者ニ弊害多キコト
> 素人ノ女子ヲ工場ヲ周旋スル紹介人ナルモノニ種々ナル弊害アリ（一）無智ノ女子ヲ甘言ニテ誘ヒ工場ニ周旋シ工場ノ待遇賃銭若シ初メノ契約ニ異ナリテ工女ノ意ニ充タズ歸國ヲ欲スルトキハ一切ノ手數料募集費ヲ負擔セシムル旨ヲ強ヒ遂ニ服務ノ已ムベカラザルニ到ラシム（二）工女ノ不足ヲ奇貨トシ甲工場備役中ノモノヲ誘引シ姓名年齢ヲ偽ハラシメテ乙會社ニ周旋シ莫大ノ手數料獲ルコトアリ（三）工女ノ老獪ナルモノト連合シ會社職工ヲ募集スレバ遠路之レニ應セシメ暫時ニ之レヲ召還シ又他ノ會社ノ募集ニ應セシメ彼此ノ間ニ周旋料ヲ貪ルモノアリ」

詐欺的な広告や強引な募集など、問題があったことを縷々指摘している。

---

[14]　たとえば、中村（1971）、斎藤（1998）を参照のこと。
[15]　工場法制定を意識した調査報告書。農商務省商工局（1897）p.58。

ほかにも、工場法案提出の際に重要資料となった『工場調査要領（第二版）』にも次のように「言語に絶する」弊害に注意が喚起された[16]。

　　「職工ノ募集
　　職工殊ニ工女募集ニ關スル弊害ハ言語ニ絶セリ工女ノ募集ニ應シテ他地方ヨリ來レル者ハ何レモ皆多少募集人ノ口車ニ載セラレタルナリ募集人等ハ積極的ニ虚偽ノ言辭ヲ用キストスルモ一方ニ工女ノ利益トナルヘキコトヲ鼓吹シ他方ニ之ニ伴ヘル不利益ナル事ヲ隠蔽セルヲ以テ子女及父兄等ハ容易ニ之ヲ信スルナリ中ニハ多少ノ疑ヲ挾ム者アルモ募集人ハ其ノ虚言ニ非サルコトヲ誓ヒ若シ之ニ間違アランニハ何時ニテモ郷里ニ歸ルコトヲ得ヘシトハ彼等カ慣用スル所ノ辭柄ナリ思慮ナキ子女等ハ是等ノ甘言ニ信頼シ父兄ノ承諾ヲモ經ス募集ニ應シ來ルモノ甚タ多シ加之工女ノ募集ニハ工女一人ニ付若干ト云フノ價ヲ懸ケテ百方妙齢ノ女子ヲ捜索セシムル場合多シ此ニ於テ土地ノ博徒無頼漢惡婆等ハ譎詐百端往々誘拐ノ手段ヲ用ヒ然ラサルモ甘言ヲ以テ子女父兄ヲ欺キ以テ手數料ヲ貪ルナリ

　　職工ノ争奪
　　新ニ職工ヲ募集スル場合ノミナラス事業ノ好況ニシテ職工ニ不足ヲ告クル場合ニハ工場相互ノ間ニ職工ヲ争奪スルノ弊アリ殊ニ職工紹介業者等ニシテ種々ノ手段ヲ以テ職工ヲ誘惑シ其ノ間ニ利ヲ貪ルノ例多シ」

　さらに同書は、警察によって紹介業者が取締りを受けた事件のうち「職工紹介業者カ甲工場ノ職工徒弟ヲ誘導シ乙工場ニ轉セシメタルモノ」がどの程度だったかも記録している。1901 年には全体で約 5450 件のうちおよそ 540件、翌 1902 年では約 2690 件のうちの 149 件を数えた[17]。総じていえば、人身拘束や詐欺行為のほかに、仲介業者が人材の引き抜きに関与したことが「弊害」として問題視されたことがわかる。

---

[16]　農商務省商工局（1904）p.81。
[17]　農商務省商工局（1904）pp.93-94。

　たしかに、当時の官僚の目線で「弊害」とみなされた諸現象が、経済学的に考えても、すなわち労働市場の効率性にとっても有害であるとは即断できない。人材の引き抜き行為は使用者間の競争を促進し、かえって労働市場を円滑に機能させる役割をも果たしており、むしろ労働市場における正当な競争手段でもあるからである。加えて、人身拘束などは歴とした犯罪行為であって、経済問題である労働市場の非効率性如何とは別の問題ともいえる。

　とはいえ、当時の人材の引き抜き行為の背景に、技能蓄積などの初期費用の負担問題があったことは重要である。労働市場の混乱が、効率性の観点から解決するべき経済問題でもあったことを示唆するからである。実際、農商務省商工局（1897）も、

> 「…今日ニ於テハ徒弟少シク業ニ熟スレバ契約期限満了前ニ事故ヲ口實トシテ師弟ノ關ヲ絶タント企テ若シクハ逃走シテ他ニ轉職スルモノアリ或ハ利益ヲ以テ誘導スル同業者アルモ如何トモスベカラズ故ニ徒弟ヲ養成スルハ損失ト煩ヒ多キニヨリ漸次之レヲ廢スルノ傾向アリ」

と記述し、「若シ之ヲ放任スルトキハ技藝練達ノ職工ヲ得ルノ途ナキニ到ラン」と警告している[18]。労働市場が過度に流動化することによって、人的資本の蓄積が妨げられるという問題は、一般に「引き抜きあいの外部性」として議論されているが[19]、仲介業者がこのような負の外部性を助長するのであれば、その弊害は是正すべきものと考えるべき理由となる。当時の政策担当者は、経済的観点からも仲介業者の振舞に問題があると直感的に理解していたことがわかる。

（2）　直接募集・委託募集の取締り

　こうした弊害を規制するための最も単純な手段は、行政による直接取締りだろう。明治期日本の場合、警察がその窓口となった。

　元来、被用者を募集する方法は、使用者による直接募集（縁故、広告募集

---

[18]　農商務省商工局（1897）pp.57-58。
[19]　Booth and Snower（1996）を参照のこと。

など）と、仲介者をはさんだ間接募集に大別される。間接募集は仲介者の種類によって、さらに委託募集、労務供給事業、職業紹介事業に区分される[20]。ただし上記『工場及職工ニ關スル通弊一般』や『工場調査要領』の記事にみられるように、産業革命期においては地域や産業によって事情もさまざまで、中央政府においてすら仲介者の定義も曖昧だった。それゆえ、府県単位の条例によって、それぞれ別個に対処されていたのである。

　府県ごとに規制体系が異なるとはいうものの、これら府県規制の対象は、直接募集と間接募集のうちの委託募集が中心だったことに変わりはない[21]。

　直接募集または委託募集を規制するための各府県の募集取締規則は、「1881 年山口県において発布された職工募集取締規則をもって嚆矢と」され[22]、以後各府県で制定された。府県によって多少相違があるが、募集人は営業許可を警察へ求め、知事が許可するという形式は共通している。

　ただし上記諸規制によって、どれだけ仲介業者の「弊害」が抑制されたかははっきりしない。たとえば、明治末期から大正期にかけての諏訪地方の製

---

20)　労働省（1961）によると「労務供給事業は他人の求めに応じて労務者を供給する事業であり、この事業は仲仕、土木建築人夫、工場雑役等を広く工場、事業場に供給する事業であり、古くからわが国において人入れ稼業、人夫請負業等といわれ行われてきた…」と定義されている（p.737）。しかし間（1993）は「口入れ屋、桂庵などの周旋業者（営利職業紹介業者）は募集人とは異なり、労働需要の多い都市に店を構え、工場、鉱山、商店、中、上流階級からの求人と、都市下層民や農産漁村の貧窮民からの求職を受け付け、求職者のなかから適任者を選んで、求人側に紹介するのを職業としていた。そこでの紹介の中心は、近代的工場や鉱山の労働者ではなく、日雇、人夫、職人、家事奉公人、芸妓、娼妓、酌婦にあった。したがって、近代的労働市場の形成とは縁が薄かった。」としており、供給形態よりはむしろ供給先によって区別することを提案している（p.2）。

21)　労働省（1961）では「従来労務供給事業については若干の地方庁令で取締っているほかは全国的になんらの取締又は統制規定がなかつた…」としている（p.737）。それに対して、豊原（1920）は「紹介営業と各府縣現行取締法規」という章を設け、京都府や大阪府の例を挙げながら「上述する如く現行法規か営業的紹介業者に對して相當厳格なる條規に依り之を取締り其の非行なからしむるを期しつつありと云うを得へく…」と総括しており、規制が行われたのは必ずしも少数の地域ではなかったことを示唆している。また間（1993）は、募集人と周旋人とを峻別しながら「営利職業紹介業者の取締規則の嚆矢は、東京府が 1872 年 11 月に制定した「男女雇人請宿渡世規則」である」と指摘し、以降大正年間までに 30 府県にわたり同様の規則が制定されたと述べている（pp.3-5）。

22)　労働省（1961）p.164。

糸業では、募集の際には、社員を派遣する場合、募集人に委託する場合、募集人を社員として雇って派遣する場合など、その方法は多岐にわたっていたことは判明しているものの[23]、資料上の制約から、これらを使い分けた基準や雇用・委託条件のちがいなど、基本的な部分が明らかにされていない。概して、社員を直接派遣するときでも、募集する現地では口利きとして募集人に類する世話人を雇うことが多く、完全に仲介者を排した労働者募集はあまり例がなかったようである[24]。

　また、規制が府県単位であるため、府県をまたがる遠隔地募集に対しては厳密さを欠いた[25]。たとえば、新潟県においては「募集従事員として縣内にくり込む者多数をしめ大正十三年末調に於ては三千六百八十餘人を有し他の募集人を合算すれば優に一萬人に達するであらう」といわれ、当局が管内に係わるすべての募集人を把握できたわけではない[26]。ただし、1922 年度には 5 万 1708 人に達した全国の募集従事者許可申請者のうち、3% 程度にあたる 1505 人が不許可の決定を受けており、規制が一定程度機能していた可能性も完全に否定できないことも付言しておきたい[27]。

（3）　営利紹介の実態

　募集人ではなく職業紹介事業の形態をとる場合には、その内容についていくつかの実態調査報告が現存している。ここでは、『紹介営業に關する調査』を材料に、その特徴を簡単にまとめよう。

　この調査は、東京市社会局が 1921 年 10 月 20 日から 11 月 5 日にかけて行った、管内の営利紹介業者の調査である（『紹介営業に関する調査』と題し 1926 年公表。以下、1921 年調査と略記）。調査は、所轄の警察署を経由

---

23)　中村（1966）など。
24)　山本（1995）によるインタビューによる。
25)　募集取締規則制定当時内務省社会局に勤務していた北岡寿逸は、他府県からの募集従事の許可申請に対して排他的に取り扱う府県もあったようであり、全国的な募集取締規則制定のひとつの要因になったと述懐している。労働省（1961）余禄 p.6。
26)　東京地方職業紹介事務局（1926）p.4。
27)　東京地方職業紹介事務局（1923）p.37 第 15 表。もっとも、不許可となった理由や、現実に取り締まられた事件の内容などは定かではなく、一次資料の発掘を含めて研究の進展が望まれる。

した調査票の配布・回収と、それを前提とした抜き取り面接調査とで構成された。現存するのは集計された報告書のみで、その中では、とくに「雇傭紹介業者」「寄子紹介業者」「公周旋業者」について記述されている[28]。

このうち「雇傭紹介業者」の総数は 289 人、取扱い数は掲載されていない。規模は概して小さく、業主単独で営業しているものが 166 人と半数以上を占める。家族が手伝っている業主も 101 人（35%）いるが、家族以外の雇人がいる業主はわずか 65 人（23%）だった。また、2 人以上の雇人がいる業主は 16 人とさらに少なく、当時の上野黒門町にあった株式会社富士屋が 25 人を抱えていた以外は、5 人を雇っていた業主が 3 人いたのが最大である[29]。こうした規模の小ささは現代の伝統的紹介業に引き継がれているかもしれない。

これに対して業主の所有不動産は概して大きい。富士屋を除く 288 人の平均所有額は 3423 円にのぼる[30]。ただし、この資産額は副業に起因する可能性が高い。実際、サンプルの 289 人のうち副業を有していたのは 135 人で、そのうち業主本人によるものが 67 人である[31]。

この紹介業者はどの程度「弊害」をまき散らしていたのだろうか、本調査では規則違反の処分件数が記録されている。雇傭紹介業者 289 人のうち、規則違反で処分を受けたのは 22 人（41 件）であった。最も重い処分は営業停止 30 日で 3 件あるが、そのほかは基本的に罰金で済まされている。違反

---

28) 当時の東京府における取締りは、1917 年 2 月に発令された警視庁令第 1 号紹介営業取締規則によっていた（1921 年警視庁令 9 号で改正）。その中で、紹介営業として取締りの対象となったのは、「（一）藝妓、娼妓、酌婦ノ紹介又ハ周旋。（二）事務員、船舶乗組員、店員、僕婢、其他雇員ノ紹介又ハ周旋。（三）職工、徒弟、勞働者ノ紹介又ハ周旋。（四）寄子（米搗、湯屋男、麭類職、杜氏、粉挽、妓夫、料理人、張物職、紺屋職ノ類）ノ紹介又ハ周旋。（五）里子ノ紹介周旋。（六）前各號ニ記載セシ者ノ雇先、抱先又ハ預先ノ告知。（七）求婚者ノ紹介又ハ周旋。（八）不動産ノ賣買者又ハ賃貸借者ノ紹介又ハ周旋。（九）不動産ノ賣買者又ハ賃貸借者ノ住所、氏名及ヒ不動産所在地名ノ告知。」であった（第 1 条）。本調査では、このうち 2 号、3 号、5 号、6 号にあたる業者を「雇傭紹介業者」、4 号にあたる業者を「寄子紹介業者」、1 号にあたる業者を「公周旋業者」と呼んでいる。1921 年調査 p.219。
29) 1921 年調査 p.49。
30) 1921 年調査 p.58-59。警視庁による紹介営業取締規則によれば、紹介業者は最低 300 円の不動産を所有することが義務づけられていた（第 4 条）。
31) 1921 年調査 pp.54-58。紹介業者は同一家屋内での兼業が制限されていた（第 5 条）。副業の種類としては、商業が 61 人と最も多く、ついで農業が 14 人である。

行為として最も頻度が高かったのは、帳簿が整備されていなかったこと（6件）、被紹介者を宿泊させたこと（4件）である[32]。ある程度の警察的取締りが実行されていたことは確かだが、手続き的な違反が多かったことも垣間見え、現代の職業紹介業者の法令違反の傾向と似ている[33]。

　この調査の特徴は、当時の営利紹介の事業内容をかいつまんで説明している点にもある。すなわち、「第十項、紹介周旋方法」として代表的な方法を何点か紹介している[34]。中でも強調されているのは、営利紹介の持つ調査機能である。通常、紹介業者を経由して就職する者には、「住替」と呼ばれ以前に同一の紹介業者の仲介を受けている者と、「新規」と呼ばれ当該業者では初めて取り扱われる者に分けられる。

　「住替」においては、「紹介業者が、平常彼等被紹介者の性質、仕事振り、身元其他の事をも知悉」しているので、その情報に基づいて紹介が行われる。ここで注目すべきは、「仕事振り」をも業者が関知していたという点だろう。紹介業者が紹介後にも、雇主や労働者と何らかのかたちで連絡をとりあっていたことを示唆しているからである。

　紹介業者が事後的に連絡を維持したことは、「新規」の紹介にもあてはまる。「新規」の場合、「其出生地、年齢、之迄の經歴其他の希望などを聞きて、略〻此被紹介者の性質等を推察し、且つ尚不充分なる者は通信其他の方法に依りて、身元を調査し、之と同時に、需要者（雇主）の方も相當調査」することから出発する。双方の思惑が一致した場合には、「二日乃至三日を目見得として、住込ましめ、此間に雇主及び雇人雙方に於て適否を決め、適する者と見込立ちたる時に、實際に雇傭約束を為す」と、試用期間を含めた手順を踏んだ。もちろん、「紹介周旋濟み後日に至り、被紹介者が雇先に於て種々なる犯罪を犯して、少なからざる煩鎖を來さしむる事」もあった。紹介後に不都合が起こった場合に実際にどのような処理が為されたのかについ

---

32)　前述の営業停止処分は、後者の違反に対して課されている。
33)　たとえば、厚生労働省「職業紹介事業に係る指導監督実施件数について」によれば、2013 年度における法令別で多い違反件数は、「帳簿書類の作成、備付け」（668 件）、「取扱職種の範囲等の求人者及び求職者に対する明示」（511 件）、「有料職業紹介事業者の変更の届出」（308 件）とあり、これだけで合計 1487 件、全体の 45.7 ％を占める。
34)　1921 年調査 pp.59-61。

ては言及がないものの、何らかのかたちで紛争に介在した可能性がある。

　本調査では、以上のような営利紹介の一般的な言及のほかに、富士屋のような大規模な会社組織での紹介業務についても述べられている[35]。

　富士屋では応接係、電話係、保証調査係、カード係、注文係、目見得係、契約係と分業が成立しており、これらを統轄する主席帳場があった。求職者が相談に訪れると、まず応接係が応対にあたり面接を行う。ここで、求職者の住所・原籍や保証人の有無、希望職種などを確定し、それにみあう求人を選ぶ。応募したい求人が決まると、電話係が求人者へ連絡し、当該求人が有効であるかどうかを確認する。同時に、応接係が求職者について集めた情報を主席に回し、そこで住所や原籍について偽りがないかを調査・確認する。

　確認が終了すると、主席は情報を目見得係へ回し、紹介状、原籍カード、保証状を作成する。紹介状は、応接係を経て求職者へ手渡され、紹介先を訪問する時に持参してもらう。原籍カードは、求職者の情報を写したもので、その後カード係で保存される。保証状は、保証調査係に回送され、ここで実際に保証人に承諾を得る作業が進められる。契約係は、実際に求職者と求人者の契約の間に立つ。契約が結ばれれば、その内容はカード係へ通達され、そこで保存された。

　以上の流れで行われる紹介周旋は、「一人の被紹介者を紹介周旋するには、平均一人二圓三十五銭を要し、二十五銭丈の純益ある由なり」[36]というような利潤を生んでいたのである。

　富士屋の事例が例外的だったとしても、締結された契約や紹介の経緯をすべて記録として保存していたことは、営利紹介が何らかのかたちで契約後の雇用関係にも関わっていたことを示唆している。そして実際、この点は、本調査の結果まとめられた営利紹介の長所として言及された。曰く、「雇主、雇人両者側の事情に通じ、紹介周旋甚だ便利にして、且つ適材を適所に配置し得るなり、蓋し此長所は紹介営業者の、今日有する長所の大なるものな

---

[35]　1921 年調査 pp.166-176。

[36]　富士屋の例は、例外的に大規模な営利紹介の事業内容を伝えていると考えたほうがよい。実際、豊原（1943）に描かれた東京府職業紹介所の業務体系と比較すると、明らかに分業が進んでいる。1921 年調査でも「公設紹介所の眞に眞似る能はざる處なり」と評価されており、当時としても例外と認識されていたと思われる（p.168）。

り」。また曰く、「紹介営業者に對しては、甚だ非難多けれども、兎に角或一部の需要者被紹介者より相當信用あり」ともしている[37]。

　行政当局が営利紹介に対して否定一辺倒だったわけではなく、とくに信用力は肯定的に評価していたことがわかる。

（4）　公共職業紹介事業の展開

　こうした営利紹介の発達と並行して、民営非営利紹介や公営紹介も散発的ではあるが，いくつか登場し始めた。しかし、当時の農商務省や識者には、散発的な民営非営利紹介や公営紹介に任せるよりも、全国的に公共職業紹介所を設置し、恒常的な社会事業としての職業紹介事業を確立するべきであるとの意見が根強くあった[38]。

　内務省は、1911 年に懸案だった工場法を成立させると、第一次大戦終結に伴う激しい生産調整が近いうちに起こることが予期されたことをきっかけに、具体化を急いだ。まず、1917 年に地方局内に救護課を設置し[39]、次いで 1919 年に「失業保護に関する施策要綱」を大臣諮問機関の救済事業調査会より発表した。政府が失業問題にコミットすることを公式に表明し、公共職業紹介事業は、その主体を担うものとして位置づけられている。また財界にあっては、渋沢栄一の肝煎で財団法人協調会が同年末に成立した。

　折からの 1920 年 3 月、予期された通り第一次大戦後恐慌が起こり、失業問題が急浮上する。内務省は、協調会に対して公共職業紹介の全国的連絡機関となるよう打診すると同時に、同年 4 月、地方自治体に対して失業救済措置の一環として公共職業紹介所を設置するよう強く求めた[40]。

---

37)　1921 年調査 pp.138–139。

38)　豊原（1943）によれば、民間非営利職業紹介は、1903 年につくられた救世軍労働紹介部が始まりだといわれている（p.115）。公営紹介は、1911 年には東京市が職業紹介所を設置し、翌 1912 年には大阪市が財団法人大阪職業紹介所を設立したのが始まりである。ただし、当時の識者の評価によれば、このときの民営非営利・公営紹介は基本的に救恤事業であって規模も最小限にとどまっていたとされている。たとえば、川野（1941）は「…これ又其の設立の動機は養育院に収容の少年少女に對し就職幹旋を行ひ、傍ら浮浪細民の救済を目的とするにあつた為、単に公共団体によつて営まれたと云ふ丈けが相違するに止まり其の指導原理は依然として博愛慈善の域を出でず、…」と記している（p.16）。

39)　のちに社会課へ改組され、さらに社会局へ発展した。

40)　内務省地発第九八號「失業保護ニ關スル施設ノ件依命通牒」（長野県行政文書）。

　無論、各地での相違はあるものの、この内務省の要請にすばやく対応した
府県も存在した[41]。地方自治体の例として長野県についてみてみよう。

　内務省通牒を受けた長野県は、同年 7 月 29 日付で「失業對策ニ關スル件
通牒」を各郡市長へ発し、「縣廳内ニ職業紹介所ヲ置クコト」、「郡市役所内
ニ職業紹介所ヲ置クコト」、「町村役場内ニ職業紹介所ヲ置キ…」と通達し
た[42]。また、8 月には県理事官の稲垣潤太郎が大阪および東京に派遣され、
職業紹介所を視察している[43]。次いで 9 月 10 日に、県は郡市書記会議を開
催して担当者を一堂に集め、職業紹介所設置について念を押した[44]。そし
てその 3 日後の 9 月 13 日には「職業紹介所ニ關スル件」として再度通達を
出し、10 日の会議での確認事項を整理した上で「大正十年四月ヨリハ県下
一斉ニ紹介所ノ開始ヲナスコト」とした。

　県下各郡市町村は、県の通達に応じて職業紹介所を設置し始め、明けて
1921 年 5 月の時点で、県内で少なくとも 197 個所が設置されるに至っ
た[45]。第一次大戦後の経済恐慌や米騒動などの社会騒擾も後押ししたと思
われるが、1917 年の救護課の始動から数えて 4 年程度で、日本の公共職業
紹介網は瞬く間に全国に展開したのである。

　ところが、このとき展開した公営紹介は、実質が伴っていたとは言い難
い。たとえば長野県では、長野市、松本市、上田市を除いて独立した庁舎を
持つ紹介所はなかった。判明する予算規模も、松本市 1036 円、長野市 973
円を除くと、平均額は、郡レベルでも 143 円、町村レベルでは 14 円に満た
ず[46]、独自の予算を持たない紹介所も 23 個所を数えた。当時、東京府中央
工業労働紹介所の事務員の月給が平均 100 円だったことと比較すると[47]、
都市部と農村部という差を考慮しても、実質的な活動を担えるだけの基盤を

---

41)　東京府では同年 5 月、米騒動時の義捐金 5 万円を基礎に、外郭団体である社会事業協
　　会の下に東京府中央工業労働紹介所を設置している。協調会は内務省の打診を受け入
　　れ、6 月に中央職業紹介所を設立し、職業紹介の全国的連絡機関となった。
42)　農乙発一四二號（長野県行政文書）。
43)　出張復命書（長野県行政文書）。
44)　このとき内務事務官斎藤樹、協調会参事布川孫市、内務省嘱託生江孝之、大阪市協調
　　会嘱託八濱徳三郎の 4 人を招いて講演会を催してもいる。
45)　残存している設置報告書による（長野県行政文書）。年初の内務省への報告では 1920
　　年末で 3 市 14 郡 179 町村に職業紹介所が設置されたと書かれている。
46)　10 郡 157 町村。

持っていた紹介所は、長野県内ではほんのわずかだったと考えられる。

　同時に、当の公営紹介所も積極的に労働市場へ関与しようとする姿勢はみせていない。たとえば、南安曇郡は県へ公営紹介の対象から製糸労働者を除外することを伝え、旧来の営利紹介に介入しないことを明言していた。

　元来、長野県は、器械製糸業の中心地として多くの労働者を使用しており、仲介業者の「弊害」の温床とみなされていた。したがって公営紹介の役割も、当然製糸労働者の職業紹介に向けられた。公営紹介が単なる 救 恤 事業に終わらないためには、失業者以外にも転職者や恒常的な職に対する紹介を行う必要がある、という意識が内務官僚を中心にあったからである[48]。

　ところが、諏訪製糸業に対する主要な労働供給源だった南安曇郡は、次のような通知をもって、この考え方を明確に拒否した[49]。

　　勧収第三四九號
　　大正十年六月十八日
　　南安曇郡長

　　内務部長殿

　　職業紹介所規程中製絲工男女削除ノ件
　　標記ノ件ニ關シテハ町村主任者合同打合ノ際モ先ヅ研究ノ結果削除申候者ニシテ要ハ當地生絲工男女募集ニ關シテハ特別ノ慣習アル事複雑ニ亘リ創始時ゞノ職業紹介所ニ於テ該職工ヲ紹介スル等ノ如キハ到底不可能ノ事ト考慮シ削除申候者ニ有之候ヘ共将来ニ於テ漸次訓練員ヲ待テ該職工モ紹介スル豫定ニ有之尚可然指導可致候条此段及回答申上候也

---

47)　川野（1941）p.9。もっとも同ページには、東京府中央工業労働紹介所の職員俸給を提示したときに、東京府岩田内務部長が「…こんなに高い俸給でなければ採用出来ないものですか。東京府の高等官の俸給は月額 108 円と云ふ様に非常に安いものですがねえ」と発言したとしている。
48)　上記講演記録による斉藤の発言内容による。
49)　神林（2000）資料 1。原文は縦書き。

　労働者募集方法について製糸業では、募集人を用いるという職業紹介とは別の方法が確立していたこと、さらに、職業紹介にはある程度の訓練が必要だと認識されていたことがわかる[50]。

　そもそも、募集人が介在することによって種々の弊害が発生し、募集費用も高騰するという問題が、公共職業紹介事業の出発点であった。従来の救恤事業ではこの問題を解決することは難しく、無料主義と国家の信用を背景にした公共職業紹介事業にのみ、募集に際しての弊害は除去可能で、募集費用も実費のみの負担に減少させることができると考えられたのである。

　これに対して、実際の事業を担うべき南安曇郡の対応は、政府の手前職業紹介所は一応は開設するが、その目的に関しては肯定できないことを表明しているに等しい。町村などの末端自治体では、当時の仲介業者を代替するだけの職業紹介事業を展開することは難しかったと認識されていたのである。

　以上のように、公営紹介は第一次大戦後恐慌を契機に一定程度の広がりをみせた。しかし実質的な活動を行ったのは一部の都市地域に限られ、それも失業者の救済と何らかの理由で既存の仲介業者を利用できなかった層に対応するにすぎなかった。

（5）　旧職業紹介法

　内務省は、公営紹介普及の遅滞の原因は、全国的な連携がとられていないことと財政基盤が脆弱なことだと考え[51]、恒常的な基盤を提供するために、法律、つまり（旧）職業紹介法の制定を企図した[52]。

　1921 年に成立した旧職業紹介法は、公共職業紹介事業を市長村営とし、

---

50)　もっとも、内務省も訓練の必要性は理解しており、1920 年 6 月に協調会において 2 週間にわたる職業紹介事業従事者講習会を実施している。ちなみに、長野県はこの講習会に松本市書記の平林早次郎、諏訪郡農会書記の五味一雄の両名を派遣した。この派遣に際して、県は各郡市町村に参加を呼びかけたが、応えたのは松本市と諏訪郡のみであった。

51)　旧職業紹介法を審議する第六類第十一號委員會での小橋太一内務次官の法案趣旨説明による（『帝國議會衆議院委員會議録 29 第四十四回議會［三］大正九・十年』p.623）。

同時に国庫補助を与えること、ならびに全国的な連絡機関を整備することを主な立法目的とした。全国的な連絡機関については、協調会に中央職業紹介事務局を設置し全国の公共職業紹介事業を管轄させ、市町村・郡県・地方・全国の各レベルに創設された連絡協議会が各担当地域内での紹介の円滑化を図った。さらに、新設された労働紹介委員会に官労使の代表を招き、協議機関とした。

　その一方で、各紹介所に対しては独立した庁舎と職員を有することを要求し、国庫補助も予算額の二分の一を上限としたので、地方自治体の反応は芳しくなかった。

　再び長野県の例に戻ろう。

　前項でみたように、長野県では 1920 年から次々に郡市町村営職業紹介所が設立されたが、その大部分は実質的な活動基盤を持たない形骸でしかなかった。

　そのような中で旧職業紹介法が施行されると、県当局は 1921 年 7 月 1 日付で「職業紹介所事業ニ關スル件」として各郡市町村に通牒を発し、既設紹介所を速やかに法に則った職業紹介所に転換させるように指示した[53]。具体的には、市町村立紹介所に対して 6 カ月以内に専用の設備や定員を整え、許可を得ることを要請している。さらに 7 月 20 日に再度通牒を発し、適法な紹介所への転換の有無の報告を求めた[54]。

　ところが、各自治体は一斉に適法な紹介所への転換を拒否したのである。たとえば、南佐久郡は、通牒に対して直後に次のような回答を行った。同様の回答は北佐久郡や更埴郡からも寄せられている[55]。

　当時の農業労働は、結いなど農村内部の関係によって賄われていたことは

---

52)　この旧職業紹介法は、1921 年 3 月 11 日、第 44 回帝国議会において衆議院を通過し、実質的に成立した。貴族院通過は同月 23 日、同年 4 月 8 日公布、7 月 1 日施行。「官報號外 大正十年三月十一日 衆議院議事速記録第二十五號」『帝國議會衆議院議事速記録 39』。1938 年の改正が立法原則を変更するほどだったことから、本書では改正前の法律を旧職業紹介法と別称する。

53)　原資料に通牒名は表示されていない。

54)　同年 7 月 8 日付の中央職業紹介事務局からの既設職業紹介所の認可見込み照会に対応し、農甲収第二四二九號として発令されたもの（長野県行政文書）。

55)　神林（2000）資料 2。原文は縦書き。

> 農第九七五號
>
> 大正拾年七月二十五日
>
> 南佐久郡長
>
> 内務部長殿
>
> 本月二十日農甲収第二四二九號御照會相成候職業紹介所経営ハ勞働ノ調節ガ必要ナリト雖モ本郡ノ如キニアリテハ未タ其設置ハ尚早ナリト思料セラレ候曩ニ郡町村ニ於テ設置セル實況ニ依ルモ農蚕業ノ繁忙ノ季ニ（所謂季節的勞働者）僅ニ一、二ノ申込アリタルニ過キス斯カル有様ナルヲ以テ町村ニ之ヲ設置スルコトノ進捗セサル原因ナリト被存候今般発布セラレタル法規ニ依リ設備ヲ爲シ且ツ専任ノ職員ヲ置キ事務ヲ取扱フ等ノ如キニアリテハ益々困難ヲ感スル次第ニ有之従テ新法ニ依ル設置ハ無之モノト存シ候此段及回答候也

今でもよく知られており[56]、公営紹介が介入する余地はなかったことは容易に理解できる。加えて、当初政策的に意図された工場労働力に対しては、既存仲介業者の存在からか、参入する態度すらみせられなかったのが実情だった。そのような中にあって、財政負担を強いる職業紹介所の整備は、地方自治体にあってはとうてい受け入れられる政策ではなかったのだろう。

　公営紹介の発展の道のりは、かくも平坦ではなかった。

3　公営紹介と営利紹介

　内務省が旗を振ったにもかかわらず、公営紹介の全国展開がそれほど進まなかったのは、何も地方自治体当事者の準備不足だけが問題なのではなかった。国や地方自治体が公営紹介に肩入れしたにもかかわらず、営利紹介は労働市場で競争力を保持し続け、一方の公営紹介には制度的にも技術的にも問

---

[56]　中村（1990）など。

題が山積していたのである。内務官僚や地方自治体当事者は、1920 年代以降、さまざまな調査研究を重ねることで、この点を理解していった。本節では、彼らの調査研究をなぞることで、当時の職業紹介の仕組みをまとめていこう。

　その前提として、そもそも、旧職業紹介法は公共職業紹介事業の整備を目的としており、民営紹介を強制的に排除する立場ではなかった点は、後の歴史と比較するために強調しておきたい。とくに営利紹介については、具体的には、第 14 条に「有料又ハ営利ヲ目的トスル職業紹介事業ニ關シテハ別ニ命令ヲ以テ之ヲ定ム」と規定するにすぎず、実際にもこの条項に対応してすばやく命令が公布・施行されたわけではない[57]。ようやく 1925 年 12 月 19 日になって、営利職業紹介事業取締規則が内務省令にて公布され、営利紹介への規制の根拠が確立したものの、施行はさらに 1927 年 1 月 1 日までずれ込んだ。この時点で根拠法の成立よりすでに約 6 年の歳月が経過していた[58]。

　旧職業紹介法の段階では、営利職業紹介事業は営利職業紹介事業取締規則に従って各地方長官の許可の下に営業するものであり、具体的には次のような規制に置かれていた。まず許可申請には事業所の責任者、事業所の所在地・名称、主として扱う職業、手数料の額と徴収の方法を届けることが求められ（第 2 条）、事業開始後には毎月の業務報告を担当の警察へ行うよう義務づけられた（第 11 条）。

　主な禁止規定は、まず紹介業者あるいは同居の家族が兼業してはならないものとして、宿屋、料理屋、飲食店、貸座敷、待合、芸妓屋、遊戯場、芸妓

57）　旧職業紹介法の衆議院委員会審議の過程では、財源の配分などについて若干質疑が行われたにすぎず、営利紹介の規制については、唯一、清水留三郎による質問が関わるのみであった。清水が ILO 勧告に触れながら、営利紹介を禁止するつもりがあるかどうかを問いただしたところ、当時内務次官であった小橋一太は次のように答えている。「ソレハ相當ノ時機ニハ整理ガ、出來ルト思ヒマスガ、今禁止スルト云フ考ハ持ッテ居リマセヌ」（第五類第三十九號委員会『帝國議會衆議院委員會議録 29 第四十四回議會［三］大正九・十年』p.625)。

58）　この昭和初年の時点で戦前期の労働者募集に関する法規制は一通り整ったと考えることができる。旧職業紹介法とそれに連なる労働者募集取締令、営利職業紹介事業取締規則、船員職業紹介法は、対象や地域によって細分化された労働者募集に関わる規制を統一的に整備する役割を持っていた。

娼妓酌婦などの紹介業、質屋、古物商、金銭貸付業を挙げる（第3条）。手数料関係では、第7条に「紹介業者ハ許可ヲ受ケタル手数料ノ外何等ノ名義ヲ以テスルヲ問ハス報償トシテ財物其ノ他ノ利益ヲ受クルコトヲ得ズ」と規定された。その他、紹介業者が行ってはならない行為が第八条に列挙されており、誇大・虚偽の広告や宣伝、求職者・求人者情報の漏洩、求職者の意志に反した紹介、すでに被雇中の者の妄りな勧誘、求職者と求人者の金銭授受の仲介、風俗を乱す行為などがそれである。

　以上のように、営利職業紹介事業取締規則は、許可制の下でのごく一般的な反社会的行為を規制する内容に終始しており、当規則によっては通常想定される営利紹介は大きな規制を受けるものではないと想像される。規制の特徴としては、兼業禁止規定にみられるように紹介業者による物理的金銭的拘束を排することが意識されており、芸妓娼妓酌婦紹介との直接の関係を絶とうという姿勢がうかがわれる[59]。なかでも紹介領域や手数料について明示的な規制がないのは興味深く、旧職業紹介法は営利職業紹介事業を禁止する方針ではなかったことが、ここからも示唆されよう[60]。

（1）　公営紹介の制度的陥穽

　さて、話を戻そう。

　前節で触れたように、公共職業紹介事業は容易に展開できなかったが、法律的財政的な支援がありながら営利紹介を駆逐できないのは、当時の官僚にはにわかには理解できなかったようである。とりわけ東京市・東京府は、難渋する公共職業紹介事業に力を入れており、雇用側の意見を聴取したり営利紹介との比較研究を実施するなど、積極的な調査研究を行っていた[61]。

---

[59]　ただし、当時警察の規制を受けていた業種はすべて相互の兼業を禁止されていたので、単にその理由によった可能性も否定できない。

[60]　もちろん、澤邊（1992）のように「職業紹介法では基本的には公立・公益の職業紹介所しか認められていなかった。しかし、公的な紹介所を急激に増加させることが財政的理由で難しかったこともあって、広く普及していた営利職業紹介所の存在を暗黙のうちに認めざるを得なかった。」(p.165) とする見解もあるが、本書では与しない。

[61]　豊原（1943）でもとくに触れられているように、旧職業紹介法が市町村主義をとったため、先進事例だった東京府の職業紹介事業は微妙な立場に立たされることとなった。

　たとえば、1928 年 5 月 25 日には東京府社会事業協会ならびに東京府各職業紹介所の主催で、上野精養軒にて「求人者懇談会」が催された。これは、求人側の職業紹介に対する意見を聞くための会合で、銀行や個人商店などの雇主 44 人が出席し、公営紹介に対する意見を述べている。ただし、全員が公営紹介を利用している雇主というわけではない。

　それをまとめたのが、東京府少年職業相談所・東京府職業紹介所（1928）である。この資料には、出席した雇主の発言内容がそれぞれ要約されている。会合の性質上、概して公営紹介に対する賛意が示されているが（27 人）、その対象はどちらかというと少年相談所に向けられたものであった（うち 17 人）[62]。実際には、少なからずの注文が公営紹介に向けられている。指摘された改善点は多岐にわたったが、最も頻度が多かったものは、紹介に際して選考を厳密にしてほしいということであった（8 人）。なかには必要書類が不足したり、年齢や性別すら求人に合わなかった紹介もあったようである（森永製菓など）。

　民営紹介との比較という観点から注目すべきは、公営紹介をほとんど利用しない 4 人の雇主が「民営と同様に」身元を保証すべきであるという意見を述べている点である。この点は定着度合いと関連して認識されており、たとえば、三共製薬の取締役である湯浅武孫は次のように述べている[63]。

> 「私共の會社では一切縁故關係に依って雇傭し、職業紹介所の手を煩わしたことがありません。縁故關係による理由は比較的身許の確實な人を得られる爲に外ならない。唯今頂戴した書類の中にも「紹介所は就職者の身許保證の責に任ぜず」と云ふ一項がありますが、此の項目が即ち紹介所と雇主との接近を妨げる一因ではあるまいか。私は公營紹介所も求職者の保證の責に任ずる態度に出られむ事を切望する。」

豊原自身、みずから指導した調査研究を材料として、市町村主義から府県主義への転換という職業紹介法の改正を主張している。

[62]　少年相談所とは、各職業紹介所内部に設けられた小学校卒業者専門の窓口である。東京府職業紹介所においては、所長であった豊原又男の考えもあり、小学校との協力の下、積極的に推進された。この方法は戦時中の統制経済の経験を経て、戦後高度成長期の職業安定所による中卒者の就職幹旋につながるものとして、近年注目されている。

[63]　東京府少年職業相談所・東京府職業紹介所（1928）pp.2-3。

　箕田パンの主である箕田猿之助は、もっと直截的に、次のように発言した[64]。

> 「現在の紹介所は改善を施さない限り到底従来の口入屋に比較して公益なものとは思はれません。口入屋に於てはどんな人を雇ふにしても必ず身許保證をして呉れるから、安心して使用する事が出来ますが、紹介所に於ては比較的不適當な人間を紹介し乍ら而かも身許保證もしない。私共が人を雇ふのは慈善のためではありません。私は現在の處では紹介所よりも口入屋の方が遥に實際的であると考へます。」

　一部の事業者にとっては、身元保証がないことが公営紹介を利用しない一因をなしており、さきにみた営利紹介に関する 1921 年調査と平仄が合う。ところが、この意見に対する紹介所スタッフの感想は冷ややかで、「身許保證の如き實行不可能なるもの」と、にべもない[65]。現実にも、旧職業紹介法下での東京府職業紹介所では、紹介規定の第十四条に「本所ハ求職者ノ身許保證ヲ為ササルモノトス」と定められ、公営紹介では身元保証は職掌とされていなかった[66]。

　また、東京府職業紹介所は 1929 年 6 月に「職業紹介事業と府下の現状」と題した文書を作成している。この文書は、法的な支援にもかかわらず遅々として拡大の進まない公営紹介について、営利紹介との比較の上で問題を整理しようとした報告書である。その中ではとくに「公益職業紹介事業と營利職業事業との比較」と題された節が設けられ、低い求職者就職率に象徴される、公営紹介の劣る部分を次のように要約した[67]。

---

64)　東京府少年職業相談所・東京府職業紹介所（1928）p.15。
65)　東京府少年職業相談所・東京府職業紹介所（1928）p.27。
66)　川野編（1941）p.54。
67)　東京府職業紹介所（1929）p.23。

「公益紹介所の営利業者に比し劣れる点としては、

一、求職者の身許保證をせざること

二、無料なるため不眞面目なる利用者をも誘致し易きこと

三、知的労働者の如き紹介困難なる職業を希望する求職者多数を占むること

四、専門化の不充分なるため、少数の係員にて広汎なる範囲の業務を取扱ふため適切なる措置を講じ難きこと」

　このほか、市町村主義をとった旧職業紹介法ゆえに「従業員の更迭が縷々繰返され、知識や雇主との親密な関係を欠く」と指摘している[68]。

　結局、営利職業紹介事業取締規則施行以降においても公営紹介が拡大しなかった背景には、身元保証が認められないなど、公営紹介をめぐる制度的な陥穽が存在していたことは、当時から意識されていたことがわかる。

　もっとも、公営紹介関係者の間では、身元保証は仲介者の保証の在り方として必ずしも肯定的にとらえられていなかった感もある。たとえば、旧職業紹介法が帝国議会で審議された折、衆議院特別委員会で質問に立った合衆国帰りのジャーナリスト清水留三郎に対し、田子一民内務書記官は次のように応えた[69]。

　　「…現在職業ヲ紹介スル場合ハ、市内若クハ其附近ニ於キマシテ、相當ノ保證人ヲ立テ、紹介致シテ居ル實情デゴザイマスガ、是ニハ餘程困難ナル問題ガ伴ッテ居リマシテ、此職業紹介ヲ受ケマシタ過去ノ經歴ト云フモノガ、日本デハ只今外國ニ行ハレテ居ル信任「カード」ガ出來テ居リマセヌ爲メニ、已ムヲ得ズ保證人ヲ立ッテ居リマスガ、是ハ將來本法ヲ運用シ竝ニ職業紹介ノ効果ヲ擧ゲルニ付テハ、大ニ考慮シナケレバナラヌト思イマス」。

---

68)　ただし、この文書の結論部分では、職業紹介法改正に対するアピールからか、旧職業紹介法における市町村主義の弊害のみが強調される結果となった。

69)　職業紹介法案委員会議録、第二回、大正 10 年 3 月 10 日、p.2。

　簡単にいえば、現在でいうジョブカードのような職業履歴を保存した信頼できる履歴情報さえ整えば、人的紐帯に依存する身元保証に頼る必要はないと主張している。

　元来、戦前期における身元保証とは、特定の行為や損害を補償するのではなく、ある被用者を人格的に保証する近世の「人請」のニュアンスが含まれていたため封建的連帯責任に近かった。それゆえ、身元保証人の保証義務が過度に拡大解釈されないように、その有効期間や保証範囲を限定する「身元保証に関する法律」も 1933 年にできている[70]。

　こうした封建的遺制と近代的制度との相克という構図は労働市場でも顕著で、とりわけ欧米帰りの進歩派知識人は、労使の権利義務を契約上あるいは法律上限定的に明文化し、雇用関係を身分関係から脱却させることは近代的労働市場にとって当然の構成要素とみなしていた。公共職業紹介事業は、実のところ彼らにとって理想実現のための道具でもあったのである。

　ところが現実は理想とは異なり、彼らが封建的とみなした身元保証は職業紹介の現場で依然として重要な要素であり続け、それゆえに公共紹介の展開が思うに任せなかったのである。

（2）　公営紹介の機能的難点①：低紹介率

　前項の求人者へのインタビューや東京市・東京府の要約は、公営紹介の難点は制度設計上の問題のみならず、そもそもの紹介機能が十全に働いていなかった点にもあることも示唆している。なぜ公営紹介に求人・求職が集まらないかには、端的にいえば公営紹介による職業紹介が不正確で質が悪いからという、もっともらしい理由があった。

　東京市社会局は、1930 年から 1934 年にかけて、求人者・求職者などに対する大規模な追跡調査を行い、公営紹介の非効率的な運営について報告し問題点を提起している[71]。本項では、その成果である調査記録をいくつか取

---

[70]　西村（1965）。
[71]　長期的な失業者に対応するための少額給料生活者授職事業の一部として実施された。その主な目的は職業紹介業のメカニズムを調査すること以外に、都内で頻発しているとされた重複求職（求人）の実態をつかむことにあった。

表 1-1　求人実需数紹介顛末

（単位：人）

	実需人員			紹介顛末				就職率	
	総数	紹介事實あるもの	紹介事實なきもの	紹介	就職	不調	その他	充足率	成功率
総数	131,598	75,349 (57.3%)	56,249 (42.7%)	96,311	23,010 (23.9%)	49,687 (51.6%)	23,614 (24.5%)	17.5%	30.5%
男性	82,413	49,579 (60.2%)	32,834 (39.8%)	60,081	12,645 (21.1%)	31,025 (51.6%)	16,411 (27.3%)	15.3%	25.5%
女性	49,185	25,770 (52.4%)	23,415 (47.6%)	36,230	10,365 (28.6%)	18,662 (51.5%)	7,203 (19.9%)	21.1%	40.2%

注）神林（2005）表 1 より筆者作成。オリジナルは紹介調査 p.33。ただし、充足率＝就職数／実需総数、成功率＝就職数／紹介事実あり。また、下段の％はそれぞれ「実需総数」または「紹介数」を 100% とした百分比である。

り上げ、両大戦間期における公営紹介の機能的特徴を紹介しよう[72]。

　まず求人票が最終的にどのように処理されたかを整理した、『職業紹介所紹介事情調査』（以下、紹介調査と略記）をみてみよう。この調査は 1931 年に、1 月 1 日から 12 月 31 日までの期間を定めて、同期間内に扱われた求人票を洗い直し、もっぱらある求人に対して紹介がなされたか否か、なされたのであればその帰結はどうなったか、に注目して再集計している。公営紹介の難点として、出した求人に 1 人も紹介されないという「紹介率の低さ」が意識されていたからである[73]。

　この調査では紹介に至らなかった求人について、年齢・職種・給料額などの求人内容を集計し、未紹介求人の原因を把握しようとした。1931 年 1 年間で東京市管轄の職業紹介所が集めた求人票は、10 万 1649 口 16 万 9983 人

---

[72]　たしかに、当時の調査報告書は時期や地理的範囲が限定されており、両大戦間期の公営紹介の全体像を示すには必ずしも適切ではないかもしれない。しかし、東京市や大阪市などの大都市における紹介実績は当時公営紹介の中でも少なからぬ比重を占めていたこと、第 2 章で紹介する職業紹介統計の年次データでみる限り 1930 年前後までの公営紹介の推移は量的拡大のみが特徴であったことに留意すれば、上記諸調査を検討することで公営紹介に対するひとつのイメージを提出できるであろう。

[73]　紹介調査 p.2。

分だった。その顛末を紹介調査より抽出して整理したのが表 1-1 である。

　重複分を除いた求人総数 13 万 1598 人分のうち、「紹介事實あるもの」は 6 割に満たない。求人が 10 人分あったとしても、4 人分は紹介すら受けられないことになる。7 万 5000 人分の求人に対して 1.2 倍程度の求職者が紹介され、このうち就職に結びついたのは 4 分の 1 に届かない。不調に終わったのが 5 割程度、さらに紹介先へ出頭しなかったり詳細が不明だったりしたのが 4 分の 1 強となっている。結局、求人充足率は 17.5% で、紹介を受けた求人求職のうち就職につながった成功率は、求人側からみて 30.5%、求職側からみて 23.9% にとどまった。

　それでは、「紹介事實あるもの」と「紹介事實なきもの」の間にはどのような求人内容の相違があったのだろうか。紹介調査に即しながらまとめてみる。職種別にみると、鉱工業では男女ともに被紹介率が高いが、雑業では比較的低く 5 割を下回っており、紹介率が高い職種と低い職種の相違は無視できない程度に存在した[74]。

　他方、残念ながら、紹介調査では求人年齢は未紹介分についてしか集計されておらず、紹介済み求人についての求人年齢は明らかではない。そのため、前年に行われた東京市社会局『職業紹介所求人事情調査』（以下、求人調査と略す）より全求人の年齢構成と比較すると、求人全体に比較して未紹介求人は若年層に多く偏っていた[75]。

　求人時に提示される給料額・支払形態についても、紹介調査では未紹介求人についてのみ集計されており、被紹介求人については不明である。したがって、求人年齢と同様に前年の求人調査による求人全体と比較してみた。給料額の分布をみると、日給・月給などの給料の支払形態については、未紹介求人と全求人の間に大きなちがいはみられず、特定の給料形態に偏って紹

---

[74]　紹介調査 p.41。中央職業紹介事務局『職業紹介年報』によれば、1931 年の東京市管轄職業紹介所では、求人登録総計 18 万 9558 人分に対して紹介状発行数は 12 万 3182 人分とある。したがって、求人登録総数に対する紹介状発行数の比率は 65.0% になる。紹介調査において実需人員と紹介のべ数との比率をとると 73.2% であるので、年報記載の値よりも高い。この齟齬は、紹介調査が実需部分に限定して集計されたことによるのかもしれない。

[75]　未紹介求人は紹介調査による（p.45）。前年全求人は 1930 年に実施された求人調査による（pp.36-37）。

介が行われているということはなさそうである[76]。

　他方、給料水準については、未紹介求人と全求人の間で大きなちがいが存在する。男性日給求人（その多くは雑業である）についてみると、全体では1円から2円の求人が7割弱を占めていたのに対し、未紹介求人では2割にすぎない。逆に2円から3円の求人は、全体の12% に対して未紹介求人では半数を超えている。したがって、どちらかというと低賃金の求人に紹介が多く行われたことになる[77]。しかし、このような動きは男性日給求人に特異的で、女性日給求人および月給求人ではむしろ未紹介求人の分布のほうが、比較的低賃金に偏っており、やはり高賃金求人から紹介されていったようである。

　以上を要するに、求人の中で紹介に至った求人と紹介にすら届かなかった求人を分けたときに、いくつか特徴を見出すことができる。

　第一に、求人全体の中で紹介を受けられたのは5割から6割程度であって、求人内容の性差・職種差が影響した。とりわけ、求人1人あたりの紹介者数や紹介が就職につながる割合などからみると、女性求人よりも男性求人のほうがスムーズな紹介ができていないことがうかがわれる。

　第二に、紹介は20歳前後以上の求人に優先的に行われていた可能性がある。しかし給料額との関係は一定せず、雑業が中心となる男子日給求人では低賃金求人に偏って紹介が行われた形跡があるものの、女子日給求人・月給求人については高賃金求人に偏って紹介が行われた可能性がある。

　とはいえ、こうした特徴から本紹介に終わった理由を推測できるメカニズムを導き出すことは難しそうである。公営紹介を悩ませた低紹介率の原因は、意外にはっきりとはしないのである。

---

[76]　紹介調査 pp.48-50、求人調査 pp.40-42。ただし、中央職業紹介事務局『職業紹介年報』によれば、就職決定時点では日給支払いが過半を超えており、たとえば1931 年では54.3% を占めている。したがって、紹介については給料形態間の差はあまりないが、就職決定率については大きな差が存在することが示唆されよう。

[77]　ただし、1930 年から1931 年にかけて男性日給者の就職時賃金が低下していることを考慮すれば、これらの偏りは紹介時の偏りゆえではなく、求人全体の分布の移動を示している可能性はある。この場合、この差異は1931 年固有の一時的な現象であったことも否定できない。

（3）　公営紹介の機能的難点②：低合格率

　公営紹介の機能的難点は、まだいくつか存在した。たとえば「低い合格率」がある。公営紹介においては、ある求職者がたとえ紹介されたとしても、就職決定まで結びつく割合が営利紹介と比較して小さかった。同様に、ある求人者が紹介を受けたとしても、必ずしも採用に至るわけではなかった。これらのことは、公営紹介の行う紹介行為が、それ自体としてあまり有効なものではなかったことを示唆している。

　公営紹介の当事者もこの点には憂慮しており、東京市社会局は 1934 年に「本市職業紹介事業中特に紹介不成立となりたるもの、内内容及求人、求職の過不足状況等を詳かにし職業紹介殊に其取扱の参考に資せんとする」ために、『職業紹介不成立事情調査』（以下、不成立調査と略記）を実施した[78]。具体的には、1934 年の 1 月・2 月ならびに 9 月の 3 カ月間に登録された求人・求職の中から未紹介または不成立に終わったものを抽出し、その求人票・求職票に記載された情報を中心に、必要によっては追跡調査して再集計した[79]。その際集められたのは、二回の調査を合わせて求人 2 万 8533 口 4 万 2399 人、求職 4 万 7717 人であった。最終的に不成立調査で集計対象となったのは、そのうち 3294 件である[80]。

　不成立調査では、紹介した（された）にもかかわらず就職（採用）に至らなかった就業機会について、求職側・求人側それぞれに実地調査することでミスマッチの原因を特定している。

　ただし、不成立時点から調査時点まで少なからず時間が経過している点、求人側と求職側の見解が矛盾することが多い点、あるいは通常不成立には複

---

[78]　不成立調査凡例。

[79]　東京市は 1932 年に市下の町立職業紹介所を傘下に収めており、不成立調査の時点で 37 職業紹介所が調査対象となっている。

[80]　女性求人求職の場合には「實地調査困難なる事、女子に關する紹介事情は大部分の求人者が女中或雑業婦を求むる者であつて夫等の内容は略〻同様なる事」などの理由で対象とされなかった（不成立調査 p.8）。また、他方の未紹介調査で集計対象となったのは求人 2 万 4039 口求職 3 万 7942 人が対象となった。ただし、未紹介事情については、前項で取り上げた紹介調査とほぼ同様の結果が観察されるので、ここでは省略し、不成立事情についてのみ考察する。

数の要因が混在している点など、明瞭なかたちで不成立の原因が推定できたわけではない。実際、当該調査では調査員に情報の解釈・取捨選択の判断が一任されており、「主なる原因のみを採る事とし」ている。その際、不成立原因の類型を 7 つに大別し、それをさらに 21 に細分している。煩雑を厭わず、次にその分類を掲げると、以下のようになる。

(a)　業務によるもの

　(a-1)　職種不一致…求人側の希望する職種と求職側の希望する職種が一致しなかったことによるもの。

　(a-2)　経験不一致…求人側の要求する経験水準を、求職側が満たさなかったことによるもの。

(b)　勤務条件によるもの

　(b-1)　給料…求人側が支払える給料額と求職側の要求が一致しなかったことによるもの。

　(b-2)　就業方法…住込みか通勤かという点で一致しなかったことによるもの。

　(b-3)　勤務時間…求人側の要求する勤務時間が求職側にとって長すぎたことによるもの。

　(b-4)　雇入期間…臨時雇希望と永続勤務希望との齟齬によるもの。

(c)　保証によるもの

　(c-1)　保証人…求職側の保証人がいないか不確実だったことによるもの。

　(c-2)　保証金…求人側が要求する保証金について折り合わなかったことによるもの。

(d)　求人側の資格によるもの

　(d-1)　態度…求人側の態度が悪かったために求職側が断ったことによるもの。

　(d-2)　不信…求職側が求人側を充分に信用できなかったことによるもの。

(e)　求職側の資格によるもの

　(e-1)　年齢…求人側の要求する年齢を求職側が満たしていなかったことによるもの。

　(e-2)　教育程度…求人側の要求する教育水準を求職側が満たしていなかったことによるもの。

　(e-3)　容姿風采…求職側の容姿風采が求人側に対して好ましくない印象を与えたことによるもの。

　(e-4)　態度…求職側の態度が求人側に悪印象を与えたことによるもの。

　(e-5)　健康…求職側の健康が就業に支障をきたすと判断されたことによるもの。

　(e-6)　能力不十分…技能・経験とは別に知能的能力が不足していると判断されたことによるもの。

(f)　その他によるもの

　(f-1)　不参…求職側が現れなかったことによるもの。

　(f-2)　満員…すでに求人が埋まっていたことによるもの。

　(f-3)　無断退去…試用期間内に求職者が無断または不正行為をして退去したもの。

　(f-4)　その他

(g)　原因不明

　全体的にみて、求人口・求職者についての情報を職業紹介所が正確に把握していれば回避できたはずの項目が多いことに気づく。

　不成立調査で対象となった 3000 件余りの紹介が上記のどの理由で不成立になったのかを、全数と、そのうち求人主体が商店と工場であったものをまとめたのが表 1-2 である。

　不成立理由は、最も多い「不参」(f-1) に集中しているほかは、全体としてばらついている。構成比で 5% を超える理由は「職種不一致」(a-1)「経験不一致」(a-2)「給料」(b-1)「満員」(f-2) の 4 つしかない。

表 1-2　不成立理由の分布

	全数	a		b				c		d	
		a-1	a-2	b-1	b-2	b-3	b-4	c-1	c-2	d-1	d-2
全数	3294	14.6	7.1	13.2	2.4	1.4	0.2	0.6	0.3	0.6	2.1
商店	1062	18.6	4.3	10.3	2.4	1.2	0.2	0.9	0.2	0.7	2.3
工場	1357	13.3	9.1	15.4	2.0	1.3	0.1	0.5	0.1	0.6	2.4

	e						f				g
	e-1	e-2	e-3	e-4	e-5	e-6	f-1	f-2	f-3	f-4	
全数	3.5	0.2	0.9	1.2	3.0	0.6	35.0	8.2	0.9	1.3	2.8
商店	3.1	0.0	1.1	1.4	3.1	0.5	37.9	8.9	1.3	1.3	2.7
工場	4.0	0.1	0.4	0.8	2.8	0.7	33.8	7.1	0.6	1.7	2.9

注）神林（2005）表2より筆者作成。オリジナルは不成立調査 pp.12-13。上記アルファベットは
　　同論文の分類による。数値は全数を100%としたときの百分比。全数のうち5%を超えるもの
　　に網掛けをした。

　不成立理由の中で最も多かった「不参」は、全体の1152件中3割強を占
めている。「不参」の中でも、一度も求職者が出向かなかったのが975件、
一度出向き次回の面談を約束したあと出向かなかったのが177件となって
いる。出向かなかった理由がわかるもののうち多数は「何となく気が向か
ず」（297件）や「紹介先余りに遠方のため」（51件）などで占められてお
り、「他に就職決定せるため」は計13件と少ない。他求人と競合の結果、
紹介が不成立に終わったということは少ないようである。ただし、一度は出
向いた場合の中では、「採否通知無き為」が21件、「主人不在のため」が18
件と、求人側の不手際によるものも存在している[81]。
　「不参」に次いで多い不成立理由は「職種不一致」481件で、全体の1割
から2割を占め、工場においてよりも商店においてのほうが多い。不成立調
査では、国調の職業中分類によって求人・求職をもう一度区分し直し、一致
するか否かを調べている。その結果、一致するのは約2割にあたる106件
にすぎなかった。残りの8割は、職業中分類で職種が一致しないにもかかわ

---

81)　不成立調査 p.34。

らず、紹介が行われたことがわかる[82]。逆に、481 件のうち 106 件は職業中分類では一致するにもかかわらず、当事者では異なる職種だと認識され、合意に至らなかったことになる。

　他方、「経験不一致」は職種不一致の半数程度の 234 件で、全体の 1 割未満であり、商店よりも工場でのほうが多い。職種不一致の場合と同様に、国調の職業中分類によって求人職種と経験職種とを分類してみると、一致しないのは 26 件しか数えられず、大部分は求人職種と経験職種が一致している。不成立調査はこの点について「同一種類と云つても其間に多少の離齬が有るか或又求職者の経験未熟にして求人者の意を充し得ざる等の事情に依るものである」と分析している[83]。

　以上の調査結果は、職種や経験について紹介所が精確な意味を把握するのが難しく、適切な情報伝達ができなかったことを示唆している。

　給料額の不一致も紹介が成功しない大きな要因で、全体のうち 1 割強を占め、436 件にのぼっている。ただし、そのうち 46 件は求人に明確な給料額が掲示されておらず「面談の後決定」となっていたものである。給料額の不一致は求職者が求人よりも高い賃金を要求することで生じているが、日給の不一致は少なく 59 件で、月給の不一致のほうが 268 件と多い。全体の日給求人と月給求人の比率を考慮すると、比較的長期的な関係を前提とするホワイトカラー的職種など月給を支払う場合に、この種の離齬が起きやすかったことが見て取れる。

　また、給料額についてのカテゴリーが一致するにもかかわらず不一致とされることは少なく、13 件のみであった[84]。したがって、職種や経験不一致にみられたように紹介者の「翻訳」がうまくなされなかったことが原因ではなく、むしろ基本的な情報開示ができていなかったことを示唆している。

　最後に「満員による不成立」についてみてみる。これは全体のうち 271 件で 1 割弱を占める。このときどのようにして満員となったかについては、「知人或親戚關係より雇入れたるもの」138 件（50.9%）、「市設紹介所より雇

---

82)　不成立調査 pp.21-22。
83)　不成立調査 pp.24-25。
84)　不成立調査 p.27。

入れたるもの」51 件（18.8%）、「新聞廣告に依り雇入れたるもの」15 件
（5.5%）であった。「私設口入屋より雇入れたるもの」はわずかに 5 件
（1.8%）にすぎない。求人側が複数の経路を用いる場合には、公共職業紹介
所とは私的紐帯や新聞広告などと併用する場合が多く、公営紹介と営利紹介
を直接併用するケースはあまり多くないようである[85]。

　前項までの営利紹介に関する議論と比較すると、身元保証に関連した紹介
の失敗は全体の 1% から 2% のみしかなく、公営紹介による仲介が成立しな
い主要な理由とは言い難い。一見すると、前に紹介した雇主の意見とは異な
るかもしれないが、公営紹介が身元保証を行わないことは周知されており、
身元保証が必要な求人はもともと公営紹介を利用しなかった可能性も高い。
実際、先に引用された、公営紹介も身元保証を行うべきとの事業主の意見は
公営紹介を用いていない事業主のものだったし、公営紹介と営利紹介を併用
することは少なく、棲み分けができていたと考えてもおかしくはない。

　また、不成立調査の中では「求人者の多くは保證人を必要とするものであ
るが之に對する全般の求職者は保證人の確不確は別として之有る者が大多数
を占め、其無しとするは極めて僅少なる數に過ぎないからである」と述べら
れており、保証人が広汎に利用されていたからこそ、実際に問題とはならな
かったとする見解を表明している[86]。

　この点に関してもう少し調査結果を洗ってみよう。不成立調査と同時に行
われた未紹介求人・求職に関する調査を参照すると、求人のうち保証人不要
を明示したものは 297 件（求人全数に対して 1.2%）しかなかった[87]。男性
求人の場合その割合は 2.3%、女性求人の場合はわずか 0.4% にすぎない。被
紹介求人に限ると保証人を要求しない比率は 2.3% に上昇し、未紹介求人に
限ると 0.5% に減少する（男女計）。つまり、わずかではあるが保証人を要

---

[85]　求人側がどのような求人手段を併用するかについては、実はデータが少ない。太田・
　　　神林（2009）は正社員中途採用についてのアンケート調査結果を報告しているが、ハ
　　　ローワークと民営紹介を併用していた企業はほとんどなかった。また、近年 Watanabe
　　　and Holzner（2015）が、ドイツにおけるサーベイ調査を用いた求人経路選択について
　　　議論している。
[86]　不成立調査 p.29。
[87]　同様の調査に前掲求人調査があるが、そこでは保証人に関する問題は取り上げられて
　　　いない。

求しない求人に偏って紹介が行われていることになる。

　ただし、これは男性求人に偏って紹介されているからであろう。実際、被紹介求人のうちで保証人を要求しないのは男性で 3.5% なのに対して、女性で 0.4% となっている。これに対して、未紹介求人のうち保証人を要求しないのは、男性 0.6% に対して女性 0.5% と、ほとんど差がない。

　また、求職者が保証人を用意していない割合は 0.6%（男性 0.8%、女性 0.3%）と、かなり小さな値である。公営紹介の求人に関しては保証人を求め、求職者は保証人を用意しているのが通常であったことがうかがわれる。ただし、このような保証人がどの程度保証を行ったのかには疑問の余地が残る。不成立調査でも「保證人の確實なるや否やは別として之を有する」とわざわざ述べられており、公営紹介への求職登録者が利用する保証人に対して疑念を呈している点は指摘しておきたい。

（4）　公営紹介の機能的難点③：就職者の定着率

　東京市では、就職後の定着率についても調査がなされている。東京市における一連の調査の中で最も早く実施されたもので、『職業紹介所就職者調査』（以下、就職者調査と略記）としてまとめられた。この調査は、1929 年 9 月 30 日現在で行われ、1925 年 10 月 1 日以来、過去 4 年間で東京市の各職業紹介所を通じて就職した労働者のうち「待遇條件不定の者を除き勤續の確實性ある就職者に就き雇主の回答を基礎として編整した」ものである[88]。

　当調査の調査対象となった雇主は 2 万 1199 人、就職者は 4 万 3583 人だった。しかしこの就職者のうち調査時点で勤続していたのは、わずか 3501 人で就職者に対して 8.0% 程度にすぎない。ただし、退職したのが確実なのは 2 万 1747 人で、残りの 1 万 8353 人は「調査不能」と分類されている[89]。調査不能者の場合、企業の閉鎖・移転が含まれるので、調査可能者に限った場合（2 万 5230 人）、勤続者の割合は 13.9% 程度となる。男性では、全体

---

[88]　調査対象については「日々又は随時に雇傭關係が變動する大工、左官、石工、土工、鳶、人夫及雑役等の所謂日傭勞働者、商店會社等の外交勤務者であつて歩合制を以て就職したもの、筆耕従事者或は特定の時期を限り開設する博覧會共進會等に就職した守衛巡視事務員等並比等に類する一時的就職者と認めたものは凡て本調査の對象外とした」とある。就職者調査 p.1。

表 1-3　産業別勤続年数分布（退職者と勤続者）

男女計	総数		鉱工業		商業		戸内使用人		雑業	
	退職者	勤続者	退職者	勤続者	退職者	勤続者	退職者	勤続者	退職者	勤続者
総数	100.0	100.0	100.0	100.0	100.0	100.0	100.0	100.0	100.0	100.0
〜1 カ月	27.7	14.3	27.5	14.2	27.3	13.5	31.7	16.5	18.5	12.0
〜3 カ月	28.5	12.3	27.5	12.6	28.8	12.6	26.7	11.9	36.7	12.6
〜6 カ月	20.3	16.5	20.8	13.9	21.1	19.3	18.2	16.1	20.6	16.6
〜1 年	13.6	21.5	13.6	22.3	12.7	18.5	14.5	21.2	14.6	27.5
〜2 年	7.8	21.0	8.5	19.7	7.7	22.5	7.3	22.1	7.6	17.4
〜3 年	1.7	10.1	1.9	13.9	2.0	8.0	1.2	9.5	1.9	11.3
〜4 年	0.3	4.1	0.3	3.3	0.4	5.4	0.3	2.6	0.1	2.5
4 年〜	0.0	0.1	0.0	0.1	0.0	0.0	0.0	0.1	0.0	0.0

注）神林（2005）表 3。オリジナルは就職者調査 pp.24-25。

の勤続比率は 7.8%、調査可能者に限った場合 17.1% だった。女性はそれぞれ 8.7%、13.3% である。

　同様の調査に大阪市中央職業紹介所の『勤続状況に関する調査』がある。これは 1927 年を調査時点として、過去 7 カ年内に大阪市中央職業紹介所を介して就職した 12 万 1903 人を対象として行われた。この調査では、勤続が認められたのは全体のうち 3.9%、調査不能者を除くと 4.7% だった[90]。調査期間が 4 年間と 7 年間という差があるので直接の比較はできないが、いずれにせよ公営紹介を経由した就職がきわめて不安定であったことがうかがえる。

　表 1-3 は、就職者調査より、勤続者・退職者の別に、勤続年数を調べたものである。

　この表によれば、完結標本たる退職者では、実に半数以上が 3 カ月を待たずして退職したことになる[91]。退職者の勤続が短期であることは、東京市の紹介が特定産業に偏って行われていたからではない。主要就職先であった、鉱工業、商業、戸内使用人、雑業に分けて、退職者と勤続者の勤続年数

---

89)　調査不能とは「雇主所在不明のもの。市内出張調査の結果又は雇主回答中調査不明のものを總括したもの」である。就職者調査、p.9。

90)　猪木（1998）、pp.171-175。

分布に偏りがあるかを検討しても、勤続 3 カ月未満で退職した者が半数を超えるという状況は妥当する[92]。

　また、退職理由についてみると、半数近くが「自己都合」であり、「雇主都合」は 4 分の 1 程度だった[93]。とくに 1 カ月未満の短期勤続者については、自己都合による退職が半数を超えており、家事都合による退職が少なく、雇主都合が若干多くなっている。この資料による限り、就職直後の離職には求職者の意向が強く表れたようである。また、家事都合退職は勤続年数が延びると割合が増加し、逆に雇主都合退職が減少する傾向を示しているが、それほど強い関係ではない[94]。

　公営紹介を経由した就職者の定着率は高いとはいえなかった。これは就職先の産業の特性によるものではない。前項の結果を考慮すると、おそらく紹介時に十分情報が伝達されておらず、就業直後に求人・求職双方の意図の齟齬が明らかになるケースもあったように考えられる。

（5）　営利紹介の機能

　以上のように、両大戦間期の公営紹介には、紹介業務という根本の部分での機能不全がいくつか存在していた。他方の営利紹介の機能については、どのように認識されていたのだろうか。残念ながら東京市の公営紹介ほどの大規模な調査はない。営利職業紹介取締規則以前については、前節 3 項ですでに紹介した 1921 年調査があるが、同規則以降については、管見の限り、東京市が国営化直後の 1938 年に実施した『営利職業紹介業に關する調査』（以下、1938 年調査と略記）しかない[95]。

　1938 年調査で捕捉された営利紹介業者は、東京市内で 112 件にとどまった。うち新市域に属すのが 15 件あるので、東京旧市内には 97 件のみとい

---

91)　ただし、猪木（1998）によれば、大阪市中央職業紹介所の調査においては、退職者の勤続期間は 3 カ月未満で 95% を占めたとされている（p.175）。

92)　退職者・勤続者それぞれについて、鉱工業・商業・戸内使用人の 3 産業間の勤続年数の分布の差違は統計的には有意ではない。

93)　就職者調査 pp.47-48。

94)　したがって、就業機会・求職者に関する情報は就業直後にあらかた顕在したのであって、ある程度の期間にわたって学習していくという類のものではなかったことがうかがわれる。

うことになる。1921 年調査では 289 件と報告されていたので、東京旧市内の営利紹介業者は両大戦間期におよそ 3 分の 1 に減少したことになる[96]。

　また、112 件中、女中など戸内使用人を主に取り扱う業者が 72 件と大半を占め、本節での考察は主として戸内使用人を扱う場合であることに注意する必要がある[97]。また、上記調査において、求人者開拓方法に対して「特ニ開拓セズ」と答えた業者が半数を超えていることからもわかるように、満州事変以降の流れの中で徐々に活動を停止しつつある営利紹介の状況が過去の記憶を含めて記されているという資料的性質には留意する必要がある。

　従業員規模はやはり概して小さい。業主単独のものは 30 件（30.9%）、従業員 1 名が 31 件（32.0%）、2 名が 16 件（16.5%）、3 名以上が 20 件（20.6%）で最大は 10 名だった。1921 年調査では業主単独が 289 件中 123 件（42.6%）、従業員 3 名以上は 16 件（5.5%）だったので、零細業者数が減少し、平均的な従業員規模は増大している可能性が高い。

　1938 年調査が特徴的なのは、身元調査の方法など営利紹介の業務についての調査項目を含む点、営利紹介の利点について利用者の意見を採録している点にある。前者については、「紹介に關する事項」として、「求職者に關する事項」と「求人者に關する事項」および「紹介方法及手数料」がまとめられている。

---

95)　1938 年調査は東京府学務部職業課で行われた。しかし、正確な調査期日は判然とせず、参考として掲載されている調査票に「昭和十三年」と記されているのみである。もっとも、月別取扱数を示した数表には 1938 年 11 月までの数値が掲載されているので、同年 12 月に調査が実施された可能性が高い。この場合、調査時期は改正職業紹介法の施行以降にあたるため、調査結果を解釈するにあたっては、当時営利紹介は原則的には禁止されていたことを考慮する必要がある。また、1938 年調査では、日中戦争が始まった 1937 年 7 月以来、調査直近と考えられる 1938 年 11 月までの月次取扱数が収録されている（1938 年調査 p.12、第 21 表）。この間、1 カ月平均求人 1 万 9116 人、求職 8894 人、就職 5778 人を数えており、求人倍率は約 2.15 と 2 倍を超え、充足率は逆に 0.30 にとどまっている。ちなみに同期間の全国の営利紹介では、1 カ月平均求人 7 万 8254 人、求職 4 万 9999 人、就職 3 万 9652 人で、求人倍率は 1.57、充足率は 0.51 であった。東京市内の営利紹介事業は、全国に比較すると求職側に有利に推移していたようである。紹介業者 1 件あたりでは、1 カ月あたり求人 197.1 人、求職 91.7 人、就職 59.6 人となる。また、全国の営利紹介にしめる東京旧市内のシェアは、求人数において 2 割強、求職数について 2 割弱、就職数について 1 割強と、やはり求人を多く集める傾向にある。
96)　以下では 1921 年調査との対照を念頭において、旧市内のみの集計値で議論をすすめる。
97)　そのほかとしては店員女中 25 件、一般 15 件であった。

　求職者に関しては、身元調査の方法と求職者の利用頻度が訊かれている[98]。1938 年調査によれば、東京市内の営利紹介業者は、求職者の身元保証人が市内に在住する場合には、紹介者本人または他の人を介して実地に調査するのがほとんどである（97 件中 86 件）。単に文書で身元を照会するのは 8 件にとどまる。しかし、身元保証人が地方にいる場合には、実地に調査するのは 33 件と比較的少なくなり、文書による身元照会が 39 件と大幅に増える。残念ながらどちらのタイプの求職者が多いのかは定かではないが、中央職業紹介事務局『東京大阪両市への出稼求職者調』では東京市の公営紹介を訪れた求職者のうち上京 1 カ月以内のものは 22% 程度だったことを考慮すると、多くの身元調査は実地調査によって行われていたと考えられる。

　求職者の利用頻度については、「一度限リノ者」が占める割合として 5 割という答えが 21 件（21.6%）と最も多く、7 割が 15 件（15.5%）、3 割が 13 件（13.4%）と続く。これに対して「二度以上ノ者」が占める割合としては、2 割と 3 割が 20 件（20.6%）、5 割が 17 件（17.5%）という回答が多い。クロス表が掲載されておらず、下町を中心に「季節的利用者」が 1 割〜2 割程度いる場合が多い（51 件）ことから正確な頻度の分布を推測することはできない。しかし、「一度限リノ者」のほうが割合としては大きく、複数回利用する求職者も少なくはなかったと考えられる。

　他方の求人者に関しては、1938 年調査では「信用調査方法」「求人開拓方法」「顧客関係の有無」を訊いている。求人者の信用については、「従来ヨリノ得意關係ノタメ調査セズ」が 23 件（23.7%）、「初メテノ利用者ニ付キ實地調査ス」が 71 件（73.2%）と報告されている。おそらくこれは、初めての場合に実地調査し、2 度目以降の場合には調査しないことを指していると考えられる。実際、求人開拓について「特ニ開拓セズ」としたのが 56 件（57.3%）、「店頭廣告」としたのが 12 件（12.4%）と、積極的な求人開拓を行わないのが大部分を占めている。また、「顧客關係有ル者」が 7 割以上だとしたのが 54 件（55.7%）と過半を超えていることを考慮すると、紹介業

---

[98]　1938 年調査では「身元保証」ではなく「身元調査」という言葉が使用されている。しかし、後にみる営利紹介の利点では、「身元保証」と「身元調査」が混在している。少なくとも求人者の認識では両者はあまり区別されていなかったようである。

者と求人者との間にはある程度固定的な関係があり、新たな求人者を獲得する姿勢に乏しかったことが示唆されよう。

1938 年調査では、「求人求職者ノ営利職業紹介業ヲ利用スル主タル理由」を 6 つまで記入するようになっており、集計結果には総計 384 個のコメントが載せられている[99]。ここでは、適当な単語を鍵に、コメントをいくつかの類型に分類した。

最も多くみられる類型は、「親切ダカラ」「親身ニナツテ相談シテクレルカラ」など紹介時の対応の丁寧さを指摘するもので 78 個と約 2 割にのぼる。「簡易ニ申込ガ出來ルカラ」「取扱ヒガ簡易」などという手続き的な煩雑さが少ないこと、「行キ易イカラ」などという心理的な負担が少ないことを指摘するものも多く、計 45 個あった。公営紹介が「御役所式ノ傾向アリテ窮屈ヲ感ズル」「手續キ面倒ナリ」と評されるのと対照的である[100]。

「親切」や「簡便」を除いて最も頻度が多かったのが、「確実性」や「よく知っている」という求人・求職に対する確実性に関する理由である。

具体的な指摘内容としては、「先方ノ様子ガ良ク知レル」「就職後ニ於ケル月給其ノ他ニ確實性ガアル」「仕事ノ内容ガ明カナル事」「雇主ノ性質人格ヲ知悉シ居ルタメ」といったことが挙げられており、諸条件や環境をも含んだ求人内容が明瞭になることを評価している（33 個）。長期的な関係から求人者の情報が蓄積することを明確に指摘したコメントは 12 個あった。

そもそも営利紹介業者と求人者が継続的に取引することが多かったことは、前述の通りである。そして、たとえば「永年ノ取引ノ爲メ家庭内容ヲ話サゞルモヨキタメ」「永年ノ営業ヲシテ居ルカラ家庭事情ヲ知ル事」という

---

[99]　調査票によれば、「貴紹介業ノ求人求職者ヨリ知リ得タ範圍ノコトヲ空欄ニ数字順ニ御記入下サイ」とあるので、6 つの回答には優先順位があるかもしれない。集計表は表頭に 1 から 112 までの数値、表側に（1）から（6）までの数値をとった升目からなり、それぞれに何某かのコメントが付されるか、空欄になっている。この集計表を見る限り、すべて順に記入されているわけではない。ここでは、6 つの回答にウエートをつける解釈はせず、すべてを同等として扱う。また、この箇所では地域を区別していないため、考察対象は新市域を含めた東京市全域の 112 件の営利紹介業者である。

[100]　この調査では営利紹介を用いる理由を聞いているが、公営紹介に対する否定的なコメントを書き込んでいるのも少なくない。ただし、調査票の記入欄の注意書きには、「例ヘバ営利職業紹介業ハ行キ易イカラ親切ダカラ等ト」という例示があるので、「親切」や「簡便」に関連する理由が誘導された可能性は否定できない。

具体的な指摘に示される通り、長期的な関係の中で紹介業者に求人者の情報が蓄積し、紹介時にそれが求職者に円滑に流れていることがわかる。とりわけ、営利紹介が得意とした戸内使用人の場合には家人の性格や家風など明示しにくい条件がマッチングの成否に関わる可能性が高く、営利紹介の情報蓄積能力が貴重になったと考えられよう。

　営利紹介は求人者の情報を求職者に伝えるのみならず、求職者の情報を求人者に伝える役割も担っていた。身元調査はその代表的な方法だが、コメントの中でその利便性について言及したのは 14 個と、比較的少ない。むしろ、訪れる求職者に対して我慢せずに希望条件を打ち明けられるようにしている点が高く評価されており、「想フコトヲ言ヘルカラ」「遠慮ナク希望ヲ言ヘルカラ」などと 47 個ものコメントで取り上げられている。こうして汲み取った求職者の希望をもとにすれば、紹介時に発生する摩擦は減少すると考えられる。さらに、24 個のコメントで「同伴シテ呉レルカラ」「遠近ニ依ラズ連レテ行ク」と、求人者まで求職者を同伴することが評価されている。前出不成立調査で最も多かった理由が「不参」であったことを考慮すると、この点も営利紹介の利点だったのかもしれない。

　さきに、公営紹介において紹介が失敗する原因のひとつに仕事内容（職種）や給料額に関する不一致があったことを指摘した。営利紹介では、求人者との長期的な関係や求職者の身元調査・インタビューを通じて求人・求職の情報が蓄積され、紹介時に相互に伝達されることで、ある程度この種の摩擦を小さくすることに成功していたといえる。

　その結果、紹介される求人（求職）者に関する確実性を、求職（求人）者にある程度事前に保証することができた。実際、求人側が営利紹介を利用する理由として、「確實ナル人ヲ紹介スル」「適當ナル者ヲ世話シテ呉レルカラ」といった平均的な高評価が挙げられており（18 個）、同時に就職者の定着が期待できる旨言及するものもあった。同様に求職者も、「適當ナ所ニ紹介スルカラ」「適當ナ家ヘ世話シテ呉レルカラ」などの理由で、平均的によい求人機会が営利紹介の利用につながっていると、少なからず表明している（19 個）。

　以上のことは、「無駄足ヲサセヌコト」「手取リ早ク世話シテ呉レル」「即時就職出來ル事」といった評価にもみられる通り（12個）、最終的には迅速なマッチングにつながったと考えられよう。

　このような情報の蓄積・融通機能とならんで、営利紹介が持つ仲介者機能も利用者には評価されている。たとえば、身元保証はもちろん、「事故調査ガ行キ届クカラ」「事故發生ノ時敏速ナルコト」という理由にみられるように、求人者と求職者との間に何らかのトラブルが発生した場合、紹介者が事後的に何らかの役割を果たすことがあったようである。また、「主人側ニ云ヘヌコトヲ紹介人ヲ通ジテ云ヘル」という理由に代表されるように、条件交渉の間に立つこともあった。「責任ヲモッテ紹介スルカラ」と評される所以であろう[101]。

（6）　小　　括

　以上、第1章では、戦前期における労働市場への政府介入の一例として、『女工哀史』の世界を背景に据えながら、旧職業紹介法が制定されたにもかかわらず公共職業紹介事業が思うように展開しなかった事情を中心にまとめてきた。すなわち、現場を担うべき地方自治体による拒絶反応（2節（4）、（5）項）があったばかりではなく、公営紹介には制度的陥穽（3節（1）項）と機能的欠陥（3節（2）、（3）、（4）項）があったこと、そしてその背反としての営利紹介には利点（2節（3）項、3節（5）項）すらあったことを、アド・ホック・サーベイや当時のインタビュー記事などを用いて紹介した。

　公営紹介には、身元保証が認められていなかったという制度上の制約に加えて、そもそも職業紹介の根本的機能である情報生産という点で、営利紹介と落差があったといえるだろう。他方、営利紹介は、求人者や求職者と長期的な関係を築くことで信頼できる情報の生産・伝達の効率性を高め、結果としてより正確な紹介が可能だったのである。それゆえに、単に法的条件を整備したからといって、公営紹介は営利紹介を市場から駆逐することはできず、労働市場への政府の介入が当初の意図通り有効に機能するには至らな

---

[101]　残念ながらどのような過程を経て求人者と求職者の間をとりもつのかなど、細かな実態については調査の関心のうちではない。

かったのである。

　しかし、本章が依拠したインタビュー記事やアド・ホック・サーベイには、それぞれに偏りが付きものである。インタビュー記事の場合には、記事執筆者やインタビュアーの要望が暗黙のうちに選択される傾向があるだろうし、アド・ホック・サーベイの場合には、母集団に関する確たる情報がなければ、原則として観察結果は普遍化できない。

　もちろん筆者は、本書が依拠した資料はこのようなバイアスに冒される危険は少ないと評価している。たとえば雇用主のインタビュー記事は、公営紹介運営主体がみずからの問題点を洗い出す目的としたことから、公営紹介の難点を美辞麗句で包む必要は小さい。アド・ホック・サーベイにしても、東京地区のある期間の求人や求職の全数を調査対象としており、選択的に材料を揃えたわけではない。したがって、こうした材料によって対比された営利紹介と公営紹介の特徴は、何もたまたま調査に引っかかった事例だけを取り上げているわけではない。

　本書ではここで章を改め、次章冒頭で公営紹介と営利紹介の特徴について全国データを用いて統計的に分析し、本章の議論が全国的な平均像であることを確かめよう。そして、戦中から戦後にかけて概観し、現代日本の労働市場の分析枠組みの出発点を確保する。

第2章

日本的雇用慣行への展開

1　マッチング・ファンクションの統計分析

　本章では、はじめに第1章でみられた公営紹介と営利紹介のちがいが、データ上確かめられるかを検証していく。

　先にも触れたように、歴史資料は、一時期一地域の実情をよく反映する一方、どこまで一般化できるか不明確であるという性格を持つ。第1章では、長野県や東京府・東京市の事例を用いて縷々説明したが、全国の状況となるとまた別だろう。本章では、主に厚生省『職業紹介統計』系列の全国データを用いて、営利紹介と公営紹介の挙動を検証しよう[1]。

（1）　就職率と求人倍率

　図2-1では、職業紹介統計の年次データから、全国で集計された公営紹介と営利紹介の求人数、求職数、就職数の推移を示した。単純にマッチング市場での両組織の勢力をみるために、旧職業紹介法が制定された1921年から改正直後の1939年までを示している。ただし、縦軸は対数表示している点に注意していただきたい。

　まず公営紹介・営利紹介を問わず、職業紹介を通じた就職数の大きさを理

---

[1]　データは、1934年まで中央職業紹介事務局『職業紹介年報』、1935年以降は厚生省『職業紹介統計』、厚生省職業課職業紹介事業協会『職業時報』によった。以下では、職業紹介統計と総称する。

図 2-1   公営紹介と営利紹介の推移：1921–1939 年

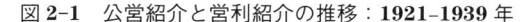

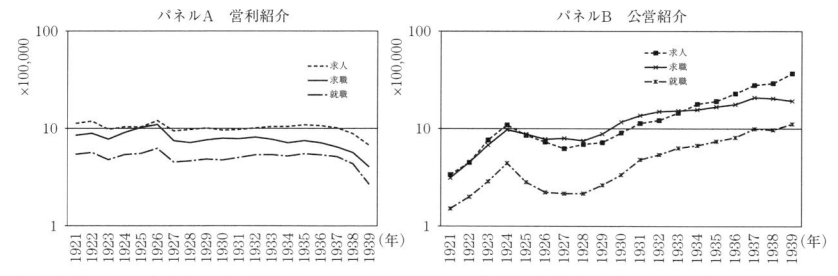

注) 神林 (2000) 図 1 を筆者改変。オリジナルは中央職業紹介事務局『職業紹介年報』、1935 年以降は厚生省『職業紹介統計』、厚生省職業課職業紹介事業協会『職業時報』。

解しておこう。図 2-1 からは、比較的数値が安定していた 1921 年から 1932 年までの年平均で、営利紹介は 52 万人、公営紹介は 30 万人の就職実績を上げていると読める。他方、部門別就労人口に関するある推計では、1920 年から 1932 年にかけて非農林業部門では年平均 27 万人の就業人員の増加があったとされている[2]。当該部門からの離職者もいることを考えると、結果として 27 万人を増加させるには、当然ながら 27 万人以上の雇入れが必要になる。

　この概念をグロス・フローと呼び、近年の労働経済学では純雇用変動と区別される[3]。職業紹介はどちらかというとグロス・フローとの関連で理解されるべきなのだが、残念ながらこの間のグロスの労働異動率は不明である。試みに諏訪器械製糸業に雇用創出・喪失分析をあてはめた神林 (1998) をみると、ネットの雇用成長率とグロスの雇用創出・喪失率との比率は 3 〜 4 倍だった[4]。都市雑業層を含めるとグロス・フローはもう少し大きくなると考えても、公営・営利の両職業紹介業は、非農業部門の労働移動の少なから

[2]　中村 (1971)。国調でも、非農林漁業就業人口は同期間に年平均 26 万人の増加を示している (ただし、公務は除く)。

[3]　労働市場の変転をネット・フローとグロス・フローに分解して探求する雇用創出・喪失分析については、玄田 (2004) が詳しい。

[4]　1908 年から 1933 年までの分析結果によれば、1920 年代ではネットの年成長率がマイナス 3% からマイナス 4% の間で変動していたのに対し、雇用再配分率は 10% 程度で安定しており、ネットの雇用変動の少なくとも 3 〜 4 倍の労働移動は発生していたと考えられる。

ぬ部分を担当していたと考えて差し支えないだろう。

　とはいうものの、図のパネル B を見れば、1920 年代の公営紹介の停滞は明らかだろう。旧職業紹介法制定直後こそ急伸したものの、1924 年にはその成長は止まり、求人数や就職数で営利紹介を凌駕するのは 1930 年前後になってからである。とくに関東大震災後の 1920 年代半ばの沈滞は、営利紹介と比較すると、決してマクロの景気動向だけが原因ではないことがわかる。長野県の地方自治体でみられた拒絶反応は、多かれ少なかれ全国的にもあったと想像できるし、よしんば公共職業紹介所が設立されたとしても、十分な求人や求職を集めるのは容易ではなかったこととも整合的である。

　一方の営利紹介が、おぼろげながら低落傾向を示すのはようやく 1930 年代後半であって、その低落幅も大きくはない。営利紹介は 20 年間を通じて安定的な業績を残しており、少なくとも、労働市場でのマッチングが営利紹介から公営紹介に大きく代替されたとはいえないだろう。

　もちろん、営利紹介の扱い数が増加しなかったことも、また注目すべき事実である。営利紹介が新たな分野に拡大する速度は遅く、従来の市場を保つ活動が主だったことは前述した東京市による 1938 年調査でも指摘されていたが、全国的な統計でもその傾向は確かめられる。

　こうした公営紹介と営利紹介の数量的な関係に加え、図 2-1 には公営紹介と営利紹介の業務内容の差も一面で集約されている。たとえば、実線で示された求職数と鎖線で示された就職数の乖離幅を、パネル A の営利紹介とパネル B の公営紹介とで比較すると、概して前者のほうが小さい。縦軸が対数表示であることに注意すると、この差は就職率を表しており、営利紹介のほうが恒常的に大きかったことがわかる。実際、公営紹介の就職率を算出すると 40 ％程度だったのに対して、営利紹介の就職率は 60 ％程度だった。

　また、営利紹介では常に求人数が求職数を上回り、1 倍を超える求人倍率を維持していたが、公営紹介ではとくに 1920 年代には求人数は求職数を下回り、求人倍率は営利紹介のほうが有利に推移していたこともわかる。具体的に求人倍率を算出すると、1921 年から 1929 年までの平均値は営利紹介で 1.24 だったのに対して、公営紹介では 0.97 にとどまっている。公営紹介の拡大傾向が明らかな 1930 年以降でも、それぞれ 1.40 と 1.08 と、公営紹介

の求人倍率が営利紹介を上回ることはなかった。図2-1からは、公営紹介は求人に比べて求職者を集めやすかったことは示唆されるものの、決して求職者に有利なマッチング市場を確保していたわけではないのである。

（2）　マッチング・ファンクション

就職率や求人倍率は、労働市場でのマッチングの技術にも依存するが、むしろ労働市場の需給バランスを表すものとして理解されている。前項では、公営紹介と営利紹介との間に、20年間という長期にわたって安定的な差異が観察されたことから、就職率や求人倍率のちがいは両者の技術的な相違を示すと考えた。他方、もしも公営紹介と営利紹介で扱っている労働市場が異なり、当時の需給環境の構造もそれぞれ異なるとすれば、就職率や求人倍率は両者の置かれた需給環境のちがいを示すだけかもしれない。その場合、各変数の大小関係はマッチングの技術的効率性の良否を示さない。

したがって、より厳密に公営紹介と営利紹介の技術的な効率性を検討するためには、両者の需給環境のちがいを制御した上で業種別のマッチング・ファンクション（Aggregated Matching Function；以下AMFと略す）を推定し、推定されたパラメータを用いて公営紹介と営利紹介を比較する方法が望ましい。

AMFとは、ちょうどマクロの生産関数が経済全体の生産関係を表象するのと同じように、労働市場のマッチング技術を要約する、求人・求職・就職間の関数関係を指す。理論的には、いわゆるベバリッジ・カーブを導出する重要な技術的与件として、経済全体の失業率の決定に重要な役割を担っているとされている[5]。

また、生産関数の形状が収穫逓増なのか逓減なのかについて長らく論争があったのと同様に、AMFの形状についても1980年代から90年代にかけて議論が続けられた。その結果、理論的にランダム・マッチングの仮定と親和的であることと、実証的なパフォーマンスが優れていることから、現在のところ次の式のような対数線形を想定することに落ち着いている[6]。すなわ

---

[5]　AMFを用いた労働市場モデルは大きくはジョブ・サーチモデルと呼ばれている。Pissarides（2000）がよくまとまった教科書である。

ち、あるマッチング市場における t 時点での求人数、求職数、t から $t + 1$
時点までの就職数の対数値をそれぞれ、lnv_t、lnu_t、lne_t とすると、

$$lne_t = a + \beta \cdot lnv_t + \gamma \cdot lnu_t + \text{controls} + \varepsilon_t$$

という形状であり、本章でも推定モデルとしてこの形を採用する。

　このとき、$\beta + \gamma$ はマッチング技術の規模に関する経済性を示す。求人求
職が増えるほど、マッチング市場に混雑現象が生じてマッチング確率が低下
する場合には、収穫逓減を示す 1 未満の係数が推定される。逆に、求人求職
ともに選択肢が多くなることによって適材適職を見つけやすくなり、むしろ
良好なマッチング確率が増える場合には、収穫逓増を示す 1 を超える係数が
推定される。ちょうど 1 と推定されれば、収穫一定、つまり求人求職が同じ
割合だけ増えた場合には（需給がちょうど同じだけ増えて）マッチングの成
功確率は変化しない状態を指す。収穫一定の AMF は標準的なジョブ・サー
チ理論が好む前提で、当該労働市場でのマッチング確率は求人と求職の割合
（つまり求人倍率）のみに依存する状態である[7]。

　定数項 a は、求人と求職が所与の時に成立する就職数の多寡を示すので、
マッチングの正確性（accuracy of matching）と呼ばれている。

　一般に AMF は、求人と求職が文字通り顔を合わせる物理的なマッチング
の過程と、双方が条件に納得して雇用契約が結ばれるスクリーニングの過程
に分解されるが、定数項 a はこのうちスクリーニングの過程における難易度
に相当する。同じだけ面接に漕ぎ着けたとしても、求人側あるいは求職側が
要求するスクリーニングの高さや紹介までに利用される情報の正確性などが
異なれば、面接を所与とした雇用契約締結割合は異なる。いわばスクリーニ
ング合格率が、AMF の定数項 a の大小と一致することが知られている[8]。

　以上のように要約される、AMF の形状という観点からは、これまでの公
営紹介と営利紹介の対比は次のように翻訳できる。すなわち営利紹介は、公
営紹介と比較すると、長期的関係に基礎を置くことから、マッチングの正確

6)　Petrongolɔ and Pissarides（2001）。
7)　Petrongolɔ and Pissarides（2001）。
8)　Berman（1997）。

図 2-2　職種別就職数の公営紹介のシェアの推移：**1923-1936** 年

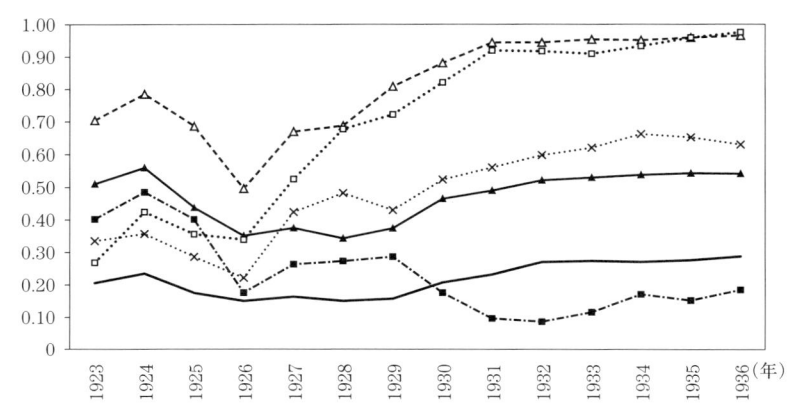

-△- 鉱工業　▲- 商業　-■- 通信運輸　×その他　-□- 土木建設　── 戸内使用人

注）神林（2000）図2および図3より筆者作成。オリジナルは中央職業紹介事務局『職業紹
　　介年報』、1935 年以降は厚生省『職業紹介統計』、厚生省職業課職業紹介事業協会『職業
　　時報』。

性が高い一方、求人求職が増加してもすぐに就職に結びつくわけではなく、マッチング確率はかえって低下する。営利紹介の AMF については、より大きい定数項と収穫逓減が推定されると予想でき、当時のデータから統計的に確かめることができるかどうかが、本章の課題となる。

　データに用いるのは職業紹介統計の職種別月次データで、典型例として戸内使用人と鉱工業を取り上げる。戸内使用人とは、女中など、現在でいう家政婦にあたる職種で、図 2-2 で示すように、営利紹介が主力を構成していた。もう一方の鉱工業は、公営紹介が主に扱っており、両者は営利紹介と公営紹介の扱う典型例だったといえる。

　さらに経時的変化を観察するために、36 カ月をウィンドウとするローリング OLS を用いる。したがって、最初の推定は 1927 年 1 月から 1929 年 12 月までの区間を用い、1 カ月ずつ標本をずらし、最後の推定は 1936 年 1 月から 1938 年 12 月までの区間を用いる[9]。

　まず、規模の経済性とマッチングの正確性について、戸内使用人についての推定結果を 95 ％信頼区間とともに図示したのが図 2-3 である。

図 2-3　**AMF の推定係数：1927–1938 年（戸内使用人）**

パネルA：規模の経済性（$\beta + \gamma$）　　　　　　　パネルB：マッチングの正確性（a）

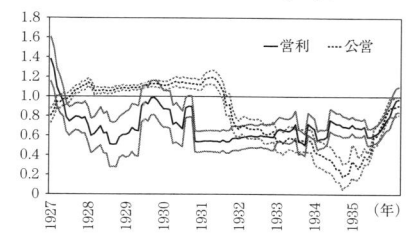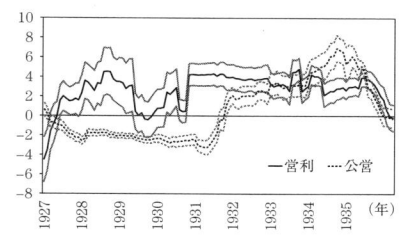

注）Kambayashi（2013）Figure 7(a) を引用。36 か月ローリング OLS の推定係数と 95 ％信頼区間。パネル A については、β と γ の和の推定値と信頼区間である。説明変数には月次ダミーを含む。

　図 2-3 のパネル A は、戸内使用人の AMF の規模の経済を公営紹介と営利紹介について図示したものである。営利紹介については、95 ％信頼区間がおおむね 1 を下回っていることから、おおむね収穫逓減を示しており、長期的関係の構築を旨としていたことと一致する。逆に公営紹介では少なくとも 1920 年代には収穫逓増を示していた。

　公営紹介が収穫逓増を示したのは、地域間労働移動に力を入れていたことと整合的である。公営紹介は、旧職業紹介法下での全国展開の利点を生かすために、地域間の情報交換に少なからずの資源を割き、地域間移動を伴った就業機会の提供に一役買っていた。

　たとえば、1926 年 1 年間に東京市上野職業紹介所を訪れた求職者のうち、

---

9)　本章の分析はデータの時系列方向の変動をもとに推定係数を識別する。Anderson and Burgess（2000）で詳しく議論されたように、AMF を時系列方向のデータを用いて推定する場合には、一般にタイム・アグリゲイション・バイアス（time aggregation bias）と呼ばれる問題が発生する懸念がある。これは、今月の就職の結果が翌月の求人求職に繰り越されるメカニズムから生じるもので、被説明変数である就職数がある期間のフロー変数であるのに対して、説明変数である求職数と求人数がストック変数であるという、変数を定義する次元の差に由来する。ただし、戦前日本についてはこの点を考慮する必要は乏しい。第一に、戦後と異なり求人と求職の有効期間はひと月までで、いわゆる有効数と新規数のちがいはまだ存在していない。第二に、失業保険など社会保険が存在していないので、求人や求職が求人期間や求職期間を意図的に操作しようとするインセンティブはなく、積み残し求人・休職が次期の就職に与える影響は僅少と考えられるからである。実際、タイム・アグリゲイション・バイアスの存在を考慮して推定式の誤差項に一次の自己相関を想定しても、推定結果は本質的に変わらなかったことが確かめられている。

上京 1 カ月未満の者が占める割合は 32% 程度だった[10]。上野紹介所は立地ゆえに出稼者が多く集中する傾向があったかもしれないが、東京市全体でも 1928 年 10 月の時点で 22% 程度、大阪市全体でも同年 11 月の時点で約 27% と、上野紹介所での割合が特別に高いというわけではない[11]。公営紹介が多くの地域移動者を拾い上げていたことはほぼ確からしい。この場合、都市部での求人の増加と農村出身者の求職者の増加はマッチングの効率性を増大させ、公営紹介が規模の経済性を享受できていたことも頷ける。

　他方、パネル B はマッチングの正確性に関する推定結果である。1920 年代には、マッチングの正確性は営利紹介のほうが公営紹介よりも高い。すなわち、同じ戸内使用人の紹介であっても、求人と求職が同数であれば、営利紹介のほうが多くマッチングを成功させることができたことを意味する。これもこれまでの事例分析の結果と一致する。

　ただし、図 2-3 のもうひとつの特徴は、1930 年前後より公営紹介の AMF は次第に変化し、1930 年代後半には両者のちがいが消失していることである。加えて、結果として収束した水準は、規模の経済性とマッチングの正確性ともに公営紹介の水準ではなく営利紹介の水準である。換言すれば、公営紹介のマッチングの技術は、規模の経済性という観点からもマッチングの正確性という観点からも、1930 年代に次第に営利紹介の水準に収束していったのである。

　こうした公営紹介と営利紹介の対比は、営利紹介が主力を構成した鉱工業でのマッチングでもみられるだろうか。図 2-4 に鉱工業についての推定結果を示した。

　本来労働市場の仕組みが戸内使用人とはまったく異なるはずの鉱工業についての推定結果も、規模の経済性が全般的に大きいことのほかは、本質的には戸内使用人の推定結果と同様のメッセージを発している。1931 年前後までは、公営紹介はスケールメリットを享受するマッチングを成功させていた

---

[10] 中央職業紹介事務局『東京大阪両市への出稼求職者調』（春季調査）p.6。少なからず季節変動があり、最低は 1 月の 24%、最高は 11 月の 41%。

[11] 『東京大阪両市への出稼求職者調』（秋季調査）p.7。ただし、東京市は中央、上野、新宿の 3 紹介所、大阪市は中央、九條、梅田、小橋の 4 紹介所のデータ。

図 2-4　AMF の推定係数：1927–1938 年（鉱工業）

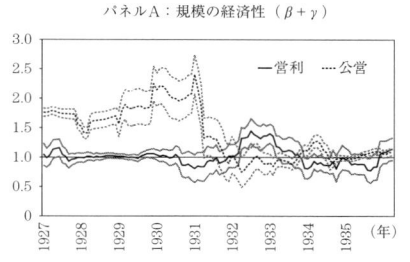
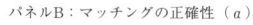
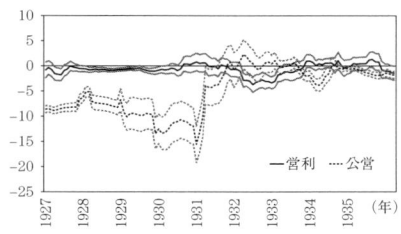

注）Kambayasai（2013）Figure 7(b) を引用。36 カ月ローリング OLS の推定係数と 95 ％信頼区間。パネル A については、β と γ の和の推定値と信頼区間である。説明変数には月次ダミーを含む。

が、1930 年代には低落し、おおむね収穫一定の水準に収斂した。また、公営紹介のマッチングの正確性は営利紹介よりも低かったが、1930 年代に上昇し、結局営利紹介の水準で安定する。

2　公的独占への道

（1）　マッチング・ファンクションの収束の裏にあったこと

前節でみたように、戦前期の営利紹介と公営紹介の間にあったマッチング技術のちがいは、各種報告書やインタビューのみならず、AMF の推定という計量的分析でも確かめられる。同時に、おそらくより興味深いのは、推定された AMF の相違は、1930 年代に営利紹介の水準に収束していったことだろう。あたかも、公営紹介の AMF は営利紹介の AMF に吸収されたかのようにもみえる。

このとき公営紹介と営利紹介の間に何があったのだろうか。

残念ながら、この間の全国的な事情は、詳しくはわかっていない。しかし、器械製糸業や新潟県など産業や特定地域をめぐって興味深い事例がいくつか確認できるので、その事例を紹介しよう。

そもそも、長野県や群馬県を中心とした器械製糸業のマッチング市場は、直接募集や、間接募集であれば営利紹介業者の影響が根強く、内務官僚らに

その弊害を認識させた根源のひとつだったことは、第 1 章で繰り返し述べて
きた。彼らが営利紹介を弊害と考え、公営紹介を使って排除しようとしたの
には、一等国として成り上がるための必要や社会正義の観点ももちろんあっ
たが、マッチング市場の混乱が経済的な問題でもあったからである。それゆ
え、当事者たちにとっても決して野放しにしてよい状況ではなかったのであ
る。

　マッチング市場の混乱を鎮めるために、主要な需要地である諏訪地方で
は、製糸同盟が登録制度をつくって対応したことはすでに第 1 章で簡単に触
れた。他方の供給地では、「女工供給保護組合」（名称は地域によって異なる
ので、以下では一括して供給組合と略す）という自治的組織がつくられ対処
しようとしていた。

　この供給組合は、労働供給地につくられた地域的組織で、集団的に紹介や
労働契約に介入することを通じて、マッチング市場の混乱を収める役割を持
つようになっていったとされている。その嚆矢は 1916 年の長野県北佐久郡
平根村につくられたもので、旧来からその存在については認知されていたも
のの、その実態については近年ようやく明らかになりつつある[12]。

　なかでも、新潟県や岐阜県、富山県につくられた供給組合は、比較的活発
に活動したことが知られている。たとえば、東京職業紹介事務局（1929）
には、1926 年における新潟県内からの出稼女工のおよそ 50% が供給組合を
経由していた記録が残されている。供給組合によっては、人を需要地に派遣
して実際の労働条件を監察し、労働契約の履行監視までも担った。新潟県の
北魚沼郡女工保護組合は 1922 年 5 月に福島県および群馬県に、翌 6 月に長
野県および埼玉県に視察団を送っており、「就中就業中郷里よりの慰問視察
者の來訪は精神的に亦物質的に甚大なる効果を収めてゐる様である」と報告
している[13]。また賃金未払い問題が発生すると、使用者側と交渉を持ち、
賃金を支払わせるのに成功してもいる[14]。

---

12)　中央職業紹介事務局（1928）など。諏訪製糸業と供給組合との関連については高木
　　（1971）武田（1976）などが、新潟県における活動については村岡（1982）などが議
　　論している。最も簡便な解説は間（1993）による解説だろう。
13)　東京地方職業紹介事務局（1925）に収録されている『新潟縣に於ける女工保護組合概
　　況』による（p.20）。

　供給組合は、労働契約の履行過程のみならず、契約の締結過程についても影響を及ぼしたと考えられている。管内で労働契約の内容や書式を統一し、工場ごとの労働条件の一覧を作成して配布するなど、労働条件を事前に明示させ情報として流通させたことに果たした役割も少なくない。その結果、長くマッチング市場の問題だった二重契約も、供給組合が介在することで解消されたこともわかっている[15]。したがって、供給組合の活動を少なく見積もったとしても、労使の間に何らかの介入を果たし、労働契約の締結履行過程を改善したことは疑いないだろう[16]。

　本章の観点から興味深いのは、供給組合と公共職業紹介所との関係である。供給組合は各市町村の役場内に設置され、組合長は市町村の首長が兼ねることが一般的で、地方自治体の強い影響下に置かれていたとされている[17]。ただし、供給組合は斡旋手数料を財政基盤としていたことから営利紹介とみなされ、旧職業紹介法の下 1927 年に営利職業紹介事業取締規則が制定されると、その規制対象となったのである。そして結局、公共職業紹介所に吸収されることになった。東條（1990）では、糸魚川地域の例として「…従来の女工供給組合の事業をほぼそのまま受け継ぐ形で」糸魚川町職業紹介所が活動したことが紹介されている。

　もっとも、供給組合のどのような業務がどのように公営紹介に吸収されたのかはよくわかっていない。さきにも述べたように、もともと、供給組合はおおむね市町村役場にあり、運営主体は地方自治体とほぼ重なっていた。したがって、市町村営主義に則った 1921 年の旧職業紹介法の段階で供給組合を公共職業紹介所に転換することは、独立した庁舎や職員が必要だったとはいえ、それほど難しくはなかったはずである。ところが、県当局が後ろ盾と

---

14)　これらの活動は、同時代の諸調査ですでに指摘されている。ただし、供給組合の工場視察の役割については否定的意見もあった。たとえば中央職業紹介事務局（1928）では「要するに現に行はれてゐる組合役員若しくは女工の父兄の工場訪問の主たる目的とする所は工場調査に非らずして寧ろ出稼女工の慰問にありと見る方が妥当であらう。」としている（p.84）。

15)　東條（1990）はこの点を重視している（p.160）。

16)　ただし、日本経済史における先行研究では、前掲諸論文のほか、西川（1966）やHunter（2003）など、供給組合の活動は左右の立場を問わず、おしなべて否定的にとらえられている。

17)　東條（1990）p.157。

なり 1920 年以降供給組合の活動を活発化させていた新潟県では、旧職業紹介法に対応した職業紹介所は供給組合ではなく方面委員を束ねていた社会事業協会によって設置させられている[18]。つまるところ、新潟県では 1920 年代前半には供給組合と公共職業紹介所が並立することとなり、両者の関係は単純ではなくなる。

こうした中、営利職業紹介事業取締規則によって供給組合の活動が制約されることが内務省や県当局によって明らかにされると、供給組合の業務が公共職業紹介所に吸収されていくことになった。もともと、公営紹介の出先機関である各地方職業紹介事務局は、供給組合を肯定的に評価していたわけではなく、両者の間には一定の緊張関係があった。営利職業紹介事業取締規則の供給組合への適用という行政判断は、両者の緊張関係に沿って解釈できるかもしれないが、現時点では確たる理由は判明していない。

供給組合が公営紹介に吸収される際に、マッチング機能と労働契約履行機能を分離させ、おそらく前者のみを公営紹介に移管するかたちをとったことは示唆的である。すなわち、供給組合の業務のうち、需要地への視察や労働契約内容の履行監視などは、マッチング機能の公営紹介移管後も供給組合に残り続けた。実際、前出の昭和恐慌期の賃金未払い交渉は公営紹介ではなく供給組合によって行われている。逆にいえば、公営紹介にこうした労働契約の履行機能を持たせることは慎重に避けられたのかもしない。

供給組合のように、公共紹介所に吸収されたのは供給地側のマッチング組織だけではない。同時に、需要地側のマッチング組織も公共職業紹介所に転換した。たとえば、諏訪地方の製糸同盟は、諸般の理由から登録制度を廃止したあと製糸研究会と名を変えて使用者間の情報交換を中心とした組織に衣替えしたが、この製糸研究会が最終的には岡谷職業紹介所に看板をすげ替えたのである[19]。

以上のように、もともと民間に発達した供給側・需要側のマッチング組織が 1920 年代後半以降、公営紹介に吸収されていったとすれば、AMF の形状が同時期に営利紹介に収束していったこととも矛盾しない。

---

[18]   社会事業協会は 2016 年現在まで存続している。
[19]   岡谷市（1976）p.961。

（**2**）　営利紹介禁圧の紆余曲折

　もちろん、すべての公営紹介がその前身に営利紹介網を持っていたわけではないし、営利紹介のすべてが公営紹介網に吸収されたわけでもない。現実には、1930 年代に入っても、日本全国の営利紹介は根強く活動を続けていたことは前出図 2-1 でも明らかだろう。そこで、内務省を中心に営利紹介を法律的に禁止しようという動きが明らかになっていった。

　この点に関して、東京大学経済学部所蔵の職業紹介関係文書の中に「營利職業紹介廢止ニ關スル意見」と題された一遍の文書が保管されている。（内務省）社会局の便箋に丁寧にタイプ打ちされており、1932 年 10 月 1 日の日付と「安積」の名字が打たれている[20]。保存の状況から職業紹介法の改正をにらみ、内務省社会局内部で集約された意見をまとめたものと考えてよいだろう[21]。

　この文書では、1932 年の職業紹介の概況をまとめた「基礎統計」に続いて、「既定事實」として 4 点にわたって ILO 条約について述べられ、さらにその後に「根本的意見」が説かれている。この文書の中核となる個所なので、以下に引用しよう[22]。

　この資料は、ILO 条約批准を形式的理由として、営利職業紹介事業を禁圧する内務省の姿勢を明確に示している。そもそも ILO は、1930 年 10 月にブリュッセルで開かれた第 50 回理事会にて、「有料紹介所又ハ其他ノ營利職

---

[20]　安積得也のことと思われる。『昭和人名辞典』によると、1924 年東京大学法学部を卒業後内務省入省、社会局事務官兼書記官、労働部常務課長を経て、厚生省労働局労務課長指導課長を歴任、最終的には岡山県知事へ転じ、1946 年公職追放により退職している。

[21]　神林（2000）資料 3。この文書は、各地方長官および拓務省宛に担当区域の営利職業紹介事業の調査を依頼する「昭和六年營利職業紹介事業調査書類」と題された書類と、「職業紹介事業研究要綱」と題されたメモ書きとの間にまとめられていた。資料作成当時と同じ状況で現在保存されているとは限らないが、昭和初年より問題となっていた職業紹介事業の国営化についての内務省の内部資料であると考えられる。ちなみに、この「昭和六年營利職業紹介事業調査」に対する回答は、樺太、朝鮮、台湾、関東州の各政庁からのものは収録されているが、内地からのものは残念ながら存在が確認できていない。

[22]　原文は縦書きタイプ打ち、数字は漢数字。

「六、根本的意見

　本問題ニ關スル廢止ノ範圍及期限ノ枝葉ノ點ハ暫ラク措キ、抑々營利職業紹介所ヲ廢止スベキヤ否ヤノ根本點ニ關シテハ、「之ヲ廢止スベキモノ」ト考フベキモノナリ。
　蓋シ之ガ形式的理由トシテハ

　イ、1919 年ノ「失業ニ關スル勸告」ハ營利紹介所ハ廢止スベキモノナリトノ根本的見解ニ立チテコソ成立セルモノナリ。
　ロ、我政府ガ右勸告ニ對シ閣議決定ニ於テ「本邦目下ノ情況ニ於テハ公益無料紹介所ノミニ依リ難キ事情アルモ、漸次勸告ノ趣旨ヲ採用スル方針ナリ。」ト言明セルハ、我政府ガ理想トシテ營利紹介所ハ之ヲ廢止スベキモノナリトノ根本的見解ヲ抱持スルモノト解スベキナリ。

　又之ガ實質的理由ヲ考フルニ種々ノ要點アリ。
　イ、弊害アルコト。
　從来ノ事實ニ徵スルニ有料紹介所ニハ多數ノ弊害アリ。試ミニ我國ニ於ケル營利職業紹介事業取締規則ノ違反件數ヲ見ルニ、昭和五年中ニ於テ 476 件ヲ算ス。其ノ（主ナル）内譯ヲ見ルニ
　許可ヲ受ケタル手數料意外ニ謝金、旅費、宿泊料等ノ名義ニテ求職者ニ不當ノ負擔ヲ課シタル廉ニ依ル違反…111 件（23.3%）
　警察官署ノ許可ヲ受ケズシテ求職者ヲ宿泊セシメ或ハ之ニ對シ財物ノ給與又ハ貸付ヲ爲シタル等ノ廉ニ依ル違反…110 件（23.1%）
　求職者ニ對シ風俗ヲ紊ル行爲ヲ爲スコト。紹介ニ際シ求職者ノ性行、技能、健康状態、求人者ノ家庭ノ状況、勞務條件、報酬其他契約上必要ナル事項ニ付事實ヲ虛構シ、又ハ隱蔽スルコト。濫ニ被傭中ノ者ヲ勸誘シ他ニ紹介スルコト等ニ依ル違反…58 件（12.2%）
　營業上帳簿ノ備付ヲ怠リ又ハ虛僞ノ記載ヲ爲シタル爲ノ違反…52 件（10.9%）

　以上ノ諸弊害ハ單ニ行政的取締ノミヲ以テシテハ到底之ヲ斷絶シ得ザル
モノナルコト我國及諸國ノ經驗スル所ナリ。

　之等ノ弊害ノ外一般刑法上ノ犯罪ト見ルベキ事件ノ存在スベキコトモ想
像ニ難カラズ。

　國際勞働事務局ノ灰色報告書ハ從來各國立法府ノ注意ヲ惹キタル多數ノ
弊害トシテ左ノ所項ヲ擧ゲタリ。

　…(中略)…

　ロ、公營職業紹介所ニ依ル勞働市場ノ完全ナル統一ヲ害ス。

　失業ニ關スルワシントン條約ハ多數ノ國ニ公營職業紹介所組織ノ設置セ
ラルベキコトヲ提唱シ該組織ヲ通ジテ全國的規模ニ於テ勞働ノ需給ヲ調整
スル措置ノ採ラルベキコトヲ規定セリ。而シテ公營紹介所ノ設置ト擴張ト
ハ營利紹介所ノ業務ヲ著シク減退セシメタルモ、ソレニモ拘ハラズ營利紹
介所ノ存續スル限リ兩者ノ業務ヲ調整スルコトニ依ッテ勞働市場ノ完全ナ
ル統一ヲ確保スルコトハ不可能ナリキ。蓋シ求人求職ニ關スル情報ノ交換
ハ公營紹介所ノ使命ナルガ有料紹介所ノ目的ハ營利ニ存シ情報ノ販賣ヲ商
賣トスルモノナルヲ以テ性質上公營紹介所トノ協力不可能ナレバナリ（灰
色報告書第一篇第三章參照）

　ハ、營利紹介所ノ存續ハ公營職業紹介所ノ發達ヲ妨害ス。

　ニ、營利紹介ハ社會正義ニ反ス。

　（平和條約第四百二十七條ハ「勞働者ハ單ニ貨物又ハ商品ト認ムベキモノ
ニ非ズ_トノ原則ヲ確定セリ）

　ホ、營利紹介ハ社會理想ニ反ス

　（社會理想トシテハ空氣ノ無料ナルガ如ク道路通行ノ無料ナルガ如ク生活
ノ基礎タル職業ノ發見ハ無料タルベキナリ。斯ク考フレバ料金ヲ取ルコト
其レ自身ガ既ニ弊害ナリト言フコトヲ得）」

業紹介所ノ設置取締及ビ廢止ニ關スル現行ノ法制及ビ實際ノ簡單ナル記述」
を提出することが決められて以來、有料職業紹介の禁止の方向へ進んでい
た。その後第16回 ILO 総会の議題の第一にすることが決定され、そのため

の「グレイ・レポート」も 1931 年の 10 月には完成、理事会に報告されている。内務省社会局ではその報告書を 1932 年 3 月付で『有料職業紹介所の廃止』という題で全文翻訳・製本しており、社会局の関心の強さがうかがわれよう[23]。「営利職業紹介廃止ニ關スル意見」はこの一貫した流れを反映したものと考えることができる。

　ここで営利職業紹介事業を禁止する大きな理由としては、そもそも弊害が多く社会正義に反する、公営紹介の発展の妨げになる、という点が挙げられている。このうち第一点については、当時の社会局官僚の考え方が直截的に表現されている。第二点については前段でもみた通り、旧職業紹介法・営利職業紹介事業取締規則をもってしても公営紹介の拡大が遅々として進まなかった事情が反映されていよう。

　しかし、こうした内務官僚の強い意向にもかかわらず、営利紹介の原則禁止という方針がすぐに政府の既定方針となったわけではなかった。

　たしかに、1919 年の第 1 回 ILO 総会で採択された「失業に関する条約案」（2 号条約）は、その第二条に「各締盟國ハ中央官廳ノ管理ノ下ニ公ノ無料職業紹介所ノ制度ヲ設クベキコト」と定めており、旧職業紹介法の整備を待って 1922 年に批准されてもいる。しかし、同条約には営利紹介を禁止することは明記されておらず、批准の閣議決定の折にも営利紹介は禁止しないことが確認されていた[24]。

　ILO が営利職業紹介事業の禁止を明確に打ち出すのは、1933 年の第 17 回総会に「有料職業紹介所廃止ニ關スル條約」（34 号条約）が提出されてからである。ILO 総会では、通常開催の前年に討議事項を確認するので、前述資料がまとめられた時点で 34 号条約提出は見越されており、内務官僚は同条約の採択を「既定事實ノ四」として営利職業紹介規制をめぐる前提条件として扱っている。

　しかし、同条約は ILO 総会でこそ採択されたものの、国内では枢密院の反対に遭い、最終的には批准されなかった。とくに、枢密院において、当時

---

[23]　以上、内務省社会局社会部（1932）による。また、実際に ILO 総会で議題にされたのは 1 年後の第 17 回 ILO 総会であった。

[24]　「営利職業紹介廃止ニ關スル意見」のうち「既定事實ノ三」による。

の内務大臣後藤新平は「我國ニ於テハ既ニ有料職業紹介所ガ次第ニ改善セラレ、其機能ヲ發揮シテ居リ、公營ノ無料紹介所ト並行シテ、其業務ニ當テ居ルカラ、特ニ條約ノ御諮詢ヲ奏請スルニ及バズ」と発言し、営利職業紹介を肯定するこの考え方は、その後の政府見解として維持されることとなった[25]。公営職業紹介事業の拡大が遅々として進まない現状に対し、国際協調と社会正義を前面に押し出し営利紹介の原則禁止を訴えた内務官僚の思惑とは反対に、公的独占の政府レベルでのコンセンサスは十分取れていなかったのである。

（3）　改正職業紹介法審議時の根拠の変化

前項でみたように、少なくとも 1935 年の枢密院での ILO34 号条約非批准決定時点で、政府は営利紹介を禁止する意思は持っていなかった[26]。それにもかかわらず、わずか 3 年後の 1938 年の職業紹介法改正において、原則として営利職業紹介事業が禁止されたのには、いかなる理由の変化があったのだろうか。

残念ながら、この間の内務省（1938 年以降は厚生省）内部での議論の転換を跡づける資料は見つかっていない[27]。しかし、職業紹介法改正法案の

---

[25]　第 73 回帝国議会衆議院委員会議録（第六類第十一號委員会、p.188）。

[26]　職業紹介事業の国営化について整理・分析した数少ない先行研究に、河（1996）がある。ただし、この研究の基本的な目的は戦時体制下における労働力の動員計画の策定と実行の分析にある。それゆえに、職業紹介事業の国営化については営利紹介との関係という視点を完全に欠いており、国営化が国家総動員体制の一形態として進められたことは議論の前提とされている。その中では、社会局が国営化に傾いた時期を「1935 年 3 月狭間茂が社会部長に就任してから本格化し」と規定している。河（1996）p.25。

[27]　労働省（1961）ではこの間の事情を「…満州事変の勃発を契機として、雇用情勢は急変し、軍需方面からの膨大な労働力需要に対応し、円滑な供給が要請されるに至った。このため政府は従来の職業紹介機構をあらためて十分にその機能を発揮せしめる必要があるとして、職業紹介事業の連絡統制ならびに監督に関する機構の改革に着手した」とするのみで、具体的な理由づけを行っていない（p.555）。河（1996）は「内務省の方針が国営化に傾く時点を正確に特定するのは難しいが、1937 年の 7 月から 8 月にかけての第 71 議会の前に、前述の就職指導職員の設置と関連し、国営を実施するように変わる」と指摘しているが、河（1996）のいう国営化とは、あくまでの公営紹介の経営形態を指しており、職業紹介事業の公的独占と必ずしも同義ではない（pp.96 ～ 97）。

国会審議の中で、その理由を垣間見ることができる[28]。

　職業紹介法改正案が衆議院本会議に提出された 1938 年 3 月 6 日、厚生大臣木戸幸一が法案提出の趣旨を説明した。その中で強調されたのは、「國家ノ遂行スル諸政策ニ順應セシムル爲メ、勞務ノ適正ナル配置ヲ圖ルコトガ、極メテ緊要デアル」という、いうなれば国家総動員の考え方であった。

　折しも 1938 年とは「国民政府を対手とせず」と啖呵を切った近衛声明と日中国交断絶で明けた年であり、職業紹介法改正案と同時期に国家総動員法案の審議が進行中であった。木戸は、「生産力ノ擴充計畫遂行」のためにも強力な公共職業紹介所が必要なのだが、現行の職業紹介所は国営主義を採らなかったために相互の連絡を欠き、その任には堪えられない、と訴えた。それゆえに「職業紹介事業ヲ政府自ラ管掌シ、是ガ機關ヲ整備擴充シ、以テ現下並將來ノ時局ニ對處セント致シマシテ」職業紹介法の改正に踏み切った、と法案提出理由を明らかにした。

　ただし、あくまでも改正の動機は市町村営主義から国営主義への転換にあると説明され、営利紹介を原則禁止とすることには、演説の中でほとんど触れられていない。最後に「…民間ニ於ケル職業紹介事業、並是ガ類似事業等ニ付テ若干ノ規制ヲ加ヘル規定ヲ設ケタノデアリマス」と述べたにとどまった。結局、内務省内部で議論されていた ILO 条約との整合性や営利紹介の弊害などは一言も触れられていない。

　しかし、現実に営利紹介と利害関係を持つ議員がまったく口をつぐんでいたわけではない。村瀬武男が代表質問に立ち営利紹介の将来像を質したのに対し[29]、木戸は、営利紹介が自然に衰微するのは仕方のないことであるが、「特別ノモノニ付テハ、ヤハリ民間ニ委ネナケレバナラヌカト考ヘテ居リマス」と応じ、一定の配慮をすることを示唆した。さらに世耕弘一が前述の枢密院決定との矛盾を質したのには[30]、木戸は直接ではなく、従来からの営業者は原則として許可制によってこれを認めることを明確に表明することで

---

[28]　1936 年の職業紹介所の府県への移管を定めた改正に至る過程は河（1996）に詳しい（p.25）。しかし、同書にあっても 1938 年の民営紹介の原則禁止を定めた改正に至る経緯は明らかにされていない。

[29]　愛媛県選出の民政党議員。

[30]　和歌山県選出の政友会幹事。後の近畿大学総長。

応えた。

　営利紹介に対し廃業を強制せず、自然の衰微に任せるという本会議での政府の基本姿勢は、委員会審議でも一貫した。左派系の委員は ILO 条約を念頭に置き、営利紹介の「弊害」を指摘しながら、はっきりとこれを禁止するべきであると主張したのに対し、政府委員は「弊害」の取締りは内務省令で対応済みであり、総じて営利紹介にも利点があることを考慮するべきであると、かえって営利紹介を擁護する場面もみられた。また、営利紹介の存続を考慮するべきであると繰り返し発せられる質問に対しては、政府委員はそのつど、現行の営利紹介業者に脅威を与えないことを明言した。しかし、平行していた国家総動員法の審議が紛糾する中、当局の統制色の強まりを警戒する民政党から、付帯決議をするよう提案された。

　その付帯決議は次のように述べられている。

　　　「第二十一條ニ依ル有料又ハ営利ヲ目的トスル職業紹介事業ヲ行フ業
　　　者ニ對シテハ一般家庭竝ニ小商工業使用人及ビ之レニ類スル者ノ職業紹
　　　介ハ営業ヲ壓迫セザル様嚴正ナル處置ヲ執ルベシ…」

（4）　「永い眠り」

　1938 年 3 月 16 日、第 73 回帝国議会衆議院社会事業法案外二件委員会において、職業紹介法改正法律案は付帯決議を伴って可決された。ここに、職業紹介事業は原則として公的独占の下に置かれることとなった。また、既設営利職業紹介事業の存続を認めるとした政府見解も、営利紹介に対して一定の配慮をするとした付帯決議も、政府に強大な権限を預ける国家総動員法の成立・公布のあとには実質的な歯止めとはならず、統制経済の中に埋没していくこととなる。

　日本において職業紹介事業の公的独占は、農商務省や内務省の官僚、あるいは在野の社会事業家によって産業化の当初から主張されていた。その主たる根拠は仲介業者がもたらす「弊害」であり、具体的には規範意識を稀薄にさせるなど社会的な不安を惹起する以外に、たとえば技能訓練の妨げになる

ことなどが意識された。しかし、仲介業者の規制は、基本的に地方自治体が別個に対応し、全国的な統一規制は大正中期の旧職業紹介法や労働者募集取締令を待たねばならなかった。このときまでに内務省の行政指導の下、公共職業紹介所が少なからず設置されたものの、多くは実質的な活動基盤を有しなかったか、失業者の救済の対応に追われ、当初意図された「弊害」の除去ならびに営利職業紹介事業の代替にまで発展することはなかった。

　この状況を打開するために、内務省は 1921 年に旧職業紹介法を制定し、市長村営職業紹介所を財政的に援助し、協調会に設置された中央職業紹介事務局を中心とした全国的な連絡組織も整備した。しかし、これをもってしても営利紹介を代替するまでには到らず、内務省でも公営紹介と営利紹介の競合関係を意識するまでになっている。このとき、旧来から発達してきた供給地や需要地でのマッチング組織を公営紹介に吸収するのと同時に、内務官僚は、この競合関係は営利紹介を禁圧することで解消できると考えた。折しもの ILO 条約を盾に職業紹介事業の公的独占を主張するようになる。しかし、彼らの主張は枢密院など政界には受け入れられず、結局営利紹介を禁じた ILO34 号条約の批准は失敗に帰した。

　ところがこのとき、職業紹介行政にとってはまったく外部から、別の政治的圧力がかかることとなる。1937 年 6 月、近衛内閣が成立すると政府は統制経済へ急速に傾斜し始め、臨時資金調整法・輸出入品等臨時措置法の制定、企画院の創設が相次いだ。翌 1938 年には国家総動員法が制定され、統制経済への移行は決定的なものとなった。職業紹介法もこの余勢をかって改正され、原則として営利職業紹介事業は禁止されたのである。

　こうして成立した職業紹介事業の公的独占体制は戦後改革でも変更されず 1997 年までほぼ 60 年にわたって維持された。その間、営利紹介抜きで戦後復興期や高度成長期という成長期を経験してきた日本の労働市場は、まるで営利紹介の役割を忘れてしまったかのようである。解禁後 20 年になろうとしている現在でも、営利紹介を通した入職者は全体の 2 〜 3% にすぎない。

　職業紹介の公的独占の直接の引き金が国家総動員体制にあったことは明白で、それゆえに、現代日本の労働市場での公営紹介のプレゼンスは政府による労働市場への介入の結果だと解釈されるきらいがある。しかし、本章で

縷々説明してきたように、その背後には、戦前期に独自に発達してきた自生的なマッチング組織が公共職業紹介網に徐々に吸収されてきたということを、繰り返し強調しておこう。

　公共職業紹介所の設置は、一般に、失業保険や生活保護の導入ほどの財源が必要ではなく、最低賃金や最長労働時間の導入ほど使用者と摩擦を起こすわけでもない。労働市場への政府の介入の安価な典型で、開発途上国への労働政策の勧告にはほぼ必ず言及されるほどである。しかし、少なくとも日本の労働市場が公共職業紹介網を有効に機能させるまでには、かくも複雑な紆余曲折を経てきたのであって、政府による労働市場への介入は一朝一夕に実現できるものではないという好例だととらえておこう。

3　そして日本的雇用慣行へ

（1）　日本的雇用慣行と戦時経済

　戦前期の公営紹介の歴史は、日本の労働市場において政府による実効的な制度導入がいかに難しかったかを示すひとつの例だろう。本書では、日本的雇用慣行の成り立ちについても、この認識をもとに解釈する。

　日本的雇用慣行とは、最大公約数的に表現すれば、長期雇用、年功賃金、企業別組合を主要素とする雇用慣行の束を指し、現在の日本の労働市場をかたちづくる重要な原動力のひとつと考えられている[31]。その起源についてはすでにさまざまな説明がなされている。近世期の商家の雇用慣行から始まり、戦前期の産業化の時代、戦時中の統制経済、戦後改革、高度成長期など枚挙にいとまがない[32]。外国人によって日本的雇用慣行が議論され始めた当初、その存立基盤が日本文化と結びつけられて説明されてきたのは、確たる起源を見出すことができないことと無関係ではないだろう[33]。いわば、

---

[31]　日本的雇用慣行は、いわば日本の労働市場・労働問題研究者が総体として探求してきた課題といえる。したがって、あるひとつの研究にすべてが集約されるというかたちをとっていない。強いていえば、小池和男の一連の研究は、職場の技能形成の実際から全国レベルの労使関係までを視野に入れており、そのエッセンスをまとめた小池（2005）が参考になるだろう。

図 2-5　戦時期の被用者フロー（1939 ～ 1943 年）

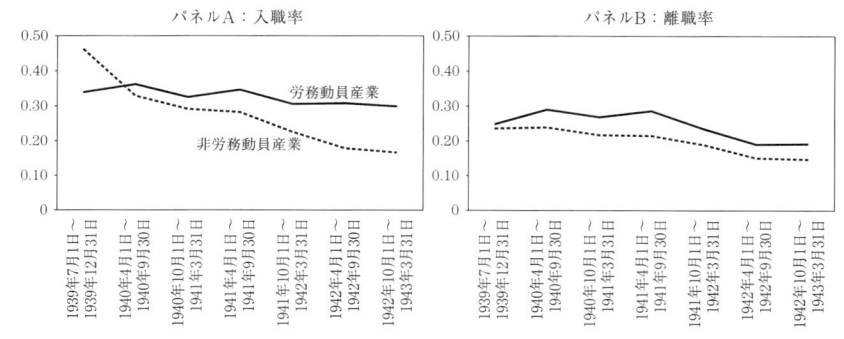

注：厚生省職業部『労務動態調査結果報告』第一回から第七回。ただし、第四回以降は厚生省勤
　　労局。雇入率・離職率ともに、6 カ月間の新規雇用数（統計上は雇入数）および離職者数（統
　　計上は解雇数）を、期首期末の現在数平均で除して求めた。

社会と混然一体になって成立・発展してきた雇用慣行だといえる。本節では、日本的雇用慣行の歴史的変遷を細かく追うことは他の優れた論考に任せ、とくに政府の介入との関係を重視して簡単に整理しよう。

政府の介入が日本的雇用慣行をかたちづくったと考える最右翼は、やはり戦時経済起源論である。この文脈では、統制経済の進行に伴い被用者の異動が制限されたことから説き起こされるのが通例で、継いで産業報国会による労使コミュニケーション制度の導入の意義を論じることが多い。

政府による移動制限の導入・強化については、職業紹介法改正の契機をも提供した国家総動員法に基づき、1939 年 4 月に従業者雇入制限令が公布、次いで 1940 年 11 月に従業者移動防止令に拡張され、1941 年 11 月の国民労務手帳制度の導入とともに、被用者の雇入れに当局の許可が必要とされるようになったと整理される。

---

32)　日本的雇用慣行と江戸期の商家慣習との相似については斎藤（1987）が詳しい。間
　　（1963）は労務管理方法を中心に、両大戦間期の経営家族主義と日本的雇用慣行との関
　　係を強調している。また、統制経済起源論の代表例は岡崎・奥野（1993）である。戦
　　後改革の役割を重視するとともに高度成長期における雇用慣行の確立を強調するのが、
　　たとえば仁田（1995）などを挙げておく。日本的雇用慣行論の全体像を概観するに
　　は、平野（2011）が主要文献を網羅したサーベイを提供している。
33)　後述の Abegglen（1958）が代表である。

　この移動統制の目的は、もちろん戦時経済の遂行にある。とくに 1937 年度のいわゆる馬場財政を契機に時局産業に膨大な予算が注ぎ込まれ始めると、当該産業では熟練工のみならず養成工までも人手不足が生じ、引き抜きが横行するなど労働市場に混乱をきたした。少なくとも部分的には、本章冒頭で紹介した明治大正期の産業化の時期と似た様相が現出したと考えてよい。明治大正とは異なり、戦時期の日本政府は、法律をもって資源の移動をコントロールすることで、個々の経済活動を戦争遂行に向けて最適化できると考えた。従業者雇入制限令から矢継ぎ早に拡張された移動統制はその典型である。

　それでは、移動統制の結果はどうだったのだろうか。当時の『労働動態調査結果報告』によって、労務動員産業と非労務動員産業の被用者フローを比較してみよう。

　パネル A によれば、新規採用が積極的に行われただろう労務動員産業における 6 カ月間の入職率は 30 ％を超えている。雇用動向による現代の入職率が年間 20 ％を超えないことを考慮すると、かなりの高頻度で雇入れが続いていたことがわかる。また、新規採用が制限されたであろう非労務動員産業の入職率は、とくに日米開戦を控えた国民労務手帳制度の導入近辺から比較的減少傾向にあり、被用者の流入が抑えられたかにみえる。こうした現象は、移動統制が一定の効果を持っていたことを示唆するかもしれない。

　とはいえ、統制の実効性には疑問の余地も十分残されている。たとえば、もし従業者雇入制限令などによって完全に労働移動をコントロールできていたならば、少なくとも労働市場においてはその余の統制は必要ない。しかし現実には、当時の政府は、従業者雇入制限令とほぼ同時の賃金統制令、およそ半年後の臨時措置令によって、賃金統制をも実行している。この事実は、労働移動制限が完全には機能しておらず、賃金の提示合戦によって被用者を惹きつける競争が起こっており、賃金の面からも一定水準を強制しなければいけなかったことを物語っている。

　また図 2-5 のパネル A では、非労務動員産業とされた産業でも、6 カ月で 15 ％を超える入職率が示されている。この水準を雇用動向の調査結果と比較すれば、2000 年代の 2 倍程度、高度成長期をも上回っている。労働移動

が制限されたのは事実かもしれないが、それでもかなり激しい労働移動が発生していたと考えたほうがよい。

　加えて、パネル B に示されている離職率も高水準を保っていた。被用者を集中させ定着させなければならない労務動員産業においてすら、離職率は20％を下回っていない。逆に被用者を引き剥がさなければならなかった非労務動員産業の離職率はむしろ相対的に低い水準に抑えられてしまっていた[34]。統計は、政府の移動統制が必ずしも十分機能していたわけではなく、戦時下の労働市場が意外に流動的だったことを示唆している[35]。

　日本的雇用慣行の戦時起源論に戻ろう。現実にどれほどだったかはともあれ、いったん労働移動が滞り始めると、各事業場ではとくに士気の低下が起こり、生産性が低下する。ほかに有利な就業場所があるとわかっていても移動できず、賃金も統制されてその不満を補償されないとすれば、能率が低下するのは理解できる。統計上も、能率低下はたとえば欠勤率の上昇に表れ、1938 年から 40 年にかけて、軍需工場の労務者の欠勤率はほぼ倍増したことが示されている[36]。

　この生産性低下を補った可能性があると指摘されているのが、産業報国会と呼ばれる組織である。この組織は、もともとは国家観などを統一するための産業報国運動の一環として設立されたとされているが、実際には、事業所内で使用者と被用者がコミュニケーションをとる制度でもあった[37]。Exit and Voice のメカニズムを提案したのは後年のアルバート・ハーシュマンだが、移動制限によって足での投票が制限される場合には、声を上げてみずからの希望を明らかにする必要があるというトレードオフは、現場レベルでは戦時中にすでに理解されていたようである[38]。また、中央組織が先に成立し末端に手足が伸びるのではなく、まず各事業所で単位産報が組織され、そ

---

34)　この離職の中には応召・戦死は含まれていない。
35)　戦時期の政府統計の信憑性については十分に討議されているわけではない。しかし、政府の移動統制が十分ではなかったこと自体は、諸方面で残された個別経営資料などとも一致する。また、政府や被調査者が偽りを報告するのであれば、統制実績をアピールする方向に結果を歪めると思われるので、やはり移動統制が十分でなかったことは確からしいだろう。
36)　法政大学大原社会問題研究所（1964）第 15 表。
37)　Okazaki（2006）。

れが統合されるかたちで全国組織が生成されるという順序は、職業紹介網と同様で興味深い。

　特定の使用者と被用者との関係が長期的になれば、被用者の社会福祉の水準を保つには、使用者に配慮させるのが都合がよい。政府が賃金統制の亜種として、生活費を保障するような賃金構造や家族手当などの手当類を使用者に強制することは容易に想像できる。戦後の電算型賃金を待つまでもなく、年齢によって家族構成が変化するにつれて嵩んでいく必要経費に対応した賃金体系ができてきた。こうして、低位な労働移動あるいは長期雇用、事業所または企業単位での労使コミュニケーション、年功賃金という日本的雇用慣行の原型ができあがったと理解するのが、日本的雇用慣行の戦時経済起源論の大要である。

　一般に流布された統制経済というイメージも相俟って、戦時経済起源論に基づけば、政府こそが日本の雇用慣行を設計し強制したと理解されがちである。しかし、図 2-5 が示唆するように、戦時統制の実効性は自明ではない。戦時経済起源論は、どちらかというと政府の力を信じることを前提とした理屈の産物で、実証的基礎は盤石とはいえないのである。そして、本項でまとめたように、労働需要が局所的に集中するという状況に対処するために、各労使の選択として成立したという解釈も成立することには、読者の注意を促したい。

（2）　戦後改革の役割：労組法の例

　前項にみたように、ひかえめにみても、戦時経済起源論が日本的雇用慣行の成立過程のすべてを説明するわけではない。また、戦時期の労働市場制度がそのまま戦後に受け継がれたわけでもない。敗戦後には新憲法が成立し、GHQ の下で戦後改革と総称される労働立法が相次いだ。マルクス主義の影響を受けて、論壇で労働運動と労働市場制度が同一視される傾向も強くなっ

---

38)　Hirschman（1970）。労働経済学では Freeman and Medoff（1984）以来、労働組合にこの役割を投影してきたが、日本的雇用慣行においては労働組合が唯一の労使コミュニケーション手段ではない。Kato and Morishima（2002）は、労働組合に限らず、職場への「参加（participation）」が生産性に正の影響を与えることを、パネルデータを用いて検証している。

たのちには、戦後の民主化と労働運動の解放こそが日本の労働市場をかたち
づくったとする考え方が拡散した。事実、新憲法 27 条で勤労権が、同 28
条でいわゆる労働三権が高らかに宣言されると、新憲法施行までに、労基
法、労組法、調整法、安定法、安衛法など、現在でも労働法の根幹をなす諸
法が次々に制定されたことは説明するまでもないだろう[39]。

　さらに、これらが GHQ による占領下で立法されたこともあり、いわゆる
ニューディーラーの影響を読み込むことも少なくない[40]。少なくとも目ぼ
しい立法といえば工場法と職業紹介法に限られた戦前と比べる限り、戦後改
革が現代日本の労働法典にとって大きな画期となったことを疑う余地は、
まったくない。日本的雇用慣行といえども法的関係に基づく社会制度なのだ
から、関係する法律群の影響下にあると前提すれば、戦前と戦後の断絶こそ
が強調されるのは自明とさえいえるかもしれない。

　しかし、戦後労働立法の仔細を検討してみると、戦後改革によって新たに
取り入れられた考え方がある半面、戦前あるいは戦時中に育まれた考え方が
生き残っていることもまためずらしくない。この点は、立法過程や内容を検
討するまでもなく、たとえば労組法が、ポツダム宣言受諾から 128 日後、
マッカーサーの五大指令から数えるとわずか 71 日後の 1945 年 12 月 22 日
に成立していることを思い出せば想像がつく。

　長めに見積もっても 3 カ月という短期間で原案作成から議会審議を通過さ
せたことからすると、戦後の労組法は、第一次世界大戦後より幾度となく積
み重ねられた労組法制定の努力の上に成立したと考えるのが自然な推論だろ
う。事実、戦後労働立法の中核を担った末弘嚴太郎が、後年の著作中で「尚
こゝに一言したいのは、労働組合法はその後の労調法など、違つて、餘りア
メリカの影響を受けていないことである。法律の内容は殆ど聯合軍側の指導
を受けることなしにきめられたのであつて、この點世間に多少誤解があるよ
うだから、注意して置く。」ととくに記述していることはよく知られてい

---

[39]　労組法は 1945 年の制定後、1947 年に全面改正されており、前者を旧労組法、後者を
　　（新）労組法と呼称することが多い。本書ではとくに必要のない限り、労組法で統一す
　　る。
[40]　GHQ と労働立法との関係については竹前（1982）、遠藤（1989）がある。

る[41]。近年、立法資料が公開され労働法研究者によって精査されるにつれ、やはり労組法成立過程への GHQ の介入は最小限にとどまったとの見解には裏づけがあることが明らかにされた[42]。

　他方、上記の末弘嚴太郎の記述自体は、戦後の労組法は戦前に構想された労組法を下敷きにしたわけではなく、「何もないところに法律を作ろうとした結果」であることを主張するためのものである[43]。実際、厚生労働省労政担当参事官室の手になる『労働組合法・労働関係調整法』では、労組法は戦前とはまったく異なる構想の下に設計されたと評価されている。しかし、上に引用した著作は、講演録という性質上額面通り受け取る必要はない。

　たとえば、東京大学労働法研究会による『注釈労働組合法（上）』など、労組法に戦前の、とくに 1925 年の内務省社会局案の影響を重視する労働法研究者も少なくない[44]。結局、労組法に戦前戦後の連続をみるか断絶をみるかという点については、労働法研究者の中では必ずしも一致した意見があるようにはみえないとするのが穏当なところだろう[45]。

　ただし、労働法研究者による戦前労組法案と戦後労組法との比較研究では、基本的には、その間の産業報国会が抜け落ちている点は、議論を概観する際に考慮する必要があるだろう[46]。もちろん、産業報国会は決して労働組合ではなく、労組法上重要な論点である争議権や協約自治などとはまったく無縁の組織であることは間違いない。また、労働組合と労使協議制を厳密に区別する立場からは、両者を混同することは禁忌でもある。

　しかし、日本的雇用慣行における労使コミュニケーションの役割という文脈で研究を整理すると、産業報国会が一定の役割を果たしたかもしれないことは、戦時経済起源論を紹介する件で触れた通りであり、元来この視角からは労働組合と労使協議制を厳密に区別する必然性も定かではない。結局、労働者集団と使用者との間に安定的なコミュニケーション手段を構築し、それ

---

41)　末弘（1948）54 ページ。
42)　渡辺（2014）。労組法に関する立法史料研究の現状や位置づけについては、中窪（2016）が短くまとめている。
43)　末弘（1948）54 ページ。
44)　西谷（2009）を挙げておくが、脚注 46 も参照のこと。
45)　荒木（2015）とその参考文献を参照のこと。
46)　もちろん濱口（2004）など例外もある。

を通じた情報共有によって職場秩序を維持するという観点を付け加えるのな
ら、戦前の政策構想は戦時経済を通じて戦後に影響を及ぼしたと考えても間
違いではないだろう。

　労組法を例とした戦前と戦後との緩やかな関連は、労基法の立法過程につ
いても、ある程度妥当する。もともと労基法は、工場法を祖とすると考えら
れてきた。実際、工場法は労基法施行に伴い廃止されており、両者を制度的
に連続したものとしてみるのは自然だろう。

　また、工場法の対象は労基法と異なり年少者や女性に限定されていたとは
いえ、すでに 1939 年の工場就業時間制限令などによって規制の網は成年男
子にも拡大しており、労基法は戦前の諸法の延長にあると位置づけることは
難しくない。

　他方、戦後の労基法には工場法とはまったく性質を異にする機能、つまり
労使合意による例外創出という方法が備えられている。立法当時、労働時間
の上限を週 48 時間と定めた上で、過半数代表との労使合意によって時間外
労働が認められ、この労使合意には制限をつけないとした第 36 条が典型例
だろう[47]。前身の工場法では 1 日 12 時間（のちに 11 時間）、工場就業時間
制限令でも 1 日 12 時間が労働時間の上限とされ、戦後労基法よりも長時間
労働を許容していたことはよく知られているが、時間外労働については、た
とえば工場就業時間制限令では月 7 回それぞれ 2 時間まで、しかも事由の
制限と地方長官の許可が必要とされた。少なくとも法律上の制限は厳しい、
いわゆる硬式時間制が採用されていたのである。

　労基法制定にあたっては、当初案には時間外労働については工場法由来の
厳しい制限が付されたものの、「早くも一次案の検討第一日目で、硬式時間
制は放棄された」と評されている。同時に、「事由無限定・時間制限なしの
時間外労働を、労働組合との協約または多数代表者との書面協定で承認する
規定が」提案された[48]。

---

47)　したがって、上限規制が 48 時間から 40 時間に変更された時に実労働時間に影響を及
　　ぼさなかったとする Kawaguchi *et al.*（2017）も理解できる。
48)　野田（2000）p.93。週 48 時間（と 25 ％割増）についてはいくつか研究があり、小嶌
　　（2009）が短いまとめを試みている。

　最終的には、労使合意さえあれば、事実上労働時間を規制しないという現代の日本の労働時間規制の原型が労基法の立法時に成立しており、この点は工場法や戦時立法とは大きく発想が転換されていると考えてよい。

　労基法立法時の時間外労働規制がたどった顛末こそ、立法資料により判明しているものの、その理由はさほど明確ではない。渡辺（2000）は、当時労働保護課長だった寺本廣作の意見として「①労働者に最長労働時間を規制する理由を認識させて余暇時間を確保させる、②大多数の労働者は、労働時間の上限を法律で厳格に制限することに反対するであろう」を挙げ、さらに労働保護課の意見として「1 日 8 時間制を取り入れるための前提」という理由を付しているが、「確たる史料はない」とまとめている。実際、日銀労働統計によれば、1938 年 7 月の平均実労働時間は平均 9 時間 55 分と報告されており[49]、就業時間上限 11 時間から法定の 1 時間の休憩を除いた 10 時間程度だった。1 日 8 時間規制を導入するのであれば、時間外労働規制を緩和するという取引があったとしても奇異ではない。しかし、時間外労働規制を緩和する手段として、なぜ労使合意による例外創出を用いたのかは、いまだに定かとはいえない。

　以上のように、戦後改革は一定程度の戦前と戦後の断絶をもたらしたともいえるが、両期間にわたって引き継がれた点も少なくない。とりわけ労使自治の原則の尊重という側面では、十分な資料的な裏づけには欠くきらいがあるが、戦前からの私的自治の伝統を戦後改革によって労使自治の原則に拡大・補強するかたちで、日本的雇用慣行の制度的条件を整えていったと要約できるだろう。

（3）　高度成長から安定成長へ：日本的雇用慣行の発見

　以上の立論に沿えば、戦後改革を経て、日本的雇用慣行が形成されていったのが高度成長期で、明確に制度されたのが安定成長期であると議論を展開できる。簡単にいえば、戦後直後より度重（たびかさ）なった争議を経験しながら労使コミュニケーションの在り方が整理されたし、職能資格制度の導入によって年

---

[49]　定義によれば、休憩時間を除いた正味労働時間に関する統計である。

功賃金体系も制度的安定性を獲得した。また、繰り返される景気循環に対処するために長期雇用慣行に基づく雇用調整方法が明確になり、安定成長期に入るに及んで解雇権濫用法理として確立することは、このあと第 5 章で詳述する通りである。

　日本的雇用慣行の発展史に対して本章がさらに付け加えるとすれば、日本的雇用慣行が発見された当時、この慣行は低生産性の桎梏として認識されていたことだろう。日本的雇用慣行の発見が 1958 年のジェームズ・アベグレンの書物 *The Japanese Factory* でなされたことは、現在では高等学校の教科書にすら掲載されているほど、世の常識と化している。

　ただし、この書物における日本的雇用慣行の評価として基本線を形成したのは、当該慣行が日本文化に根差すもので、いわゆる科学的雇用管理を導入するのに障害となっているという認識だった。アベグレンの発見は、後年「終身雇用」「年功賃金」「企業別組合」という「三種の神器」としてまとめられ人口に膾炙するが[50]、原著の中で最も強調されているのは "lifetime commitment" として表現された使用者と被用者の間の一般的心理的関係だった点は、すでに幾多の論者が指摘しているものの、本書でも強調しておきたい。この心理的関係が雇用関係にあてはめられる場合、ある局面において "permanent employment" が現出するという論理的関係があった[51]。

　アベグレンによれば、"lifetime commitment" の基盤を提供しているのは、儒教的道徳観であり、ムラ社会に根づく封建的家族制度であり、勤勉に重きを置く労働観だった。現在でこそ、このような理屈づけを聞くと、どこの世

---

[50]　初出は OECD（1972）だと言われている。

[51]　最初の訳者である占部都美は、"lifetime" と "permanent" の両方に機械的に「終身」という語をあてはめたのか、両者の区別が明確ではなく、のちに「終身雇用」という語が一般に普及してしまう原因をつくってしまったといえる。アベグレン自身は、後年のインタビューにおいて「『終身雇用』ですが，実は私は『Lifetime commitment』という言葉を使っています。Commitment は必ずしも雇用を意味しませんので，『終身雇用』よりも『終身保証』などと訳す方が適切だと思います。」と述べている。ただし、訳書において終身雇用の内容を説明する箇所は「どのような水準にある日本の工業組織でも，労務者は入社に際して，彼が働ける残りの生涯を会社に委託する。会社は，最悪の窮地においこまれた場合を除いて，一時的にせよ，彼を解雇することをしない。彼はどこか他の会社に職を求めてその会社を離れることはしない」（占部都美監訳 17 ページより）と訳出されており、現在の長期雇用の解釈とほぼ同様の説明となっている。

界の話をしているのかわからないほどだろうが、1950 年代から 1960 年代の当時を思い出すと、講座派・労農派の争い、戦後の労働改革を梃に西欧的産業民主主義を夢見た労働運動、丸山眞男や中根千枝などの日本社会批判など、戦後社会科学における近代化論の認識とほぼ共通していることは明らかである。

　1970 年代以降、とくにロナルド・ドーアなどによって、文化的決定論が否定されるようになると、アベグレンの名は「終身雇用」と「三種の神器」の枕詞となり果て、日本的雇用慣行が発見された当時の背景と歴史的ニュアンスは省みられることがなくなった[52]。しかし、日本的雇用慣行に関する議論は、意識的にせよ無意識にせよ、常に日本社会に対する認識を問うていることを思い出しておくのは、その変質を考察する際にも重要だろう。

---

[52]　Dore（1973）。

コラム①　パリのフットボール

　パリにはフットボールクラブが実は二つある。

　ひとつの都市に複数のクラブが併存すること自体は珍しいことではない。イングランドのマンチェスター、イタリアのミラノ、スペインのマドリッドなど、世界の主要リーグの中心には同一都市を本拠とするライバルクラブがあり、いわゆるダービーマッチがリーグに花とほんの少しの熱狂を添える。世界に名だたるフランスはパリにあっても、複数のクラブがあると考えるほうがむしろ自然かもしれない。

　とはいえ、フランスリーグに多少通じた読者には違和感があるだろう。パリには名にし負うパリ・サンジェルマン・フットボール・クラブ（通称 PSG）がある。リーグ優勝こそ少ないものの、各国代表選手をコンスタントに集め、フランスリーグでも屈指の人気クラブとして日本でも知られている。設立時にパリの政財界がこぞって応援し、過去パリ出身のダニエル・エシュテルが会長を務め、自らユニフォームをデザインするなど、そのファッションやマーケティング展開力には目を見張るものがある。シャンゼリゼの目抜き通りに堂々とブティークもあるから、パリに旅した方は、その少々モダンなユニフォームをどこかで目にしているかもしれない。パリのフットボールクラブといえば PSG であり、それ以外には思いつかないというのが大勢であろうし、昨年までの筆者だった。

　ところが、昨年出張でパリに滞在していた折、偶然乗り合わせたタクシーの運転手とフットボールの話になると、彼が「自分の甥っ子がパリのフットボールクラブの選手なんだ」と言い出した。筆者はかなり驚いた。PSG といえばまさに高嶺の花、そこの選手のオジサンなんて、一体いくらチップをはずんだらいいんだと余計なことが頭を駆ける一方、選手の名前、ポジションを聞き出しにかかった。しかし、話が通じない。仏語なのか英語なのかいまひとつよくわからない言語を双方で操っているだけではなく、別なことを話しているかのようにも思えた。もう一度名前を確認すると、「さっき言ったじゃないか、パリのフットボールクラブだ」。「PSG じゃないの？」、「お前、知らないのか？　パリにはもう一つフットボールクラブがあるんだ。名前はパリ・フットボール・クラブ」。

　「知るわけないだろ」という言葉のフランス語も英語も、筆者にはわからなかった。

　2010 年 4 月にパリ市の一角に寓居を定めると、やおらパリ・フット

ボール・クラブのことを調べ出した。一応ウェブサイトがあり、一通り
の情報が得られる。略称は PFC、所属は全国選手権で、フランスの中
では3部リーグにあたる。日本では同じ位置に JFL があり、プロとア
マの境目だ。ホームスタジアムはスタッド・シャルティ、ちょうどパリ
市の西の境界にあり、筆者の下宿からはバスで一本、20分くらいの距
離だ。当時はリーグの終盤で、試合は金曜日の夜20時からが多かった
ので、仕事を終えた後のエンターテインメントにちょうどよいと思い、
でかけてみた。

　スタジアム周辺まで来ると、同じパリでも様相がずいぶんと変わる。
道路の幅が広がり、自動車の交通量が増える。19世紀後半に起源をも
ついわゆるオスマン建築は影をひそめ、モダンな中高層アパートメント
が建築物のほとんどをしめるようになる。人通りも心なしか黒人、アジ
ア人など非ヨーロッパ出身者が多くみられたように思う。

　スタジアム自体は陸上競技との共用ながら、全周を屋根が覆ってい
る。PSG のホームスタジアム、パルク・デ・プランスほどではないに
せよ、国内リーグの開催場所としては申し分ない。しかし、観客がいな
い。試合開始10分ほど前だというのに、100人に満たなかっただろう。
使っているのはメインスタンドの1階正面部分のみで、そのほかの場所
は閉鎖されていた。フランスリーグの場合、3部から2部に昇格できる
のは3チームで、当時の PFC は3位とは勝ち点でそう離されていな
かった。昇格の望みがまだあるにも関わらず、観戦者の数は少なかった
のは意外だった。フットボールそのものは、3部リーグにふさわしく、
少々スピードに欠けるきらいがあったものの、フランスやオランダリー
グにみられる1対1の勝負を邪魔しないという伝統を余すところなく
発揮し、筆者としては楽しめる内容だった。とはいえ、同じ1対1を
強調するオランダリーグと比較しても、チームプレーがあまりみられな
い。ボールと関係のないところでの駆け引きはそれほど頻繁ではなく、
あったとしても1対1の結果の急展開に対処するためであって、あわ
ただしい。一人ひとりの選手のプレーの意図が時間的にも空間的にもア
ドホックで、全般的にそれほど内容の濃い試合だったとはいえないだろ
う。小学生前後くらいのボールボーイがリフティングに興じていたりす
るなど、日本の JFL と比較しても、どこか緊張感のない、まじめさの
足りない試合だったように思える。隣に座った大学生の解説によると、
もう長い間（いまだかつて？）クラブにいた選手で結果的に代表に呼ば
れた選手がいないとのこと、国内リーグの地盤沈下はこんなところに如
実にあらわれるのだろうと嘆いていたのが印象的だった。

　その後のワールドカップ南アフリカ大会でのフランス代表の惨敗ぶり
は、多くの読者もご存じの通りである。その中でフランス代表の独特の
エリート養成システムについての批判も上がった。フランスで将来有望
なサッカー少年たちは、中学生くらいの時分（13 〜 15 歳）に国立の選
手養成所（俗にクレールフォンテーヌと呼ばれる施設を中心に全国に 9
カ所ある）に選抜され、そこで 3 年間育てられる。フランスらしい、エ
リート的な育成組織だ。1998 年のワールドカップで初優勝を成し遂げて
以来、代表チームの大部分をこの養成所出身者が占めてきた。この中央
集権的な選抜システムが、選手にさまざまな悪影響を与えたのではない
かという批判が生まれたわけである。フットボールもチームスポーツな
ので、さもありなんと思うが、エリート養成システムの人間形成云々と
いう話は、実証的根拠を見つけるのが難しいだろう。確かなのは、その
分、地元クラブやユース組織からの代表への返り咲きは難しくなったこ
とだ。こうなると、地元クラブの選手だけではなくて、何より観客のモ
ティベーションも維持するのは難しくなる。

　地元クラブが苦戦を強いられているのは、代表チームにかかわるバイ
パスの存在だけではあるまい。欧州のフットボールリーグは、基本的に
ドメスティックである。例外的にインターナショナルなチームがあるに
すぎない。たとえば、各国のトップリーグであっても、ほとんどのクラ
ブのウェブサイトは自国語のみ。PFC に典型に見られるように、どう
にかスタジアムに行ってもチケットや飲食物の売り場にはたいした表示
すらない。大げさにいえば、知っている人に説明不要なことは説明せ
ず、説明しなければならない人が来ることを想定していない。しかし、
近年のいくつかのクラブは、たとえば暗黙の約束事を何も知らない外国
からの観光客を観客として真剣に考え、そのことによって桁違いの収益
を生み出すようになってきた。グローバル化の時代というのは、単に
人々や物が国境を越えて往き来するという物理的な現象であるというよ
りも、おそらくこのようなドメスティックな物事の価値が、金銭的にも
主観的にも動揺している時代なのではないだろうか。PFC に感じる時
代に取り残される感覚は、フットボールの行く先を心配させるに十分な
のではないかと思う。

『日本労働研究雑誌』2010 年
フィールド・アイより転載。表記は発表当時のままとしている。

第 II 部

正規の世界、非正規の世界

- 第Ⅱ部の目的は、現代の日本的雇用慣行の現実を、データを使って考察することにある。
- 第3章では、「正規の世界」すなわち日本的雇用慣行の中核となる長期雇用慣行に注目し、続く第4章では、「非正規の世界」の膨張、すなわち非正規雇用の増加の背景を検討する。この二つの章から、日本的雇用慣行の中核部分は大きく崩れておらず、非正規雇用の増加は自営業の減少部分を補っていたことがわかる。
- 第5章では、正規の世界と非正規の世界を律する「掟」、すなわち日本的雇用慣行を体現した労働法理の形成過程を吟味する。それらが労使自治の論理を重視する規範体系を形成しており、第3章と第4章で示された近年の日本的雇用慣行の強靱さの背景となっていることを指摘する。
- この3つの章から、1980年代以降の日本の労働市場の特徴は、労使自治を重視する規範に則って、正規の世界が安定する一方、非正規の世界が不釣り合いに膨張を続けたとまとめられる。

第3章

正規の世界

1 長期雇用慣行は衰退したか

第Ⅰ部では、いわゆる日本的雇用慣行は、ある一編の法律や誰かの命令によって一夜のうちに構築されたというよりも、労使自治の伝統に基づいて多くの人々の関与の下、徐々に形成されたことを議論した。最終的には、1970年代以降の安定成長期に入り、現代日本の労働市場の中心的部分として認識されるようになった。

その日本的雇用慣行が、1990年代以来の長い不況の中で毀誉褒貶にさらされている。

1992年のバブル崩壊に端を発した経済不況は、1997年の金融危機を機にいよいよ深刻さを増し、労働市場の「硬直性」もその一因と指摘されるようになってきた。日本的雇用慣行あるいは正社員と呼ばれる働き方は、経済成長の原動力と評されたほどの一時期の礼賛をよそに、改革されなければならない対象とされた。

それから20年あまり経過した現在、日本的雇用慣行は崩れ去り日本の労働市場は大きく変容したといわれるようになった。実際にも、正社員であっても、終身雇用や年功序列といった古典的な人事労務管理に浸かっている人を見つけるのは、もはや至難であるといっても過言ではない。その代わりに、派遣社員や契約社員などいわゆる非正社員が労働市場に溢れているのは誰の目にも明らかだろう。

　だが、それだけ労働市場像が変化したにもかかわらず、日本の労働市場に改革が不可欠だという意見は、内外公私を問わず、一向にやむ気配がない。OECD経済局は二年ごとの対日勧告のたびに労働市場の変革を唱え、経済産業研究所など政府系のシンクタンクからも、正社員の働き方を変えるために労働法規を改正するべきだという意見は絶え間なく発信されている[1]。政府においても、規制改革と名のつく場面には、労働市場制度の変更が含まれるのが常である[2]。こうした勧告や意見では、日本的雇用慣行ゆえの労働市場の硬直性が日本経済復調の妨げになっているという指摘が、もはや枕詞のように繰り返されてきた。

　ところが、こうした勧告や意見が20年も繰り返されると、少々飽きが来るだけではなく、その信憑性も怪しくみえてくる。そもそも、一般の人々の感覚のように、もし日本的雇用慣行がすでに廃れ、正社員の働き方も変わっているのだとすれば、改革するべき対象はすでに消失しているはずである。改革を標榜する勧告や意見は、善意に解釈してもドン・キホーテで、悪意に解釈すれば本意を隠した言いがかりにすぎないことになる。それとも、間違っているのは日本的雇用慣行がもはや過去のものとなったという一般の感想であって、現実には日本的雇用慣行は崩壊しておらず、やはりまだ改革すべき対象として存在しているのだろうか。

　このように、日本的雇用慣行をめぐっての私たちの現在地は、意外なほど不確かである。本章では、日本的雇用慣行の中核に位置する長期雇用慣行の近年の動向を確かめることで、私たちを取り巻く正規の世界がどのように変容しているのか、ひとつの実証的根拠を提示しよう。

（1）　平均勤続年数

　現実に長期雇用慣行があるのかないのかという課題はすぐれて実証的なも

---

[1]　直近のOECDの対日経済審査報告（2017 OECD Economic Survey of Japan）も、正社員の解雇規制緩和という一般論だけでなく、より具体的に、イタリアにおける単一労働契約の導入を参考にするようにとの提言がなされている。また、経済産業研究所では人的資本に関わる研究・政策提言が主要な柱のひとつとして掲げられ、労働市場改革に関する多数のプロジェクトが進行した。

[2]　安倍内閣のもとでの規制改革会議でも、「ジョブ型正社員の雇用ルールの確立」と題され議論されている。

のの、それを確かめる方法が確立しているわけではない。たとえば、長期雇用慣行は所詮慣行レベルの暗黙の約束事なので、慣行に則った行動と外れた行動を外形から区別するのは難しいという考え方にも一理ある[3]。こうした実質に関わる異論を措いたとしても、統計として備わったデータから長期雇用慣行の代理変数を見つけることでさえ、研究者で一致した方法が確立されているわけではない。複合的に議論を重ねることで真相に接近しようという姿勢で、研究が進められてきた。

　その方法は、被用者を観察単位とする方法と、使用者を観察単位とする方法に大別できる。前者では、たとえば平均勤続年数や離職率、失職率といった計測概念がよく用いられ、後者では雇用調整速度などのモデルがよく用いられる。それぞれの方法に利点と欠点があり、計量経済学的手法が発達した割に企業側のデータ整備が進んでいない現在では、後者の方法はあまり注目されなくなってきている[4]。

　本章でも、比較的簡便かつ理論的仮定に過度に依存しなくて済む前者の方法を用いて、日本的雇用慣行のコアを形成する正社員を主な対象として、長期雇用慣行の近況をまとめよう。

　最初に検討するべきは、やはり被用者の平均勤続年数だろう。長期雇用慣行があれば押しなべて勤続年数は長いはずだし、逆に長期雇用慣行が崩れているならば平均的な勤続年数は下がってきていると予想でき、直感的に理解しやすい。たとえば、OECD は主要加盟国の平均勤続年数を定期的にまとめ、正社員に限ってはいないものの、ウェブ上で公表しており、データも入手しやすい[5]。図 3-1 は、そこから大陸欧州の主要国と日本についてのデータを入手し推移を図示したものである。

　被用者の平均勤続年数は、デンマークの 8 年前後から日本などの 12 年前後までと、国による差が大きい。また、図に挙げられた国の中では解雇規制

図 3-1　OECD 諸国の平均勤続年数の推移：1992-2013 年

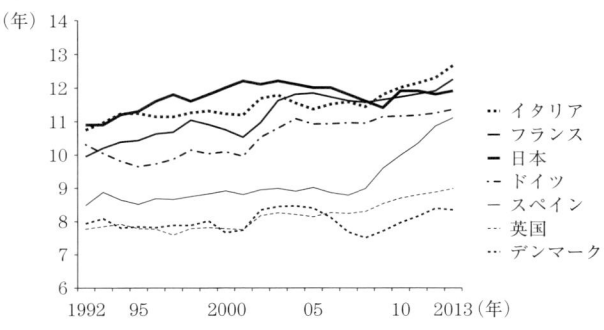

注）OECD,Stat より 2014 年 10 月 7 日ダウンロード。日本については、賃金センサス各年第 1 表より掲出している。賃金センサスは、農林業や常用労働者 5 人未満の事業所を対象にしていないなど、調査対象が日本全体をカバーしておらず、諸国と異なる点に注意を要する。

が比較的緩いとされる英国やデンマークで短く、比較的厳しいとされるイタリアやフランスなどで長い。各国を横断的に比較すると、平均勤続年数と長期雇用慣行との間には、理論上のみならず、データ上でも一定の相関関係がありそうに見える[6]。その中で日本の平均勤続年数は最も高い部類に属し、現に 2000 年代まではイタリアやフランスよりも長かった。その意味では、どの国よりも長期雇用慣行が尊重されていたといえるかもしれない。日本にはやはり長期雇用慣行の存在が示唆されるのである。

　しかし、図 3-1 では長期雇用慣行の減退がはっきりと示されているわけではない。たしかに、近年に限れば日本の平均勤続年数は、諸外国と比較してもはや最も長いとはいえないかもしれない。しかし、それは大陸欧州諸国で長期勤続化が進んだためであって、日本の平均勤続年数は 2002 年前後に 12.2 年とピークを打ったあとは（リーマン・ショックの影響下にあった 2008 年と 2009 年を除くと）11.8 〜 11.9 年と安定しており、この水準はバブル経済時の 11.0 年前後と比較しても、むしろ長期化している。1990 年代

[5]　主要国では日米が該当するデータを供出していない。両国においては、全世帯を調査対象とする世帯調査のうち、毎年勤続年数が計測できる調査がないからである。日本における就調は 5 年ごと、米国における CPS の勤続に関する追加質問は 2-3 年ごとに行われている。

[6]　解雇規制の強弱に関しては第 6 章を参照のこと。

の不況期にかえって平均勤続年数が長期化したことは、一見すると長期雇用慣行の崩壊という予期されたシナリオと矛盾する。

　この違和感を理解するためには、平均勤続年数とは、ストック変数としての性格を強く持っており、いわば、労働市場の一時点のスナップショットを要約した統計量のひとつにすぎないことに注意すればよい。たとえば、図3-1 に示した日本のデータは、賃金センサスの第 1 表から採録しており、単純に、正規非正規を問わずすべての被用者の毎年 6 月 30 日時点での勤続年数を平均した数値を並べたものである。したがって、6 月 30 日時点での被用者の構成、たとえば男女比や年齢分布が年々変化すれば、長期雇用慣行が不変だったとしても、平均勤続年数もおのずと変化する。

　つまり、20 歳の被用者では、10 年の勤続を持つ被用者は、存在しないわけではないがごく稀だろう[7]。しかし 40 歳の被用者で 10 年の勤続者を見つけるのはそれほど難しいことではない。両者で潜在的に勤続可能な年数がまったく異なるからである。このとき、人口の高齢化が進み、20 歳と比較して 40 歳の人口比が増大したとすれば、たとえ勤続と年齢との間に相関関係がなくとも、単純に全体で平均した勤続年数は長期化する。

　結局、観察される平均勤続年数の経時変化は、おのおのの観察時点のストックの構成の変化の影響を受け、それゆえに図 3-1 のような推移が現出したのかもしれないのである。この点を確かめるために、男女別・年齢階層別に分解したのが図 3-2 である。煩雑さを避けるために日本だけに限定し、最も長期雇用慣行の影響下にあると思われる大卒大企業正社員に近い区分として、従業員千人以上の大企業に勤める大卒一般労働者を取り上げ、1981年から 2013 年までの約 30 年間の推移を図示した[8]。パネル A は男女別に、パネル B はさらに五歳刻みの年齢階層別公表値をグラフとした。

　パネル A の全体の推移からは、2000 年前後まで常用一般労働者の平均勤続年数は長期化し、以降リーマン・ショック期を除いて安定的に推移してい

---

7)　現行の労基法では 15 歳に満たない児童を使用できない（第 56 条）。ただし、13 歳以上であればいくつかの産業を除き行政官庁の許可を受けて就労できた。13 歳未満でも映画制作や演劇事業について、もちろん制限があるが、就労は認められている（同条2 項）。

図 **3-2** 属性別平均勤続年数の推移：**1981-2013** 年

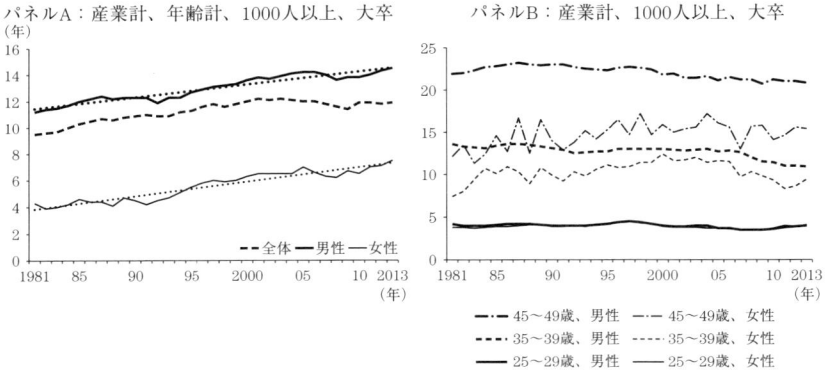

注）賃金センサス各年

るという、図 3-1 と同様の傾向が読み取れる。ところが男女別の推移は全体とは異なり、2000 年前後以降も長期勤続化はおのおの継続しているように見える。パネル A に付け足した傾向線と実際の数値との乖離を比較するとわかりやすいだろう。結局、2000 年前後以降に一般労働者全体として平均勤続年数が安定的に推移したのは、男女ともに起こっていた平均勤続年数の伸長が、平均勤続年数の比較的短い女性の構成比率の増大によって相殺されてしまったからなのである。

　注意すべきなのは男女差だけではない。パネル B に示されたように、平均勤続年数は、年齢階層によって、水準だけではなく時系列的の傾向も異なっている。年齢階層が高いほど、平均勤続年数も長くなり、かつ男女差も大きくなるのは、婚姻や出産を契機とした女性の就業中断が顕著な日本的雇用慣行の特徴と一致する。そして、男性中高年齢層での平均勤続年数は、とくに

---

8)　第 4 章で詳述するように、賃金センサスには 2005 年の調査票の改訂まで、呼称による正社員・非正社員の区別はなく、就業規則に定められた所定労働時間就労する「一般労働者」と、それ未満の時間しか就労しない「短時間労働者」（2005 年以降「パートタイム労働者」と表記を変更）の区別しかなかった。労働契約期間については、期限の定めがないか 1 カ月を超える被用者を「常用労働者」としているため、たとえば 1 年契約のフルタイム契約社員は常用一般労働者と区別される。ここでは 1980 年代以降と比較するために、2005 年以降も呼称による区分は用いずに常用一般労働者を分析対象とする。

45-49 歳では 1997 年以降、35-39 歳では 2005 年以降、ゆっくりと減少している傾向がみられる。全体的傾向と男女差との関係とはちょうど逆に、比較的平均勤続年数の長い中高年齢層の比率が高くなってきたので、各年齢階層にみられたゆっくりとした減少傾向が隠されてしまったと考えられる。

　以上の議論は、平均勤続年数の推移から物事を読み取るには、正規非正規を問わず計測対象となっているストックの構成の変化に十分注意する必要があることを、教えてくれる。そのためには、ストックの構成を制御した多重回帰の枠組み、すなわち、さまざまな属性をコントロールした上で、t 年 j 事業所に属する個人 i の勤続年数 T_{ijt} を年ダミー Y_t に回帰し、そこで推定された係数を検討するのが適切だろう。単純な統計的な分解で十分なので、複雑な理論モデルを想定する必要はなく、推定モデルは次の（3-1）式の形を採用すればよい。ただし、勤続年数の分布は一般に正規分布から離れているので、被説明変数として用いる際には対数変換し、単純な最小二乗法による推定でも極力係数に紛れがないように設定する。

$$ln\,(T_{ijt}) = Y_t\,\beta + X_{it}\,\gamma + Z_{jt}\,\delta + a + \varepsilon_{ijt} \qquad (3\text{-}1)$$

　ここで X_{it} は個人 i の t 時点での属性を示す。男性と女性での就業形態のちがいを考えると、標本はあらかじめ性別に分割して、2 つのサンプルのそれぞれについて（3-1）式を推定して、別々に平均勤続年数の推移を検討するのが望ましいだろう。したがって、個人属性として考慮するのは性別以外の年齢と学歴とする。Z_{jt} は事業所 j の t 時点での属性で、産業、立地都道府県、企業規模を考えよう[9]。

　データは賃金センサスの 1991 年から 2012 年までの 22 年間の民営事業所の一般労働者についての個票である。一般労働者に限るのは、一つには、本項の焦点は正規の世界の長期雇用慣行に絞られており、正社員に近い定義を用いたいこと、二つには賃金センサスを用いた分析に学歴情報を含める場

---

[9]　学歴とは最終的に卒業した学校を指し、四年制大学または大学院卒業、短期大学・高等専門学校または高校・中学卒業の 2 つのカテゴリーに分けた。産業は 95 中分類を用い、企業規模は 8 つに分類されている。都道府県を含め、これらの変数をすべてダミー変数に変換し、コントロール変数として推定に含める。

図 3-3　年ダミーの推定結果 1992-2012 年

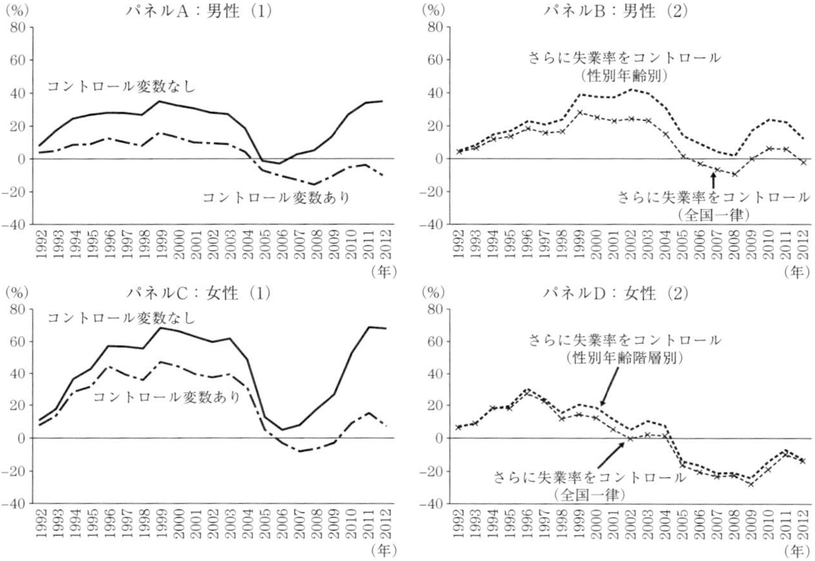

注）賃金センサス個票より筆者推計。推計枠組みについては本文参照のこと。

合、その情報がないパートタイム労働者は対象に含めることができないからである[10]。また、定年後の再雇用者は長期雇用慣行からは一度外れると考えてよく、学校卒業直後の転職の増加を長期雇用慣行の衰退とみなすべきではないので、分析対象は調査時点で 25 歳以上 55 歳未満に限ろう。図 3-3 は推定されたダミー変数を対数変換して示した[11]。

　縦軸は対数変換された値なので、1991 年と比較した一般労働者の平均勤続年数は、2012 年時点では男性で 40% 程度、女性では 70% 程度伸びていることがわかる。前出図 3-2 パネル A は大卒大企業に限った傾向だったが、全体的傾向も同様であることがわかる。

　ところが、年齢と学歴という被用者の属性と、企業規模・産業・立地都道府県という使用者の属性をコントロールすると、男女ともに平均勤続年数の

---

[10]　一般労働者の定義については脚注 8 参照のこと。
[11]　対数変換は $\mathrm{Exp}(\hat{\beta})-1$ とした。

伸びは鈍化する。1999 年前後からは、男女ともに低落傾向が見られるようにすらなる。リーマン・ショック後の回復期に勤続の長期化が見られるものの、低落傾向は止まっていない。やはり、一般労働者全体の平均勤続年数の長期化傾向は、もともと平均勤続年数が長いグループの構成比が大きくなっていることからそう見えてしまうだけであって、同一グループ内部では平均勤続年数は短期化していることが示唆される。

　しかし、(3-1) 式の枠組みで推定される年ダミー係数は、果たして長期雇用慣行の動向と直接結びついているのだろうか。賃金関数や生産関数など、通常の実証分析の枠組みでは、もともと年ダミーを説明変数とするのは、標本全体に生じている共通ショックを取り除き、サンプルの分布の挙動を平準化する手段のひとつだからである。その立場からは、(3-1) 式の年ダミーは、さまざまな被用者の勤続年数にまったく共通に影響した要因を捉えていると考えるべきなのである。しかも、その最たる内容として日本経済全体のマクロの経済動向を想起するのは簡単だろう。だとすれば、図 3-3 で示された、属性を考慮した年ダミー係数の変化は、単に日本経済のマクロ動向を示しているにすぎず、長期雇用慣行の動向とは無関係なのかもしれない。

　この疑問を解決するためには、労働市場への短期的な需要変動の効果を抜き取ることが必要である。ここではまず、性別に公表されている五歳刻みの年齢階層別完全失業率をコントロール変数に加えて、年ダミー係数を推定した[12]。ただし、性別年齢階層別失業率は、労働需要の短期的な変動をそのまま捉えているという解釈もあれば、労働需要の変動に対応した雇用調整の結果であるという解釈もあり得る。

　前者によれば、女性や若年層が多く就業する仕事に対する労働需要は、そもそも男性や中高年齢層が多く就業する仕事に対する労働需要よりも変動が激しいと前提する。

　だが、後者によれば、労働需要そのものの変動はどんな仕事にも一律に影響を及ぼすが、さまざまな意思決定の結果、雇用に反映されやすいグループ

---

[12]　データは労調長期時系列表による。

とされにくいグループという差ができると考える。性別間年齢階層間の失業率の差は、いわば長期雇用慣行の結果と捉えられるわけで、この説明に沿えば、コントロール変数としては性別年齢階層別の失業率よりも全国一律の失業率を用いるほうが望ましい。どちらの解釈が確からしいかは先験的には判断できないので、図3-3には両方の推定結果を掲載した[13]。

推定結果は、失業率の定義によらず、男性では完全失業率は平均勤続年数と負で有意な相関を持ち、女性では逆に正で有意な相関を持つことを示している。その結果、パネルAの男性では、とくに性別年齢階層別の失業率を用いると、属性をコントロールしたあとに見えていた短期勤続化のトレンドが消失し、ほとんど属性をコントロールしていない場合と同様の傾向を示すようになる。つまり、男性に見えていた短期勤続化の傾向は、失業率が2002年にピークを打って徐々に改善傾向にあるという経済の好転と軌を一にしており、好転している経済ゆえに、新規採用が増加する分、短期勤続者の増大がまさるというメカニズムを描写しているにすぎない可能性があるのだ。

逆にパネルBの女性では、短期化のトレンドがよりはっきりと見て取れ、1995年前後という早い段階から平均勤続年数が短期化していたとも読める。日本の女性の労働市場では、経済が好転し失業率が改善すると本来は離職が減少し平均勤続年数が増加するが、1995年前後以降、経済が上向いたほどには平均勤続年数が改善しなかった。その分、長期雇用慣行が弱くなったと解釈しても矛盾はない。平均勤続年数の経年変化から長期雇用慣行を眺めた場合、その存在があやふやになってきたのは、男性よりもむしろ女性なのである。

最後に、女性と異なり男性の場合、性別年齢階層別失業率でコントロールした結果と、年別失業率でコントロールした結果との乖離が見られる点に言及しておこう。男性には一般に失業率が高くなると平均勤続年数が高くなるという関係が見られるが、平均勤続年数が延びた年齢階層では全体と比較すると失業率の増加が小さかった。その分、平均勤続年数の伸長の中で全国一

[13) 自由度の問題から両者を同時に投入することは避けた。

律の失業率の増加によって説明される部分が小さくなり、失業率を用いない
推定結果との差が縮まったと考えられる。

　そもそも、完全失業率と平均勤続年数が男性で負の相関を持ち、女性で正
の相関を持つということは、不況期に男性の平均勤続年数は上昇し、女性で
は下降するということを示している。この相関関係を、不況期に男性の雇用
維持が優先され、女性の雇用が調整されると解釈すれば、むしろ長期雇用慣
行が機能している証左だと言えてしまうのである。結局、平均勤続年数の推
移から長期雇用慣行の動向を察知するには、雇用慣行の変化に起因する部分
と経済全体のマクロの労働需要の変化に起因する部分を識別することが不可
欠であることがわかる。(3-1) 式のように平均勤続年数を年ダミーに回帰
する推定モデルは、年ダミーと労働需要ショックとを説得的に識別しなけれ
ばならないという難しい問題を抱えているといえる。

　本項では、性別年齢階層別失業率や年別失業率で後者の効果を取り除こう
としたが、男性の推定結果にみるまでもなく、一般にそれは簡単ではない。
年ダミーを用いることで共通ショックの構造を明らかにせずに埒外に置くこ
とができるという誘導系ならではの利点が、(3-1) 式の枠組みでは生かせ
ないばかりか、足枷になってしまうともいえる。

(2)　世 代 分 析

　(3-1) 式のように平均勤続年数を被説明変数とする分析の欠点を改善す
るためにFarber (2007) によって提案されたのが、被用者の世代（cohort；
コホート）に着目する分析である。日本への優れた応用例としてすでに
Kawaguchi and Ueno (2013) が出版されているので、本項も彼らの議論に
追随しよう。

　世代に着目するのは、十分労働市場で経験を積んだ世代であれば、彼／彼
女たちは一通りの共通ショックを潜り抜けており、その点では世代間で平等
なはずであるという理屈があるからである。2000 年時点でたとえると、
1960 年生まれの被用者は 40 歳で 1970 年生まれの被用者は 30 歳である。

　この二つの世代は、調査時点ですでに 10 〜 20 年間労働市場に参加する
可能性があった。その間不況期も好況期も一通り経験しているとすれば、も

し 2000 年時点で二つの世代の平均勤続年数に差があったとすれば、それは景気循環の影響ではないと推論できる。

もちろん、調査時点での 10 歳の年齢差は、潜在的な勤続の機会の大小という意味で差を生じさせる。そこでこの理屈を 2010 年時点にもあてはめ、2000 年時点での 1960 年生まれの 40 歳の平均勤続年数と、2010 年時点の 1970 年生まれの同じ 40 歳の平均勤続年数を比較して、もし後者のほうが短いならば、潜在的な勤続機会や体験してきた経済状況を平準化した上で、平均勤続年数が短期化していると解釈を拡大できる。世代に着目した分析とは、つまるところ、勤続の潜在的機会をコントロールした上で、若い世代ほど平均勤続年数が減少しているかどうかを確かめることによって長期雇用慣行の衰退を検出する実証戦略とまとめられる。

世代分析にも難点がないわけではない。1960 年生まれの 2000 年時点での平均的な経験と、1970 年生まれの 2010 年時点での平均的な経験は、体験した不況期の長さや厳しさなど、同じ 40 歳時点の状態とはいえ、同一ではないかもしれない。もし経済全体にかなり長期のトレンド変動があり、それゆえに各世代が経験してきた内容が異なるのであれば、前項の年ダミーと共通ショックの識別が難しいという議論と同様、世代比較であっても、この長期トレンド変動ゆえの世代間のちがいを完全に制御できるわけではない。このとき、制御しきれない長期的トレンド変動は分析したい課題の効果（本項の場合平均勤続年数の減少）と識別できないので、両者の関係に見かけ上の相関を発生させるような疑いがある場合には、結論には留保をつけなければならない。

また、新しい世代ほど必然的に経験は少ない。1980 年生まれだと 2010 年段階でも 30 歳にしかならず、他の世代と同様に取り扱ってよいかについての疑問の余地が残ることは言うまでもない。

しかし、上記の二つの欠点からみても、（3-1）式のように年齢と調査時点の情報を用いて、追加的な変数を投入することでなんとか労働需要ショックを識別しようとするよりは、世代分析のほうが長期雇用慣行の時系列的推移について得られる知見に紛れが少ないことは理解できるだろう。

話を戻そう。さまざまな属性をコントロールした上で世代ごとに平均勤続

年数を比較するために自然に思いつく推定モデルは、次の（3-2）式だろう。この推定モデルは、Farber（2007）で提案されたあと、Kawaguchi and Ueno（2013）でもほぼそのまま踏襲されており、本項でもほぼそのまま採用する。

$$ln\,(T_{ijt}) = C_i\,\beta \,+ X_{it}\,\gamma \,+ Z_{jt}\,\delta \,+ \,a \,+ \,\varepsilon \,_{ijt} \qquad\qquad (3\text{-}2)$$

（3-2）式では、t 年 j 事業所に属する個人 i の勤続年数 T_{ijt} を世代ダミー C_i に回帰する点が（3-1）式と異なる。世代ダミーは個々の標本の生まれ年を年齢から逆算し、ダミー変数に変換して作成する。また X_{it} および Z_{jt} として t 時点での個人 i ならびに事業所 j の属性をコントロールするが、具体的な変数は（3-1）式と同一である。また男性と女性でそれぞれ独立のサンプルとすることも、前項と同様である。データはやはり賃金センサスの1991 年から 2012 年までの民営事業所の個票で、正社員に近い常用一般労働者に限定している。

　図 3-4 では、世代ダミー変数の推定係数を対数変換して評価した数値を示した。

　コントロール変数を用いず単純に各世代の平均勤続年数を算出すると、男女ともに若い世代になるにつれて大きく減少しているように見える。しかしこの傾向は、若い世代のデータが勤続年数の短い低い年齢階層の時代のみで構成されていることに強く依存しており、年齢や事業所の属性をコントロールすると、まったく異なる様相を呈することには注意を促したい。世代分析であっても、分析対象の平均勤続年数がストック変数である以上、ストックの属性をコントロールすることが必要不可欠であることがわかる。

　とくに女性では、ストックの属性をコントロールすると 1970 年生まれ前後の第二次ベビーブーマーまでは平均勤続年数は必ずしも短期化していない。逆に第二次ベビーブーマー以降の世代になると、男女ともに急激に短期勤続化が進行しており、Kawaguchi and Ueno（2013）とまったく同様の傾向を映し出している。

　ただし、ここで前段に説明した世代分析の弱点が顔を出す。世代分析の場合には、世代と年齢という情報を用いるので、この二つの変数と完全に線形

図 **3-4**　世代ダミーの推定結果（**1945** 年生まれから **1981** 生まれまで）

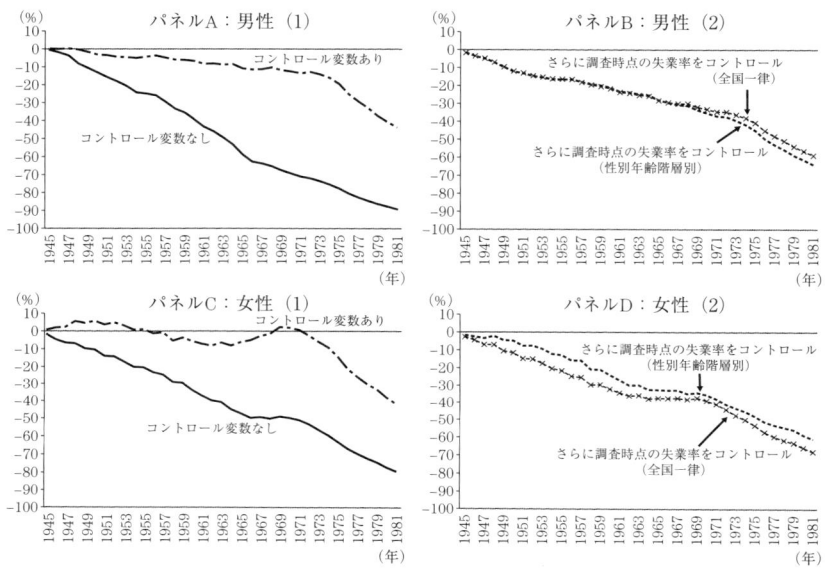

注）賃金センサス個票より筆者推計。推計枠組みについては本文参照のこと。

結合となる年ダミーを推定に含めることができない。その結果、*t* 時点の平均勤続年数に対する労働需要変動の影響をまったく考慮できていない。

　ここでは年ダミーの代わりに前項でも用いた性別年齢階層別または年別失業率をコントロール変数として追加し、年ダミーの推定係数が変化するかを確かめた。その結果は、男女ともにコントロール変数を用いない結果に近づき、むしろ趨勢的に平均勤続年数が低落する傾向が再び観察されるようになる。どちらの失業率を用いるかでほとんど推定値が同じなのは、マクロショックの定義の仕方に分析結果が影響を受けないという世代分析の利点を表している。

　どうやら、世代分析の枠組みでは、一般労働者の平均勤続年数が世代を経るに従ってゆっくりと減少してきているのは確からしい。実際、Kawaguchi and Ueno（2013）はさまざまに推定の頑健性を検討した結果、長期雇用慣行はどの世代でも衰退していると結論づけている。

（**3**）　ストックからフローへ

　もともと長期雇用慣行とは、合衆国の先任権制度に代表されるようにすべての被用者を同等には扱わない規範である。同じ正社員・同一世代であったとしても、勤続の長い生え抜きと中途採用者とは互いに異なるキャリアとして扱われ、経営危機に際して前者の雇用を優先するのが慣行の眼目である。換言すれば、長期雇用慣行とは長期勤続者に手厚く、短期勤続者に手薄く配慮するという慣行であって、すべての勤続階層を同等に扱うわけではない。先行研究のようにストックとしての平均的な勤続の長短に注目するのも一案だが、そう考えると、ストック内部のどの部分、すなわち勤続階層のどの部分での短期勤続化が進んでいるかを考えるのは興味深い。

　本項では試みに、勤続五年以上の一般労働者のみに標本を限定して、図3-4 を再推定した。この手続きは、被説明変数である勤続年数の多寡でサンプルを分割するという不自然な統計処理なので、分割対象となる勤続五年未満の標本が全体のどの程度を占めるのかを推定し、合わせて掲載したのが図3-5 である[14]。

　図3-4 とまったく同じ変数を用いたにもかかわらず、勤続五年以上の一般労働者に標本を限定しただけで、世代による平均勤続年数の減衰はほとんど観察されなくなる。女性では、第二次ベビーブーマーまではむしろ徐々に長期勤続化する傾向すら認められてしまう。

　たしかにこの間、女性の婚姻出産による就業中断が後退しいわゆる M 字カーブが消失しつつあることはすでによく知られており、勤続五年を超えてある程度職場で戦力となりつつある層では、勤続がかえって長期化すると解釈しても矛盾はない。ただし、第二次ベビーブーマー以降は勤続五年を超えた一般労働者といえども、女性の場合には徐々に平均勤続年数が低落傾向にあり、ほとんど世代間の差がない男性と好対照をなしている。

　図3-5 に示した推定からは、現実に起こった若い世代の平均勤続年数の短期化は、五年未満の短期勤続者においてより短期勤続化が進んだ結果か、

---

[14]　推定式は、$I(T_{ijt} < 5) = C_i \beta + X_{it} \gamma + Z_{jt} \delta + a + \varepsilon_{ijt}$ である。

図 3-5　世代ダミーの推定結果（勤続五年以上、1945 年生まれから 1981 生まれまで）

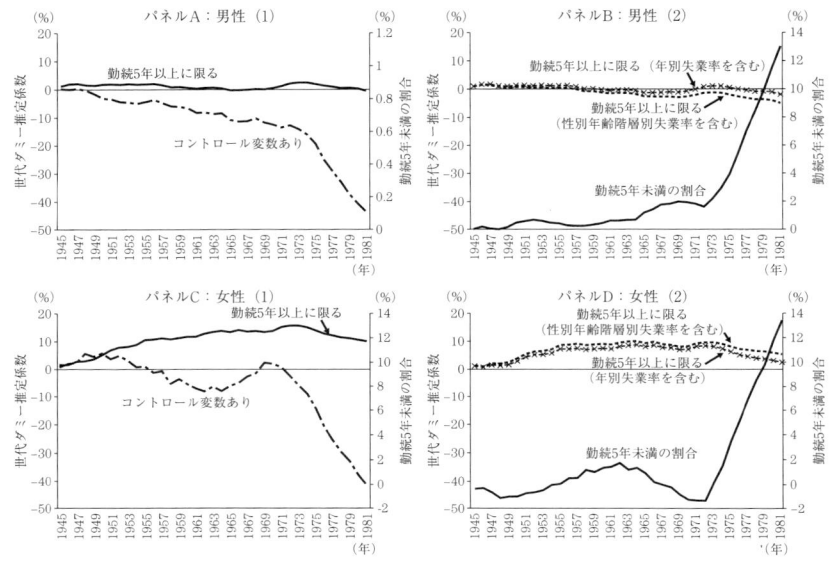

注）賃金センサス個票より筆者推計。推計枠組みについては本文参照のこと。

短期勤続者の割合が増加した結果かのどちらかだったことが推測できる。その回答は、図 3-5 に合わせて示した、勤続五年未満の割合の世代別割合の推定係数をみれば明らかだろう[15]。第二次ベビーブーマー以降、短期勤続者の割合は世代が若くなるに従って男女ともに急速に増加しており、それが若い世代の平均勤続年数の減少の一因となっていることが強く示唆されているからである。逆に言えば、1970 年代後半以降の比較的若い世代であっても、勤続五年を超えた後での長期雇用はそう大きくは崩れていない可能性が見え隠れする。

　平均勤続年数を用いた分析は、先行研究を含めておおむね、近年の正社員の長期雇用慣行の衰退を指摘する傾向にあるが、これまでの考察から、それ

---

[15]　回帰分析には産業や企業規模などがコントロールされている。実際の勤続五年未満の割合は、短期勤続者の割合の多い産業などへのシフトが同時に進んでいるため、より単調かつなだらかに進んでいる。

のみで長期雇用慣行の推移を断定しないほうがよいことがわかる。おそらく
この背後には、長期雇用慣行をストック変数で議論することの限界がある。

　先に触れたように、長期雇用慣行とは企業がある状態に陥ったときの行動
様式を指すが、ある一時点での雇用ストック変数はこうした行動様式の、計
測時点までの結果がまとめて反映されているだけで、そこに至るまでの行動
様式そのものをなぞっているわけではない。換言すれば、あるグループで平
均勤続年数が変化した場合、そこには何らかの力学が働いた結果が示されて
はいるが、働いた力学そのものをそのまま映しているわけではない。たとえ
ば、平均勤続年数の減少そのものは、長期勤続者の雇用が削減されたためな
のか、新規採用が増え短期勤続者が増加したためなのかを区別しない。長期
雇用慣行を労使の行動規範だと考えた場合、同じ平均勤続年数の減少でも、
どう変化するかによって解釈は相当異なってくる。

　行動様式を直接トレースするには原理的にはパネルデータが必要である。
しかし、パネルデータにはそれはそれで問題が山積しており、過去を含めた
中長期の、しかも一国の全体像を復元するには難点もある。平均勤続年数の
ように、統計データが集積している雇用ストック変数を用いて議論を補足す
るのはその意味で理に適っている。しかし同時に、雇用ストックをストック
変数としてのみ扱うのではなく、少しでも行動様式そのものに近づいた分析
方法を用い、複眼的に評価する必要があることがわかる。

2　十年残存率の推移[16]

　雇用ストックに関わる統計情報は、集計データであればアクセスが容易で
あるという理由から、1970 年代より長きにわたって長期雇用慣行の実証研
究に用いられてきた。もちろん、当時からストック変数と行動様式の間の論
理的な段差は意識されていた。本質的にストック変数である平均勤続年数を

---

16)　本節の分析は基本的に Kambayashi and Kato（2017）および神林・加藤（2016）によ
　　る。ただし、Kambayashi and Kato（2017）は 1982 年から 2007 年までを考察対象と
　　しており、かつ日米比較を議論の中心に据えている。他方、神林・加藤（2016）は
　　2012 年を含めている。

直接扱った研究が多くないのも、論理的な段差をうまく埋める簡単な術が見つからなかったからでもある。リテラチャーはむしろ、ストックの差分からフロー変数を算出し、そのフロー変数を用いて長期雇用慣行を分析する方向を見出した。このとき計測概念として編み出されたのがリテンション・レート（retention rate；以降、残存率と略す）である。

残存率とは、t 時点のあるグループの雇用量と $t+1$ 時点の同一グループの雇用量を比較した二時点間の差分のことを指す。1 年に 1 つしか伸びず、短くなるときには一足飛びにゼロになるという勤続年数の特徴を生かすと、グループを勤続階層別に構成すれば、同一グループに属する継続被用者をクロスセクションデータだけから正確に追跡することができる。たとえば、2000 年時点で勤続五年だった被用者のうち、2010 年時点でも同一の使用者に継続して雇用されている被用者は、2010 年時点で勤続十五年の被用者に限られる。逆に 2010 年時点で勤続十五年の被用者で、十年間同一使用者に継続して雇用されていたのは、2000 年時点で勤続五年の被用者に限られる。したがって、両者の比率をとれば、勤続五年階層の十年間の継続就業比率を算出することができる。

この手法の利点は、第一に初期時点での属性ごとに残存率を検討できる点にあろう。たとえば勤続十年目の被用者と十五年目の被用者の残存率を比較することができ、長期雇用慣行が崩れているとすれば、どの部分で崩れているかをより正確に理解するのに役立つ。

第二に、勤続の情報が含まれた複数回のクロスセクションデータさえあれば、四則演算だけで簡単に算出できるという点も、大きな利点である。たまたま都合のよい区分で統計表がつくられていた場合には、資料が残存する限り時代を遡って、あるいは十年や二十年という中長期にわたって、残存率の推移を検討できる。

人々の行動をトレースするのに適したパネルデータには時間を遡れないという根源的制約があり、死蔵された行政データでも発掘されない限り、1980 年代や 90 年代に起こったことをパネルデータで検証するのは難しい。現存する材料で過去の事象を分析する手法の開発は、これからの経済学研究の課題のひとつで、残存率はその意味でも重要な分析概念だろう。

　他方、残存率分析にも欠点はある。たとえば、比較する二時点間で対象グループの母体が固定されていなければならないので、経時的に変動する要素をグループ分けの定義に入れるのは難しい。たとえば、企業規模や産業による残存率のちがいは、長期雇用慣行の重要な論点のひとつだが、同一使用者の企業規模や産業は二時点間で変化する可能性がある。とくに中長期で残存率を計測する場合には、企業規模や産業によってグループ分けすることは慎むべきだろう。

　また、正確な分析のためには一般的かつ大きなサイズのサンプルが要求されることも、残存率分析の制約のひとつである。データの内的整合性に注目する近年の統計分析とは異なり、残存率分析で最も重要なのは、いかに正確に人数を数えるかである。したがってサンプリングに偏りがあるデータは、それ自体整合的だとしても、残存率の検討材料として望ましくない。しかも、より豊かな分析を望めば、設定するグループをより細かくすることになり、算出される人数の誤差も大きくなる。サンプルサイズが十分に確保されていない場合、統計的に有意な議論ができなくなってしまう可能性は少なくない。

　幸い、日本には就調という大きなサイズの良質な統計データが1980年代から利用できる[17]。本項も就調を材料に、1980年代から2000年代までの四半世紀にわたる残存率の推移を観察することで、長期雇用慣行の動向を検討しよう。また、以下で残存率を計測するインターバルは10年に固定する。就調が5年ごとに行われるというデータ上の制約もあるが、短期的なショックの影響を中和するためにはある程度長期的な推移を考察する必要があるからである[18]。

---

[17]　賃金センサスも勤続を考察できる有力なデータだが、賃金センサスは農林業や常用労働者5名未満の事業所は調査対象にはなっておらず、日本の全体像を復元するには難がある。

[18]　残存率を用いた長期雇用慣行の研究の嚆矢は、コホート分析よりも古くHall（1982）である。その後の研究の発展に興味ある読者は、神林・加藤（2016）を参照していただきたい。また、Kato（2001）など五年残存率を採用している研究もある。本章では、1990年代以降の景気サイクルの長期化を考慮して、十年残存率を用いて議論を進める。

（1）　十年残存率の算出方法

　具体的には、1982 年から 2007 年までの就調を用いる。各調査年について全人口を性別学歴別に分け、さらに年齢について 5 歳刻みにサンプルを分割する。就調は全国調査だから、復元倍率を用いて上記のように分割すれば、各調査時点の日本に居住する人々を性別学歴別年齢階層別に分割し尽くすことと等しい[19]。その上で、すべての分割されたグループで勤続について 5 年刻みのダミー変数を作成する。すなわち、t 時点での個人 i の勤続年数を T_{it} とすると、t 時点で a 歳から a＋4 歳で定義される年齢コホート a_t に属す標本に対して、τ 年以上の勤続を持つことを示すダミー変数 $d_{i\tau t}^{a_t}$ を次のように定義する。いわば、当該年齢コホートの中で、標本が分析対象であることを示すフラッグのような変数である。

$$\begin{cases} d_{i\tau t}^{a_t} = 1 & if \ \ \tau \leq T_{it} \\ d_{i\tau t}^{a_t} = 0 & otherwise \end{cases} \tag{3-3}$$

　この作業を同一年齢コホートの 10 年後のデータについても繰り返す。具体的には、t 時点の年齢コホート a_t の標本に、同一コホートに属す $t＋10$ 時点での標本（つまり年齢コホート $a＋10_{t+10}$ に属す標本）を加え、次のようにダミー変数を定義し直す。このときデータセットには特定の年齢コホートに属す標本しか格納されていないことに注意されたい。

$$\begin{cases} D_{i\tau t}^{a_t} = 1 & if \ d_{i\tau t}^{a_t} = 1 \ or \ d_{i, \ \tau + 10, \ t+10}^{a+10_{t+10}} = 1 \\ D_{i\tau t}^{a_t} = 0 & otherwise \end{cases} \tag{3-4}$$

　今関心のあるのは、t 時点で勤続が τ 年以上か $t＋10$ 時点で勤続が $\tau＋10$ 年以上の標本なので、（3-4）式のダミー変数は、プールされた年齢コホートの中で、関心のある標本のみを識別するダミー変数を定義することを意味する。このデータセットを用いて、（3-4）式で定義されたダミー変数を（3-5）式のように調査年ダミーに線形回帰することで、各調査時点におけ

---

19)　各歳刻みだと、さすがにサンプルサイズに問題が発生する。

る年齢コホート内の τ 年以上の勤続を持つ被用者のシェアが得られる[20]。

$$D_{ict}^{a_t} = \gamma_1 \cdot year_t + \gamma_2 \cdot year_{t+10} + \varepsilon_{it} \quad (3\text{-}5)$$

（3-5）式で推定される係数 γ_1 および γ_2 は、年齢コホート a_t における t 時点で τ 年以上の勤続を持つ被用者のシェアおよび t+10 時点で τ+10 年以上の勤続を持つ被用者のシェアをそれぞれ意味する。したがって、両者の比をとった値、（3-6）式で算出される値が、年齢コホート a_t における勤続階層 τ の t 時点からの十年残存率となる。すなわち、

$$retention_{\tau, t}^{a_t} = \gamma_1 / \gamma_2 \quad (3\text{-}6)$$

式で算出される τ 年残存率となる。

以上の過程を踏まえ、複数時点のクロスセクションデータから残存率を算出できるのだが、いかにも複雑な手順を踏んでいると感じられるかもしれない。もともと残存率分析の利点は単純な計算方法にあったはずなのに、単純に頭数を数えるのではなく、なぜわざわざ年齢コホートにおけるシェアを計算したり回帰分析の枠組みを利用したりするのだろうか。

まず、コホート人口自体に経時的な変化があるかもしれないことは、考慮しなければならない。日本のような社会においては、各年齢コホートは乳幼児期を抜けたあと老年期までは安定的に推移しており、たとえ 10 年を隔てても、年齢コホートの人口はほとんど変化しない。この場合、残存率を算出する際に、年齢コホート内のシェアを考慮する意味はそれほどないかもしれない。しかし、移民の流出入が盛んな社会や戦乱が起こった社会、領土が変更された社会では、10 年 20 年の単位でみると年齢コホートの人口も少なからず変動する。年齢コホート内のシェアを用いることは、この種の人口変動の効果を調整する役割を持つのである。

また、（3-5）式のような回帰分析の枠組みでシェアを算出すれば、調査設計にまつわるサンプリングクエラーを考慮した標準誤差も同時に計算できる。このことからシェアの比である残存率の水準についても統計量で算出でき、残存率の大小関係などに関して統計的により頑健な推論を導けるという

20）　標本抽出率によってウェートをかけて計算している。

利点がある。後にみるように、いかに大きなサイズを有する統計といえども、サンプルを分割したあとの個々のサイズは小さくなる。誤差が大きくなりすぎてしまった場合には、点推定された残存率の大小関係や傾向の増減を判断するためには、統計量による補足が議論の助けになる。

（2） 十 年 残 存 率

さて、前項の手順を踏んで算出した全勤続階層の十年残存率を、大卒男女について図示したのが図 3-6 である。全勤続階層とは、$\tau = 0$ として（3-6）式を求めた値であり、前項までにみてきた平均勤続年数の世代分析のうち、短期勤続者の増加を考慮しない場合と概念的にはほぼ等しい。時期は、1982 ～ 92 年、1987 ～ 97 年、1992 ～ 2002 年、1997 ～ 2007 年の 4 つの十年間について検討している。最初の期間はバブル崩壊以前で、最後の期間は日本経済が最も調子を落としていた時期にあたる。半ばの 2 つの期間は、バブル崩壊前後、いわゆる「失われた二十年」の前半部分に相当し、それぞれの経済変動の中でどの年齢階層の勤続が短縮していったかを確かめられる。また、企業で中核を担う集団での長期雇用慣行の存否を検討したいので、初期時点の年齢階層については 25~29 歳を起点にした、4 つのコホートについて掲載した[21]。

図 3-6 には大小関係の目安になるように、（3-6）式をカイ二乗検定した際の 95% 信頼区間も合わせて表示した。百万のサンプルサイズを誇る就調といえども、大卒者に限った場合、男性に比較すると女性サンプルのサイズは必ずしも大きくない。そのため、とくに 1980 年代から 90 年代にかけての初期年齢 30 歳代以上のコホートでは、残存率の信頼区間がかなり大きく、数値の解釈に注意する必要があることがわかる。

大卒者についての集計なので、初期年齢 25 ～ 29 歳コホートはまだ企業の中核に入っているとはいえないかもしれない。しかし、パネル A からは、1982 ～ 92 年段階での十年残存率は男性で 68.6% にも達していることがわ

---

[21]　大卒者について初期年齢 20 ～ 24 歳のコホートを考える必要はない。他方、初期年齢 40 ～ 44 歳のコホートは 10 年後には 50 ～ 54 歳となっており、定年に近く長期雇用慣行から外れる可能性の高い年齢となるからである。

図 3-6 大学卒業者の十年残存率

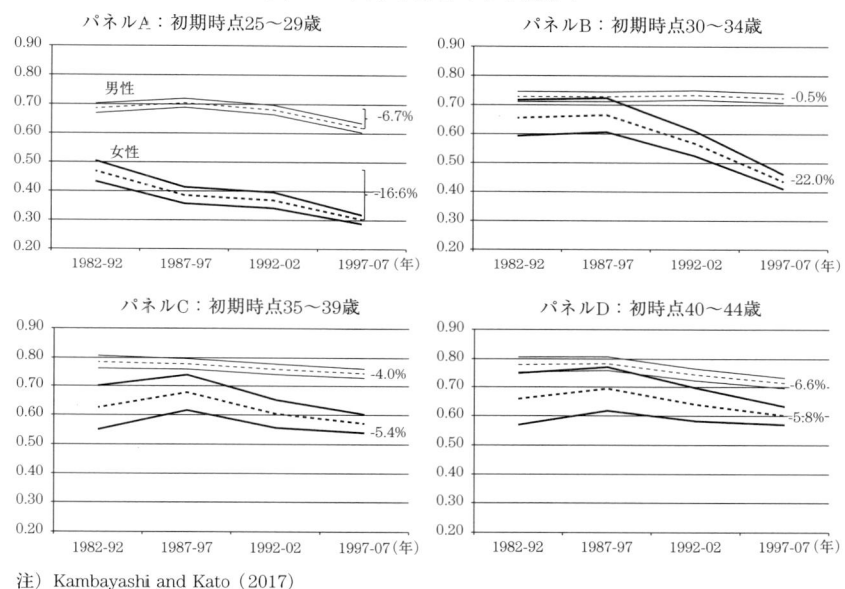

注）Kambayashi and Kato（2017）

　かる。他方、女性の場合は大卒者であっても 46.9% にとどまる。

　新規学卒者が学卒直後の就業先を 3 年以内に離職する割合が、中学卒業者で 7 割、高校卒業者で 5 割、大学卒業者で 3 割という、俗に七五三現象といわれる経験則が知られているが、男性大卒者の場合、3 年間で 3 割離職したあと、さらに 3 割離職するには 10 年間かかる計算になる。だとすると、十年残存率は初期年齢が高齢化するにつれて上昇すると思われるが、実際には 30 歳代以上でさらに顕著に上昇するわけではない。1982 ～ 92 年段階で見ると、男性で初期年齢 30 ～ 34 歳以降、72.9%、78.5%、78.0% と推移し、たしかに初期年齢 35 ～ 39 歳までは統計的に有意に上昇するものの、上昇幅は男女の差と比較すると、それほど顕著とはいえない。十年残存率は、30 歳代で 7 割から 8 割に到達し、それ以降安定的に推移すると考えたほうがよいだろう。

　十年残存率が、30 歳代以降、初期年齢に対しておおむね安定するという

傾向は女性の場合にも見られる。1982 ～ 92 年段階では、初期年齢 30 ～ 34 歳以降、65.5%、62.5%、65.9% と推移し、この 3 つの初期年齢間ではもはや統計的に有意な差はない。結局、図 3-6 を横断面で見ると、初期年齢 25 ～ 29 歳の女性における残存率の低さだけが際立ち、この年齢期の 10 年間に婚姻・出産期を迎えることが、就業継続にいかにマイナスに影響しているかが推察できる。

　残存率の時系列の推移はどうだっただろうか。図 3-6 からは、残存率の低減は全体的に生じているわけではなく、特定の年齢コホートに集中していることがわかる。すなわち、女性の若年階層である。図 3-6 の各パネルには末尾に 1982 ～ 92 年の残存率と 1997 ～ 2007 年の残存率の差を付け加え、同一初期年齢のコホート間の差を示してある。おおむね、どの初期年齢でも十年残存率はコホートが若くなるにしたがって低落していたと読めるが、男性では 0.5% ポイントから 6.7% ポイントの低落にとどまり、もともとの 60 ～ 70% という水準と比較すると低落幅は大きいとはいえないだろう[22]。

　これに対して女性では、初期年齢 25 ～ 29 歳と 30 ～ 34 歳でそれぞれ 16.6% ポイント、22.0% ポイントと大幅な低落が観察される。ただし、とくに 30 ～ 34 歳については晩婚化の影響もあるかもしれない。1982 ～ 92 年段階の横断面では女性 25 ～ 29 歳層の残存率の低さが目立ち、婚姻・出産に際しての継続就業の困難さと結びつけて解釈したが、そうだとすると 30 ～ 34 歳での残存率の低落も、晩婚化・晩産化の影響を受けている可能性は考慮するべきかもしれない。

　他方、同じ女性であっても、初期年齢 35 ～ 39 歳および 40 ～ 44 歳の低落幅は 5.4% ポイント、5.8% ポイントにとどまり、男性の低落幅と同規模で、実質的な低落があったと即断することはできない[23]。ただし、低落幅の小さい、女性の二つの初期年齢階層については、バブル期をはさんだ 1987 ～ 97 年の十年残存率が逆に上昇していることは興味深い。

---

[22]　サンプルサイズが大きく推定値の標準誤差が小さいため、1982 ～ 92 年の残存率の 95% 信頼区間の下限と、1997 ～ 07 年の残存率の 95% 信頼区間の上限が重なっていないのは、男性では 30 ～ 34 歳のみである。

[23]　これらについては、1982 ～ 92 年の残存率の 95% 信頼区間の下限と、1997 ～ 07 年の残存率の 95% 信頼区間の上限が重なっている。

　1985 年に均等法が制定され、以来女性の継続就業に対する援助政策が矢継早に実行に移されているが、いまもってその効果は定かではない[24]。しかし、バブル期にちょうど 30 歳代だった世代は、彼女たちの先輩や後輩と比較すると十年残存率は高く、根強く労働市場で活躍し続けたことを示唆している。小説等の影響もあってか、バブル期入社組に関しては世間の耳目を集めることはあるかもしれないが、実際に労働市場に残留し続けたのはバブル期入社組の直接の先輩たちだったといえる。バブル期入社組以降の世代は、バブル期に開拓されたかに見えた女性の活躍の場を十分に受け継ぐことがなく、逆に狭められていった可能性が図には示されている。

　図 3-6 は全勤続階層についての残存率の集計なので、その示唆するところは世代別に平均勤続年数の推移を分析した前出図 3-4 と大きくは矛盾しない。したがって、前項で提起した問題に応えるためにも、初期時点で勤続五年を超えていた階層において、大卒者の十年残存率がどう推移したかを次に図 3-7 として示してみよう。作図方法は図 3-6 と同様で、唯一、$\tau = 5$ として（3-6）式を求めた点だけが異なる。

　初期時点で勤続五年を超えた被用者に分析対象を絞ると、コホートの人口が少なくなることから推定値の信頼区間が押しなべて大きい[25]。サンプルサイズが十分確保されていると思われる男性初期年齢 30 歳代以降では、初期時点で五年以上の勤続を有していた被用者の十年残存率は時に 8 割を超え、コホートや初期年齢によらず安定的に推移している様子がよくわかる。図 3-6 から読み取れたメッセージがさらに強調されているとも解釈できる。

　残存率の低落傾向が必ずしもはっきりしないという点は、信頼区間が大きく判断には危険が伴うものの、女性に関しても同様である。唯一の例外が、初期年齢 30 〜 34 歳における 25.3% ポイントの低落だが、さきにも指摘したように、この年齢階層には晩婚化・晩産化の影響がある可能性は考慮すべきだろう。

---

[24]　朝井・神林・山口（2016a）（2016b）では、育児休業給付金制度や保育所整備が女性や母親の就業率を高めたわけではないことが指摘されている。

[25]　ここでも、残存率を計測する場合には単純に計算するだけではなく、統計的推論にある程度耐え得る補助統計量を算出しておくことの重要さがわかるだろう。

図**3-7**　大学卒業者、初期時点で勤続五年以上の十年残存率

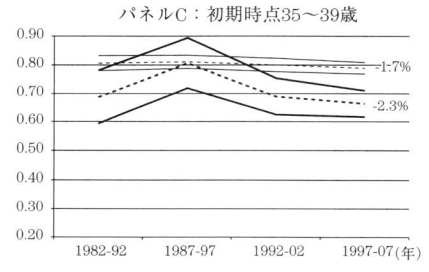
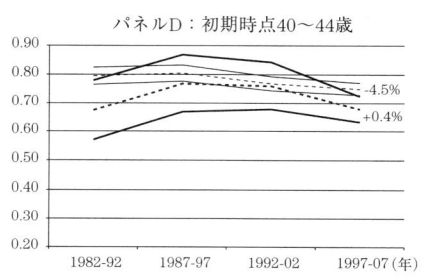

注）Kambayashi and Kato（2017）

　ただし、1987 ～ 97 年に上昇した時点と比較すると、女性の比較的上層の年齢で残存率の低下が起こっていることは否定するべきではない。実際、バブル時のピークと比較すると、大卒女性で初期年齢 35 ～ 39 歳、40 ～ 44 歳の十年残存率はそれぞれ 14.3% ポイント、9.0% ポイント低下している。結局、バブル時に大卒男性に比肩するほど安定するようにみえた大卒女性の雇用環境は、その後の不況の中で揺らいできたといえるかもしれない。

　こうしてみると、とくに大卒男性のすでに五年の勤続を超えた被用者に短期勤続化が起こっていると判断するのは危険で、この階層の長期雇用慣行が大きく崩れたとはいえないだろう。だとすると、もしも短期勤続化が起こっているとすれば、初期時点で勤続が五年に満たない、いわば中途採用者に起こっていると予想できる。それを次に確かめてみよう。

　計測方法は、これまでと同様で、初期時点の勤続階層の定義を 0 年から 5 年未満までと変更するだけで十分である。つまり、分析対象を指定するダミー変数の定義を（3-3）式から少々変更し、次の（3-3）′式に替えるだけ

図 **3-8**　大学卒業者、初期時点で勤続五年未満の十年残存率

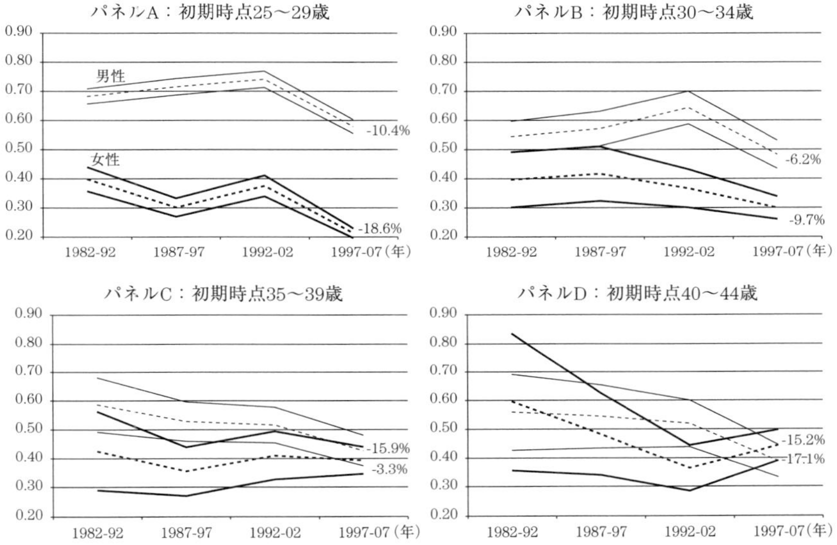

パネルA：初期時点25〜29歳

パネルB：初期時点30〜34歳

パネルC：初期時点35〜39歳

パネルD：初期時点40〜44歳

注）Kambayashi and Kato（2017）

で、あとの計算プロセスは図 3-6 および図 3-7 の作成時と同一でよい。

$$
\begin{cases}
d_{i\tau t}^{a_t} = 1 & if \ \ \tau \le T_{it} < \tau + 5 \\
d_{i\tau t}^{a_t} = 0 & otherwise
\end{cases}
\tag{3-3}'
$$

　この分析結果を図示したのが図 3-8 である。

　日本の労働市場では中途採用者の数は多くはない。したがって特に 1980
年代までに初期年齢が 35 歳を超えるコホートでの十年残存率の推定値は、
男女ともに誤差が大きい[26]。それゆえ判断には危険が伴うが、男性を中心
に中途採用者の十年残存率が減少してきた傾向は観察できるかもしれない。

---

26)　逆に 1990 年代以降では、どの初期年齢でも信頼区間が狭まってきており、勤続五年未
　　満の中途採用者のサンプルサイズが着実に増大してきていることを示している。前項
　　図 3-5 では、賃金センサスから勤続五年未満のシェアが若い世代ほど増大してきたこ
　　とを示したが、就調でも矛盾しないことが確かめられた。

　具体的には、男性では 1982 〜 92 年と比較すると 1997 〜 07 年には 6.2%
ポイントから 17.1 %ポイント低落しており、最大で 4.5% ポイントの減少に
とどまった図 3-7 と好対照をなす。逆に女性では、中途採用者の十年残存
率は男性よりも低く、低下傾向にあった年齢階層もあるが、安定的に推移し
ていた年齢階層もある。おしなべて図 3-7 で示された勤続五年以上の被用
者よりも低下傾向にあったとは言い難いだろう。

　以上 3 つの図から得られる推論をまとめると、次のようになる。もともと
長期雇用慣行の中心とされてきた男性大卒者では、勤続五年を超えたあとの
十年残存率が顕著に低下したとはいえない。十年残存率が低下したのは、同
じ大卒でも女性や勤続五年に満たない中途採用層だった。

3　離職率と失職率の推移

　前節に検討した十年残存率は、ある被用者が 10 年間に一度でも離職する
と、追跡している勤続集団から脱落することに基づくので、いわば 10 年間
の離職率と対応する。しかし、本章でもすでに繰り返しているように、十年
残存率の算出に用いた就調はパネルデータではなく、実際に同一個人を追跡
したわけではない。

　もちろん、就調のサンプルサイズは十分大きいので、複数の調査を重ねて
つくる年齢コホートは対象人口をもらさず復元できていると考えるのが妥当
ではある。しかし、さらに性別・学歴・初期時点の勤続年数によってグルー
プを分割すると、サンプリング調査ゆえの測定誤差が大きくなってしまうこ
ともまた、先にみたとおりである。したがって、何らかのパネルデータを用
いて実際に個人を追跡することで、今までの議論の確からしさを考察する必
要がある。

　幸い、就調には調査時点よりも 1 年前時点と比較した就業変更についての
質問項目が常備されており、回顧的質問であるとはいえ同一個人を追跡した
1 年間のパネルデータを構成できる。本節ではこの質問項目を用いて、長期
勤続の 1 年間の離職率と失職率への関与が弱くなっているかを考察すること
により、前節の議論を補おう。

（1）　離　職　確　率

　離職に対する勤続の役割を観察する前に、本項では離職構造全体の変化を概観しておきたい[27]。分析結果の掲示の煩雑さを避けるために、就調は10年おきに1987年、1997年、2007年の3カ年を用いて、現役階層である18歳から54歳について分析する。

　推定モデルは調査時点までの1年間に理由を問わず離職を経験したことを示す二値変数 S_{ijt} を被説明変数とするプロビットモデルで、説明変数には被用者属性 X_{it} として年齢、勤続、職種をとり、使用者属性 Z_{jt} として企業規模、立地都道府県、産業をとる[28]。あとで焦点となる勤続年数 T_{it} については、十年残存率との比較を想定して、連続変数としてではなく5年ごとに区切ったダミー変数のかたちで説明変数に含め、勤続階層間の離職確率のちがいを検討しよう。またサンプルは男女別年別に分割する。すわなち、勤続階層だけではなく被用者や使用者の個別属性についても、離職確率との相関関係が20年間に変化したものと考える。すなわち、推定モデルは次の（3-7）式になる。

$$Prob(S_{ijt}=1) = T_{it}\,\beta^{t} + X_{it}\,\gamma^{t} + Z_{jt}\,\delta^{t} + a^{t} + \varepsilon_{ijt} \qquad (3\text{-}7)$$

　ただし、推定された係数の大きさを評価するには、関心のある変数以外のストックの変化によった部分を埒外におく必要がある。ここでは3カ年の標本を男女別にプールした平均値を、各年の推定された計量モデルに共通にあてはめる。その上で、関心のある変数だけを任意に変化させて、離職確率の変化を算出して推定係数の大きさを視覚的に示す。

　まず年齢が18歳から54歳までの特定の値をとったときの離職確率を算

---

27)　ここでは離職の理由を問わず、まず被用者主導の辞職と使用者主導の解雇を区別せずに議論を進める。ただし、出向転籍による就業異動は、勤続年はゼロに巻き戻すが、離職とみなすかどうかは自明ではない。子会社やグループ企業への出向転籍に典型的にみられるように、受け入れ先に仕事があっての異動の場合にはむしろ長期雇用慣行の一環ともいえるからである。残念ながら就調では出向転籍の経緯までは調査されていない。前節までの勤続年数の分析とあわせるために、ここでは出向転籍は労働異動の一部分であるとみなしておこう。

28)　すべての情報を調査1年前時点に割り戻し、年齢二乗項も含める。

図3-9　全被用者の年齢別「離職」確率の推移

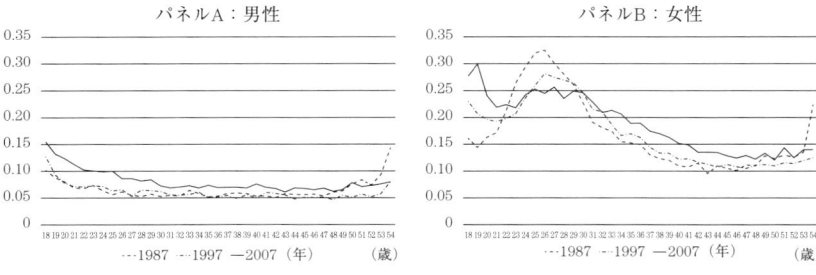

パネルA：男性　　　　　　　　　　　　パネルB：女性

注）Kambayashi and Kato（2017）

出してまとめたのが、図3-9である。

　一瞥して、男性と女性で離職確率の水準に大きな差がある様子がわかる。男性の離職確率がどの年齢階層でもおおむね5〜10％の範囲に入っているのに対し、女性の離職確率はピーク時には30％を越え、10％を切ることはない。離職確率の男女差は歴然としており、この点において1980年代からの大きな変化はない。

　他方、年齢からみた離職構造については、大きく2点の経時変化が読み取れる。一つは高齢階層における離職確率の減少である。1987年時点では54歳という年齢は定年に近く、男女ともに離職確率が急上昇していた。ところが、1990年代から2000年代にかけて定年が伸びるにつれて、54歳附近の離職確率は大きく減少し40歳代までと差がない水準に落ち着いてきた。定年という制度が高齢者の離職行動に与える影響はことのほか大きい。裏を返せば、定年とセットになっている長期雇用慣行の影響力が仄（ほの）めかされている。

　もう一つ大きな変化が見られるのは若年層である。一般に若年層のほうが中高齢層よりも離職確率が高いことは観察できるが、2000年代に入って、とくに20歳代でその傾向が顕著になってきた。とくに、女性の20歳代については他と異なる変化を見せている。1980年代には、離職確率は25歳前後で鋭いピークを形成し、ちょうど就業率のM字カーブのネガとなっていた。しかし、1990年代から2000年代にかけて20歳代中頃の離職確率が大きく減少し、逆に20歳前後と30歳代後半の離職確率が増加することで、

図 **3-10**　大卒常用被用者の勤続階層別 1 年「離職」確率の推移

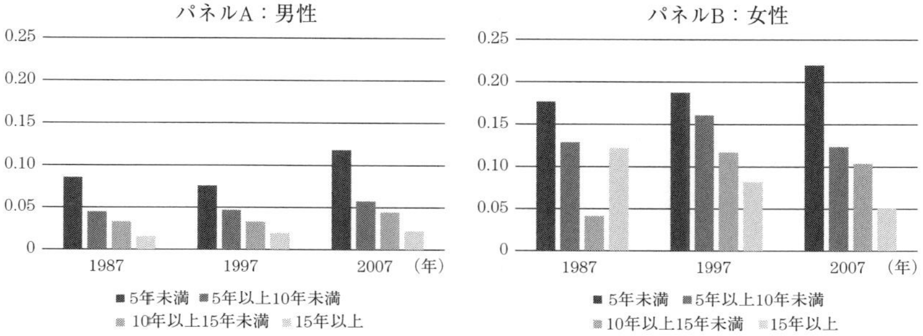

パネルA：男性

パネルB：女性

■5年未満　■5年以上10年未満
■10年以上15年未満　■15年以上

注）Kambayashi and Kato（2017）

2007 年には 20 歳代後半は高原状となり、はっきりとしたピークを形成しなくなってきている。どちらかというと加齢に対して右下がり、すなわち単調に減少する傾向が見られ、就業率の M 字カーブが消えつつあることと平仄が一致している。

　以上のように、1980 年代から 2000 年代にかけて、年齢との関係でみた離職構造が全体としては大きく変化したことをうかがわせる。しかし、職場のコアの被用者に重心を置いた長期雇用慣行と彼／彼女らの離職確率との関係をみるには、やはり勤続階層についても離職確率との関係が大きく変化したかどうかを確かめる必要があるし、サンプルを現役正社員に近い被用者に絞ったほうがよい。そのために、ここでは全被用者ではなく、調査 1 年前時点で年齢が 22 歳から 54 歳の大卒常用被用者を分析対象とし、（3-7）式を再推定し、勤続階層が特定の値をとったときの離職確率を算出してまとめたのが図 3-10 である[29]。

　男性の大卒常用被用者の離職確率は、勤続が長くなると低落する傾向が安定的に観察される。勤続 5 年未満階層では 10 ％前後だったのが、勤続 5 ～ 10 年階層で 5 ％前後、10 ～ 15 年階層で 4 ％前後、そして 15 年以上階層では 2 ％前後と、長期勤続者ほど離職確率が減少していくのがわかる。この関

---

[29]　残念ながら前職における呼称が採録されているのは 2002 年調査および 2007 年調査のみなので、前職で正社員と呼ばれていたかを分析に取り入れることはできない。

係は女性でも見られるが、女性の離職確率のほうが同一年齢階層の男性と比較すると、おしなべて高い。時系列的な変化で顕著なのは、2007 年になると勤続 5 年未満階層での離職率が男女ともに上昇したことだろう。男性では、1987 年の 8.6 %、1997 年の 7.6 % に対して 2007 年には 11.8% と、4 ％ポイント程度上昇している。他の長期勤続階層での上昇がたかだか 1 ％ポイントだったのと比較すると、勤続 5 年未満階層での突出ぶりが際立つ。

この推定モデルでは年齢と勤続を同時に制御しているとはいえ、中途採用者と新規学卒者を区別しておらず、勤続 5 年未満階層の変化は両者の変化の平均的な姿を表象していると考えるべきである。他方、図 3-9 を見ると新規学卒者の離職確率が上昇したことは疑わないほうが無難なので、勤続 5 年未満階層の離職確率の上昇が中途採用者によるものとは一概にはいえない。しかし、近年の離職率の上昇は勤続 5 年未満階層を中心としており、長期勤続層での離職確率はそれほど大きな変化を被らなかったことは、おそらく間違いがない。

結局、1 年間のパネルデータで分析しても、十年残存率による分析結果と同様の見立てに落ち着く。

（2） 解 雇 確 率

離職確率の概念は、いかなる理由であれ勤続が途切れるかどうかを検討している十年残存率と整合的な半面、離職理由を問わないので長期雇用慣行の代理変数としては賛否両論があり得る。たとえば、長期雇用慣行は使用者の一方的な約束ではなく、被用者にもできる限り辞職しないという行動規範を要請していることを重くみれば、自発的離職であっても長期雇用慣行に抵触すると考えるべきで、離職率の上昇は労使どちらが主導したとしても長期雇用慣行の動揺と解釈できる。

他方、長期雇用慣行を使用者の解雇を回避するコミットメントだとみなせば、被用者に理由がある自発的離職自体は長期雇用慣行に抵触しない。後者の解釈によれば、たとえ離職率自体が上昇したとしても、それが自発的離職に起因する限り、長期雇用慣行が衰退したとはみなせないことになる。

後者の解釈については、離職理由のうち使用者に起因する失職のみに分析

表 3-1　就調と雇用動向における離職者の比較（**2007 年**）

	(a)	(a)／(b)	(b)	
就業構造基本調査　2007 年　第116 表 前職雇用者（A116（2）） 2006 年 10 月〜2007 年 9 月				雇用動向調査　2007 年　第30 表 離職者票 2007 年 1 月〜2007 年 12 月
	(a)	(a)／(b)	(b)	（千人）
離職者総数	6342.7	0.93	6800.5	離職者総数
人員整理・勧奨退職のため	276.3		501.5	経営上の都合
会社倒産・事業所閉鎖のため	336.1	0.99		
			115.9	本人の責
定年のため	388.9	1.26	309.1	定年
雇用契約満了のため	470.0	0.68	694.6	契約期間満了
（上記以外の理由合計）	4866.8	0.94	5179.5	個人的理由計（死亡傷病含）
事業不振や先行き不安など	2501.6			
病気高齢のため	442.8			
結婚のため	175.6	1.21	145.0	結婚
育児のため	239.1	1.73	138.1	出産育児
家族の介護看護のため	129.4	2.61	49.6	介護
その他	1378.3			

　対象を限定することで、勤続との関連や時系列的変動を考察できる。具体的には、離職理由を「人員整理・勧奨退職のため」および「会社倒産・事業所閉鎖のため」とした離職者を失職者とみなし、継続勤続者と失職者のみでサンプルを構成した上で、(3-7) 式を大卒常用被用者の男女別に推定し直す。

　ただし、被用者は解雇されたことを不名誉と考えて、世帯調査である就調では必ずしも正確に回答しないかもしれない。この点を確認するために、2007 年の就調と雇用動向の公表数表を比較したのが表 3-1 である。就調では 2006 年 10 月から 2007 年 9 月までの離職状況が被用者自身の申告に基づき集計されている。他方、雇用動向は事業所調査で、2007 年 1 月から 12 月までの離職者を数えることができ、人事担当者が把握している理由で分類されて報告されている。

　実は、両者で報告されている1年間の離職者総数は大きくは変わらない。雇用動向の680万人に対して就調は634万人と7％程度少ないにすぎない。就調は前職しか把握しておらず、1年間のうちに2回以上離職した場合でも1回と数えられる一方、雇用動向は1～4人事業所が調査されていない。双方ともに過小評価の要因があるが、総計された離職者総数は大きくはちがわない。就調の離職者のうち、本項で解雇者とみなすのは「人員整理・勧奨退職のため」もしくは「会社倒産・事業所閉鎖のため」に離職した被用者で、雇用動向においては「経営上の都合」（整理解雇）および「本人の責」（普通解雇）による離職者にあたる。これらの理由による解雇者を足し合わせると、およそ61万人とほぼ両者で等しい数が報告されているのである。契約期間満了による離職者には、ほぼ3割の乖離があるのと比較すると、5人未満の解雇者の存在を考慮したとしても、就調において解雇者が大きく過小申告されているとはいえないだろう[30]。

　さて、解雇確率の推定に戻ろう。推定された係数の評価方法も図3-9と同様である[31]。ただし、さすがに就調といえども、1986～87年時点では女性の大卒常用被用者の失職者はほとんどサンプルに格納されておらず、有効な推定ができなかったことは付記しておこう。

　当然ながら解雇確率の水準は離職確率の水準と比較すると小さい。勤続5年未満階層の離職確率が男性で10％程度、女性で20％程度だったのに対して、解雇確率は2％から4％程度でしかない。この間雇用動向による失職確率は2～5％程度で推移しているので、就調をパネル化したサンプルでも全国のグロスフロー統計とそう大きく隔たった数値になるわけではない。

---

[30]　一方、契約期間満了による離職者数のちがいは、世帯調査においては、少なからずの契約期間満了に伴う離職者が結婚や育児など個人的理由による離職と回答している証左かもしれない。雇用動向の離職理由はあくまでも使用者の人事担当者の情報に基づくものなので、被用者が結婚や育児について使用者に明らかにせずに契約期間満了を区切りとして退職した場合、こうした乖離が生じるからである。逆にいえば、解雇に関しては被用者も使用者も情報共有ができていることを示唆している。

[31]　この推定は本章の元となった Kambayashi and Kato（2017）と異なる。Kambayashi and Kato（2017）は、日米比較のために失職の定義が異なり、大卒に区切ってサンプルを構成しているわけではない。

図 **3-11**　大卒常用被用者の勤続階層別 1 年「解雇」確率の推移

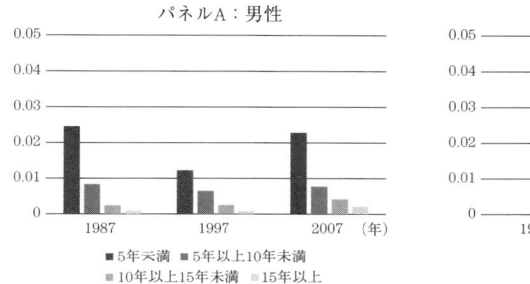

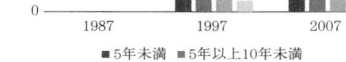

注) Kambayashi and Kato（2017）

　大きく水準が異なる離職確率と解雇確率だが、勤続階層間の相互関係は二つの点で酷似している。第一に、長期勤続は被用者を解雇から守るという点である。図 3-11 によると、解雇確率は勤続 5 年未満の採用直後の階層で最も高く、勤続が長くなるにしたがって減少するという右下がりの関係を持つ。ただし、勤続階層ごとに図 3-10 と比較すると、勤続 5 年未満階層の解雇確率だけが偏って大きい。たとえば 1987 年の男性では、勤続が長期になるにつれて、離職確率は 8 %、4 %、3 %、2 % と比較的なだらかに低下するのに対し、解雇確率は 2.5 %、0.9 %、0.2 %、0.1 % と低下の度合いが急激である。解雇が短期勤続者のみに集中する傾向があるとも言い換えられる。本項における解雇には定年退職が含まれていないこともその理由のひとつだが、長期勤続者の離職は解雇によらず、大部分は被用者側からの辞職によることを示していると解釈すれば、まさに長期雇用慣行と整合的な分析結果である。

　第二に、勤続階層間の相互関係には 1980 年代から 2000 年代にかけて時系列的に大きな変化がないという点も、離職確率と解雇確率は近似している。男性の新卒・中途採用層については、2.5 %、1.5 %、2.3 % と曲折があるものの、勤続 5 年以上の各階層についてはほぼ安定的に推移している。つまり、長期勤続階層の離職確率や解雇確率が相対的に上昇しているという確たる証拠は双方ともにないのである。

　結局のところ、離職確率で見ても解雇確率で見ても、長期勤続層での長期

雇用慣行が衰退しているとは明確には判断できず、十年残存率と整合的な分析結果となった。また、短期勤続層については、とくに離職確率が近年上昇傾向にあることもわかった。短期勤続層のシェアの増加も相まって、ストック全体の平均勤続年数の低下や離職率の上昇をもたらしたと結論することができるだろう。

4　年功賃金体系の動向

十年残存率でみても離職確率や解雇確率でみても、長期勤続者の雇用の安定が失われてきたわけではなく、日本的雇用慣行の慣性は、ことのほか大きいことがわかる。一方、もし日本的雇用慣行を鳥瞰するのであれば、前節までみてきた雇用面とともに、賃金面についても現状を把握する必要があるだろう。

もともと日本的雇用慣行の賃金面は、年功賃金やボーナスシステムに代表される賃金体系を備え、職場のインセンティブを担保しながら長期雇用慣行と補完的になっていると考えられてきた。しかし、とくに2000年前後以降、いわゆる成果主義賃金が喧伝されて以来、年功賃金体系はすでに失われてしまったとする解説も少なくない。もし年功賃金体系が崩壊しているのであれば、今までみてきた職場のコアにおける長期雇用慣行の堅持は矛盾するとも考えられる。本章を結論する前に、一瞥しておかなければならない論点だろう。

年功賃金体系を実証的に吟味する方法は大きくは二つある。一つは各社の賃金体系を個別に検討し、どのような要素や判断基準で賃金が決定されているかを検討する方法である。もう一つは、結果として賃金と勤続や年齢がどのような統計的な関係を持つかを、データから検討する方法である。

前者は歴史的研究や人的資源管理論の研究で主たる方法として採用されてきており、資料としては就業規則や人事規則、人事担当者へのヒアリングなどがよく用いられる。制度上、賃金がどう決められるかをトレースし、そこに年齢や勤続、業績、評価といった要素がどのように関連づけられるかを探索することが焦点となる。

　とはいえ、この筋の研究者で、厳密な意味で年功賃金体系が生き残っていると考えているのはおそらく少数だろう。すでに半世紀前の能力主義管理あるいは職能資格制の導入以来、ルール上あからさまに年齢や勤続年数を賃金決定に利用することはもはや考えにくく、何らかの能力評価や業績評価を経由させた上で賃金に反映させる仕組みが普及してきたと考えるのが一般的だからだ。たとえば、ある単価の高い職務に就くために勤続要件を課すことや、定期的な能力評価の際にほぼ自動的に格付けを改訂することなどを通じて、事実上、年齢や勤続が賃金と関係するようになることが確かめられた。その結果、この筋の研究は、事実として年齢や勤続が賃金と関係する度合いの強弱を考察するよりも、評価者と被評価者との関係や、職場における公平性への影響など、質的な議論に論点が移っていった。

　後者は、いわゆる賃金関数の文脈に包摂されながら研究が続けられており、本項もその流れの中に位置づけられる。しかしこの文脈においては、勤続年数は常に主要な説明変数であったわけではないことには注意しておく必要がある。もともと、賃金関数の出発点となった伝統的なミンサー型賃金関数の議論は、教育課程で獲得された人的資本と、就業過程で蓄積される人的資本の収益率を計測することに主眼があり、学歴と学卒後の通算就業期間が時間賃金に与える影響を調べることが目的だった。

　クロスセクションデータを用いる場合には、学卒後の通算就業期間の代理変数として、最終学歴取得までの最短期間と年齢との差分をとった潜在経験年数を採るのが一般的で、勤続年数には必ずしも関心が払われない。あくまでも年齢 – 賃金プロファイル（wage-age profile）を検討することが主目的であり、個別企業での勤続年数が注目されるようになったのは、企業特殊的人的資本の収益率の多寡という論点が提起された後でしかないのである。しかも、勤続年数を賃金関数に導入し企業特殊的人的資本の収益率を算出すれば、一応は勤続 – 賃金プロファイル（wage-tenure profile）を得ることができるものの、使用者や被用者の離入職行動を通じたセレクションやマッチングの結果と区別するのは容易ではない。たとえば、粘り強く勤続し続けることで人的資本を積み増したおかげで生産性が上昇したのか、職場内の出世競争で生産性の高い被用者が生き残るから長期勤続者の平均生産性が高いよう

にみえるのか、区別するのは難しい。

　近年の実証経済学で重視される因果関係の同定を念頭に上記のような研究の展開を追うと、勤続年数に焦点を当てた賃金構造の研究が容易ではないのは理解できる。したがって、本項の内容は準備的な事実確認だけにとどめたい。ただし、現在議論の俎上に載っているのは、勤続‐賃金プロファイルの平坦化であって急峻化ではないことは強調しておきたい。セレクションやマッチングメカニズムの変化によってその現象を説明しようとすると、出世競争が緩くなったりマッチングの質が低下したという、現在の日本の労働市場の状況では考えにくい含意が導かれてしまう。多義的な解釈の余地を残した上でだが、勤続‐賃金プロファイルの変化を確認することで、近年の日本的雇用慣行の推移を理解するという本書の目的の一助としたい。

（1）　全体像の変化

　まず、年功賃金体系の近年の変化の全体像をまとめることから始めよう。

　年功賃金体系の全体像を把握するためには、学卒直後から当該企業に勤続し続ける「生え抜き」の基本給のプロファイルを観察するのが簡単である[32]。ここでいう生え抜きとは、学校卒業直後に就職した企業に勤続し続けている被用者のことを指し、日本的雇用慣行の下では職場の主力を構成し、年功賃金体系の利点を最も享受するグループである。データ上は、四年制大学を修了するに最低限必要な年数である 21 ないし 22 を勤続年数に足した値が年齢と一致する標本として定義する。また、基本給とは、賃金センサスのうち「決まって支給する現金給与額」より精勤・家族・通勤手当を除いた額（の対数値）を採用する。いわば賃金テーブルに最も近い姿といえるからである。生え抜きについて基本給のプロファイルを算出するということは、新入社員の賃金テーブル上での典型的な軌跡を表出することに等しい[33]。

　図 3-12 は、賃金センサスの民営事業所に所属する個票を 1996 〜 1998 年

---

[32]　このほかに賃金を構成する給付は時間外手当と賞与があるが、どちらも短期的な賃金調整に用いられるため、長期雇用慣行と対応する賃金プロファイルの変化を把握する上では適切ではない。

図 **3-12**　大卒生え抜き被用者の基本給プロファイル

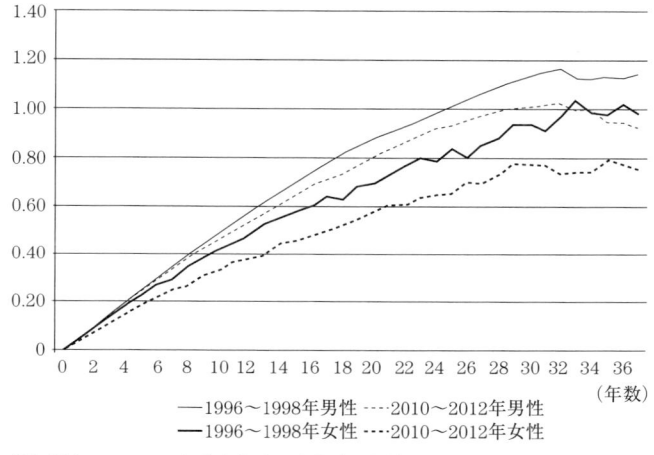

（年数）

——1996〜1998年男性　‥‥‥2010〜2012年男性
——1996〜1998年女性　‥‥‥2010〜2012年女性

注）賃金センサスより筆者推計。事業所固定効果を含めた推定。

と 2010 〜 2012 年の 2 つの期間についてそれぞれプールし、60 歳未満の大卒一般労働者の基本給プロファイルを男女別に推定して図示したものである。推定対象を生え抜きに限定したことから、説明変数には勤続と定数項および年ダミーのみを用いている。勤続年数と年齢は 0 年をベースに 1 年目から 37 年目までをすべてダミー変数として導入した。また、事業所間の平均給与額を調整するために事業所の固定効果を含めた。

　ここで図 3-12 は勤続 33 年前後（年齢では 55 歳前後）をピークに鮮やかな右上がりのカーブを描いている。また男女ともに、1990 年代後半から2010 年代にかけての 15 年間で、傾きが緩やかになっているのがはっきりとわかる。傾斜の緩和度合いは、勤続が長くなるほど顕著で、おしなべて男性よりも女性のほうが大きい。たとえば勤続 20 年前後（年齢で 42 歳前後）では男性で 7.5% ポイント、女性で 12.1% ポイントの傾斜の緩和が見られる一方、勤続 30 年前後（年齢で 52 歳前後）になると傾斜の緩和はそれぞれ

---

33)　容易に想像できるが、大卒一般労働者のうちの生え抜きの所定内労働時間はほぼ等しく、所定内時間あたりの時間賃金をとるか月給額をとるかは、プロファイルを描く上ではほとんど差がない。

13.6% ポイント、17.2% ポイントとなる。

　図示されたプロファイルを観察する限り、年功賃金体系は弱くなったと考えても矛盾はない。とりわけ短期的な変動を吸収する時間外手当や賞与を考慮せず、比較的安定的な基本給の枠組みでこうした変化が観察されたことは重くみるべきだろう。

　ところが、プロファイルの平坦化は、男女ともに同等に進んだというよりは、むしろ女性に顕著にみられ、長期雇用慣行が男性では比較的堅持され女性で放棄される傾向にあったという前節までの分析を想起させる。さらにこれまでの議論の流れから、全体の変化と部分の変化が乖離している可能性も無視するべきではない。つまり、年功賃金体系の緩和が、どの部分でどれだけ起こっているかを検討する必要がある。

（2）　年功度の分布

　次に、それぞれの企業が異なった年功賃金体系を持っていることを前提に、おのおのが独立に賃金体系の修正を施したという状況を想定してデータを整理しよう。

　ただし、この議論の出発点は通常の賃金関数の研究とは少々異なるので、注意が必要である。

　賃金関数の研究は、多かれ少なかれ労働市場における自由な取引が成立しているとして、市場で成立する価格体系を推定するという枠組みに依拠している。換言すれば、労働市場において原則として一物一価が成立していることを想定しており、この世界ではすべての企業はほぼ同一の賃金体系に従う。したがって、推定される賃金関数は、市場が同一と想定される限り1本に限定されることになる。性別や産業、企業規模ごとに別個の賃金関数が推定されることがあるとすれば、こうしたセグメントが労働市場をも分割していると想定できるという前提が、暗黙裡にせよ想定できる場合である。

　このとき、現実に観察される賃金体系が企業によって異なるとするのであれば、研究者が観察できずデータには反映されていないが、市場はきちんと把握している人的資本の質のちがいが存在するか、労働市場の競争が何らかの理由で機能不全に陥っている部分が存在するからだと考えるべきだろう。

図 3-13　男性大卒の年功度の分布の推移（**1996-2012 年**）

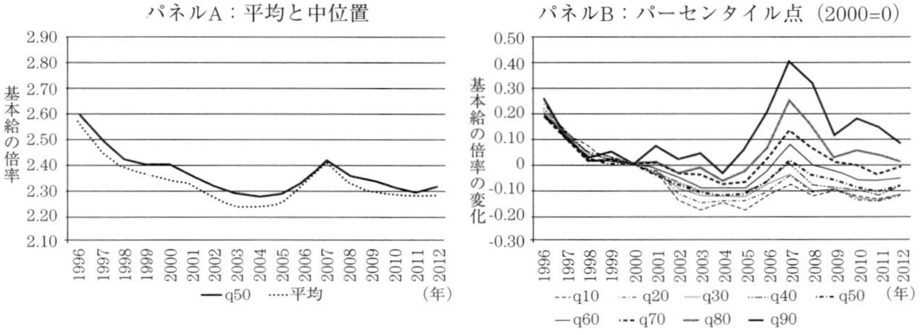

注）賃金センサスより筆者推計。

　いずれの立場をとるかは措くとして、本項ではともかく賃金体系が事業所ごとに異なることを前提として、個別の生え抜きプロファイルを算出し、その分布が 1990 年代後半以降どのように変化したかを観察した。個々の事業所のプロファイルを算出するには、通常の賃金関数の推定手順を事業所ごとにあてはめることが思いつく。

　しかし、容易に想像できるように、個々の事業所で十分なサンプルサイズを確保できるかについては疑問が残る。そこで図 3-12 と平仄を合わせるために、男性大卒生え抜き被用者だけに分析対象を限定し、基本給について、同一事業所の 20 歳代の平均と 50 歳代の平均の差をとった「年功度」を比較する方法をとろう。生え抜き被用者の基本給プロファイルは、事業所の勤続 - 賃金プロファイルのいわば上限と目されるので、本項で定義した年功度は通常の意味での賃金プロファイルの頂上までの平均的な傾斜を近似すると考えられる。

　図 3-13 では、年功度の年別の分布の平均と中位値の水準の推移をパネルA に、2000 年を基準にした各パーセント点の変化分の推移をパネル B としてまとめた。

　50 ％点で見ると、1996 年時点での年功度は 2.60 倍だった。これは 50 歳代の生え抜きの平均基本給は、同じ事業所の 20 歳代の平均基本給の 2.6 倍程度だったことを意味している。この年功度は徐々に減少し、2004 年に 2.28 倍に達したところで底を打った。同じ事業所の同じ生え抜きでも、新

人とベテランの給与差はこの 7 年間でおよそ 30 ％ポイントほど縮まった計算になる。

　しかし年功度の減少はここで下げ止まる。2005 年以降は反転し、リーマン・ショック直前の 2008 年には 2.36 倍まで戻すのである。リーマン・ショック後には再び減少するものの、最近の 2012 年には 2.31 倍を示している。結局、事業所内での給与差で見た年功度は、2004 年まで単調に減少したのち、2.3 倍前後で安定的に推移していると考えてよい。

　パネル B を見ると、2000 年前後までは、どのパーセント点でも年功度の減少幅はほぼ等しい。年功度の分布自体が全体でシフトしていることを意味しており、年功賃金体系の見直しがほぼすべての事業所で同様に起こったことを表している。

　だが、この傾向はその後一変し、高パーセント点の減少が鈍くなる一方で、低パーセント点の低落は相変わらず継続し、結果として年功度の差が広がる傾向が発生した。2004 年前後以降になるとこの傾向はより顕著になり、とくに 70% 点よりも上側では年功度がむしろ増大する傾向すら見られる。

　したがって、図 3-12 や図 3-13 のパネル A を見る限り、基本給の年功度は 1990 年代を通じて緩和が続き、年功賃金体系は一定の見直しが進んだと評価できるだろう。しかし、事業所によらず全般的に年功賃金の平坦化が進行した 1990 年代後半とは異なり、2000 年代以降のさらなる年功度の平坦化の進行は事業所によるばらつきが顕著になったと予想できる。

　ただし、図 3-13 で示した分位点の推移は、各年の分布の特性値を算出したにすぎず、同一の事業所の年功度の変化を直接考察した結果ではない。たとえば、2003 年における 50 ％点の事業所と 2010 年における 50 ％点の事業所は、同じ 50 ％点でも同一事業所ではない可能性が高い。したがって、50% 点で年功賃金の平坦化が進んだからといって、同一事業所の年功度が平坦化したとはすぐにはいえないのである。年功度の変化の事業所間のばらつきをより詳細に検討するためには、やはり同一事業所について年功度の変化を追跡する必要がある。

　しかし、賃金センサスは標本調査なので、すべての事業所が常に観測されているわけでない。図 3-13 を描いたデータセットはいわばアンバランスト

パネルでしかなく、同一事業所の年功度の任意の二時点間の変化を追跡しても、比較対象となるグループを十分に構成できない可能性が高い。たとえば、ある事業所について 2003 年と 2010 年の間の年功度の変化が計算できたとして、同じ 2003 年に賃金センサスにサンプルされた別の事業所が 2004 年以降 2012 年までに再びサンプルされる確率はそれなりに高いものの、正確に 2010 年にもう一度サンプルされる確率はそれほど大きくはない。したがって、任意の二時点をとって、両時点のサンプルに含まれている事業所のみを使って年功度の変化を検証するのは得策ではない。

　その代わりに、ここでは年功度が計算可能だった全事業所を対象とした回帰分析の枠組みを用いて議論を進めよう。具体的には、事業所の個別効果を考慮しつつ年功度を年ダミーに回帰することで、事業所内の年功度の時系列変化の平均像を推定し、事業所を追跡した場合と同様の統計的考察としたい。

　ただし、単にサンプル全体を用いて年功度を年ダミーに回帰すると、推定された回帰係数は全体の平均的動向を代理する。しかし図 3-13 パネル B に示唆された分析の鍵は、その時点の年功度の大小によって、年功度の変化の方向や強弱はばらついているかもしれないということだった。したがって、ここでは全事業所を用いて全体の平均の動向を探るよりも、いずれかの時点で比較的年功度が高かったグループと低かったグループにサンプルを分割し、それぞれの年功度の趨勢を比較することが求められる。

　そこで、図 3-13 を描画した標本のうち、全般的な年功度の緩和が観察された 2002 年までの標本を取り出し、年ごとの全体的年功度の緩和傾向を考慮した上で各事業所の年功度の平均的な位置を算出する。すなわち、1998 年から 2002 年までの年功度 $\widehat{slope}_{jt}^{98\text{-}02}$ を、年ダミーと事業所ダミーに回帰する次の（3-8）式を推定する。

$$\widehat{slope}_{jt}^{98\text{-}02} = year\ dummies \cdot \theta^{98\text{-}02} + u_j^{98\text{-}02} + \varepsilon_{jt} \tag{3-8}$$

推定された事業所ダミー $\widehat{u_j^{98\text{-}02}}$ は、1998 年から 2002 年にかけての各事業所の平均的な年功度を示す。次にこの推定値を利用して、標本事業所を 2002 年までの時点で年功度の高かった事業所（70 ％点以上）、中程度の事

図 3-14 同一事業所の年功度の変化の推移 (**2003-2012**)

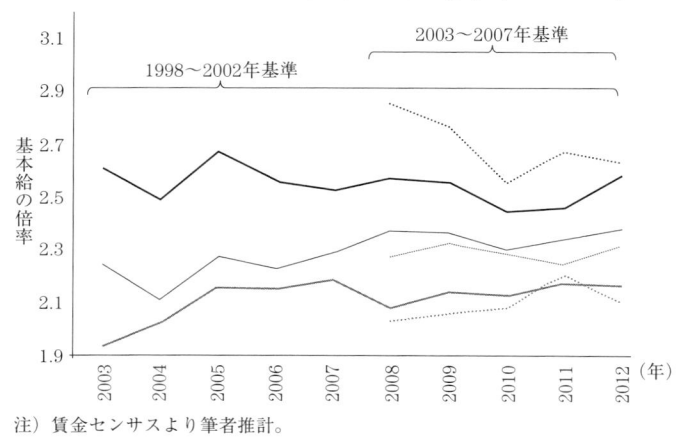

注) 賃金センサスより筆者推計。

業所 (30％点〜70％点)、低かった事業所 (30％点以下) の3つのグループに分割する。さらに、それぞれのグループごとに、2003年以降の観測値を用いて (3-8) 式を再推定し、推定された年ダミーをグループ別の平均的な事業所内の年功度の時系列変化と解釈する。すなわち、

$$\widetilde{slope}_{jkt}^{03\text{-}12} = year\ dummies \cdot \theta_k^{03\text{-}12} + u_{jk}^{03\text{-}12} + \varepsilon_{jkt} \qquad (3\text{-}8)'$$

をグループ k (=1, 2, 3) ごとに推定し、推定された年ダミー $\widehat{\theta_k^{03\text{-}12}}$ を図示したのが、図3-14である。

　図中の実線は1998年〜2002年のデータを用いて算出した固定効果によって事業所を3分割し、それぞれのグループについて2003年〜2012年の推移を推定した結果である。破線は2003年〜2007年までのデータであらためてグループを分け直し2008年から2012年について推定した結果である。したがって、実線と破線では、同じ70％点以上のグループでも、含まれている事業所が異なる。

　実線を見ると、2003年〜2008年までの好況期に年功賃金体系を変化させたのは、2002年時点で下位30%までに区分されたグループと、中位30〜70％に区分されたグループだったことがわかる。具体的には、下位グルー

プの年功度は 1.94 倍から 2.19 倍（2007 年）へ、中位グループでは 2.25 倍から 2.37 倍（2008 年）へ変化しており、これらのグループでは平均的には年功賃金体系はむしろ急峻化したのである。

　また、図 3-14 に示された両グループの同一事業所内の年功度の推移は、図 3-13 のパネル B に示されたクロスセクションで見た下位パーセント点の推移とほぼ重なっている。これらのグループで年功賃金体系の調整が一段落したのは、やはり同じ事業所が年功度をさらに引き下げる動きを弱めつつあったからだと解釈できる。

　他方、2002 年時点で上位 70% 以上に区分されたグループでは、平均的な年功度は 2003 年時点で 2.61 倍あったのが、2008 年には 2.57 倍へと微減している。ただし、他のグループと比較しても、図 3-13 に見た全体の分布と比較しても、0.04 倍の変化は顕著ではなく、安定的に推移したと考えたほうがよい。このグループでも、同一事業所においては年功度の調整が一段落したと考えてよいのである。

　図 3-13 のパネル B で見られた、70% 点よりも上側での年功度の増大傾向は、実際には、そもそも年功度が大きかった事業所の年功度がさらに増大したわけではなく、むしろ中位や下位にあった事業所の年功度が増大したと考えるべきだろう。実際、2007 年時点を基準に上位 70 ％以上に区分されたグループと、2002 年時点を基準に上位 70 ％以上に区分されたグループで、2008 年時点での平均的な年功度を比較すると、同一時点での比較であるにも関わらず前者は 2.85 倍、後者は 2.57 倍となり、25 ％ポイントもの開きが生じている。逆に、中位グループと下位グループでは、2007 年基準でグループ分けした場合の平均値のほうが、2002 年基準でグループ分けした平均値よりも下落している。中下位のグループで年功度を増大させた事業所が、2007 年時点を基準替えすると新たに上位グループに編入されることを示唆している[34]。

　結局のところ、もしもバランスシート不況以降にも年功賃金体系が変化し続けているというのだとすれば、それは賃金プロファイルの平坦化ではなく、むしろ急峻化だとさえいえるのである。言葉を継げば、好況期に年功度を増大させ 2007 年基準で上位 70% 以上に食い込んだ事業所は、リーマン・

ショック以降になると逆に年功度を大きく下げており、変化が安定している
わけではない。他方の 2002 年基準での上位グループは、リーマン・ショッ
クの最中にあってもそれほど大きく年功度を引き下げていないのと対照的で
ある。

　2007 年基準で年功度が高いとされた事業所の賃金体系がそれほど固着的
ではないとすれば、成果主義的賃金が基本給の部分まで取り込まれたもの
の、成果を上げる被用者がベテラン層に偏っており、見かけ上年功的賃金体
系ができあがってしまった事業所であるという解釈も成立するだろう。この
ようにさまざまな解釈があり得るので、年功賃金体系が復活し始めたと考え
るのは危険だが、少なくとも、2000 年代以降賃金プロファイルの平坦化は
一段落したと解釈するのが妥当だろう。

5　正規の世界

　本章では、正社員の長期雇用慣行を中心に、日本的雇用慣行のいくつかの
側面について近年の中長期的な動向を観察してきた。まず平均勤続年数の推
移を検討し、次いで十年残存率の変化を分析したところ、首尾よく勤続五年
のゲートをくぐった正社員の残存率が 1990 年代以降に顕著に減少したわけ

---

34)　この点を確かめるために、2002 年基準と 2007 年基準で事業所のグループ替えがどの
　　程度行われたかを表にしたのが、次の表である。

| | | 2003 〜 2007 年基準 | | | | |
		〜 30% 点	30 % 点〜 70 % 点	70 % 点〜	小計	観測数
1998 〜 2002 年基準	〜 30% 点	47.1	38.6	14.3	100.0	433
	30 % 点〜 70 % 点	27.5	47.3	25.3	100.0	681
	70 % 点〜	15.1	35.9	49.1	100.0	524
	小計	28.7	41.3	30.0	100.0	
	観測数	470	677	491		1,638

　2002 年基準で上位 30% に区分された事業所で 2007 年基準でも上位 30% に区分された
事業所は 47.1 ％とほぼ半数で、残りの半数は年功度を下げていることがわかる。逆
に、2007 年基準で上位に区分された事業所の中で 2002 年基準でも上位に区分された
事業所は 55%（＝ 15.1/28.7）にとどまり、45% は年功度を増加させて上位に区分され
るようになったことがわかる。

ではないことがわかった。勤続の短期化は、若年層や中途採用層の勤続五年に至るまでの道のりが遠のくというかたちで起こっていたのである。

こうした傾向は、失職率や解雇率という別の計測概念でも一致して観察された。とくに男性正社員のコア社員については、長期雇用慣行が崩れてきたとはいえないだろう。

長期雇用慣行に対応する年功賃金についても、たしかに 2002 年前後のバランスシート不況まではフラット化が一律に起こっていた。しかしそれ以降、大卒男性の賃金プロファイルの平坦化は事業所によって大きくばらつくようになり、さらに平坦化を継続した事業所もあれば急峻にした事業所もあり、全体として平坦化が継続したとはいえないだろう。

結局のところ、日本的雇用慣行は全面的に崩れ去ったわけではなく、正社員の世界は意外なほど堅固に残存している、とまとめられる。

第4章

非正規の世界

1　非正規雇用をどう定義するか

　第3章では、長期雇用慣行を中心に日本的雇用慣行の近年の動向を検討したところ、男子大卒を中心としたコア社員では日本的雇用慣行が残存し、「正規の世界」は依然として堅固な様子が浮かび上がってきた。

　そうは言われても、現実の日本の労働市場を眺めたことがある人であれば、当然抱くだろう疑問がある。日本的雇用慣行が崩れていないのであれば、世間を騒がせている非正規雇用の増加はいったい何を意味するのだろうか。コア社員では長期雇用慣行が守られているとしても、そもそもコアの比率が小さくなっているのではないだろうか。本章ではこうした疑問を解明するために、「非正規の世界」を探求しよう。

　そのためにまず整理しておかなければならないことは、「非正規雇用」の定義である。

　国際的には、期限を定めて労働契約を結ぶ被用者を非正規雇用とみなし、期限の定めのない労働契約を結ぶ正規雇用と対比することでおおむね一致している。欧州連合統計局に典型的にみられるように、大陸欧州諸国では雇用機会の継続性を重視して正規・非正規を区別しており、それが端的に表れるのが労働契約の期間だからである。

　例外的なのは、労働契約の期限の定めの有無を峻別しない合衆国に代表される国々である。こうした国では、随意雇用を原則としているため、雇用機

会を質的に区別するのに契約期間という外形的情報に頼るのは適切ではない。賃金水準の高低や保険加入の付随など具体的な契約内容に踏み込んで、「良い仕事（Good Job）」と「悪い仕事（Bad Job）」を区別する考え方のほうが一般的だろう。

　しかし、労働契約内容による雇用機会の区別は意外に使いづらい。契約期間による区別と異なり、法制度との関連が一段階遠のくからである。つまり、契約期間による区別は、法制度こそが雇用機会の継続性を直接制御しているという考え方と表裏の関係にある。言い換えれば、法制度を変更すれば雇用機会の継続性の強弱を変えられるという、素朴な考え方と平仄が合う。

　それに対して、法制度によって賃金水準や保険などの労働契約の内容を直接制御するのは、自由な労働市場を前提とする限りかなり難しい。実際、ある雇用機会とほかの雇用機会の賃金格差を縮めようと考えても、法制度のどこをどう変えれば実現できるかは自明ではない。したがって、賃金水準という意味で良好な雇用機会と劣悪な雇用機会が分けられたとしても、それは均衡で決定されるという解釈を排除できず、厚生判断や政策的介入の根拠を見つけにくい。非正規雇用の国際的な定義の統一に熱心な、ILO や OECD など国際機関が勧告できるのもせいぜい法制度の調整くらいでしかないことを考え合わせれば、彼らが関心を持つ、つまり国際的に流通する正規雇用と非正規雇用の区別が契約期間の有無に偏ることは理解できるだろう。

（1）　さまざまな非正規雇用の定義：時間による定義

　以上のような国際的な潮流があったとしても、日本国内に議論の範囲を限定してしまうと、単純に労働契約期間の有無で雇用機会の内容を区別すれば済むわけではない。現実に、日本の非正規雇用の定義は統計や論者によってまちまちであるばかりでない。定義によって、非正規雇用の比率の水準や時系列的トレンドが異なるという複雑な状況にあるのである。

　たとえば、非正規雇用の保護を目的として 1993 年に成立した「パートタイム労働法」は、正式名称を「短時間労働者の雇用管理の改善等に関する法律」としており、法の保護対象を「一週間の所定労働時間が同一の事業所に雇用される通常の労働者（中略）の一週間の所定労働時間に比し短い労働

者」と規定する（第 2 条）。労働契約の期限の定めの有無ではなく、所定労働時間の多寡によって被用者を区別し、しかもその基準は週 40 時間や週 35 時間といった絶対水準ではない。

　この定義は、賃金センサスや毎勤など厚生労働省が管轄する事業所統計に取り入れられている一方、被用者本人が正確に判断できるか不透明からか、就調や労調など総務省が管轄する世帯調査には採用されていない。代わりに、就調や労調では、労働契約期間の長さによる「従業上の地位」や職場での呼称による「雇用形態」によって被用者は区別されている。

　このように、政府統計ですら非正規雇用については統一的な定義を持たず、日本の非正規雇用には見る角度によってさまざまな性質が備わっていることを示唆している。

　本項では以下、政府統計における非正規雇用の定義について詳説しよう[1]。

　もともと、政府統計の非正規雇用の定義には大きく分けて三つの系統、すなわち労働契約期間による区別、職場での呼称による区別、そして労働時間による区別が併存している。

　このうち最も古い定義は、おそらく、労働契約期間ではなく労働時間を用いた区分だろう。少なくとも国調や労調など総務省管轄の戦後の世帯調査では、1 週間の実労働時間が調査開始時から常に把握されている。非正規雇用と名づけたかどうかは別として、すべての被用者がフルタイム就労しているわけではないことは、当時より明確に理解されていた。これは、1 時間でも賃労働に従事した場合には失業とみなさないという失業の定義と関係があり、日本で失業率が低いのは、「部分就労」や「不完全就労」といった中間的な就労状態が広範に広がっていることが原因だと疑われたためである。したがって、統計当局が当時把握したかったのは近年「社内失業」などという言葉で表現される現象と似ている。しかし、実際に計測していたのは、現代でいうパートタイマー、つまり非正規雇用に近い。

　他方、先にも触れたように、厚生労働省が管轄してきた統計では、同じ労働時間をメルクマールにしながら、実労働時間の水準の大小での区分は採用

---

1)　以下、統計上の定義区分については神林（2013）をもとにしている。

されていない。パートタイム労働法の定義と同様に、就業している事業所の就業規則に定められた一般の被用者と比較して、当該個人が短時間勤務かどうかという、相対的な定義が取り入れられてきており、しかもその採用のタイミングは 1970 年代以降と、国調や労調の成立と比較すると遅い。

　たとえば、賃金センサスでは「同一事業所の一般の労働者より 1 日の所定労働時間が短い又は 1 日の所定労働時間が同じでも 1 週の所定労働日数が少ない労働者」として「パートタイマー（短時間労働者）」が定義され、1970 年以降区別されるようになった。この定義自体は、雇用保険法の変更など法律上の定義をそのまま取り入れたもので、賃金センサスへの採用のタイミングも、1968 年の法改正と並行していた。他の厚生労働省系の統計にも、雇用動向には 1975 年から、毎勤には 1989 年からなど、順次同様の定義が採用されていった。厚生労働省系の統計は管轄下の法律と密接に対応しており、総務省系の統計と調査動機が異なることを端的に示している。

　以上のように同じ労働時間をメルクマールとする非正規雇用の定義であっても、背後にある調査動機や歴史的経緯はかなり異なる。とはいえ、相対水準と絶対水準の二つの定義は、実態としてはそれほど顕著なちがいはないことを次の図 4-1 で確認しよう。そこでは、労調からとった週 35 時間未満という区切りでの非正規雇用の比率と、雇用動向からとった就業規則上の就業時間に満たないという区切りでの非正規雇用の比率を比較した。

　おおまかにみると、労働時間でみた非正規雇用の割合は、戦後直後はそれほど高くなかった。1960 年代後半から徐々に上昇傾向をみせ、さらに 1990 年代に上昇スピードが多少増大したことには誰しもが納得できるだろう。

　しかし、第一に、労働時間でみた非正規雇用の割合の上昇は数十年単位で継続しており、いわゆる規制緩和と密接に対応するわけではない。第二に、少なくとも 1990 年代までは景気循環の影響をあまり受けておらず、労働需要の変動に対応するバッファーとして解釈される非正規雇用の姿はみえてこない。むしろ 1990 年代以降にこそ景気循環の影響を受けるようになったとみえることは、非正規雇用の役割の変化を示唆しており、強調されて然るべきだろう。

　他方の雇用動向は、調査対象が現在でも常用労働者 5 人以上を使用する事

図 4-1　労働時間による非正規雇用比率の推移：**1975-2014 年**（%）

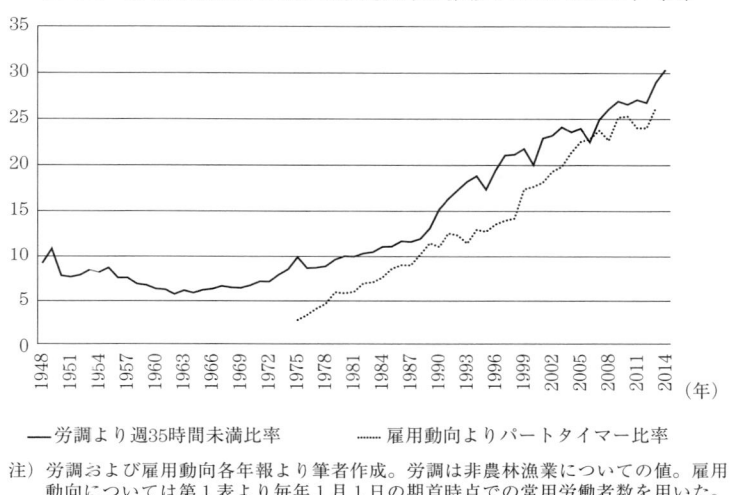

——労調より週35時間未満比率　　　······雇用動向よりパートタイマー比率

注）労調および雇用動向各年報より筆者作成。労調は非農林漁業についての値。雇用
　　動向については第 1 表より毎年 1 月 1 日の期首時点での常用労働者数を用いた。
　　また、1975 年から 1978 年にかけては第 1 表にパートタイマー数が掲載されてい
　　ないため、概要に報告されているパートタイマー入職率から逆算して掲示した。
　　2011 年は東日本大震災の被災 3 県でのデータ欠損がある。

業所に限定されているため、世帯調査である労調とは母集団が異なる。した
がって両者の水準に乖離があることは自然だが、その時系列的趨勢が酷似す
るのが興味深い。この間、労基法の改正により週労働時間の上限は 48 時間
から 40 時間に削減されており、週 35 時間という絶対水準の持つ意味は、
規制上限の 70 ％程度から 90 ％程度へと相対的に変化している。それにも
かかわらず、データが揃う 1975 年から 2013 年までの 39 年間では、両者の
トレンドはほぼ同様とみえる。

　実際、図 4-1 をみる限り、週 35 時間未満という定義の非正規雇用のトレ
ンドは、就業規則上の就業時間よりも短いという定義の非正規雇用のトレン
ドと、少々増加が急かもしれないが大差ない。両者の相関係数を算出すると
0.97 にも達し、両者はほぼ一致して動いていると考えてよい[2]。

　結局、労働時間からみた非正規雇用は、フルタイムと比較して労働時間が
短いという点が大きな落差を生むのであって、労働時間がどれだけ短いかは
それほど重要ではないのだろう。この点は、日本の非正規雇用の持つ身分的

な特徴と関連するかもしれず、後段で詳論しよう。また、実用的な観点から
は、労働時間の長短で非正規雇用を定義する場合には、絶対水準と相対水準
のどちらをとるかはそれほど大きなちがいをもたらさず、どちらか利用しや
すい定義を用いればよいとまとめられる。

（2）　さまざまな非正規雇用の定義：契約期間、呼称による定義

　労働時間による定義と並んで古くから用いられているのは労働契約期間に
よる定義である。1947年の労調発足以来、「従業上の地位」という統計用語
として用いられ続けている。現在頻繁に用いられているのは、期限の定めが
ないか期限が1年を超える「常雇」、期限が1年以内である「臨時雇」、期
限が1カ月未満である「日雇」の3区分である。2005年の労基法改正まで、
労働契約期間の上限は原則1年だったので、常雇にあたるのは事実上無期雇
用の被用者だったとみなせる。したがって、常雇を無期、臨時・日雇を有期
と分けることもできるだろう。

　ただし、この3区分が用いられ始めるのは労調系統の調査では1959年か
らで、それまでは契約期間が1カ月未満の日雇とそれ以外（すなわち常雇と
臨時雇の合計）の2区分だった。この事実は、従業上の地位を区分する焦点
が、1950年代までは自営業・家族従業者と被用者との区別にあり、被用者
内の区別には力点が置かれていなかったことによるだろう。自営業・家族従
業者（とりわけ彼／彼女らの出稼ぎ的就労）とフルタイムの被用者を区別す

---

2)　試みに、39年間について両比率（$Rate_{kt}$）をプールして、各年（$year_t$）と週35時間
　　未満の定義を示すダミー変数（$under35_k$）と、さらに両者の交差項に回帰し、定義区
　　分によるトレンドのちがいがあるかを検討すると、以下のようになる。

$$Rate_{kt} = -11.14^{***} + 0.0057^{***} \times year_t + 0.0006^{**} \times year_t \times under35_k - 1.14^{**}$$
$$\quad (0.32) \qquad (0.0002) \qquad\qquad (0.0002) \qquad\qquad\qquad (0.45)$$
$$\times under35_k$$
$$N = 78,\ R^2 = 0.98,\ ^{***}p<0.01,\ ^{**}p<0.05$$

　　括弧内は各推定係数の標準誤差なので、推定された係数はおおむね統計的に有意と判
　　断してよい。推定結果によれば、この間雇用動向による非正規雇用比率は1年につき
　　0.57％ポイントずつ増加していた。これに対して労調の週35時間未満の定義による非
　　正規雇用比率の増加幅は0.06％ポイント大きく、1年につき0.63％ポイントずつ増加
　　していたことになる。

るためには、ある一時点の労働時間の多寡というよりも、それが季節的一時的就労かどうかを見分けるほうが重要である。その際、労働契約期間が有期か無期かという区別よりは、日雇のように極端に短い労働契約期間かどうかを調べるほうが有用なのは明らかだろう。

　他方、近代労働契約の契約原理を画するはずの契約期限の有無が、現代と同じ労基法の下にあり、解雇紛争が絶えなかった1950年代ですら、総務省系統の統計では区別されていなかったという事実は、日本の労働市場の成り立ちを考える上で示唆に富む。

　契約期間による区別がまったく等閑視されていたわけではない。とくに厚生労働省系の事業所調査には明示的に取り入れられている。ただし、区分のされ方が世帯調査と異なり、常雇と臨時・日雇という2区分が用いられてきた。おおむね契約期間が有期か無期かで区分していたといってよい。具体的には、雇用動向ではその発足の1964年から常雇と臨時・日雇の2区分が採用されており、賃金センサスでも1967年から個人票に有期契約か無期契約かが問われるようになった。厚生労働省系の統計も、被用者内の正規・非正規の区別が早くから意識されていたものの、事実としての部分就労の検出に力点を置いていた総務省系の世帯調査とは異なり、労働法規制と直接対応する無期・有期という行政的観点が採用されていたとまとめられる。

　非正規雇用の主な定義のなかで、統計的に最も新しいのは呼称による区分で、就調で1982年に採用されたのを契機に、労調系統にも当初特別調査に取り入れられ、最近では2005年より賃金センサスにも採用されるようになった。この呼称による区分とはほぼ日本独特の区分で、対応する非正規雇用の定義を諸外国に見つけるのは難しい。

（3）　諸定義の統計的な相互関係

　以上の三つの定義の主な統計による採用傾向を、統計の特徴とともに簡単にまとめたのが表4-1である。

　概して、世帯調査では呼称や週労働時間など実質的な労働条件に関わる区分が多く採用され、事業所調査では労働契約期間や就業規則上の労働時間と比較して短時間かどうかなど、法律に関わる区分が多い。また、同時に複数

表 4-1　統計による非正規労働者の定義

		母集団およびサンプルサイズ[a]		調査頻度	非正規労働者の定義			
					労働契約期間上の区別[b]	呼称の区別	労働時間の区別	
							週労働時間数（35時間未満）	就業規則上の労働時間との比較
国勢調査	世帯調査	全世帯	センサス	5年ごと	1950～	×	1950～	×
労働力調査	世帯調査	全世帯	4万世帯	月次	1947～	×	1947～	×
詳細集計（旧特別調査）	世帯調査	全世帯	1万世帯	月次	1953～	1984～	1953～	×
就業構造基本調査	世帯調査	全世帯	45万世帯	5年ごと	1956～	1982～	1956～	×
賃金構造基本統計調査	事業所調査	5人以上	77000事業所	年次	1967～	2005～	×	1970～
毎月勤労統計調査	事業所調査	5人以上	33000事業所	月次	×	×	×	1989～
雇用動向調査	事業所調査	5人以上	15000事業所	年次	1964～	×	×	1975～

注）神林（2013）表1
a）各調査最新年版による。調査によっては大きく変更された時期があることに注意。
b）世帯調査では常雇・臨時と日雇、事業所調査では常雇と臨時・日雇という2区分で始まった点に注意。

の定義を用いる政府統計は少なくなく、定義同士の関係について豊富なデータを提供してくれる可能性が垣間見える。

　それでは、この三つの定義、すなわち契約期間、呼称、労働時間で計測した非正規雇用の比率がどのように変化したのかを次の図4-2で比較してみよう。ただし、労働時間による定義の場合、図4-1でみたように、絶対水準に依存させるか相対水準に依存させるかについては大差がないと考え、週35時間を基準にした非正規雇用比率を算出する。また、統計の母集団のちがいによる振れを避けるために、すべて労調系列の公表値を用い、図中に示された各数値のちがいを基本的に定義のちがいだけに依存させた。

　非正規雇用比率の水準とトレンドが似ているのは、呼称区分と労働時間区分で、契約期間区分はこの二つの定義とは水準もトレンドもまったく異なる推移を示している。

　まず非正規雇用比率の水準については、契約期間区分による比率では1980年代より2000年代まで10%から15%程度に収まるのに対して、呼称区分・労働時間区分による比率では10%より40%まで大きくばらつく。両者の開きは近年ほど大きく、時系列的トレンドが異なっていることを示している。実際、契約期間区分による非正規雇用比率が増加するのは、ほぼ1990年代後半から2002年前後までの10年弱の期間に限られ、派遣労働の

図 4-2　三つの定義による非正規雇用比率の推移：1984-2014 年

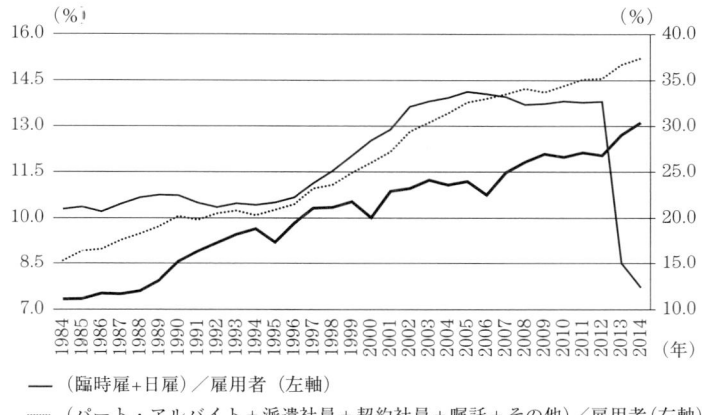

━━　（臨時雇＋日雇）／雇用者（左軸）

┄┄┄　（パート・アルバイト＋派遣社員＋契約社員＋嘱託＋その他）／雇用者（右軸）

━━　週35時間未満／雇用者（右軸）

注）労調各年報より筆者作成。2013 年および 2014 年の急落は調査票の改訂によるもの。

解禁などいわゆる規制緩和と同時期にあたる。それ以外の期間では安定的に推移しており、全体的には階段状の推移を示しているのが特徴的だろう。

　一方、呼称区分・労働時間区分による比率は 1980 年代より一貫して増加傾向にある。この統計上の観察は、両者に影響を及ぼしたメカニズムが異なることを示唆しており、とりわけ、規制緩和と非正規雇用の増加の関係は一面で正しいがすべてではないことは、非正規雇用問題を考えるときに頭から離してはならない点だろう。

　また、三つの定義によって非正規雇用の水準もトレンドも異なるということは、ある定義によっては非正規雇用だけれども、他の定義にあてはめると非正規雇用とは分類されない被用者がいることを含意している。この重なり具合は、公表されている数表ではわからない。ここでは 2007 年就調を用いて、図 4-3 として示した。

　就調では普段の就業状況が尋ねられており、月末最終週の実際の労働時間を聞いた労調とは定義が異なる。したがって、図 4-3 の比率自体は図 4-2 とは比較できないものの、シェアの相互関係はよく似ている。図 4-3 から

図 **4-3**　三つの定義による非正規雇用比率の関係：**2007** 年

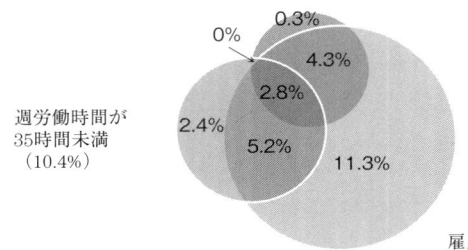

いずれかの定義で非正規就業＝26.3%

注）2007 年就調より筆者作成。「主に仕事に従事」している被用者に限定して集計。ただし、
　　いずれかの定義で不詳の標本は集計に含めていない。

わかる最も重要なことは、おそらく、三つの非正規雇用の定義にすべてあて
はまる被用者が、わずか 2.8% しかいないことだろう。いずれかの定義にあ
てはまる被用者の割合 26.3% と比較すると、彼我の差は大きい。いずれか
二つの定義にあてはまる被用者を含めても 12.3% にとどまり、一つの定義
にしかあてはまらない被用者、とくに、無期もしくは 1 年を超える労働契約
を締結していて週 35 時間以上働いているが、職場では正社員と呼ばれてい
ない被用者が、被用者のうち 11.3%、非正規雇用のうち半数近くを占めてい
るのである。

　実のところ、このような正社員に近い非正社員の存在は、人事管理論や労
使関係論の研究ではすでによく知られており、何も本章で初めて指摘された
わけではない。「フルタイムパート」という語義矛盾した雇用形態は近年で
はごく普通に用いられており、ハローワークの求人でも使用されている。求
人情報誌を眺めたり検索キーワードをたたいたりしたことのある人であれ
ば、よくわかるだろう。図 4-3 は、統計的な側面から、その存在の大きさ
を明らかにしたといえる。

　ともすれば非正規雇用問題を有期雇用問題と同一視することもあるが、や
はり二つの問題は同一ではない。この点は強調されて然るべきだろう。

2　どの定義が「重要」なのか[3]

　日本の労働市場における非正規雇用の定義が複数あり、とくに労働時間・呼称による定義と契約期間による定義では、非正規雇用の比率のみならず時系列的動向も異なることがわかった。次のステップは実質の評価である。「非正規の世界」が「有期雇用の世界」ではないのは確実として、それではどうやって非正規の世界を捕捉すればよいのだろうか。すなわち、どちらの定義が、日本的雇用慣行とのつながりが強く、日本の労働市場の構造を把握するために重要なのだろうか。Kambayashi and Kato（2016）の結果を引用しながら考察しよう。

　まず、前出図 4-3 に示されたように、就調個票を用いれば、同一被用者について呼称と労働契約期間による区別を同時に把握できる。そこで、日本的雇用慣行と密接に関連すると思われる労働条件を就調より抜き出し、この二つの定義に同時に回帰することによって、どちらの定義が日本的雇用慣行とより密接に関係するかが統計的に検証できるはずである。

　Kambayashi and Kato（2016）では、日本的雇用慣行と密接に関連する要素として、「1 年間の失職の有無」「時間あたり賃金水準」「企業が出資する訓練への参加の有無」の三つを選んだ。第 3 章でも議論したように、失職率は雇用保障の有力な代理変数である。コア社員と非コア社員の間には必然的に賃金格差が伴うし、コア社員としてのコミットメントを明確にするために企業特殊熟練の蓄積が求められるとすれば、企業が出資する訓練への参加の有無はコア社員として扱われているかどうかの基準としての意味を持つ。

　これらの三つの指標を $Outcome_i$ とするとき、次の推定モデルを用いて、定義の統計的重要さを計測しよう。

$$Outcome_i = \beta_1 \, FixedTerm_i + \beta_2 \, NonStandard_i + X_i \gamma + a + \varepsilon_i$$

$$(4\text{-}1)$$

　ここで $FixedTerm_i$ は、被用者 i の労働契約期間が 1 年以下の有期契約

だった場合に 1 を、それ以外、すなわち無期か 1 年を超える労働契約期間だった場合に 0 をとる二値変数である。$Nonstandard_i$ は被用者 i の職場での呼称が正社員だった場合に 0 を、それ以外だった場合に 1 をとる二値変数である。

（1）　失職と非正規雇用の定義

まず、失職と非正規雇用の定義との関係からみてみよう。そのために、(4-1) 式の $Outcome_i$ として、第 3 章で用いた失職率をとる。すなわち 2006 年 10 月から 2007 年 10 月までの 1 年間で被用者 i が失職したことを示すダミー変数を被説明変数として、(4-1) 式をプロビットモデルとして推定する。定義によって、用いるサンプルは 2007 年就調の調査対象のうち 2006 年 10 月時点で被用者だったものに限る。日本的雇用慣行との関連を検討するという分析の目的を鑑みて、引退過程における失職行動を除くために調査より 1 年前時点で 18 歳から 54 歳までの被用者にサンプルを限定し、自発的な離職者も除くのも第 3 章と同様である。

　コントロール変数として、性別、年齢、年齢二乗／ 100、勤続年数、勤続年数二乗／ 100、最終学歴、企業規模、産業、職業、居住都道府県を含め、男女別にも推定して推定結果の頑健性を確かめた。推定結果のうち関心のある変数の限界効果について要約したものを表 4-2 に示す[4]。

　推定結果からは、労働契約期間が有期か無期かよりも、呼称上正社員と呼ばれていたか否かが失職確率とより強く結びついているのがわかる。たとえば男女計では、労働契約期間以外の条件が同じ平均的な被用者で比較すると、有期契約の被用者は無期契約の被用者よりも 0.3% ポイントしか失職確率が大きくない。

　その一方、呼称上正社員と呼ばれていない被用者は、労働契約期間がともかく同一であれば、正社員よりも失職確率が 1.3 ％ポイント大きい。この失職確率の差は統計的に有意なばかりでなく、全体の失職確率の半分程度を説明しており、決して小さいとはいえない。

---

[4]　前職について雇用形態と従業上の地位を同時に尋ねているのは 2007 年就調のみなので、この推定については他の年次は利用できない。

表 4-2　非正規雇用の定義と失職確率との関係（**2007 年**）

標本	2007 年就調（18 歳から 54 歳）		
	計	男性	女性
推定方法	プロビットモデルの限界効果		
被説明変数	失職 = 1		
有期雇用	0.003	0.005	0.002
（v.s. 無期雇用）	(0.001)	(0.002)	(0.002)
呼称非正規	0.013	0.011	0.018
（v.s. 正社員）	(0.001)	(0.002)	(0.002)
観察数	143,348	86,132	57,216
失職比率	0.027	0.020	0.036

注 1）他の説明変数として年齢、年齢二乗 /100、勤続年数、勤続年数二乗 /100、最終学歴、企業規模、産業、職業、居住都道府県を含む。男女計の推定には性別も含む。
注 2）失職者は、「人員整理・勧奨退職のため」「会社倒産・事業所閉鎖のため」を理由に離職した被用者として定義しており、日米比較のために「事業不振や先行き不安」を含めた Kambayashi and Kato（2017）とは若干異なる。
注 3）括弧内は標準誤差。
出所）Kambayashi and Kato（2016）Table 2, Table 3, Table 4。

　男女別に推定しても、労働契約期間上の有期よりも呼称上の非正社員のほうが失職確率と強く相関するという関係は変わらない。有期契約の失職確率は無期契約よりも、男性被用者の場合で 0.5% ポイント、女性被用者の場合は 0.2% ポイントそれぞれ大きいが、非正社員と正社員の差、1.1% ポイント、1.8 ％ポイントと比較すると、いずれも小さい。さらに非正社員と正社員の差は、それぞれの失職率のやはり半分程度を説明しており、強く相関する要因であることも確かめられる。

　女性被用者の場合には、呼称上の差がより大きくなり、労働契約期間の差のほうは統計的にはゼロと差がなくなってしまうということも指摘しておこう。女性被用者は、今まで非正規の世界の主な住人と考えられてきており、彼女たちのなかで労働契約期間が有期か無期かが失職率と関係しないという統計的事実は重く受け止めるべきだろう。雇用保障と強く結びついているのは、労働契約期間よりも呼称上の区別なのである。

（2）　時間賃金と非正規雇用の定義

　では次に被説明変数を時間賃金に変更して同じ推定をしてみよう。すなわち、（4-1）式の被説明変数として時間賃金をとり、線形モデルで各係数を推定する。ただし、就調の時間賃金の計算には測定誤差が入り込む余地が大きく、2007 年のみの結果では心許ない。幸い、賃金情報と対応する現職については、労働契約期間と呼称の両方の情報が 1982 年以降採取できるので、1982 年から 2007 年までの 6 回分の就調を用い、年ごとに推定することで推定結果の頑健さも同時に確かめよう。推定結果の要約は表 4-3 である。

　基本的に、労働雇用契約が有期か無期かと時間賃金との相関はかなり小さく、かつ弱い。たとえば、1982 年では有期と無期の差がおおむね 2 ％程度で、その後の推移も 1.5 ％程度の範囲にとどまり、時折統計的な有意水準を失うほどである。

　それに対して、呼称上の正社員と非正社員の差と時間賃金との相関は大きく、かつ強い。1982 年でみても非正社員と正社員の時間賃金の差は 18 ％にも達しており、28 ％減の範囲にばらつく。どの年次をみても、時間賃金と強く連関するのは呼称であって労働契約期間ではないのは明らかで、正社員と非正社員の 2-3 割といわれる賃金格差のほぼ全体に対応する。この状況は男女でサンプルを分割しても同様で、かなり頑健な関係だと結論づけられる。核心的給付条件であるべき賃金水準が、労働契約期間よりも呼称と強く相関しているのが、日本の非正規雇用の現状なのである。

　表 4-3 からは追加的に興味深い示唆が得られる。たとえば、有期契約の係数が近年とくに男性で正値を示すことは注目しておくべきだろう。もともと、市場均衡の範囲では、有期契約のほうが無期契約よりも時間賃金が低いと、当然いえるわけではない。無期契約のほうが有期契約よりも雇用保障がなされているとすれば、補償賃金格差仮説や保険仮説の考え方からすると、有期契約を持つ被用者のほうがより大きな賃金プレミアムを要求して然るべきだからである。

　ところが、日本の労働市場では、非正規雇用の賃金は低く、有期契約が非正規雇用の代表例と考えられていたことから、三段論法的に有期契約の賃金

表 4-3 非正規雇用の定義と時間賃金との関係 (**1982 ～ 2007 年**)

標本	就調(18～54歳)					
	1982	1987	1992	1997	2002	2007
推定方法	OLS					
被説明変数	対数時間賃金					
有期雇用	-0.022	0.011	0.003	0.015	0.000	0.000
(v.s. 無期雇用)	(0.005)	(0.005)	(0.004)	(0.004)	(0.004)	(0.004)
呼称非正規	-0.184	-0.191	-0.259	-0.280	-0.238	-0.210
(v.s. 正社員)	(0.004)	(0.004)	(0.003)	(0.003)	(0.003)	(0.003)
観察数	278,534	276,400	344,321	332,014	284,548	269,843
調整済決定係数	0.596	0.579	0.574	0.568	0.533	0.474

標本	就調 男性 (18～54歳)					
	1982	1987	1992	1997	2002	2007
推定方法	OLS					
被説明変数	対数時間賃金					
有期雇用	-0.038	-0.024	-0.044	-0.020	-0.008	0.020
(v.s. 無期雇用)	(0.007)	(0.008)	(0.007)	(0.007)	(0.006)	(0.007)
呼称非正規	-0.105	-0.097	-0.099	-0.166	-0.179	-0.207
(v.s. 正社員)	(0.006)	(0.007)	(0.006)	(0.006)	(0.005)	(0.005)
観察数	186,690	180,975	217,733	210,711	177,526	163,624
調整済決定係数	0.557	0.557	0.545	0.551	0.528	0.484

標本	就調 女性(18～54歳)					
	1982	1987	1992	1997	2002	2007
推定方法	OLS					
被説明変数	対数時間賃金					
有期雇用	-0.040	-0.014	-0.030	-0.017	-0.022	-0.023
(v.s. 無期雇用)	(0.006)	(0.006)	(0.005)	(0.005)	(0.005)	(0.005)
呼称非正規	-0.167	-0.157	-0.242	-0.257	-0.226	-0.185
(v.s. 正社員)	(0.006)	(0.005)	(0.004)	(0.004)	(0.004)	(0.004)
観察数	91,844	95,425	126,588	121,303	107,022	106,219
調整済決定係数	0.439	0.427	0.433	0.444	0.424	0.362

注 1) 他の説明変数として年齢、年齢二乗 /100、勤続年数、勤続年数二乗 /100、最終学歴、企業
規模、産業、職業、居住都道府県を含む。男女計の推定には性別も含む。
注 2) 括弧内は標準誤差。
出所) Kambayashi and Kato (2016) Table 2, Table 3, Table 4. オリジナルな推定は 18 ～ 70 歳を対
象としている。

は低いと結論されてしまっていた。そして、呼称を制御せずに単純に有期契約と無期契約の被用者の賃金を比較すれば、当然前者のほうが低い。したがって、上記のような裁定が働かず、市場均衡がうまく達成されていない証左とされてきた。

しかし表 4-3 のように、呼称上の非正規と労働契約上の非正規を同時に区別すれば、必ずしもそうとはいえない。とくに近年、男性でこの傾向が強まり、2007 年では有期契約のほうが無機契約よりも 2.0 ％ほど時間賃金が高いと読み取れるようにまでなっている。雇用の流動化に伴い、プロフェッショナルな契約社員が増加していることを示唆するのかもしれない。

（3）　企業特殊熟練と非正規雇用の定義

最後に企業特殊的熟練の代理変数として、企業が費用を負担する訓練への参加状況を被説明変数としてみよう。（4-1）式の $Outcome_i$ として、1 年間に企業が費用を負担した訓練に参加したことがあるかどうかのダミー変数をとり、やはりプロビットモデルを適用して係数を推定した結果を要約したのが表 4-4 である。ただし、追加的な説明変数として時間賃金と年間労働時間、その仕事にとどまり続けたいかどうかの希望をも取り入れ、現職に対するアタッチメントの強さをコントロールした[5]。

今までの議論の流れから容易に想像できるように、やはり労働契約上の有期無期よりは職場での呼称のほうが訓練参加確率と強く相関する。2007 年当時、何らかのかたちで企業が出資した訓練に参加した被用者は、全体の38 ％程度と少なくない。これは就調での質問が「勤め先が実施した訓練や自己啓発に参加した」という文章になっており、かなり広く解釈する余地があったことによるだろう。表 4-4 によれば、このとき労働契約期間が有期か無期かで計測された差は 2.2 ％ポイント程度なのに対して、非正社員か正社員かでの差は 10.3 ％ポイント程度と推定された。職場での呼称は 3 分の1 から 4 分の 1 程度の差を生み出す計算になり、決して無視できないのに対して、労働契約上の有期無期の差は僅少である。この傾向は男性でより強い

---

[5]　訓練参加に関する質問は 2007 年に新たに追加された項目なので、この推定についても他の年次は利用できない。

表 4-4　非正規雇用の定義と企業が出資する訓練との関係（**2007 年**）

標本	2007 年就調（18 歳から 54 歳）		
	計	男性	女性
推定方法	プロビットモデルの限界効果		
被説明変数	勤め先が実施した訓練や自己啓発に参加した＝ 1		
有期雇用	-0.022	-0.029	-0.024
（v.s. 無期雇用）	(0.005)	(0.008)	(0.006)
呼称非正規	-0.103	-0.125	-0.074
（v.s. 正社員）	(0.003)	(0.005)	(0.005)
観察数	268,809	163,030	105,779
疑似決定係数	0.130	0.102	0.184
サンプルでの参加比率	0.377	0.388	0.359
モデルで推定された参加比率	0.358	0.373	0.331

注 1）他の説明変数として時間賃金、年間労働時間、仕事に就き続けたいか、年齢、年齢二乗
　　　/100、勤続年数、勤続年数二乗 /100、最終学歴、企業規模、産業、職業、居住都道府県を
　　　含む。男女計の推定には性別も含む。
注 2）括弧内は標準誤差。
出所）Kambayashi and Kato（2016）Table 2, Table 3, Table 4。

ものの、女性でも同様に観察される。企業が出資する訓練への参加でみて
も、労働契約期間よりも呼称と強く相関しているのである。

　以上のように、日本的雇用慣行の重要な要素である雇用保障・賃金・企業
特殊熟練という三方向からみると、職場のコアと密接に関連するのは呼称上
の正規・非正規の区別であって、労働契約上の有期・無期の区別ではない。
日本において「正規の世界」と「非正規の世界」を分かつ分水嶺は、労働契
約上有期契約なのか無期契約なのかではなく、職場で正社員と呼ばれるかど
うかなのである。

　以上の発見はそれ自体重要である。

　だが、詳説はあとに措き、本章の動機に立ち戻って議論の筋を整えよう。
第 3 章で概観した正規の世界では、長期雇用を中心とした日本的雇用慣行の
コアが大きくは崩れていないという観測が得られたが、もしそれが正しいと
すると非正規の世界は拡大してはいないのだろうか、という疑問への回答如
何である。本章の今までの議論から、このとき職場の呼称で非正規の世界を
定義づけるのがよいことがわかった。次の課題は、呼称上の非正社員を中心
に統計を再編することで、非正規の世界の変化を概観することにある。

3 非正規の世界は拡大したが、正規の世界は縮小しなかった

　前節までの議論を受けて、本節の目的は明快である。すなわち、労働契約上の有期・無期と呼称上の正社員・非正社員を組み合わせた「無期正社員」「有期正社員」「無期非正社員」「有期非正社員」の4つのカテゴリーに「自営業など」「無業」の2つのカテゴリーを加えた、合計6つのカテゴリーに全人口を分割し、近年の推移を集計することである。利用可能な1982年から2007年までの就調を用いれば、大サンプルの利点を生かして、男性や女性、年齢階層に分けることができる。

（1） 全人口の動向

　さっそく、18歳から54歳の現役階層についての、6カテゴリーへの分解を図示してみよう。ただし、就調では普段の就業状況が尋ねられているので、厳密には「無業」は「仕事に従に従事（家事など）」「仕事に従に従事（通学）」「無業」の3つの回答者からなる。とくに前二者の部分的就業者や無業者の動向は、日本の労働市場の全体像を把握する上では重要なカテゴリーだが[6]、日本的雇用慣行との関連を念頭に置けば、当座はこれらを「無業」として総括しておいたほうがよく、図中では区別しておくが、本節で議論の対象とはしない。

　図4-4をみると、実際には有期正社員というカテゴリーの構成比は1％に届かないので、実質的に現役階層を構成しているのは、無期正社員と有期非正社員、無期非正社員、自営業などの4つのカテゴリーなのがわかる。このうち無期正社員は1982年時点で現役階層の46％を占めていた。日本的雇用慣行という割に、そのコアに含まれる被用者がそれほど多くないことは折に触れて指摘されてきたが、就調の、呼称と労働契約期間の両方を用いると、コアに含まれるだろう無期正社員は、最大限に広く見積っても現役世代

---

6)　NEETやSNEPなど玄田有史氏の一連の研究は、この無業部分に焦点をあて日本の労働市場の変転を議論している。書籍としては、玄田・曲沼（2004）および玄田（2013）がある。

図 4-4　18 〜 54 歳人口の構成変化：1982 〜 2007 年

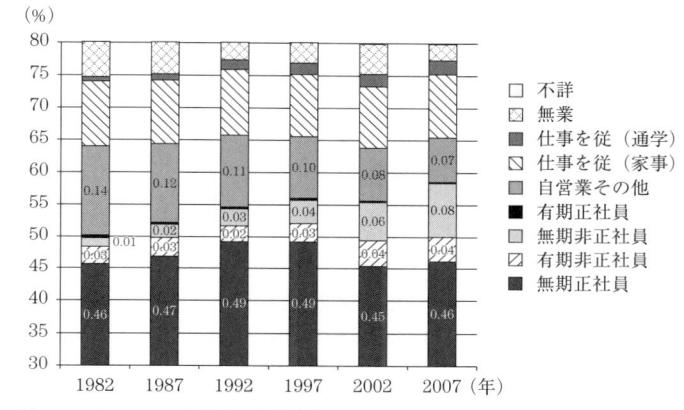

注）1982 年〜 2007 年就調より筆者作成。図 4-3 では仕事に主に従事する被用者
　　のみを集計対象としているため、比率は一致しない。
出所）Kambayashi and Kato（2016）Figure 2。オリジナルな集計は現役階層をよ
　　り広く 18 歳から 70 歳までで同様の集計を報告している。

の約半数という水準に収まる。

　図中で注目すべきは、この正社員比率が四半世紀にわたってほとんど変化していないことである。たしかに、正社員比率は 1990 年代後半以降の不況期に入って減少したかにみえるが、ピークからの下落幅はおよそ 3 ％ポイントにとどまり、バブル期の上昇幅とほぼ等しい。つまり、2007 年段階の正社員比率は、1980 年代とほぼ等しいのである。この観察結果は、第 3 章で指摘した長期雇用慣行の一定の残存という結論と一致する。1980 年代以降四半世紀という時間が経過し、かつその間、バブル景気という空前の好況と「失われた二十年」という長期不況を経験したにもかかわらず、正規の世界が頑健に残存している様子がうかがえる。

　その一方で、非正社員が増えているのも確かな事実である。有期と無期と合わせれば、1982 年に 4 ％程度だった人口比が、2007 年には 12 ％までほぼ 3 倍に膨れ上がった。ただし、非正社員とほぼ同義と考えられている有期の労働契約を持った非正社員比率は、3 ％から 4 ％へと大きくは増えていない。他方、無期非正社員の人口比は 1982 年にわずか 1 ％程度だったのが、

2007 年には 8 ％にまで急伸した。現役世代における非正社員の増加は、もっぱら無期の労働契約を持った呼称非正社員によっていたのであり、呼称非正社員に担われた非正規の世界は、やはり 1980 年代以降急速に膨張したと考えてよいだろう。

　それでは、一方の固着した正規の世界と、もう一方の膨張する非正規の世界は、なぜ併存できるのだろうか。図 4-4 から、その鍵が自営業にあることがわかる。図中の「自営業その他」は、「会社役員」「雇人を持つ自営業主」「雇人を持たない自営業主」「家族従業者」「内職者」の 5 つのカテゴリーの合計だが、いずれも労働契約を持たない（もしくは重要ではない）グループで、開発途上国の文脈ではインフォーマル・セクターと総称されることが多い。日本の労働法はこのグループを規制対象とはみておらず、労働法規の規制対象外という意味でもインフォーマル・セクターと称することは妥当だろう。1980 年代以降の現役階層で起こった最も大きな変化のひとつは、実はこのインフォーマル・セクターの縮小だったのである。

　図 4-4 では、1982 年に 14 ％を占め、有期と無期を合わせた非正社員合計の 3 〜 4 倍のボリュームを有していたこのインフォーマル・セクターは、2007 年には人口比 7 ％にとどまり、非正社員合計 12 ％の半分強にまで減少してしまっている。7 ％ポイントという下落幅はちょうど無期非正社員の増加幅と等しく、自営業と非正社員の量的な位置づけが逆転したことになる。結局、有業者と正社員の構成比がほとんど変化せずとも、非正規社員の増加はインフォーマル・セクターの減少で帳尻を合わせた格好となった。

　巷間「非正社員が 30 ％を超えた」と指摘されるのは、被用者に占める非正社員の割合を算出したからなのである。この定義に従う限り、「非正社員が 30 ％を超えた」という命題の対偶は「正社員が 70 ％を切った」という命題であり、どちらも真である。非正社員に関わるさまざまな問題が被用者のみに関わる問題と観念されることは自然だし、繰り返しになるが、日本の労働法制度はインフォーマル・セクターを定義通り度外視する。この間、少子高齢化が進行し、労働力人口の減少に対して激しく警鐘が鳴らされたことを考えると、「非正社員の拡大」の対偶が「正社員の縮小」であると想定することの矛盾に気がつくのは難しかったかもしれない。

　ところが実際には、労働契約で物事が動くと目される現役階層の被用者は
3206 万人から 3535 万人と着々と膨張を続け、人口が減少していたはずの
同時期に、被用者の数は減少するどころか都合 11 ％も増大していたのであ
る。被用者の世界自体が拡大していることを考慮して人口全体の割合を算出
するのであれば、「非正社員が 10% を超えた」としても正社員が減少する必
要はない。無業者やインフォーマル・セクターが縮小して対応する余地が残
されているからである。そして、この被用者の世界の拡大が、主に非正社員
によって賄われたとすれば、被用者の世界のコアを形成する正社員の世界が
不変であったとしても、数字上の矛盾はない。固着した正規の世界と、膨張
する非正規の世界は、インフォーマル・セクターの縮小を介して併存してい
たのである。

（**2**）　男女のちがい

　正規の世界は男性と、非正規の世界は女性と関わりが強いと考えられてい
るので、図 4-4 でみられた正規の世界と非正規の世界との関係は、男女に
分割すると異なってみえるかもしれない。そこで次に図 4-5 として、単に
男女別に図 4-4 を描画した。図 4-5 の男女の合計は図 4-4 と完全に一致す
るが、現役階層においては、男女で有業率の水準が大きく異なることから、
図 4-5 ではレンジを 50 ％ポイントとなるように調整しつつ、縦軸の最大値
と最小値を適切に替えている。

　図を一見すると、男性では有業率の下落が、女性では逆に有業率の上昇が
起こっていることが目を引く。前者は不況期の失業率の上昇が直接反映され
た結果で、後者は、第 3 章でみたように、とくに 20 歳代から 30 歳代の労
働力率の上昇の結果と解釈できる。男女を合計すると、男女の異なる有業率
の傾向がちょうど相殺されて、安定的な有業率が算出されていたことにな
る。

　このように、男女では有業率のトレンドが異なるにもかかわらず、非正社
員の世界の膨張がインフォーマル・セクターの減少で相殺され、正社員の世
界が縮小しているわけではないという傾向は、男女に共通して観察される。

　正社員比率は、男性では 1997 年の 69 ％から 2007 年の 64 ％へと 5 ％ポ

イント減少し、女性の同時期の減少幅である 3 ％ポイントと比較すると、若干大きい。しかし落ち着いた先の 2007 年の正社員比率は、男女ともに 1982 年の水準とほぼ等しく、男性で 64 ％、女性で 27 ％を保っている。人口比でみた無期正社員が安定的に推移したという点では、男女差は明確ではない。

　非正社員比率の増加も、男女同様に観察される。容易に予想できるように、増加幅自体は女性のほうが男性よりも大きい。女性の場合、有期無期の非正社員の合計シェアは 1982 年の 5 ％から 2007 年の 16 ％へと急速に増大した。男性でも、非正社員のシェアは 1982 年の 3 ％から 2007 年の 8 ％へと増大している。男性の増加幅は女性ほどではないのは明らかだが、比率が 2 〜 3 倍に増大しているという意味では同様ともいえる。

　また、有期非正社員よりも無期非正社員の増加が著しいことも男女共通で観察される。有期非正社員の人口比の変化は、四半世紀という長い期間を経ても、男性で 1 ％ポイント、女性で 2 ％ポイントの増加にとどまる。その一方、無期非正社員の比率の増加分は男性で 4 ％ポイント、女性で 9 ％ポイントと、有期非正社員比率の増加分と比較すると明らかに大きい。有期非正社員に対比される無期非正社員の重要性も、男女の差はない。

　では、インフォーマル・セクターの構成比率の推移には男女差はあったのだろうか。図 4-5 のパネル A とパネル B を見比べると、男女ともに人口に対する構成比を半減させている。すなわち、男性の場合は 1982 年の 20 ％から 2007 年の 11 ％ポイントへ半分程度の減少を示し、女性の場合は、7 ％から 3 ％へと、やはり半分程度に減少させている。

　もちろん、男女間に若干のちがいがみられないわけではない。男性では有業率が減少してきており、非正社員の増加以上にインフォーマル・セクターが減少している一方、女性では有業率が増加してきており、非正社員の増加ほどインフォーマル・セクターが減少しているわけではない。インフォーマル・セクターと非正社員の負の相関関係は、男女別に観察すると比較的弱くなるものの、無期非正社員の増加と自営業の減少が相殺し、結局人口比でみた正社員シェアは変わらないという傾向は、男女別に集計したとしても、依然として観察されるのである。

図 4-5　18 ～ 54 歳人口の男女別構成変化：1982 ～ 2007 年

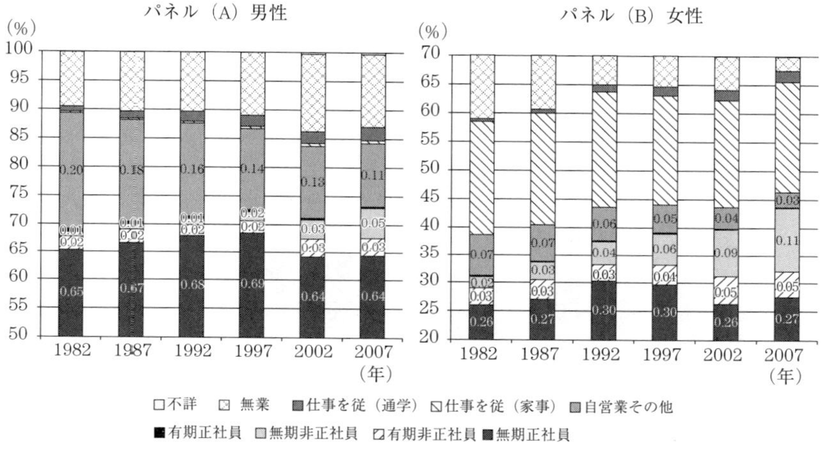

パネル（A）男性　　　　　　　　　　パネル（B）女性

□不詳　□無業　■仕事を従（通学）　⊠仕事を従（家事）　⊠自営業その他
■有期正社員　□無期非正社員　⊿有期非正社員　■無期正社員

注) 1982 年～ 2007 年就調より筆者作成。図 4-4 参照。
出所) Kambayashi and Kato（2016）Figure 3 and Figure 4。オリジナルな集計は現役階層をより広く 18 歳から 70 歳までで同様の集計を報告している。

（3）　若年層の特徴

それでは次に、年齢階層別に分割した場合も、図 4-4 でみられた傾向が観察されるか、確かめてみよう。ここでは最も変化を被ったと思われる若年層に焦点を当てる。すなわち、職業生活へのエントリー段階にあると思われる 22 ～ 29 歳、中堅階層に向かう 30 ～ 39 歳に限って、男女別に図 4-4 を複製し、図 4-6 に示した。ただし、有業率の水準は、年齢階層および性別によって異なるので、図 4-5 と同様に縦軸の最大値と最小値を替えているので注意していただきたい。

また、性別年齢階層別に分割すると母集団の人口自体がコホートによって変わってくる。たとえば 22 ～ 29 歳の男性の集計人口は、1982 年におよそ 647 万人だったのが、団塊ジュニアが含まれる 1997 年には 780 万人となり、彼らが去った 2007 年には 631 万人と乱高下する。したがって、人口構成比と絶対数の推移の乖離が大きくなることは、図を解釈する上で念頭に置くべきだろう。

図4-6   22～29歳、30～39歳人口の男女別構成変化：1982～2007年

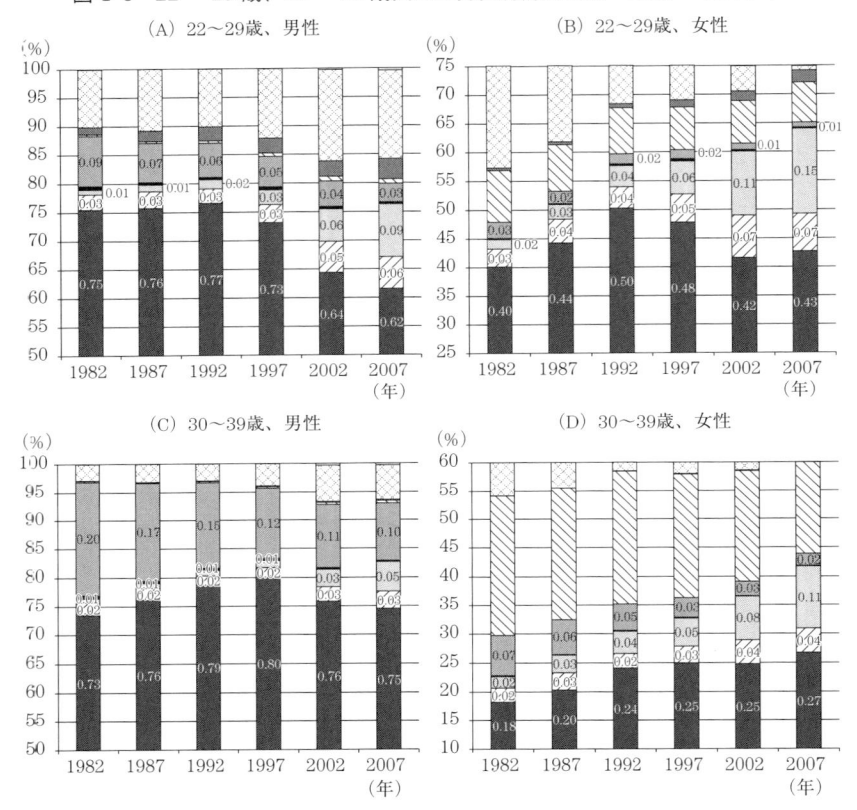

(A) 22～29歳、男性

(B) 22～29歳、女性

(C) 30～39歳、男性

(D) 30～39歳、女性

□不詳   □無業   ▨仕事を従（通学）   ▧仕事を従（家事）   ▨自営業その他
■有期正社員   ▨無期非正社員   ▨有期非正社員   ■無期正社員

注）1982～2007年就調より筆者作成。図4-4参照。
出所）Kambayashi and Kato（2016）Figure 7 and Figure 8。オリジナルな集計は現役階層をより
　　　広く18歳から70歳までで同様の集計を報告している。

　さて、図4-6からは、同じ若年層でも、性・年齢階層によって各カテゴ
リーのシェアおよび時系列動向が大きく異なることは一目瞭然だろう。
　まずエントリー段階の22歳～29歳では、男性における無期正社員比率
の減少が顕著にみえる。とくに1990年代の減少幅は大きく、1992年の
77％から2002年の64％へ、10年間で13％ポイントものシェアを失って

いる。その裏では、もちろんインフォーマル・セクターの縮小も伴っていたが、自営業のシェアは同時期には 6 ％から 4 ％へ減少したにすぎず、人口比でみると大きな変化ではない。もともと、男性のこの年齢階層ではインフォーマル・セクターのシェアは 1982 年時点ですでに 10% を切っており、バッファーとしての役割を果たす状況ではなかったとも解釈できる。したがって、無期正社員の減少は非正規雇用のシェアの拡大によって帳尻が合わされていたことが認められる。この点では全体の傾向と異なり、非正社員の増加が正社員の減少と相関するという通説は、男性のエントリー段階にこそあてはまるといえる。

　ただし、増加した非正社員のなかでは無期被用者のほうが大きく、この点では現役階層全体と同じ傾向にある。また、本書では主要な分析対象とはしていないが、この年齢階層の男性では無業比率も増大している点は注目すべきかもしれない。結局、インフォーマル・セクターの減少と無業や非正規雇用の増大が、複合的に無期正社員の減少を補填していたことになる。

　他方、同じエントリー段階の女性も、1992 年の 50 ％から 2002 年の 42 ％へと無期正社員のシェアの急落を経験したが、男性とは異なり、実は落ちた先の 42 ％という水準は 1980 年の 40 ％よりも大きい。エントリー段階の女性は、1980 年代のバブル期にいわゆる均等法第一世代が正社員への進出を謳歌したものの、その拡大部分をほぼそのままバブル崩壊後に失ってしまったと解釈でき、第 3 章の分析結果と一致する。とはいえ、バブル以前よりもさらに低いわけではない。結局、振れ幅自体は大きいものの、1980 年代と同水準であるという意味では全体の傾向に一致する。

　女性については、有業率が 1980 年代以降好不況にかかわらず一貫して増大し続けたという基調は、むしろ有業率を減少させた同年齢階層の男性と、まったく異なる。女性のエントリー段階の有業率は、1980 年に 50 ％を下回っていたが、2007 年には 65 ％にも達した。ピーク時と比較して無期正社員としての働き口が減少した分、この有業率の増加の大部分は非正社員によって吸収されたことになる。つまり、エントリー段階の女性ではインフォーマル・セクターの役割は小さく、拡大し続けた被用者の世界は、主に無業者から供給され、その就業先はバブル期には無期正社員であり、バブル

崩壊以降は非正社員だったとまとめられる。

　以上のように、エントリー段階では男女ともにインフォーマル・セクターの役割が僅少で、その分全体の傾向との乖離がみられる。他方、エントリー段階から一定の経験を積み中堅へさしかかる 30 ～ 39 歳となると、様相は全体の傾向にかなり近くなる。人口比でみた無期正社員の比率が安定的に推移し、非正社員の増加はインフォーマル・セクターの減少で賄われたという傾向が、男女ともに観察されるからである。

　男性における無期正社員比率は 73 ％から 80 ％を推移し、エントリー段階の女性と同様に 2007 年のシェアは 1982 年のシェアと比較するとむしろ高い。非正社員は 3 ％から 8 ％へ増加しているものの、その大部分は無期非正社員で、インフォーマル・セクターの減少分 10 ％ポイントに満たない。最終的には、無業率の増大がつじつまを合わせたことになる。

　他方の女性においては、無期正社員比率は 18 ％から 27 ％へと、むしろ着々と増加しており、いったんコアに取り込まれた女性正社員は基本的に減少しなかったことを示唆している。非正社員の増加も 4 ％から 15 ％へと顕著だが、その大部分が無期非正社員であることは全体と同様である。インフォーマル・セクターの役割はエントリー段階よりも大きいとはいえるかもしれないが、正社員や非正社員の増加を賄うだけの余地はなく、結局無業者が減少することで全体が整合する。

　換言すれば、エントリー段階でみられた変化はあくまでも当該階層のみに限定された現象で、ある程度経験を積んだ階層の傾向は安定的に推移しており、そうした安定的な階層から全体の傾向が構成されていることがわかる。第 3 章では勤続五年というメルクマールで被用者を区分し、コア層での長期雇用慣行がそう廃れたわけではないことを確認したが、図 4-6 の年齢階層によるちがいは、その別の姿とも解釈できるだろう。

（4）　産業別の特徴

　今までみてきたように、頑健な「正規の世界」と膨張する「非正規の世界」は、インフォーマル・セクターの縮小を介して並存してきた。ただし、「自営業」と聞けば産業間の偏りが想像できる。インフォーマル・セクター

は第二次産業で比較的小さく、第三次産業で大きい。製造業と飲食店業を思い起こせば十分だろう。

　1980 年代以降、第二次産業から第三次産業へ産業構造が転換してきたことは明らかなので、非正規雇用とインフォーマル・セクターとの負の相関は、日本全体の産業構造の転換によって生じた、見かけ上の関係かもしれないという懸念が生じるのはもっともである。

　この点を確かめるためには、産業別に図 4-4 を複製すればよい。もし上記の懸念が妥当するのであれば、ある産業についてはもっぱらインフォーマル・セクターのシェアの減少が起きていて、他の産業ではもっぱら非正社員の増加が起きていることが観察されるはずである。

　就調の大サンプルを利用すれば造作ないようにみえる手順だが、実は就調が採用している産業分類と、産業分類の通時可能性が大きな障害になる。詳細は第 7 章に譲るが、端的に言って、1980 年代の就調はたかだか二桁分類までしか産業分類を記録しておらず、しかも分類自体が 2002 年に大改訂されて 2007 年以降と接続できない。したがって、本項で可能なのは二桁分類で区分した標本別に、1982 年から 2002 年までの 20 年間について図 4-4 を複製することにとどまる。

　二桁分類は、とくに第三次産業については、それほど精密な分類ではない。それゆえ、同一分類内でのより詳細な産業構成の変化が、非正社員の増加とインフォーマル・セクターの負の相関をもたらしている可能性を完全に否定することはできないことは、あらかじめ指摘しておこう。他方で、図 4-4 にみえるように、2002 年から 2007 年までの変化はそれ以前と比較すると小規模で、変化の方向は不変である。したがって、2007 年の標本を失うことは、結論をそれほど左右しないだろう。

　また、産業別に集計すると無業者を案配できないので、人口比ではなく有業者比で、無期正社員、無期非正社員、有期非正社員、有期正社員、インフォーマル・セクターの 5 つのカテゴリーの構成比を算出する。さらに、就調といえども二桁分類まで標本を分割すると各グループの観測数は小さくなる。観測誤差を抑えるために、男女を合計して作成したのが図 4-7 である。図では、無期非正社員とインフォーマル・セクターの構成比が、それぞれ

図 **4-7**　産業別シェア変化分：**1982 ～ 2002 年**（％ ポイント）

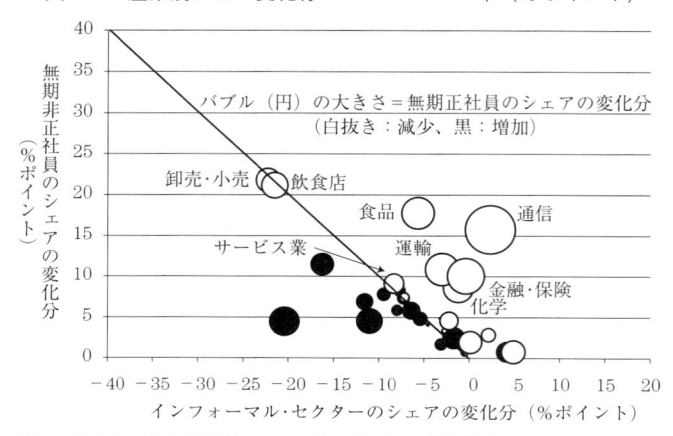

注）1982 年～ 2002 年就調 18 ～ 54 歳に基づいて筆者作成。図 4-4 参照。
出所）Kambayashi and Kato（2016）Figure 5。オリジナルな集計は現役階層
　　　をより広く 18 歳から 70 歳までで同様の集計を報告している。

1982 年から 2002 年までに変化した分を 31 の産業別に示した。比較のため
に、図では、当該産業の無期正社員の構成比の変化分をバブル（円）の大き
さで示している。

　図中の 45 度線は、20 年間のシェアの変化分が、インフォーマル・セク
ターと無期非正社員とで等しいことを表している。すなわち、45 度線の近
くに位置する産業では、当該産業内部の無期非正社員の増加分がインフォー
マル・セクターの減少分とちょうど相殺されたことになる。そして、多くの
産業がこの 45 度線の近傍に位置することは、図 4-7 から明らかだろう。す
なわち、図 4-4 で示された、無期非正社員とインフォーマル・セクターの
負の相関は、それぞれの産業の内部でも確認されるのであって、第二次産業
から第三次産業への産業構成の変化によって説明されるものではないことが
わかる。

　目立つ例は卸売小売、飲食店、サービス業だろう。1982 年から 2002 年ま
での 20 年間に、無期非正社員のシェアはそれぞれ 21.8 ％ポイント、21.2 ％
ポイント、9.1 ％ポイント増加した。非正規雇用が拡大した典型的な職場と

して、いかにも多くの読者の直感に合うだろう。

　ところが、3 産業ではそれぞれ、22.3 ％ポイント、21.5 ％ポイント、8.3 ％ポイント、インフォーマル・セクターのシェアが同時に減少した。この減少幅は、無期非正社員の減少幅とほぼ等しい。非正社員化が急激に進展した典型と目される 3 産業の内部で、無期非正社員とインフォーマル・セクターの負の相関がはっきりと示されることは、図 4-4 で示された現象に一般性があることを強く示唆している[7]。

　もちろん、図 4-7 には 45 度線から乖離して位置づけられる産業もいくつかある。45 度線より上側はインフォーマル・セクターのシェアの減少が無期非正社員のシェアの増加に追いついていないことを表しており、図 4-7 では、その裏で無期正社員のシェアの減少が起こっていたことがわかる。

　45 度線から上側に離れた産業では、非正社員の増加と正社員の減少という、今まで世間一般が持ってきたであろう労働市場の変化のシナリオが、そのままあてはまる。ところが、こうした産業は、卸売・小売や飲食店、サービス業のように、非正社員化した典型例ではなく、食品工業、通信業、運輸業、金融・保険業、化学工業といった、非正規雇用を論じるときにはどちらかといえば脇に置かれてきた産業なのである。

　実際、非正社員化が相当程度進んだ 2002 年時点での無期非正社員のうち、卸売・小売、飲食店、サービス業に所属している被用者は合計 65.0 ％を占め、これら 3 産業が現在の非正社員の主力をなしている。これに対して、食品工業以下の 5 産業のシェアは合計しても 14.3 ％と決して大きくない。5 産業の個々の内部では、正社員から非正社員への代替が進んだかもしれないが、労働市場全体に占める量的な意味での重要性はそれほど大きくはない。

　また、残念ながら、5 産業に共通する特徴を見出すことはできていない。ひとつ憶測を述べるとすれば、こうした産業が規制や寡占と関連しているかもしれないという点である。たとえば食品工業はたばこ産業も含んでおり、

---

7)　もちろん、各産業では無期正社員の比率も減少しているものの、これは主に有期非正社員の増加によって帳尻が合わされていると考えられる。

1985 年に専売公社から衣替えした日本たばこ産業株式会社（JT）が属している。通信業には同じく 1985 年に民営化された NTT グループが、運輸業には 1987 年に分割民営化された JR グループが含まれている。つまり、45 度線から上側に乖離する 5 産業には、1980 年代の規制緩和の対象となった旧三公社がことごとく含まれており、金融・保険業もまた規制産業の最たるものとして、1990 年代の規制緩和の主要な標的とされたことは記憶に新しいだろう。こうした規制産業では、旧来は規制ゆえに正社員比率が高かったものの、市場競争にさらされるにつれて正社員を減少させ非正社員へ転換したという仮説は考えられる。

　現在のところ、この仮説は検証されていないので予断は禁物である。しかし、この仮説は、世間で懸念されている正社員から非正社員への代替というシナリオとは少々ニュアンスが異なることには注意が必要だろう。

　また、公務セクターでは、正社員の業務上の位置づけや人事管理の論理は民間セクターとは異なり、長期雇用慣行や年功賃金が観察されるからといって、インセンティブなどの経済合理性から説明される日本的雇用慣行のメカニズムとは似て非なるものと考えたほうがよい。たしかに、公務セクターの民営化は規制緩和の産物なので、それによって正社員が調整されたとしても、日本語としては「規制緩和の結果非正規雇用化が生じた」ことに違いないかもしれないが、しかし、労働市場に働いたメカニズムと関連するかは留保するべきである。

　結局、本項で示した図 4-4 から図 4-7 をみると、1990 年代後半以降に生じた正社員の微減は、とくに女性についてバブル経済時に増えた正社員登用の縮小という側面と、日本経済全体に占めていた規制産業的色彩の縮小という側面がある可能性が看取される。そしてこの論理は、規制緩和による非正社員から正社員への代替という命題を表面的には支持するものの、その意味するところはおそらく大きく異なるだろう。

4　膨張した非正規の世界は **Bad Job** なのか、**Good Job** なのか

　仮に、非正社員の増加の背後にインフォーマル・セクターの縮小という現象があるとすれば、非正社員の増加の社会厚生的な解釈はおのずと異なってくる。正社員の処遇と比較すると、非正社員の処遇はたしかに劣位に置かれているといってよいが、インフォーマル・セクターの就業者と比較して劣位に置かれているかはそれほど自明ではないからである。

　さらに、詳しくは第8章でまとめるが、ワーク・ライフ・バランスという観点からもインフォーマル・セクターから被用者に転換することの影響は大きい。非正社員は正社員と比較すると柔軟な働き方が可能とされているが、職住が一致することの多いインフォーマル・セクターでの働き方と比較すると、非正社員といえども被用者として働くことの制約は強いだろう。インフォーマル・セクターには、急変するビジネス環境に翻弄されるという脆弱性がある一方で、定年がなく、みずから進退を決められるという利点もある。膨張する「非正社員の世界」の日本社会での位置づけを考察するには、処遇という観点から、増加した無期非正社員を分析する必要がある。その際、一般には非正社員の処遇は正社員との格差との観点から議論されるが、本項ではインフォーマル・セクターとの格差を第一に念頭に置こう。

　処遇を比較するための最も基本的な変数は、やはり時間賃金である。表4-5 は、表4-3 で示した賃金関数を拡張して、推定対象にインフォーマル・セクター就業者も含んだ推定結果をまとめたものである。説明変数には、インフォーマル・セクターを比較対象にした「無期正社員」「有期非正社員」「無期非正社員」「有期正社員」の4つのダミーを取り入れている。

　表4-5 から明らかなように、インフォーマル・セクターの就業者には「会社役員」も入るので、賃金の面で被用者よりも不利だとは一概にはいえない。平均的には、無期正社員の時間賃金はインフォーマル・セクター就業者よりも 6.5％から 10.7％ほど高い傾向があるものの、非正社員の時間賃金は逆に 7％から 37％ほど低い。平均的な時間賃金という観点からみると、インフォーマル・セクターの就業者は、正社員と非正社員のちょうど中間的な

表 4-5　インフォーマル・セクターと非正規雇用の

標本	就調（18〜54歳）					
	1982	1987	1992	1997	2002	2007
推定方法	OLS					
被説明変数	対数時間賃金					
無期正社員	0.065	0.070	-0.007	-0.085	0.107	0.082
	(0.003)	(0.004)	(0.003)	(0.003)	(0.004)	(0.005)
有期非正社員	-0.100	-0.070	-0.223	-0.327	-0.103	-0.110
	(0.006)	(0.006)	(0.005)	(0.005)	(0.005)	(0.006)
無期非正社員	-0.099	-0.096	-0.241	-0.371	-0.111	-0.113
	(0.007)	(0.006)	(0.005)	(0.005)	(0.005)	(0.005)
有期正社員	-0.040	-0.039	-0.102	-0.213	-0.032	-0.077
	(0.011)	(0.014)	(0.012)	(0.011)	(0.015)	(0.018)
観察数	353,733	340,256	414,884	376,808	329,503	301,843
調整済決定係数	0.514	0.504	0.496	0.501	0.466	0.432

標本	就調　女性（18〜54歳）					
	1982	1987	1992	1997	2002	2007
推定方法	OLS					
被説明変数	対数時間賃金					
無期正社員	0.332	0.305	0.229	-0.003	0.339	0.439
	(0.007)	(0.007)	(0.006)	(0.007)	(0.007)	(0.009)
有期非正社員	0.116	0.129	-0.044	-0.267	0.094	0.234
	(0.009)	(0.009)	(0.008)	(0.008)	(0.009)	(0.010)
無期非正社員	0.145	0.131	-0.023	-0.268	0.109	0.252
	(0.010)	(0.009)	(0.008)	(0.008)	(0.008)	(0.010)
有期正社員	0.235	0.180	0.116	-0.176	0.107	0.184
	(0.021)	(0.025)	(0.021)	(0.019)	(0.026)	(0.029)
観察数	113,435	113,923	146,517	129,267	118,712	112,992
調整済決定係数	0.450	0.418	0.403	0.396	0.403	0.377

位置になるかもしれない。

　しかし、サンプルを女性に限って、非正社員の主力である女性のなかでインフォーマル・セクターと被用者を比較すると、インフォーマル・セクターの就労条件はおしなべて被用者よりも劣位にあることがわかる。すなわち、無期非正社員の時間賃金はインフォーマル・セクターと比較すると 11％ か

処遇のちがい（1982 ～ 2007 年）

標本	1982	1987	1992	1997	2002	2007
	就調　女性（18～54歳）					
推定方法	OLS					
被説明変数	年間労働時間					
無期正社員	-59.6	-78.8	-66.5	21.0	-76.3	-124.1
	(3.3)	(4.7)	(3.8)	(4.6)	(4.9)	(8.1)
有期非正社員	-311.3	-426.7	-392.6	-301.7	-428.4	-536.9
	(4.4)	(6.0)	(5.1)	(5.6)	(5.8)	(9.3)
無期非正社員	-267.8	-391.3	-375.6	-269.2	-365.9	-461.5
	(4.7)	(5.8)	(4.6)	(5.2)	(5.4)	(8.5)
有期正社員	-194.6	-219.3	-203.4	-71.8	-182.6	-264.4
	(9.9)	(16.4)	(12.9)	(12.6)	(17.3)	(25.5)
観察数	113,435	113,923	146,517	129,267	118,712	112,992
調整済決定係数	0.141	0.170	0.190	0.167	0.200	0.187

注 1)　他の説明変数として年齢、年齢二乗 /100、勤続年数、勤続年数二乗 /100、最終学歴、企業規模、産業、職業、居住都道府県を含む。男女合計の推定には性別を含む。
注 2)　括弧内は標準誤差。
出所）Kambayashi and Kato (2016) Table 11。オリジナルな推定は、18 ～ 70 歳の女性を対象とし、時間賃金についてのみ報告している。

ら 25% ほど高い一方、彼女たちの年間労働時間は 270 時間から 460 時間短い。つまり、収入を稼得している面からみると、無期非正社員のほうが短時間で同じだけの所得を稼得しているという面もある。右上がりの労働供給曲線を前提とすれば、比較的な賃金率が高く労働時間が短いという無期非正社員の処遇は、インフォーマル・セクターで働くよりも無期非正社員で働くほうが、効用水準が高いことを示している可能性が高い。無期非正社員をインフォーマル・セクターと比較すれば、非正規の世界が膨張することによって社会厚生が確実に低下したとは限らないのである。

表 4-5 の考察は、インフォーマル・セクターと比較すると非正規雇用は必ずしも Bac Job とは限らないことを示唆しているが、先にも指摘したように、ワーク・ライフ・バランスという視点からみると、非正規雇用は必ずしも Good Job ともいえない。就調で検証可能な範囲の変数で、この点を簡単に確かめてみよう。

そのために、ここでは配偶者の有無、15 歳未満の世帯人員、転職希望の

表 **4-6**　インフォーマル・セクターと非正規雇用のワーク・ライフ・バランス（**2007** 年）

標本	就調 女性（18 〜 54 歳）					
	2007 年					
推定方法	OLS					
被説明変数	配偶者あり =1		15 歳未満の 世帯人員数		継続就業 希望あり =1	
無期正社員	-0.126	-0.116	-0.141	-0.130	-0.002	-0.014
	(0.007)	(0.007)	(0.013)	(0.013)	(0.007)	(0.007)
有期非正社員	-0.111	-0.145	-0.131	-0.192	-0.128	-0.137
	(0.008)	(0.008)	(0.015)	(0.016)	(0.008)	(0.008)
無期非正社員	-0.090	-0.118	-0.086	-0.135	-0.072	-0.081
	(0.008)	(0.008)	(0.014)	(0.014)	(0.007)	(0.008)
有期正社員	-0.120	-0.134	-0.176	-0.201	-0.018	-0.024
	(0.023)	(0.023)	(0.042)	(0.042)	(0.022)	(0.022)
時間賃金	no	yes	no	yes	no	yes
年間労働時間	no	yes	no	yes	no	yes
観察数	112,476	112,476	112,992	112,992	112,975	112,975
調整済決定係数	0.325	0.329	0.161	0.166	0.052	0.053

注 1）他の説明変数として年齢、年齢二乗 /100、勤続年数、勤続年数二乗 /100、最終学歴、企業
規模、産業、職業、居住都道府県を含む。
注 2）括弧内は標準誤差。

有無を試みに取り上げてみよう。配偶者の有無はそのまま婚姻率と関係する
し、15 歳未満の世帯人員数は、これまでのように分析対象を 18 〜 54 歳の
女性に限れば、おおむね子供の数を代理すると考えてよい。転職希望の有無
とは、「この仕事を続けたい」という質問に対する回答から作成した変数
で、現職に対する満足度の代理変数と解釈できる。これらの変数を被説明変
数とし、表 4-5 と同じ枠組みで推定した結果を、表 4-6 でまとめた。ただ
し、煩雑さを避けるために、最近の 2007 年の推定結果のみを表示し、時間
賃金および年間労働時間をコントロールした場合についても掲示している。
　容易に考えられるように、ここで被説明変数とした有配偶や子供数など
は、本来就業と同時に決定される性格が強い経済変数なので、表で示された
推定係数を因果関係と断定するには危険が伴う。たかだか条件つき相関を示
す程度のことと考えたほうがよいが、インフォーマル・セクターと非正規雇
用の現状での相違点を観察するためには必要な情報だろう。

　まず時間賃金と年間労働時間を制御するか否かは、推定された係数の大きさに影響するが符号の向きにはそれほど影響しない。そして、上記の 3 つの基準に対して、インフォーマル・セクターの就業者と比較すると、被用者はおしなべて積極的ではない様子がうかがえる。すなわち、被用者においては比較的有配偶者は少なく、子供数も小さく、そのまま継続して就業したほうがよいと考える人も少ない傾向がある。

　女性の無期正社員は有配偶比率が小さく子供が少ない傾向があることは、少子化の文脈でよく指摘されるが、実は非正社員だとしても、インフォーマル・セクターの就業者と比較すると有配偶比率は 0.090 から 0.145 ほど小さいし、子供数も 0.086 から 0.192 ほど少ない。

　さらに、現在の就業をあきらめて何らかの理由で転職したいと考えている人は、インフォーマル・セクターで少なく被用者で多い。興味深い点は、時間賃金や年間労働時間を制御すると、無期正社員でさえ、転職希望を持つ比率はインフォーマル・セクターの就業者よりも高い点だろう。

　以上のように比較してみると、現在のインフォーマル・セクターの就業者がワーク・ライフ・バランスという意味では比較的良好な就業機会を得ていると考えても大過ないだろう。膨張した非正規の世界の背後には縮小したインフォーマル・セクターがあると考えられるが、経済厚生という観点からは、この代替がよい方向への変化なのか、悪い方向への変化なのかはそう単純に結論づけられないのである。

第5章

世界の掟
——"不釣り合い"の要因

1 労働法の役割をどう問うか

この第Ⅱ部では、依然として頑強な「正規の世界」を眺望した第3章のあと、第4章ではその堅固な陣地は、他方で膨張する「非正規の世界」と共存してきたことをみてきた。

結局のところ、1980年代以降の日本の労働市場の全体像を理解する鍵は、正規の世界の縮小・崩壊ではない。不況や人口減少にもかかわらず、「被用者の世界」そのものがひたすら拡大し続け、旧来インフォーマル・セクターが担当していた領域を浸食していったことこそが重要なのである。

その一方で、1980年代以降は、日本社会が規制緩和の嵐にさらされ続けた時期でもあった。とりわけ労働規制は硬直的な労働市場の根源とされ、長期不況の原因にまつり上げられたばかりではなく、現実に改変されてきてもいる。並行するこの二つの事実を目のあたりにした人々にとって、労働規制の緩和こそが非正規雇用を拡大させた原因であるとするイメージは、規制緩和に賛成であれ反対であれ、もはや動かしがたい信念の域まで達しているといってもよいだろう。

ところが統計によって被用者の世界を鳥瞰した第3章と第4章によれば、ここ四半世紀の労働規制、とくに労働法の役割はおのずと異なる色彩を帯びてくる。もし上記の見方が正しいのであれば、正規の世界の堅固な城壁を形成しているのは労働法規制そのものなのだから、規制緩和の進行という事実

は、堀を埋め壁を蝕み、正規の世界を縮小させていくはずだからである。

　しかし繰り返し述べてきたように、それは大勢ではない。

　結局、真に探求すべきは、インフォーマル・セクターが縮小したのは歴史の必然として、なぜ、その空いた領域を正規の世界が占拠するのではなく、非正規の世界が拡大するに任せられたのか、その原因が労働法規制にあるのではないか、という問いかけになる。

　もちろん、そもそもインフォーマル・セクターの縮小を所与として考えるのではなく、その原因こそが労働法規制という宿痾にあるのではないか、という問いかけのほうが的を射ているかもしれない。しかし、インフォーマル・セクターの縮小には企業家精神や会社組織の在り方など、労働市場以外の要因も強く影響するのは自明である。したがって、インフォーマル・セクターの縮小そのものの原因に労働法規制を持ち出すのは、それなりに丁寧な準備のあとが適切だろう。

　本書では、インフォーマル・セクターの縮小原因については第8章で改めて取り上げることとして、まずは前者の問いかけ、すなわち、「縮小したインフォーマル・セクターの後釜に正規の世界が名乗りを上げられなかったのに労働法規制が関係あるのか」という問題を設定しよう。

　そのためには、まず本章でいう「労働法規制」の意味することを措定しなければならない。

　現実の労働法規制の内容が多岐にわたることは、読者も十分知悉されているだろう。したがって個々の詳説は、労働法を専門的に研究する文献に任せる。また、これまでの文脈から、正規の世界を形成する日本的雇用慣行と密接に関連する労働法規制を念頭に置くのが適切なので、本章では、解雇権濫用法理と就業規則不利益変更法理に焦点を絞り、これらの法理がどのように形成され、どのような役割を果たしているかを分析したい。

　前者は、解雇すなわち雇用関係の終了に関するルールを定立し、後者は、雇用関係の継続を前提とした労働条件の変更に関するルールを定立している。両者相俟って正規の世界を形成する重要な法規範を形成していると考えることに異論を差し挟む余地はないだろう。解雇に関するルールは長期雇用慣行など雇用調整のあり方と密接に関係しているし、賃金や労働時間といっ

た労働条件の変更は雇用調整と表裏一体だからである。

2　解雇権濫用法理の背景と役割

（1）　解雇権濫用法理の教科書的概説

もともと解雇とは、使用者による労働契約の一方的な解除を意味している。契約の解除という意味では、売買契約や不動産賃貸契約などと同様、場合によっては契約解除そのものができないこともあるし、契約が解除されたとしても損害賠償の対象となることもある。労働契約の解除について、こうした基礎的な法規範を定めているのは、もちろん契約の一般的法規範を定めた民法である。すなわち、期限の定めのない労働契約の場合には、第 627 条 1 項で「当事者が雇用の期間を定めなかったときは、各当事者は、いつでも解約の申入れをすることができる。この場合において、雇用は、解約の申入れの日から二週間を経過することによって終了する。」と定められており、2 週間の予告のみが必要条件とされている[1]。

この民法第 627 条には二つの特徴がある。第一の特徴は、「いつでも」という文言があり、解約の申し入れにとくに理由は必要ではないという意味に解釈されている点である。現実問題としては、被用者を解雇するのに使用者が全く理由を説明しない場面は想定しにくい。しかし少なくとも日本の民法上の規定では、解雇に理由は必要ではなく、この規定は、合衆国における随意雇用原則と酷似している点には注意が必要だろう。

随意雇用原則とは、先進諸国で最も解雇が容易だとされている合衆国の解雇ルールを象徴する考え方で、1884 年のテネシー州の判例がリーディング・ケースとされている。その判決では、何人（なんびと）も被用者を随意に（at will）解雇することができるとされており、数の大小や理由の良否・有無にはかかわらないと、とくに記されている[2]。各種差別法の発達もあり、現在では随意雇用原則がそのまま貫徹しているわけではないが、合衆国における解雇ルー

---

[1]　本書冒頭で宣言したように、本書では雇用契約と労働契約を区別せず、同一の概念として取り扱っている。

ルの根幹を形成しているのには変わりがない[3]。現在でも有効な日本の民法の規定が、この随意雇用原則に類似するという点は再度強調しておきたい。

第二の特徴は、民法第 627 条では「各当事者」という主語が使われており、使用者と被用者を区別していない点である。現代の日本語では、使用者による労働契約の解除を「解雇」と呼び、被用者による労働契約の解除を「辞職」や「退職」と呼んで、異なる表現が用いられるが、民法上の規定では対称的に扱われているのである。その結果、たとえば、解雇に理由が必要とされないのと同様に、辞職にも理由は必要なく、使用者が契約解除に同意しなかったとしても、辞職を申し入れてから 2 週間で自動的に労働契約は解除される。

これらの民法の規定は法律制定時から存在している。論理的には、すでに一世紀以上にわたって日本の労働契約の屋台骨を提供してきた計算になる。実際、本書第 1 章でみてきた戦前期には、労働契約を律する一般的法的規範を提供していたのはほとんど民法の規定のみで、各経済主体は、みずから行動規範なり業界のルールなりを策定して運用する必要があった。

しかし戦後に入り、労基法など労働立法がなされるに及んで、民法の考え方はさまざまな成文法によって制約されるようになった。たとえば、労基法では解雇予告を民法が規定する 2 週間よりも長い 30 日と設定し直しているし（第 20 条）、産前産後・業務災害の休業期間ないし直後 30 日間には解雇できない（第 19 条）と定めている。あるいは、国籍・信条・社会的身分による不利益取扱としての解雇を禁止し、解雇理由に制限をかけている（第 3 条）。労基法以外でも、組合活動を理由とした差別的解雇（不当労働行為）の禁止（労組法第 7 条）、性別や婚姻・妊娠・出産・産前産後の休暇取得を理由とした解雇の禁止（均等法第 9 条）など、さまざまな場面で解雇は制限されるようになった。

ただし、こうした成文法による労働契約の解除の制限は、解雇のみを対象

---

2) "All may dismiss their employees at will, be they many or few, for good cause, for no cause, or even for cause morally wrong, without being thereby guilty of legal wrong." Payne v. Western & Atlantic Railroad Co., Tenn. 1884.

3) 合衆国労働法の概要については中窪（2010）などがわかりやすい。

としており、辞職は対象としていない。労働者保護という立法目的に即せば不思議ではないが、民法では対称的に扱われていた解雇と辞職の間に、非対称性が生まれた始まりともいえる。

　また、この段階での成文法による解雇制限は、出産など特定の状態に陥った被用者の解雇を制限する役割を持つものと、解雇の理由を制限する役割を持つものに大別される。「制限」の語が暗示するように、いずれも解雇についての否定的定義をアドホックに列挙するものにすぎないことに注意されたい。すなわち、「被用者がＸという状態にあるときに」または「Ｙを理由として」労働契約を使用者が一方的に破棄することはでき「ない」と定め、ＸやＹに該当する状態や事柄を一つひとつ定義していくという方法を採る。逆にいえば、定義されたＸやＹに該当しなければ、解雇は民法の規定に従うだけなのである。この意味で、戦後の労働立法は、解雇という法律行為が準拠すべき一般的規範を、民法を超えて示したわけではなかった。

　関連法規によってＸやＹに該当する状態・事柄のすべてを挙げ尽くすことができるならば、否定的定義の積み重ねは明確な一般的規範を定立する。その状況でもなお、使用者と被用者で意見が一致せず、解雇紛争が発生するとすれば、ＸやＹの定義に曖昧さが残された場合に限られるはずである。しかし、現実の戦後日本社会では、労基法や労組法に列挙された解雇制限の解釈とは別次元で、解雇紛争が後を絶たなかった。

　当時は労働運動の高揚期にあたっており、訴訟が運動戦術として利用されたという事情もある。しかし、当時頻発した解雇訴訟は、成文化された解雇制限事項にあたらずとも、当該解雇が法的に不当なのではないかとの疑義が被用者側から提起され続けたとも解釈できるのである。裁判所は、こうした事態に対応して、立法を促すよりもみずから解雇に関する一般的規範を言明する途を選んだ。その結果世に明らかにされたのが、いわゆる解雇権濫用法理である。

　リーディング・ケースは 1975 年の日本食塩製造事件および 1977 年の高知放送事件とされており、いずれも最高裁小法廷での判決である。具体的には、高知放送事件で裁判所は、

　　『普通解雇事由がある場合においても、使用者は常に解雇し得るもので
　　はなく、当該具体的な事情の下において、解雇に処することが著しく不
　　合理であり、社会通念上相当なものとして是認することができないとき
　　には、当該解雇の意思表示は、解雇権の濫用として無効になる』[4)]

と判示し、労基法でもなく労組法でもなく、民法の信義則を援用しながら、
解雇権の行使には「客観的合理性」と「社会的相当性」が必要であるという
一般的規範を確立した。

　この解雇権濫用法理は、長らく判例法理として理解されてきたが、近年成
文化の動きが強まったことは周知のことだろう。2003 年の厚生労働省労働
政策審議会労働条件分科会において立法化原案が作成され、2004 年に改正
施行された労基法の第 18 条の 2 として成文化された。

　ただし、その文言は「解雇は、客観的に合理的な理由を欠き、社会通念上
相当であると認められない場合は、その権利を濫用したものとして、無効と
する」と定められ、上に引用した裁判所の判示をほぼそのまま取り入れたか
たちとなっていることがわかる。この条文は、2008 年に労契法が制定され
るに及び、その第 16 条にそのまま移動している。なお、労契法では、第 3
条で労働契約の原則と題して信義則や権利濫用法理が明示されており、同法
第 16 条として位置づけ直された解雇権濫用法理の法理論的背景が明確にさ
れたといえるだろう。

　以上が、解雇権濫用法理の成立の経緯に関する最大公約数的説明である。
本章では、二点、挙証責任の配分と解雇無効判決時の結果について付け加え
ておきたい。

　通常、民法の信義則を根拠とした権利濫用法理では、原告（つまり権利濫
用の被害者で、解雇事件ではほとんどの場合被用者）が、権利の濫用につい
て挙証責任がある。たとえば隣家との騒音被害紛争では、被害者がいかに損
害を被ったかを立証しなければならない。直接この法理を解雇紛争にあては

[4)]　昭和 52 年 1 月 31 日最高裁判所第二小法廷判決、昭和 49 年（オ）165 号。本引用は、
　　裁判所ウェブサイトにおける最高裁判所判例集検索による。

めれば、解雇された被用者こそが、いかに濫用的な解雇だったかを立証する
のが原則となる。しかし現実には、被用者が解雇されて会社に足を踏み入れ
られなくなれば、当該解雇が濫用的だったかを立証する術はほぼ絶たれる。
裁判ではこの状況は被用者に不公平とみなされ、現在では、使用者のほうに
「権利濫用はなかった」ことを立証する責任が多く配分されるようになった
といわれている。

　教科書的には、解雇権濫用が争われる訴訟では、裁判所が釈明権を利用す
ることで、事実上挙証責任を使用者側に反転させ、実質的には解雇には正当
事由が必要と考える法的構成と同等に扱うことが一般化したと説明される現
象である。しかし、不存在の証明は俗に悪魔の証明といわれており、本質的
に難しい。このような場合、信任関係における忠実義務のように、規範に反
すると解される行為に外形基準をあらかじめ定め、外形的に該当するかどう
かで半ば機械的に濫用を判断する枠組みが多用される。

　解雇権濫用法理の場合には、信任関係ではなく、あくまでも信義則に基づ
く権利濫用法理という枠組みが重視されたからか、挙証責任の配分が反転し
た割に、外形標準的判断枠組みは発達していない。解雇権濫用法理にまとわ
りつく不明瞭さの一端は、このような法理論的構成と裁判実務上の乖離にも
あるだろう。

　次に裁判の結果、解雇が無効になった場合の効果について言及しておきた
い。法的には、解雇の意思表示が無効となることから、解雇されてから判決
が確定するまで労働契約が存在し続けていたと考える。したがって、この間
の賃金は未払いとみなされ、少なくとも使用者に帰責する休業補償分は支払
われなければならないし、被用者が望めば復職することができる。これを
もって、解雇権濫用法理は解雇された被用者の原職復帰を強制しており、金
銭解決の道を閉ざしていると解釈する人々もいる。

　だが、被用者が原職復帰を望んだとしても、日本においては被用者に就労
請求権は認められていないので、使用者は休業命令や配置転換命令などで応
じられるし、仕事に従事するという意味で現実に復職する事例は多くはな
い。37 件の解雇無効判決を追跡した平澤（2005）では、退職した事例が
64.9 ％を占めていたことが報告されている。この研究中、復職した事例で

も労働組合の協力が不可欠だったと報告されており、解雇された被用者にとって、その解雇が無効だったからといって原職に復帰することは、現実の選択肢のうちにないことが多いと予想してよいだろう。

　多くの場合、解雇無効判決を所与として退職条件について話し合い、復職日付けで依願退職という形式をとるだろうことは自然な推測で、あとでみるように、事実そうである。その意味で、裁判による解雇無効判決は、雇用継続という特定履行を常に強制しているわけではなく、その後の金銭解決交渉の出発点を形成していると考えたほうがよい。

（**2**）　リーディング・ケースの真実①

　前項のように解雇権濫用法理の成立過程と特徴を要約すると、同法理が果たしてどのような行為を規制しているのか不明瞭になってくるのがわかる。いったんは「客観的合理性」と「社会的相当性」という一般的規範を定立させながら、日本社会は、解雇に関してそれ以上の具体的な外形的条件を確定させてこず、当事者におけるアドホックな和解や金銭による決着を好んできた。

　経済学で想定する解雇規制の強弱は、通常、解雇時に生じる金銭的なやり取りの多寡に集約されるが[5]、現実の解雇権濫用法理のメカニズムの不明瞭さと比較すると、むしろ抽象的な経済学の理論モデルのほうが、「解雇規制」という日本語から読者が連想する事象に近いとすらいえる。日本の解雇規制はまさしく鵺のようで、「あるようでなく、ないようである」と評される所以でもある[6]。

　しかし、判例法理といえども、具体的な紛争を観察すれば、その法理が指し示す行動準則が明らかになるかもしれない。別言すれば、解雇紛争においては、その判断基準について、現場レベルでは「相場」のような共通認識が形成されているかもしれない。本項では試みに、解雇権濫用法理のリーディ

---

[5]　典型例として Hopenhayn and Rogerson（1993）、Bentolila and Bertola（1990）を挙げておこう。これに対して Garibaldi（1998）は、解雇時の金銭的取引の多寡ではなく、解雇できるタイミングの遅れについてモデル化して議論している。

[6]　島田（2002）p.75。

ング・ケースを取り上げよう。そこで何が紛争の原因となっていたのかを検討し、その対立の原因を取り除くために解雇権濫用法理が編み出されたと解釈することで、同法理の現実的なメカニズムを考察するという方法である。

まずは日本食塩製造事件である。先に触れたように、1975 年 4 月 25 日に最高裁で判決が出されたこの事件により、解雇権濫用法理が定立されたとされ、この事件をリーディング・ケースとすることに異論はないだろう。

紛争の発端は、原告が、活動方針の対立を理由に労働組合から除名されたことだった。このとき会社と組合間には、ユニオンショップ協定が結ばれていたので、使用者が協定に基づき原告を解雇したところ、原告が解雇無効を訴えて使用者を提訴したという事件である。

最高裁は、組合からの除名は違法の可能性が高いと判断し、解雇有効とした高裁判決を破棄し、差し戻しを言い渡した。この際、『使用者の解雇権の行使も，それが客観的に合理的な理由を欠き社会通念上相当として是認することができない場合には，権利の濫用として無効になると解するのが相当である。』と判示したところ[7]、解雇権濫用法理の文言として人口に膾炙し、リーディング・ケースと位置づけられるようになったわけである。

ただし、実際の事件はもう少し複雑である。もともと組合と会社は蜜月関係にあったわけではない。いわゆる合理化をめぐって激しく対立しており、原告はこの運動をめぐっていったんは懲戒解雇されるという経験を有していた。このとき組合委員長や他の組合員も同時に懲戒処分を受けており、かなり深刻な労使対立だったことをうかがわせる。

組合と会社は対立を収拾するべく和解交渉に臨み、紆余曲折の末妥結したのだが、実は和解条項の中には原告が和解日をもって退職するという条件が含まれていた。組合と会社の和解がなった後、原告がこれを不服として退職を拒否したところ、組合は原告を除名し、会社はユニオンショップ協定を理由に原告を解雇した、という顛末をたどっていた。当然ながら裁判の重要な争点のひとつとして、ユニオンショップ協定に基づく解雇と、組合の除名処

---

[7]　昭和 50 年 4 月 25 日最高裁判所第二小法廷判決、昭和 43 年（オ）499 号。本引用は、裁判所ウェブサイトにおける最高裁判所判例集検索による。

分との関連の有無が取り上げられ、高裁と最高裁の判断の分かれ目のひとつもこの点にあった。

　会社にしてみれば、ユニオンショップ協定に従うのであれば、ある被用者が組合員たる資格を喪失すれば解雇せざるを得ず、かつ、組合員資格を決めるのは組合の専権事項であって会社の出る幕はないのだから、当該解雇に関して会社に責任はないと主張して争ったのも理由がないわけではない。

　ところが、事情を子細に追えば、現実の紛争の原因は、なぜ原告が和解日をもって退職するという協定が結ばれたかという点であることがわかる。この和解協定が会社と組合の間で結ばれている以上、原告の退職をめぐって会社はまったく蚊帳の外に置かれていたわけではない。換言すれば、組合と会社が、先鋭化した"跳ネッ返リ"を共同して排除しようとしたところに問題が生じ、本来は、組合と会社と原告という三つ巴の利害を調整する必要があった事例なのである。

　裁判所では原告が会社のみを訴えたため、組合と原告との関係がどのように修復されたかは判決文からは判断できない。しかし、少なくとも組合と原告とのコミュニケーションをどう回復し、相互の利害をどう調整するかも、紛争を解決する要だった。裁判所は、このような紛争状況を解決するには、「客観的合理性」と「社会的相当性」が満たされない場合には、労働契約が継続しているものとして、いわば出発点に戻りなさいと判示したと解釈できるだろう。

　もうひとつの判例は、すでに紹介した高知放送事件で、1977年1月31日に最高裁にて解雇無効判決が出されて確定した紛争である。この事件は、ラジオのアナウンサーだった原告が宿直中寝坊して定時ニュースが飛ばされてしまったことが発端だった。会社は、この放送事故を理由に原告を解雇したが、原告は解雇無効を求めて裁判所に訴訟を提起したのである。高裁に続いて最高裁は解雇無効の判決を導いたのだが、その際に前項に引用した文言が披露され、同事件は解雇権濫用法理を明確に定義した判決として名高い。

　他方、原告は放送事故を2週間という短い間に二度立て続けに起こしており、二度目はすぐに上司に報告すらしていなかった。一見すると、これだけの失敗をしてもなお解雇が無効となるという意味で奇異にも聞こえる判決

で、日本において解雇が事実上できないと喧伝される遠因にもなった事件としても知られている。

　だが、裁判所が解雇を無効とした理由を読んでみると、裁判所は放送局の処分が公平を欠いたことに重きを置いて判断したことがわかる。すなわち、放送局では、宿直時には放送事故を防ぐために複数を組ませ、先に起きてアナウンサーを起こし、放送原稿をたしかに手交する注意係がいた。件の放送事故のときには、実はこの注意係も寝坊し、放送事故を避けるメカニズムが機能していなかったのである。

　判決文からは定かではないが、仮にアナウンサーが放送に間に合ったとしても、読むべきニュース原稿がないという状況だったのかもしれない。実際、二回目の放送事故の際に、泡を食ったアナウンサーが放送原稿を見つけることができず、結局 1 日前の天気予報の原稿をそのまま読み上げたと使用者側から指摘され、高裁段階まで事実認定をめぐって争われている[8]。

　業務フローから判断すると、注意係にも放送事故に関する相応の責任があったと考えられるものの、会社は、注意係を譴責処分にとどめる一方、原告のみを解雇した。また、判決では、過去にも別の被用者が複数の放送事故を起こしていたにもかかわらず、解雇処分は原告のみに限られていたことも指摘された。放送事故以前の原告の勤務評定も良好で、事故後の反省の様子なども考慮すると、結局のところ解雇処分は公平性に欠くと結論づけられたのである。

　以上のように両判決をまとめると、裁判所は、解雇権濫用法理を措定するにあたり、いわば組織内秩序・公平性の維持を主要な判断要素としてきたと解釈できる。客観的合理性と社会的相当性という言葉で表現された条件は、紛争の現実的解決という文脈では、解雇をいったん無効とすることで労使コミュニケーションを仕切り直させ、すみやかに秩序を回復するように主導する役割を指向したともいえるだろう。

　この傾向は解雇権濫用法理の一類型といわれる整理解雇法理に、より強く表れている。整理解雇法理のリーディング・ケースと目される東洋酸素事件

---

[8]　高裁判決では 1 日前の天気予報の原稿を読み上げたという証明はないとしている。

を検討して、この点を確かめよう。

（3） リーディング・ケースの真実②

　元来、解雇は、被用者に解雇される理由がある普通解雇または懲戒解雇と、被用者には解雇される理由はないが使用者側の都合で解雇される経済的解雇とに分かれ、前者に対して解雇権濫用法理が、後者に対して整理解雇法理が適用されると理解されてきた。整理解雇法理は、解雇理由が被用者の責任ではない分、解雇権濫用法理の客観的合理性と社会的相当性という二条件がより具体化され、人員削減の必要性、手続きの妥当性、解雇回避努力義務、被解雇者選定の合理性の四条件に集約されたことを内容とする。

　この法理を提示したのが、1979 年 10 月 29 日の東洋酸素事件の高裁判決である。具体的には、

> 『特定の事業部門の閉鎖に伴い右事業部門に勤務する従業員を解雇する［こと］が「やむを得ない事業の都合」によるものと言い得るためには、第一に、右事業部門を閉鎖することが企業の合理的運営上やむをえない必要に基づくものと認められる場合であること、第二に、右事業部門に勤務する従業員を同一又は遠隔でない他の事業場における他の事業部門の同一又は類似職種に充当する余地がない場合、あるいは右配置転換を行つてもなお全企業的に見て剰員の発生が避けられない場合であつて、解雇が特定事業部門の閉鎖を理由に使用者の恣意によつてなされるものでないこと、第三に、具体的な解雇対象者の選定が客観的、合理的な基準に基づくものであること、以上の三個の要件を充足することを要し、特段の事情のない限り、それをもつて足りるものと解するのが相当である。』

と判示した[9]。

　高裁が決した解雇有効の結論は、最高裁が被用者側の上告を棄却したことによって確定した。法廷係争自体は使用者側の全面勝訴で終結し、「解雇することができる」と結論された案件である。しかし、現在ではなぜか整理解

雇を「制約した」裁判例として数えられている。

　東洋酸素事件自体は、技術革新に伴う人員整理に端を発する、典型的な整理解雇事件だった[10]。高度成長期のガス産業とは、触媒を用いて窒素や酸素、アセチレンなどの工業ガスを発生させるという、重工業には欠かせない基礎産業だった。ただ、その背後には 1 カ所で大量にガスを発生させ、ボンベに詰めて配送するのが効率的だったという強い技術的与件があった。

　ところが、1960 年代後半以降の技術革新とともに、規模に関する経済性を享受する旧来の方法は、事業として立ち行かなくなる。ガス発生装置の小型低廉化が進み、相対的に運搬費用が高くつくようになったからである。大口需要者は小型ガス発生装置を自前で用意するようになり、ガス会社もより需要地に近い場所で小型装置を運用するようになった。その結果、湾岸工業地帯に大型設備を投入して成立していた製造ラインはもはや維持できず、設備丸ごと閉鎖する事態が到来したのである。東洋酸素事件は、こうした状況の下、アセチレン工場が閉鎖され、工場長を残して全被用者が解雇されたことによって発生した、典型的な整理解雇紛争だった。

　もっとも、当時の技術革新の状況を考えれば、東洋酸素が製造ラインの閉鎖・廃棄を、当該紛争前後にも繰り返していたことは想像に難くない。本件解雇にあたる 1970 年上期のアセチレン工場の閉鎖に先立ち、1968 年の下期にはアセチレン・窒素部門を一部縮小しているし、事件後 1979 年から 1981 年にかけては断続的に酸素工場を閉鎖している。しかし、1968 年の業務縮小時の余剰人員は配置転換で吸収し、酸素工場閉鎖時には解雇者・希望退職者を出しながらも紛争とはなっていない。

　訴訟が提起されて紛争が長く継続したという意味では、同じ会社の中でみても、アセチレン工場閉鎖に関わる紛争は特異的だった。実際、この紛争自体は、最高裁の特別上告棄却で使用者側全面勝訴となったものの、判決決定後も労働委員会などに場を移し、ようやく 1984 年 12 月 26 日に和解が成立するまで継続した。そして、和解当時定年退職者を除く原告 12 名中 6 名が

9)　　昭和 54 年 10 月 29 日東京高等裁判所判決、昭和 51 年（ネ）1028 号。本引用は、裁判所ウェブサイトにおける労働事件裁判例集検索による。
10)　　東洋酸素事件の顛末については神林・平澤（2008a）がもとになっている。

復職するという五分の条件だったという点でも、にわかには理解しがたい経緯をたどっている。

　まず法廷で戦わされた論点を確認しておこう。地裁あるいは高裁では、アセチレン工場閉鎖に伴う余剰人員の配置転換の可否や全社的な希望退職募集の是非が最大の争点となった。なぜなら、東洋酸素は紛争当時定年退職者の再雇用や新規採用を継続していたし、アセチレン工場閉鎖以前の窒素工場の整理・閉鎖に際しての余剰人員は配置転換によって吸収されていたという事実もあったからである。

　地裁は、アセチレン工場閉鎖に伴う被解雇者についても、配置転換を優先するべきとして解雇無効と判断したが、高裁はその必要なしとして結論を覆した。その後の判例評釈においても、裁判所の判断の変更について多くの紙面が割かれている。しかし、もしこの点のみが紛争の原因であれば、最高裁による高裁判決確定の後、紛争が継続する理由はない。

　実は、東洋酸素事件の真の原因は、組合内に生じた本部組合と少数派との間の対立にあった。少数派の多くはアセチレン工場に所属しており、工場閉鎖と全員解雇という会社の選択は、少数派の目には自分たちの排除を目的としたものと映ったのである。折しも、東洋酸素はユニオンショップ制を採用しており、組合脱退が解雇につながることを恐れた少数派は、組合に所属し続けた。その結果、少数派は、少数ゆえに会社と組合本部で行われた紛争時の交渉に参加することはできず、少数派と会社との直接交渉は最後まで実現しなかった。裁判所においても、組合本部と会社との交渉が労使交渉と同一視され、会社と少数派とのコミュニケーションを回復させるような手立ては講じられなかった。

　和解交渉へのきっかけは、最高裁の特別上告棄却のあと、ある弁護士から出た、組織変更という手法を使いユニオンショップ協定に抵触することなく別組合を設立するという提案だった。これによって、独立した組合を組織した少数派は、会社側との接触を開始した。結局、取締役の変更など会社側の態度の軟化など他の要因もあったが、少数派と会社の直接交渉の結果、最高裁での上告棄却後5年の歳月を経て、上記のような和解に至ったのである。

　東洋酸素事件は整理解雇法理を定立した裁判例と目され、正社員の整理解

雇を最後の手段とみなし、新規採用の停止や非正規社員の人員整理を優先するといういわゆる日本的雇用慣行を制度面から支えたと解釈されることが多い。たしかに裁判所では、新規採用や定年退職者の再雇用をどれだけ優先するべきか、製造ライン全体が閉鎖された場合に配置転換をどれだけ希求するべきかなどが争われ、地裁と高裁の判断の分かれ目もその点の評価にあったことは間違いない。しかし、新規採用の停止や配置転換が整理解雇の必須条件であると裁判所が認定したわけではないばかりか、紛争の真の原因は、組合が分裂した結果、少数派と会社との労使コミュニケーションが途絶したことにあったとまとめることができる。

（4） 法理成立期の整理解雇事件

教科書に整理された解雇権濫用法理や整理解雇法理を一読すると、何らかの法規範を提示しているのは理解できる。しかし、その内容は不明瞭だと長らく批判にさらされてきた。ところが、こうした法理が成立してきた背景をリーディング・ケースに即して整理すれば、ある解雇が紛争にまで発展するには、特定の被用者や集団を、公平性を欠くかたちで組織から排斥したと誤解の余地を残したという事情があったことがわかる。もしもこの解釈が正しいとすると、解雇権濫用法理や整理解雇法理は、こうした誤解の余地を可能な限り狭めるように、被用者と使用者のコミュニケーションを促す機能を果たしているのではないかという仮説が成立する。

もちろん、以上のように法理を理解するのは、残念ながら労働問題を扱う上で常識の範疇に入っているとは言い難い。したがって本項では、法理成立期の整理解雇事件を網羅的に観察することで、リーディング・ケースから抽出した要素を再確認し、上記の仮説にはまったく根拠がないことではないことを示したい。具体的には、第一法規『判例体系』より「整理解雇」をキーワードとして、1975 年から 1985 年までの期間で検索される 54 件（61 例）の紛争例を検討材料とする。

まず注意するべきは労使関係の在りようである。当該解雇紛争に労使対立の要素がどの程度反映されていたかを判決文から確かめると、54 件中 37 件で労働組合の紛争への積極的な関与が認められた。このうち、27 件は労使

対立が裁判で取り上げられ、会社と組合の協議の良否が争点となった事例である[11]。そのほかの 10 件は、解雇発生当時に組合が組織されていなかった場合など、そもそも労使間の集団的コミュニケーションをとる手段が存在しなかった事例とまとめられる。

　さらにいえば、54 件中過半の 28 件が不当労働行為に触れ、15 件が労働協約における解雇協議約款違反を主張するなど、集団的労使紛争の性格が色濃く表れていた。この点は、数字にも表れる。たとえば 1 件あたりの原告の数は 8.7 名を数え、単独での提訴は 21 件と 4 割程度にとどまっていた。

　ここに挙げた数字の労使紛争的性格を確かめるために、2000 年代の整理解雇事件と比較してみよう。2000 年から 2004 年までの 5 年間に東京地裁で判決・決定があった解雇事件（地位確認請求事件）のうち、少なくとも被用者によって整理解雇であると主張された事件は 55 件で、法理成立時期を対象にデータベースから抽出した上記の裁判例と似た数である。しかしそのうち、不当労働行為が主張された事件はわずか 8 件にとどまり、労働協約違反が問われたのは 2 件にすぎない。また、2000 年代の東京地裁の整理解雇事件では平均原告数も 2.1 名と、整理解雇法理確立期と比較すると 4 分の 1 ほどになっており、逆に単独での提訴は 55 件中 37 件と 7 割に迫る。同じ整理解雇事件であっても、2000 年代の事件と比較すると、1970 年代から 1980 年代の事件がいかに集団的労使紛争の性格を持っていたかが垣間見える[12]。

　日本における解雇権濫用法理は、紛争を解決することによって個別の労働契約の履行ルールを「発見」してきただけではなく、集団的性格を色濃く持った労使紛争を解決することを通じて労使コミュニケーションの正常化を促してきた側面もあると考えてよいだろう。

---

[11]　労働組合の組織的関与が認められない 17 件は、非正規従業員のみが整理対象となった事例、定数管理などが明確な医療・教育関係機関における紛争、特定の労働者が単独で特異的な組合活動を行った事件などで構成されている。

[12]　2000 年代の東京地裁の整理解雇事件についての記述は、神林（2008a）をもとにしている。

表 5-1　1975 〜 1985 年までの整理解雇事件における希望退職の募集の役割

| | | | 解雇回避努力義務 | | | 計 |
			判断なし	是認	否定	
解雇有効・無効の別	希望退職の募集 あり	無効	4	1	8	13
		有効	6	2		8
		小計	10	3	8	21
	なし	無効	10		8	18
		有効	3	12		15
		小計	13	12	8	33
		無効計	14	1	16	31
		有効計	9	14	0	23
		合計	23	15	16	54

注）神林・平澤（2008b）図表 3-10 を筆者加工。ここでは、希望退職を募
　　集したか否かが労使どちらかの主張に含まれていれば、裁判所の事実認
　　定にかかわらず分類している。また、ここで考察対象とした 54 件にお
　　いては、希望退職の募集の有無の事実認定についての争いはない。

（5）　整理解雇法理はどのように日本的雇用慣行を補強したのか

　前項にまとめたように、事件の内容をたどりながら日本における解雇権濫
用法理の出自を確かめると、労使コミュニケーションというキーワードが浮
かび上がる。他方、一般には、解雇権濫用法理は解雇を制限することによっ
て日本的雇用慣行を補強する法的制度と考えられてきた。前節で提起された
法理の解釈は、少なくとも部分的には、旧来のステレオタイプの考え方と相
容れない部分があることを示唆している。

　そこで、簡単にではあるが、やはり裁判例を通じて整理解雇法理と日本的
雇用慣行、とりわけ長期雇用慣行が、どのような関係にあったのかを確かめ
たい。具体的には、前項で取り上げた 1970 年代後半から 1980 年代前半の
裁判例に再び注目する。そこで形成された整理解雇法理が正社員の雇用調整
に際して希望退職の募集や非正社員の雇用調整を優先すると観念される長期
雇用慣行とどのような関係にあるのかを検討しよう。もし整理解雇法理が日
本的雇用慣行を補強しているとすれば、上記のような典型的な雇用調整方法

が、整理解雇法理によって誘導されているはずである。なかでも整理解雇法理の四要素のひとつとされる「解雇回避の努力義務」は、まさに正社員の整理解雇が最後の手段たることを要請し、希望退職の募集や非正社員の整理を優先することを法的規範として要請していると解釈されており、法理と実際の雇用調整方法との関係をもっともわかりやすく現す側面といえるだろう。

　では、前項で検討した整理解雇事件 54 件を、当該整理解雇において希望退職が募集されたことが確認できる例とそうではない例に分け、裁判所が下した解雇回避努力義務に関する判断と総合的判断を整理してみよう。

　表 5-1 としてまとめたように、54 件の裁判所の結論の内訳は、解雇無効としたのが 31 件（57 %）、解雇有効としたのが 23 件（43 %）と、勝ち負けほぼ半々に等しい。また、解雇回避努力義務について言及しなかった事件が 23 件と半数に迫る一方、明確に是認したのは 15 件、明確に否定したのは 16 件とばらついている。さすがに解雇回避努力義務が明確に否定された 16 件は解雇無効の結論に達しているが、明確に是認された 15 件のすべてで解雇有効が示されたわけではなく、他の判断要素によって解雇無効と判示されたものもある。

　本項でまず注目するのは、希望退職募集の有無と裁判所の判断との関係である。54 件のうち、希望退職を募集したことが認められるのは 21 件で、残りの半数超の 33 件では希望退職募集に関する言及がなかった。もちろん、希望退職募集の有無を明示的に議論せずとも、他の与件によってすでに解雇無効の心証が形成されている場合には、あえて論点を追加する必要はない。ところが、希望退職募集に言及がなかった 33 件のうち、解雇無効の結論に至ったのは 18 件 55%（＝18/33）にとどまり、15 件では解雇有効の結論に至っている。

　もし、巷間指摘されているように、希望退職募集が整理解雇の必要条件なのであれば、少なくともこの 15 件については、被用者側は希望退職募集の正当性について追加的に論点を提出する理由があるはずである。しかも興味深いことに、15 件のうち 12 件では解雇回避努力義務が明示的に肯定されており、希望退職を募集したことを明言しないことが整理解雇の妨げにはならなかった。54 件のうちの 12 件という、少なからずの類似案件が指摘できる

以上、裁判所は希望退職の募集が整理解雇を有効とする必要条件と考えていたわけではないと解釈するべきだろう。

逆に希望退職の募集は、かならず整理解雇を肯定するのだろうか。もちろん、整理解雇の有効性の判断には別の要素の判断が必要なので、希望退職を募集したすべての案件で整理解雇が有効とされているわけではない。実際、表5-1では、21件中13件が解雇無効の結論に至っている。また、この13件のうち8件では解雇回避努力義務が明確に否定されており、希望退職を募集することは、整理解雇はおろか、その判断要素のひとつである解雇回避努力義務を満たすための十分条件にすらなっていないことがわかる。

次に非正社員の雇止めについて、上記54件の結論を整理すると以下のようになる。

臨時職員の雇止めを行ったことが明示されているのはわずか9件にとどまり、そのうち明確に解雇回避努力義務を是認したのは2件にすぎない。整理解雇を有効と判断し、暗黙のうちに解雇回避努力義務を是認したものは3件で、合わせても5件を数える。希望退職募集の有無と同様、臨時職員の雇止めが解雇回避努力義務を満たす十分条件になっていないことがわかる。さらに、新規採用または中途採用の募集を停止したことが明示されているのは10件と、臨時職員の雇止めと同様な結果になった。

以上のように1970〜1980年代の整理解雇の裁判例を詳細に検討すると、長期雇用慣行の一部として認識されている雇用調整様式、すなわち正社員の整理解雇に先立つ希望退職の募集や非正社員の雇止め、新規採用の停止は、整理解雇法理上、当該整理解雇の有効性判断の必要条件とも十分条件ともなっていないと整理できる。したがって、「整理解雇法理の判断枠組みが直接長期雇用慣行を支えた」という言明は、この範囲では正しくない。

判例法理が長期雇用慣行の個別具体的行動様式を強制したとはいえず、両者はそれほど明確に直接的関係を持つわけではないのである。前項までにみてきたように、労使コミュニケーションの欠陥が労使紛争の本質だったという事情を踏まえると、解雇権濫用法理や整理解雇法理は、労使コミュニケーションの回復による労使合意をガイダンスする役割を持ち、それを通じて雇用慣行を支えてきたと考えるほうがよい。

（6）　解雇権濫用法理の安定性

　前項までにまとめたように、判例法理としての解雇権濫用法理・整理解雇法理と、現実にある日本的雇用慣行・長期雇用慣行との関係は、労使コミュニケーションを促すことを優先するという意味で、間接的な関係にとどまる。換言すれば、これらの判例法理は、具体的な行動準則を指定するわけではないという意味で解釈の余地を残しており、法規範の予測可能性が低いという指摘と親和的にみえる。

　たとえば、労基法は労働契約として締結できる週労働時間の上限を 40 時間と定めており、「週 40 時間」という時間がどれくらいの長さかについては疑問の余地はない。もちろん、どのタイミングから労働時間として算定するかには曖昧さが残るし、例外創出を用いて事実上上限規制を撤廃できることは本書でも指摘している通りで、現実には「週 40 時間」にも解釈の余地は残っている。しかし、解雇権濫用法理における「客観的合理性」や「社会的相当性」という語句の指し示す内容と比較すると、「週 40 時間」という語句が指し示す内容には曖昧さが少ないことは否定できないだろう。

　一般に、法が曖昧な規範しか定立できない場合、紛争が多発し、法廷にはさまざまな訴えが乱発される。事件に法典をあてはめても、自分の解釈と相手の解釈に乖離が生じることになるので、事前に和解交渉は成立せず紛争化し、裁判所などの第三者の介入によって決着させるしかないからである。

　事件に法典をあてはめたときに自分と相手の解釈が一致するとは、裁判所に訴え出たときに自分が勝訴する確率をたとえば x％だと思っているときに、相手は自分が勝訴する確率が（100−x）％だと思っているという状態を指す。この場合、わざわざ裁判所へ出訴して時間と費用を浪費する必要はなく、第三者の介入を要せずとも、落としどころについて合意が成立する。

　逆に自分の勝訴確率が x％だと思っているときに、相手も自分の勝訴確率が y（＞100−x）％だと思っており、双方ともに強気なときには、第三者の介入を仰がないと落としどころを見つけることが難しい。ある法規範が社会的に安定する状態とは、当該規範を誰がどの事件にあてはめても同様の結論が得られる状態だと考えれば、法規範が安定するに従って、実際に出訴される

表 5-2　解雇事件・整理解雇事件の勝訴確率

資料	労働・知的財産権関係民事事件票
時期	1987 年 1 月 1 日〜 2004 年 12 月 31 日
訴訟種類	通常訴訟および仮処分命令
審級範囲	地方裁判所
検索方法	通常訴訟：原告労働者側、被告使用者側、「雇用契約存続確認等」に分類された事件 仮処分命令：申請人労働者側、被申請人使用者側、「地位保全解雇の効力停止等」に分類された事件

判決決定年代	解雇有効比率	判決決定数
1987 〜 1989	0.46	486
1990 〜 1994	0.51	915
1995 〜 1999	0.48	1652
2000 〜 2004	0.48	2048

注）神林（2008b）図表 6-19 を筆者加工。各期間の通常訴訟および仮処分を合算。

事件は原告被告ともに勝訴確率が 50 ％だと考えている事件のみに収束する。

　プリースト・クラインは、この考え方に基づいて、ある法規範の社会的安定性を判断するのに、実際の勝訴率が 50 ％前後に安定したかどうかをメルクマールとすることを提案し、現在ではプリースト・クラインの 50 ％ルールとして広く知られている[13]。

　もし解雇権濫用法理や整理解雇法理の解釈の余地が大きすぎ、安定性に欠けるとすれば、解雇事件の勝訴率は大きく変動するはずである。神林（2008b）は、最高裁判所に保存されている事件票を再集計することで、1987 年以降の地方裁判所における解雇事件の解雇有効決定比率を算出した。それをまとめたのが表 5-2 である。

　解雇権濫用法理が確立したといわれる 1980 年代後半以降、現実には解雇事件の勝訴率は 50 ％前後を推移しており、かなり安定しているのがわか

---

[13]　もともとは Priest and Klein（1984）によって提起された定理だが、フォーマルな証明はなされていなかった。近年、ある仮定のもとで 50 ％ルールが正しいことが、Lee and Klerman（2016）によって証明された。文献をご指摘いただいた Mark Ramseyer 氏にお礼申し上げたい。

る。1995 年以降になると不況期を反映してか、解雇事件の判決決定総数が倍増した一方、勝訴率はほとんど変化していない。もし解雇権濫用法理に安定性が欠けており、人々の解釈のちがいが解消していないならば、時期を通じて勝訴率はばらつくはずであり、実際、大竹（2004）では『判例体系』などの労働判例関係雑誌から収集された整理解雇事件について、1990 年代後半以降勝訴率が大きく変化したことが指摘され、整理解雇法理には法的安定性が欠けていると主張されている[14]。

　しかし裁判所で裁かれた解雇事件の全数をみると、必ずしもそうとはいえない。法と経済学の分野で標準的とされているプリースト・クラインの50％ルールに従うのであれば、解雇権濫用法理はむしろ法的安定性が確保されてきたといったほうがよいのである。

　実は解雇事件の勝訴率は地域間でも収束する傾向がある。たとえば 1980 年代後半の解雇事件の被用者側勝訴率は、表 5-2 でみたように全国平均では 53.9％（解雇有効比率 46.1％）だったものの、大きな地域差があった。すなわち、東京地裁では 24.2％ なのに対して、大阪地裁では 65.6％、名古屋地裁で 90.9％ だった[15]。東京は被用者側に厳しく、大阪は使用者側に厳しいという経験則は業界の中ではよく囁かれていたが、データからも、相当程度の地域差があったことが確かめられる。

　この地域差が、2000 年代前半になると消滅する。この間、事件数が 486 件から 2048 件へと、4 倍以上増加したにもかかわらず、全国平均では、解雇有効比率で 48.2％、被用者側勝訴率では 51.2％ と変化がない。その一方、内訳をみてみると、東京地裁の被用者側勝訴率は 46.5％（＝231/497）と 20％ ポイント以上上昇し、逆に大阪地裁では 51.5％（＝135/262）、名古屋地裁でも 50.5％（＝47/93）と相当下落した。その他の地域でも 50％ に向

---

[14]　労働判例関係雑誌が掲載する裁判例をどのように選択しているかについては定見がないが、労働法に造詣の深い法曹関係者にとって興味深いと思うだろう裁判例を選択していたとしても不思議ではない。この場合、収集された裁判例には何らかのバイアスがかかっていると考えたほうがよく、解雇事件の全貌を代表しているわけではない。本章でも、ケーススタディ的に 1970 年代後半以降の 54 件の整理解雇事件について内容を整理したが、裁判例を検討材料とする場合には留意しなければならない点だろう。

[15]　件数では、それぞれ 16/66、40/61、10/11 である。

かって収束する傾向があり、したがって被用者側勝訴率の地裁ごとにみたばらつきも減少したのである[16]。主要な地方裁判所における労働専門部・集中部の設置や、裁判官会同を通じた判例統一など、解雇権濫用法理が普及する制度上の後押しもあり、裁判所における運用が確立していったと考えることができる。

　解雇権濫用法理の法的安定性は、その高い和解比率にも垣間見られる。表 5-2 で用いた 1987 ～ 2004 年までの解雇事件のうち、和解・取下げで終局した比率は 61.4% にものぼる。ここでいう和解とは裁判所が関与する和解のことを指すので、字義通り紛争当事者間で問題は解決したと考えてよい。裁判上の取下げも、一定程度手続きが進んだ段階では両当事者の合意が必要なので、裁判所は関与していないものの、紛争が何らかのかたちで解決されたと解釈されている。

　最高裁によれば、2004 年の民事第一審訴訟事件全体の和解・取下げ比率は 52.6% にとどまる[17]。解雇事件は、裁判官による最終的な結論の提示を待つまでもなく、当事者間の合意が成立しやすいとすれば、やはり解雇権濫用法理の法的安定性は肯定的に評価すべきかもしれない。

　実際、2007 年に開始された労働審判制度でも、初年度 919 件のうちおよそ 70 ％の 644 件で調停が成立している[18]。上級審への訴求が可能な状況にもかかわらず、多くの紛争が終結するという事実は、追加的な費用を払ってまで、法理の解釈についてチャレンジし続けるメリットを人々が認めておらず、解決の基礎を提供する相場観やルールが原告被告に共有されていることを示唆している。

　以上の考察を要約すると、解雇権濫用法理あるいは整理解雇法理とは、途絶した労使コミュニケーションを回復させることを通じて紛争を解決に導くことを旨としており、その範囲で安定して機能していたと考えてよいだろう。

---

[16]　件数でみると、それぞれ、231/497、135/262、47/93 である。
[17]　最高裁判所『裁判の迅速化に係る検証に関する報告書（第 1 回）』「地方裁判所における民事訴訟事件（第一審）の審理の状況」表 9、21 ページ。
[18]　中労委『各機関における個別労働紛争処理制度の運用状況』によると、労働審判の解決率は 80 ％前後を推移しており、当該資料の最新年度の 2014 年度については 78.0 ％と報告されている。

3　就業規則不利益変更法理の背景と影響

（1）　就業規則不利益変更法理の簡単な説明

　雇用・時間調整と賃金調整は労働市場を支える車の両輪であり、この視点から労働法を眺めれば、解雇に関する法理と賃金調整に関する法理を対とするのは自然な考え方だろう。前者は、解雇権濫用法理として経済学研究者にも一定程度流布されるようになったが、後者にあたる就業規則不利益変更法理の存在は、労働市場に関心を持っている人々にも、それほど知られていないかもしれない。

　就業規則とは、効率的な事業運営のために職場規律や労働条件を定めた事業所単位の規則類のことを指し、すでに戦前の工場法の時代から、多かれ少なかれ、日本の使用者には作成が義務づけられている。同じ職場で多数の被用者が一緒に勤務する場合には、職場規律や権利義務を明文化するのは、公平性の観点からも望ましいと考えられてきたからである。現実には、賃金や労働時間にとどまらず、出勤や退勤、懲戒や表彰、安全衛生面での規則など、就業規則は職場のルールに関するあらゆる要素を含むようになる傾向がある。

　もし就業規則が職場規律のみを定めているのであれば、事業所構成員を統一的に扱う在りかたに多くの読者は違和感を抱かないだろう。職場や事業が集団で運営される以上、そこに全員が共通に遵守すべき作法やルールがあることは社会の常だからである。ここで重要なのは、就業規則が、本来個人的であるべき賃金や労働時間など核心的な労働条件も同時に定め、それが個人の労働契約の内容に写し込まれてしまうことにある。換言すれば、別途改めて個別に契約し直したり、労働協約でとくに取り決めたりしない限り、日本における就業規則は、労働契約の内容をほとんど決めてしまう性質を持っているのである。

　もちろん、核心的な労働条件を集団的に、つまり一律に取り決めるという制度自体は、取り立てて特異なわけではない。労働協約による賃金決定など

は外国でもごく普通にみられ、同一組合に属していれば同じテーブルで賃金が決定され、それが公表されているのもめずらしくない。ところが、就業規則は労働協約とは決定的に異なり、使用者が一方的に定めることができ、その法的有効性のために労使合意は必要ないという特徴を持つ。

　たとえば、就業規則が法的効力を発揮するのに必要なのは、おおまかにいって、過半数代表の意見を聞くことと、管轄の労基署に届け出て、該当する被用者に周知するという手続きにすぎない。ここでいう「過半数代表の意見を聞く」とは、文字通り意見を聞けばよいのであって、過半数代表が反対意見を述べても何ら修正する必要があるわけではないし、過半数代表が意見表明を拒否した場合であっても、使用者が意見を聞いたことを示すことさえできれば問題ない。端的にいうと、就業規則には契約社会の大原則である合意原則が適用されないのである。

　就業規則が職場規律のみを定めているのであれば、使用者が一方的に定めることができるという制度はある意味で肯定できる。学校のルールよろしく「電気は大切に」「トイレはきれいに使いましょう」「ひとの目を見て話しましょう」など、職場規律を定めるのに、一人ひとりと交渉する必要も、被用者の同意をあらかじめ得る必要もない事柄は少なくない。無理のない範囲ならば、使用者に一律に設定してもらったほうが効率的かもしれない[19]。しかし、就業規則が賃金や労働時間を含むことができるとなると話は別である。就業規則は使用者が一方的に定めることができ、かつ、核心的労働条件を含められるということは、賃金や労働条件を使用者が一方的に決めることができるということを意味してしまうからである。

　この違和感の背後には、労働契約もやはり契約でしかないという原則がある。労働契約も契約なのであれば、契約期間中の契約内容の変更には両当事

---

[19]　このように、社会のあらゆるルールを個別契約の束として解釈する態度は、理屈としては美しいが、現実には説明できない事象を少なからず残してしまう。労働経済学研究に限らず、実証的経済学研究には 19 世紀的古典的契約観が強く残存しており、社会科学のなかでは遅れている。ただし、経済学は伝統的に市場取引を分析対象として発展してきており、その範囲では古典的契約を想定したとしても大過ないと考えられてきたことも割引く必要はある。近年のように非市場取引に経済学的思考を適用することはそれほど古い歴史を持っているわけではない。

者の合意が必要であるという契約社会の原則に服すはずで、上に説明した就業規則の在り方は奇妙にみえる。採用時であれば、被用者の受諾時にすでに制定されていた就業規則類については、被用者は暗黙のうちに合意したとみなすこともできる。鉄道やタクシーの運送約款や保険約款など、近代社会には、契約におけるこの種の黙示の合意が擬制される例は少なくなく、就業規則もその一つだとみなせるかもしれない。

　しかし、すでに就業している被用者に対する就業規則の変更については、さすがに黙示の合意を擬制するわけにはいかない。仮に契約の一方の当事者である被用者が契約内容の変更を明確に拒否して、合意が成立していないことが明示されたとしても、使用者は、就業規則の制定手続きさえ忠実に守れば、就業規則を改訂して一方的に契約内容を変更できてしまうからである[20]。

　こうした就業規則制度のほころびを繕っているひとつが、いわゆる就業規則不利益変更法理である。解雇権濫用法理と同様に、元来判例法理として発展してきたが、現在では労契法第9条および第10条において次のように明文化されている。

　　第9条　使用者は、労働者と合意することなく、就業規則を変更することにより、労働者の不利益に労働契約の内容である労働条件を変更することはできない。ただし、次条の場合は、この限りでない。

---

[20]　おそらく、こうした就業規則制度が成立した背景には、立法された当時の第二次世界大戦以前の工場法の時代や戦後直後の混乱期にあっては、労働時間や賃金すらきちんと明示されているのか、心もとない状況が想定されていたことがあるだろう。その一方、労働条件は競争均衡水準に張りついているとすれば、使用者が労働条件を被用者の不利に一方的に変更したとしても、被用者の離職を促し事業の継続を危うくするだけに終わる。被用者が競争均衡水準以上の労働条件を獲得するためには労使交渉に依らねばならず、その超過利得部分は労働協約によって疑似的に契約原理を及ぼすことができるから、使用者が就業規則を制定して労働条件など職場規律を明示する社会的利益のほうが、一方的に定められることから生じる濫用的不利益よりも大きいと考えられてもおかしくはない。言い換えれば、就業規則が不利益に変更されるような事態は想定されていなかった可能性がある。ところが、何らかの理由で戦後の労働条件の改善が労働協約ではなく就業規則によって行われてしまい、近年になり労働条件の不利益変更が現実の問題になったときに、就業規則の変更という手続きによって処理されなければならないことになってしまったとまとめられるだろう。

　第 10 条　使用者が就業規則の変更により労働条件を変更する場合にお
いて、変更後の就業規則を労働者に周知させ、かつ、就業規則の変更
が、労働者の受ける不利益の程度、労働条件の変更の必要性、変更後の
就業規則の内容の相当性、労働組合等との交渉の状況その他の就業規則
の変更に係る事情に照らして合理的なものであるときは、労働契約の内
容である労働条件は、当該変更後の就業規則に定めるところによるもの
とする。(以下略)

　第 9 条は、就業規則といえども合意原則に服することを明示している。前
節でも指摘したが、労働契約の原則はやはり合意にあることを確認したこと
は、労契法制定の大きな成果だろう。その分、就業規則の不利益変更に関す
る第 10 条は、第 9 条、すなわち合意原則に対する例外に位置づけられると
いう関係が浮き彫りになる。つまり、「労働者の受ける不利益の程度」「労働
条件の変更の必要性」「変更後の就業規則の内容の相当性」「労働組合等との
交渉の状況その他の就業規則の変更に係る事情」という要件から判断して
「合理的」と評価できる場合には、就業規則の変更にはもはや合意原則は通
用しないという恰好になっている。

　第 9 条と第 10 条に集約された就業規則不利益変更法理は、秋田を中心と
したバス会社である秋北バスで起こった紛争に関する 1968 年 12 月 25 日の
最高裁大法廷の判決によって明らかにされた。もともとこの事件は、バス会
社が従来定年を定めていなかったところ、被用者の高齢化に伴い 55 歳定年
制を導入し、その時点で 55 歳以上だった被用者を解雇した際に発生した。

　ただし、ここでも組合の分裂という伏線が重要だった。多数組合は、定年
制の導入に伴う経過措置や代替措置があったことから、就業規則の変更によ
る制度変更に同意していたのである。ところが少数組合は、交渉に納得せず
不同意を表明し続けた。その結果、使用者は就業規則の制定手続きに則って
定年制を含んだ改訂を強行したところ、紛争が提起されたという経緯をた
どった。

　新しい就業規則の制定過程に瑕疵はなかったため、上にまとめた就業規則
法理に従えば、変更内容は適用対象被用者の個別労働契約の内容に写され

る。すなわち、少数組合構成員もまた新規則に拘束され、自動的に定年制の対象となる。ところが、少数組合はこの変更に明確に不同意を表明しており、少数組合構成員との個別契約の内容変更に関して、当事者双方の合意を擬制することはどう考えてもできない。就業規則法理の論理を優先するのか、契約原理を優先するのか、この難題を解決するために最高裁は大法廷を招集し、「当該規則条項が合理的なものである限り、個々の労働者において、これに同意しないことを理由として、その適用を拒否することは許されない」と判示した[21]。

　最高裁の唱えた文言は当初多くの法律家を驚かせたものの、その後紆余曲折を経て就業規則不利益変更法理として定着し、労契法第9条第10条に集約された。

（2）　就業規則不利益変更法理の影響

　就業規則不利益変更法理のリーディング・ケースである秋北バス事件は、定年制の導入をめぐる紛争だった。定年を切り下げる事例で、高齢化に伴い年金満額受給開始年齢が徐々に切り上がっている現在では、典型としては考えにくい事例だろう。

　そのほかで、就業規則を使用者の意思のみで一方的に変更できるという枠組みが力を発揮しているのは、たとえば賃金調整の場面である。日本の多くの企業は職能資格制をもとに就業規則によって賃金を定めており、その結果、就業規則を改訂することによって名目賃金を調整することができる。諸外国でしばしば問題となる、名目賃金の硬直性が日本ではほとんどみられない制度的な理由を提供していると考えられるのである。

　名目賃金の下方硬直性とは、名目賃金を切り下げるときに何らかの摩擦が発生してしまうという現象を指す。ケインジアン・タイプのマクロ経済モデルでよく用いられる仮定のひとつとして名高く、金融政策や財政政策の効果が実態経済に影響を及ぼすための、すなわち政策効果が価格や期待の変化によって調整され尽くされてしまわないための道具として現在でも注目されて

---

[21]　昭和43年12月25日最高裁判所大法廷判決、昭和40年（オ）145号。本引用は、裁判所ウェブサイトにおける最高裁判所判例集検索による。

いる。マクロ経済に対する政策的介入の是非に関わる重要な部分であるた
め、モデル上の仮定としての妥当性にとどまらず、現実に名目賃金の下方硬
直性がみられるのかどうかという事実確認にも研究者の関心が向けられてき
た。

　ただし、名目賃金のパネルデータが必要であるというデータ的制約は強
く、マイクロデータを用いた厳密な研究に手をつけられるようになったのは
1990 年代、出版物として上梓されるようになったのは 2000 年代も後半に
なってからである。

　代表的な研究は、欧米諸国における名目賃金の下方硬直性を比較した
Dickens *et al.*（2007）である。マイクロデータから各人の名目賃金変化率の
情報を集め、分布を描いたときに、ゼロの左右で密度がどの程度異なるかに
注目した。名目賃金の下方硬直性がある場合には、使用者が少しだけ名目賃
金を引き下げたいと考えても抵抗が大きく、むしろ名目賃金は据え置いて様
子をみようとすると考えられる。この場合、本来負の調整が生じたはずの部
分がゼロに積み上がってしまう。

　他方、名目賃金を上げることに関しては被用者が摩擦を引き起こすような
余地はない。したがって、名目賃金の下方硬直性の程度は、賃金変化率の分
布をゼロの左右で比較したときに、左側のほうがどれだけ右側よりも小さく
なるかで推測できると考えた。Dickens *et al.*（2007）は各国のパネルデータ
を用いてこの推論を確かめ、国によって異なるものの、おおむね名目賃金の
下方硬直性が認められたと主張したのである。

　これに対して日本の場合、残業代やボーナスなど、報酬体系のうち、もと
もと会社の業績に連動する部分が少なくなかったことから、むしろ賃金調整
が下方に対しても容易である国として知られていた。雇用調整が遅く長期雇
用が尊重されてきたという日本的雇用慣行は、解雇規制と結びつけられるこ
とで議論の方向が変わってしまったが、もともとは、賃金や労働時間の切り
下げが容易なことによって頭数の調整の必要が少ないという枠組みで説明さ
れてきたことを忘れるべきではない。

　ともあれ、2000 年代以降、Dickens *et al.*（2007）の枠組みが日本のデー
タについても応用されるようになり、家計研パネルを用いた黒田・山本

（2003）や、賃金センサスを用いた神林（2011）などが出版された。両者ともに名目賃金の下方硬直性は、日本においてはほとんど観察されないことが指摘されている。本節では項を改め、神林（2011）に沿って、日本における名目賃金変化率に下方硬直性があまり観察されず、名目賃金の減額が容易に行われている現実を確かめる。より重要な論点として、名目賃金の調整には事業所全体での統一的変化による部分が無視できないことを示し、就業規則不利益変更法理の構造と矛盾しないことを議論しよう。

（3） 名目賃金の下方硬直性

　名目賃金の下方硬直性を計測するためには、パネルデータを用いて同一被用者について賃金増減を追跡するのが常道である。ところが、本書でも再三指摘しているように、日本では世帯パネルデータの整備が遅れたため、1990年代の研究は集計データを用いた検討に終始した。2000年代初頭の黒田・山本（2003）は、日本において世帯パネルデータを用いて名目賃金の下方硬直性を検討した初めての研究で、草分けである家計研パネルを用いている。その結論は、集計データを用いた諸論とほぼ等しく、下方硬直性はほとんど観察されないというものだった。

　とはいえ、合衆国においても指摘されるように、一般に世帯パネルデータは標本が小さく、データの内的整合性を担保することを優先するため、労働市場全体を正確に代表するかについては常に注意が必要である。また、とくに所得や賃金、労働時間に関する情報には測定誤差が大きく、正確に時間賃金の変化率を計測する必要のある研究には不向きとされる。さらに家計研パネルに関しては、調査対象が調査開始時点で若年層の既婚女性に限定されるという制約もあり、黒田・山本（2003）を補完する研究が待たれていた。

　そこで神林（2011）は、賃金センサスの個票を用いて疑似的に被用者単位のパネルデータを作成し、世帯パネルデータとは別の賃金変動のデータを構築した。賃金センサスは標本が100万人を超える大規模データで、それぞれの賃金情報について正確に報告されているという特長がある。他方、異時点間で同一被用者を追跡することができず、被用者パネルデータを構築できないという不利点がある。

神林（2011）では、事業所自体は追跡ができるという点を生かし、同一事業所で同一人物だろうと推測される被用者を 2 時点で接続して疑似的に個人を追跡するパネルデータを作成した。この疑似パネルデータのサンプルサイズは 1 年あたり数万を超える。また、世帯パネルデータが整備される以前にまで遡ってデータを構築できることも利点のひとつで、名目賃金の下方硬直性を広範かつ一般的なデータで検討できるようになった。

接続の手順を要約すると次のようになる。まず、接続の鍵として、性別、学歴、年齢、勤続年数の 4 変数を用いる。学歴情報を用いることから、接続対象は一般労働者に限られることになるが、日本的雇用慣行との関連からはそれほど大きな欠点とはならないだろう。

次に、t 年のある事業所で、同じ組み合わせの鍵変数を持つ被用者がほかにいない被用者に注目する。つまり、接続する対象と同一の属性を持った被用者が、その事業所の中ではほかにサンプリングされていない状況に限定する。そして、t＋1 年の同一事業所を特定し、接続候補（すなわち同一の性別、同一の学歴、1 を加えた年齢、1 を加えた勤続年数）がやはり 1 名しかいない場合に、両者を同一の被用者とみなし接続する。この手順は、間違えて異なる被用者をマッチングしてしまうという可能性を極力小さくするために、接続候補者が t 時点と t＋1 時点の両方に 1 名ずつしかいないという保守的な基準を採用していることになる[22]。

神林（2011）の手順に従い、1993 年から 2012 年までの賃金センサス個票を用いて名目所定内賃金変化率についての被用者パネルデータを作成したところ、19 年間で総計 250 万人程度のサンプルを確保することができた。ただし、神林（2011）とは異なり、本節の目的は日本的雇用慣行のコアと目さ

---

[22]　この基準の場合、候補者が複数いる場合にそもそもマッチングの対象からはずしてしまうことになり、同い年で同期入社が多いような事業所では接続対象を拾う可能性を小さくしてしまっている。ただし、賃金センサスは、もともと事業所レベルと被用者レベルで二重にサンプリングしているため、同一だと思われる被用者を追跡できる可能性は大きくはない。一方の事業所レベルのサンプリングに用いられる抽出名簿は経済センサスや事業所・企業統計調査だが、何年かに一度改訂され、その前後で賃金センサスにおける同一事業所の継続捕捉率は大きく変動する。その結果、神林（2011）で解説されているように、上記の手順で作成された被用者の疑似パネルデータの接続確率は、同一事業所内の被用者の接続過程の不確実性よりも、事業所の継続捕捉率の増減に大きく影響を受けている。

れる被用者での賃金調整の在りかたを検討することなので、集計対象を民営事業所に雇用された18歳から55歳までの一般労働者に限定している。

　また、名目賃金には、前年のボーナスや所定外賃金を含めず、単に6月の所定内月給を所定内労働時間で除した所定内時間賃金をあてる。

　ここで所定内時間賃金を用いる理由はいくつかある。まず、ボーナスや超過労働時間による下方への調整が容易なことは、実務上すでによく知られている。先行研究でもその重要性がたびたび強調されており、本項で再確認する意義は小さい。また、就業規則不利益変更法理により制御されるのは、一見すると調整しにくいように思われている所定内賃金や所定内労働時間である。ボーナスや超過労働時間の変動は労働契約に織り込み済みであるのに対して、所定内賃金や所定内労働時間を変えるためには労働契約そのものを書き換える必要があるからである。したがって、分析対象としては、ボーナスや超過労働時間などの可変部分を一応考慮の外に置いたほうがよい。もちろん、本節での結論は、ボーナスや所定外労働時間を含んで分析した場合には、むしろよりあてはまりが良くなる点はあらかじめ指摘しておきたい。

　まず名目賃金の調整の全体像をみるためにすべての標本をプールして分布を示したのが図5-1のパネルAで、そのうち10%点から90%点に限って示したのがパネルBである。なお、0.005の等幅で水平軸を分割している。

　パネルAをみると、名目賃金の変化率はゼロの周りに集中していることが一目瞭然で、平均0.026に対して中位点が0.021と、さほど差が開いていないこととも整合的である。ただし、一見左右対称にみえるパネルAも、歪度は0.283と算出され、統計的には左右対称ではなく正の方向に偏っていることが示唆される。

　これを確かめるために、上下10%を無視して8割に減じたサンプルを用いて再度分布を示したのがパネルBである。比較的なだらかな分布のなかで明らかにゼロを含む柱だけがとびぬけている。そして、そのすぐ右側と左側で密度が連続的に推移しているとはいいがたい。この形状は、本来負の調整を受けるはずだったサンプルが、何らかの理由で調整されずにゼロにとどまっている、つまり、名目賃金に下方硬直性が存在することを示唆している。

　ただし、問題は、図5-1で観察された下方硬直性の強弱である。Dickens

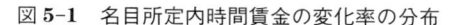

図 5-1　名目所定内時間賃金の変化率の分布

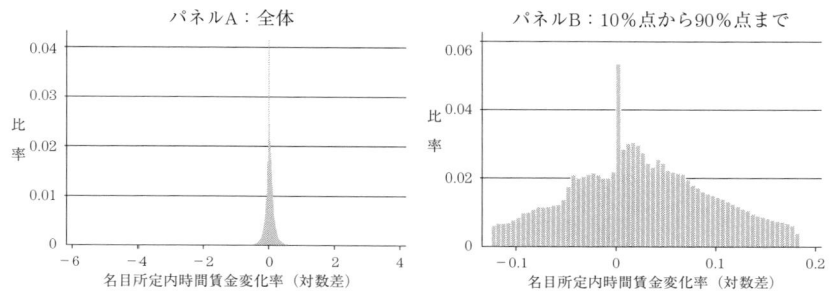

注）賃金センサスより筆者作成。名目所定内時間賃金は所定内月給を所定内労働時間で除して求めた。また、集計対象は民営事業所に雇用された 18 歳から 55 歳までの一般労働者である。観察数は 2,188,385、平均 0.026、分散 0.028、10% 点 -0.126、50% 点 0.021、90% 点 0.183。また、歪度は 0.283、尖度は 35.472 である。

et al.（2007）では、本来負の調整を受けるはずだったサンプルのうち、調整を受けずにゼロにとどまった比率を算出して下方硬直性の強さの指標としており、欧米平均でおよそ 28% という数値を報告している。それに対して図 5-1 に示された擬似パネルデータでは、この比率はわずか 3.4% にとどまる。

　容易に想像がつくが、別途ボーナスや時間外手当を含めて時間あたりの全労働報酬を用いて算出すれば、負の調整といえどもより容易になるため、この比率は 0.8% にまで下がる。データの性質も計測期間も異なるので、Dickens *et al.*（2007）に報告された諸国の値と直接比較するのは慎むべきかもしれないが、このちがいは無視するべきではないだろう。保守的に見積もっても、日本における名目賃金の下方硬直性は先進国のなかでは最も低い部類に入ると考えたほうがよい。本項で縷々議論してきたように、日本企業が長期雇用を堅持してきた背景に柔軟な賃金調整が併存するという事情は、近年についても成立しているのである。

（4）　事業所単位での賃金調整

　日本においては名目賃金に下方硬直性があまり認められないという統計的事実そのものは、先行研究でも繰り返し指摘されており、驚くに値しない。

より重要なのは、名目賃金の下方への調整プロセスである。名目賃金が下方に修正されるとき、それは個人ベースで行われているのだろうか、中高年や女性などある特定の属性を持つ被用者に偏って行われているのだろうか、それとも事業所で一律に行われているのだろうか。

　この点を考察するために、名目賃金変化率を被説明変数とする探索的な回帰分析を試みてみよう。たとえば、名目所定内時間賃金の変化率を被説明変数とし、ミンサー型賃金関数でも採用されている、性別、年齢、勤続年数、最終学歴を説明変数として最小二乗推定した結果をまとめたのが、表 5-3 の（1）である[23]。

　サンプルサイズが大きいことから、ほぼすべての係数は統計的に有意にゼロと異なると推定されている[24]。しかし、影響の大きさは変数によって異なる。女性は男性と比較すると賃金変化率が低く抑えられる傾向にあるが、その差は学歴間の差ほど顕著ではない。

　さらにいえば、学歴間の差も、勤続や年齢間の差よりも小さい。すなわち、賃金変化率は、勤続が長く年齢が高くなるにつれてより強く負の影響を受ける。たとえば、新規採用者と勤続 20 年前後とでは後者のほうが賃金変化率は 1 ％程度低く、20 歳代と 50 歳代を比べると後者のほうが 3 ％程度低い。そしてこの 1 ～ 3% 程度の賃金変化率の低下は、大卒と高卒の差 0.7%よりも大きい。

　賃金変化率に年齢や勤続年数が影響を及ぼす関係は、人的資本の蓄積が逓

---

[23]　一見すると賃金関数の被説明変数を一回階差に替えただけにみえる、この推定式の背後には特定の理論的想定はなく、もともとの賃金関数の推定枠組みと異なる点には注意していただきたい。賃金関数の文脈では、最終学歴などの人的資本属性は限界生産性を通じて賃金水準を決定するのであって、賃金水準が変化したとすると、学歴が変わったり勤続が伸びるなど、必ず人的資本属性の変化が伴う必要がある。逆にいえば、性別など時間を通じて不変な属性はどの時点でも同様に賃金に影響すると考えるべきで、賃金の階差である賃金変化率には影響を及ぼさないはずである。もし表 5-3 の（1）列のような階差推定に、時間を通じて不変な人的資本属性が影響を及ぼしているとすると、通常の賃金関数の分析枠組みからは離れてしまうことがわかるだろう。したがって、本項の推定にはとくに理論的な前提があるわけではなく、推定された各係数の解釈にはそれほど踏み込まず、あくまでも統計的関係の確認を目的としたい。

[24]　1% 水準で判断した。例外は、表示していないが 2002 年ダミーに対する係数のみである。

表 5-3　名目総時間賃金変化率の回帰分析

標本	賃金センサス疑似パネル（18 ～ 54 歳）							
	民営事業所						公営事業所	
	1993 ～ 2012 年				1998 ～ 2012 年			
推定方法	OLS		FE					
被説明変数	名目所定内時間賃金変化率							
（分散）	（0.0284）				（0.0278）		（0.0354）	
	(1)		(2)		(3)		(4)	
	推定係数	標準誤差	推定係数	標準誤差	推定係数	標準誤差	推定係数	標準誤差
女性ダミー	−0.002	0.000	−0.003	0.000	−0.002	0.000	0.002	0.003
年齢	0.000	0.000	0.000	0.000	0.000	0.000	0.001	0.001
年齢二乗 /100	−0.001	0.000	−0.001	0.000	0.000	0.000	−0.002	0.001
勤続年数	−0.001	0.000	−0.001	0.000	−0.001	0.000	−0.003	0.000
勤続年数二乗 /100	0.002	0.000	0.001	0.000	0.001	0.000	0.006	0.001
中学卒業	−0.009	0.000	−0.004	0.001	−0.005	0.001	−0.010	0.005
高校卒業	−0.007	0.000	−0.004	0.000	−0.004	0.000	−0.005	0.002
短大専門学校卒業	−0.004	0.000	−0.003	0.000	−0.003	0.001	−0.001	0.003
定数項	0.066	0.002	0.065	0.002	0.066	0.002	0.064	0.019
観察数	2,188,385				1,493,126		58,789	
事業所数			174,944		133,214		4,041	
事業所固定効果共分散			（0.0056）		（0.0062）		（0.0040）	
調整済決定係数	0.010		0.0092		0.0071		0.0237	

注）賃金センサスより筆者作成。FE は事業所の個別効果を、固定効果を用いて考慮した推定結果
　　である。ただし、説明変数には年ダミーを含む。

減的に進行することによって賃金上昇率が鈍化するという標準的なメカニズ
ムと整合的である。概していえば、人的資本蓄積の基本的メカニズムが先に
立ち、性別や最終学歴など時間を通じて一定の属性が賃金変化率に与える影
響はそれほど大きいわけではないとまとめられる。

　ただし、本項で注目すべきは表中の（1）に事業所の個別効果を固定効果
のかたちで含めた推定結果である（2）である。（1）と比較すると、とくに
最終学歴についての係数の推定結果が上方に修正されていることに気づく。
（1）で大卒者と比較すると高卒者などの賃金変化率が低く抑えられる傾向
がみられたのは、平均的賃金変化率が鈍い事業所に高卒者など比較的教育年
数の短い被用者が集まっていることによるのかもしれない。

　以上の推論は、事業所単位で行われる負の方向の名目賃金の調整が重要で
ある可能性を示唆している。したがって、次に確かめるべきは、事業所の固
定効果が賃金変化率のどの程度を説明するかだろう。まず（2）の推定枠組

図 5-2　名目賃金変化率の共分散分解

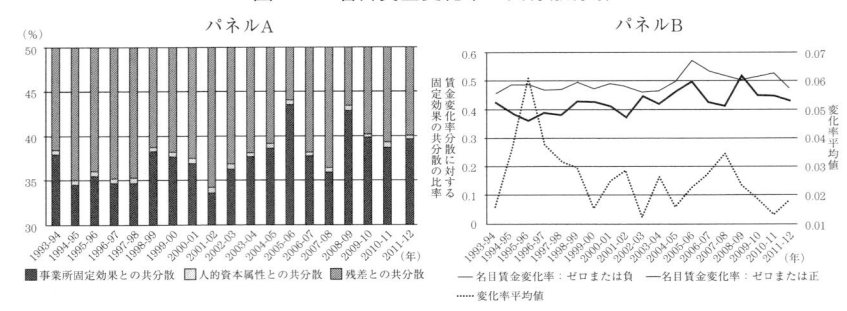

注）賃金センサスより筆者作成。パネル A は 30% から 50% の範囲のみを表示。パネル B はサンプルを、名目賃金を調整しなかったか削減した標本、調整しなかったか増加させた標本に限定した上で、それぞれについて表 5-3 ②をあてはめ、事業所固定効果と名目賃金変化率の共分散の、被説明変数の分散に対する比率を算出した。

みを各年にあてはめ、年ごとに係数を推定し直した後、それぞれの年で、説明変数を通じた効果の総量と事業所固定効果、さらに残差を推測する。さらに被説明変数たる名目所定内時間賃金の変化率の分散を計算する。最後に、推測された説明変数を通じた効果、推測された事業所固定効果、そして推測された誤差項と、賃金変化率との共分散をそれぞれ求め、分散に占める比率を計算する。共分散分解といわれる手法で、その結果を時系列に並べたのが図 5-2 である。

　たとえば、パネル A の 1993 年から 94 年については、名目賃金変化率のばらつきのおよそ 38% が事業所固定効果のばらつきで説明されると読むことができる。1993 年から 94 年にかけて、所定内時間賃金という意味での名目賃金が上昇した被用者もいれば下落した被用者もいたが、仮に全員同じ事業所に属していたとすると、上昇下落のばらつきは 6 割程度に抑えられていたと解釈できる。また、説明変数である人的資本属性のばらつきが説明する部分はほとんどなく、残りの 6 割強は、個人の要因のばらつきによって説明される。この傾向は時系列的にみて大きく変わっていない。パネル A を総じてみると、所定内時間賃金の変化分の 35 ～ 40% は、事業所に属する全員の所定内時間賃金が同時に増減することによって発生しており、この傾向は 1990 年代以降大きく変わっていないのである。

　残念ながら、管見の限り、諸外国に類する研究がないので、この 35 ～ 40% が大きいのか小さいのか、にわかには判断しがたい[25]。しかし、勤続や年齢が長じることによって人的資本が蓄積していくというメカニズムによって生じる所定内時間賃金のばらつきと比較すると、事業所全体での共通の変動がかなり大きな部分を説明できることは否定できない。日本における名目賃金の柔軟性に事業所単位の調整が果たす役割は、やはり少なくないと考えられる。

　また、賃金決定メカニズムがまったく異なる公営事業所との比較も傍証となるかもしれない。表 5-3（3）および（4）にまとめたのが、民営事業所と公営事業所を比較可能な 1998 年以降のデータについて（2）の特定化を用いて推定した結果である。公営事業所について作成できる疑似パネルデータのサンプルサイズは必ずしも大きくなく、分析結果の解釈には注意する必要があるが、両者の推定結果に共分散分解をあてはめると、賃金変化率のばらつきのうち事業所固有の要因のばらつきで説明できる範囲は、（3）では 22%（＝0.0062/0.0278）、（4）では 11%（＝0.0040/0.0354）と、民営事業所と公営事業所では少なからず乖離していることがわかった[26]。

　他方、推定モデル全体の説明力を残差二乗和で評価すると、（3）の 0.007 に対して（4）は 0.024 となり、共分散分解の結果とは逆に公営事業所では推定モデル全体の説明力が大きい。結局、公営事業所では、公営部門全体の名目賃金の上下動が中心的な役割を果たし、部門の中の事業所ごとの変動はさほど重要ではないことを示唆しており、人事院勧告によって公務部門全体で統一的な賃金調整が行われる制度と整合的である。したがって、公営事業所との比較という観点からも、民営事業所では事業所ごとの変動が重要な役

---

[25]　当然ながらこの比率は、被説明変数たる名目賃金変化率を上昇したか不変だったか下落したかという三択変数に替えても、各年の 10% 点から 90% 点までに限定して極端な変化率を除いたとしても、高まることはあれ低まることはない。図 5-2 にまとめた分析結果は相当程度頑健と評価できる。

[26]　表 5-3（2）では同様の比率は 32%（＝0.0056/0.0284）である。表 5-3 で算出される共分散比率が、図 5-2 と比較しておしなべて小さいのは、表 5-3 では推定時にデータがプールされ、事業所固定効果が 1998 年から 2012 年までの平均値で評価されるためである。他方の図 5-2 では、年々の事業所平均が変化することを許しており、事業所固定効果の説明力がより大きくなることは容易に理解できよう。

割を果たしているかがわかる。

　ここで就業規則不利益変更法理との関連を想起すれば、賃金を下方に調整するときのほうが、事業所全体での共通での調整の役割が大きくなるかもしれない。この点を確かめるために、パネルＢでは、サンプルを賃金調整をしなかったか負の調整をした標本と、正の調整をした標本に分割し、それぞれに対してパネルＡと同様の比率を算出して図示した。ただし、煩雑さを避けるために、名目賃金変化率の分散に対する、事業所固定効果との共分散の比率のみを提示し、参考のために名目賃金変化率の平均値の推移も合わせた。

　パネルＢから明らかなのは、予想通り、賃金を下方に調整するときのほうが、賃金を上方に調整するときよりも、事業所共通の調整の役割が大きいことだろう。賃金を増額する場合は、増加率のばらつきの40%程度しか事業所共通の調整が説明しないのに対し、賃金を減額する場合には、そのばらつきの過半が事業所単位での調整に依存している[27]。

　もちろん、両者の相違はそれほど大きいとはいえないかもしれない。しかし、賃金調整に際して事業所単位の役割が無視できないことは、この際否定するべきではないだろう。そして、この賃金調整の在りかたは、労使自治の原則によって解雇や就業規則の変更を制御する日本の労働法制の在りかたと整合的な関係にあることがわかる。

4　小括：正規の世界、非正規の世界、この世界の掟

　本章では、解雇権濫用法理と就業規則不利益変更法理を題材に、日本の労働法規制がいかに解雇（すなわち雇用調整）や就業規則（すなわち賃金調整）を制御してきたかをみてきた。そこに貫かれている原則は、一言で表現するなら「労使自治」である。労使二者間の集団的コミュニケーションを尊重することで会社内の規範形成を促し、この社内規範に抵触しない限りにお

---

[27]　全標本を用いた場合と比較して事業所固定効果が説明するばらつきの比率が大きくなるのは、特定事業所のなかで賃金上昇を経験した被用者と賃金現象を経験した被用者が並存するからである。

いては、解雇も賃金減額も認められるという仕組みといえる。

　逆にいえば、いかなる状況でも解雇は認められないというルールでもなければ、いったん締結された契約内容をひたすら墨守するというルールでもない。また、特定の賃金水準や労働時間、職務内容、解雇手順を強制するルールでもない。状況の変化に従ってその都度、組織や被用者、契約内容を当事者が話し合うことで調整することが期待され、柔軟な対応を可能とする法的制度となっているのである。実際、マクロ経済の病理の苗床として知られる名目賃金の下方硬直性がみられないという、日本の労働市場の特徴は、労使二者間コミュニケーションに立脚した調整メカニズムの結果として解釈することができる。

　また、伝統的に日本的雇用慣行の主要素とみなされてきた企業別組合は、現場レベルでの情報共有を促進することで生産性上昇に寄与するという側面が強調されてきたが、二者間コミュニケーションによる規範形成を体現する制度的条件として機能してきたともいえるのである。結局、第 3 章で検証した正規の世界での長期雇用慣行は、労使自治に基づく二者間の規範形成と調整メカニズムに支えられて保持されてきた。この意味でこそ、日本の労働法規制は労働市場に強い影響を及ぼしてきたとまとめられる。

　以上の議論を敷衍すれば、本章冒頭で提起した問題、すなわち「縮小したインフォーマル・セクターの後釜に正規の世界が名乗りを上げられなかったのに労働法規制が関係あるのか」という問いに対して手掛かりが得られるだろう。縮小したインフォーマル・セクターの領域に、労使自治の原則が十全に機能するだけの労使コミュニケーションが成立しなかったとすれば、正規の世界が拡大する余地はなかったと推論できるからである。

　実際のところ、二者間労使コミュニケーションを制度的に裏づけるものとしては、労働組合や職場懇談会、労使協議会などが考えられるが、フォーマルな労働市場の拡大とともに、こうした制度的手当が普及しているわけではない。たとえば、厚生労働省『労使コミュニケーション調査』によると、1999 年から 2014 年にかけて、労使協議制と職場懇談会がある事業所の比率はそれぞれ 41.8% から 40.3% へ、55.3% から 53.7% へとほとんど変わっていない。ところが、第 4 章に戻るまでもなく、この間も着々と自営業セク

ターの縮小と呼称非正規雇用の膨張が継続していたわけで、少なくとも労使コミュニケーションの制度の普及度合いと非正規の世界の膨張とは相互に整合的ではないことだけは確かである。

コラム②　ヒマからクビへ──法と経済の視点から解雇を考える

1　解雇という言葉をめぐる愚考

「お前なんかクビだ！」というドラマに常套のセリフの意味が通じない人はいないだろう。言うまでもなく「あなたとの雇用契約を解除します」という、雇用者による解雇の意思表示である。

しかし、この表現にひっかかった。なぜ「解雇する」という意味が、「くびだ」という表現になったのだろうか？　ちょっと英語の辞書をひいてみると、英語では discharge あるいは dismiss、くだけた表現では fire（米語）や sack（英語）が用いられている。当たり前だが、斬首を意味する behead は使われないようだ。日本史を勉強していた頃を思い出してみると、そもそも江戸時代によく使われた言葉は「暇を出す」であって「くびにする」ではないような気がしてきた。

そこで図書館で最も立派にみえた国語辞典である、小学館の『国語大辞典（第二版）』で「ひま（隙・暇・閑）」の項目をひいてみた。6つ目と7つ目の意味に「勤務、奉公を休む間。休暇」「雇用、主従、夫婦、養子などの関係を絶って、勤めをやめ、また里に帰ること」とある。「ひまが出（で）る」「ひまを出（だ・いだ）す」「ひまを取（と）る」など類似項目を含めて、用例に見えるのは『好色一代男』や『心中二つ腹帯』、『平仮名盛衰記』など18世紀前半の浄瑠璃や浮世草子の類からの出典が多い。国語学者は心血注いで用例を収集しているはずだから、この用例数と分布を見渡すことで、解雇の意味で「ひま」を使うことが、江戸時代前期、おそらく元禄文化華やかなりし頃までには定着していたと考えてもよいのではなかろうか。

これに対して「くび（首・頸）」の項では、5つ目の意味の2番目に「職を失うこと。失職」が据えられている。用例に見えるのは、1928年の久保田万太郎の『向島』、1930年の細田民樹の『真理の春』からで、それほど古い文章ではない。同辞典のなかには「くびが飛ぶ」「くびにする」「くびになる」「くびを切（き）る」「くびきり」といくつか類似項目がたっているが、ほとんどの用例は明治以降の文章で比較的新しい。唯一の例外は、寛政デフレ直後の1802年に出版された洒落本『祇園祭桃燈蔵』より「ぶん廻しといふは（略）廻す時しくじりしくじりして首にされるものができできしたから」という文章が引用されている「くびにする」の項である。

最後に「かいこ（解雇）」の項をみると、1903年の報知新聞、1909

年の夏目漱石『それから』、1921 年から 37 年にかけて執筆された志賀直哉『暗夜行路』など、20 世紀の（比較的漢語調の）文章だけが用例として収録されていた。

　以上のように、自分なりに辞典における用例の変遷を並べてみたところ、仕事との関係が切られることを言葉で表現するには、江戸時代前半には「ひま」を使うことが一般に定着していたが、寛政デフレ期前後には「くび」が使われるようになりはじめ、そして明治以降になって「かいこ」がきちんとした文章にも使われるようになったと、とりあえず、もっともらしい仮説を捻り出すことができる。

　「ひまを出す」から「くびにする」への変化を辞典でたどると、興味深いことが見え隠れする。それは、「ひま」にせよ「くび」にせよ、仕事との関係が切れるという意味は言葉の原義にはなく、派生した用法とされていることである。実は、英語の discharge も dismiss も、解雇に相当する意味は各々の言葉のもともとの意味ではないらしい。*The Oxford English Dictionary*（*2nd edition*）によれば、前者は物や人の積み下ろし（取り外し）などを、後者は物や人を様々な方向に発送することを出発点としているとある。解雇に相当する用法は、両者ともに 3 番目に位置づけられており、最初の用例こそ 15 世紀と古いものの、もともとの意味からの派生である点では日本語と共通だといってよさそうである。

　ところが日本語と英語には大きな違いがある（ような気がした）。ひとつは、英語では近世以来現在に至るまで discharge あるいは dismiss（の派生用法）がフォーマルに使用され続けているのに対して、日本語は仕事との関係決裂を意味する言葉としてわざわざ「かいこ」（あるいは「かくしゅ（馘首）」）を発明したことである。「かいこ」という日本語はおそらく明治以降の造語（あるいは漢語の再利用）と思われるが、近世から近代への非連続的な側面がここにもあったことを示唆するのではないだろうか。さらにいえば、現在では、近世末期以来使われている「くびにする」が口語的で、明治以降の造語である「かいこ」の方がフォーマルな表現として認識されていることも、日本における解雇行動が社会にとってどのように捉えられてきたか、その変化を考える上で興味深いだろう。

　それから、もうひとつの違いは、英語が近世以来一貫して discharge あるいは dismiss を使い続けているのに対して、日本語ではそもそも「解雇」という造語以前に「ひまを出す」から「くびにする」への用語の変更をしていることである。この用語の変更は何を示唆するのだろう

か。いうまでもなく「くび」はもともと人体の一部分を指すが、「ひま」の最初の意味は、再び『国語大辞典』をひくと、「物の別れたり、裂けたりした箇所にできた空間」という空間的意味から、平安時代に「連続して行われる動作のあいま。間断」という時間的意味や人間関係の隙間といった用法の拡大があったと解説されている。さらに「暇を出す」という用例に対しては、「おそらく、継続的関係が消滅するというニュアンスの類推から、仕事との関係がなくなる意味に使われるようになった」とコラムにあった（なんとなく英語の discharge や dismiss と似ている気がする）。それと比較すると、「くびをきる」という言葉は、第一義的には速やかな生命の終了を導く直截的な表現である。実際、斬首は火あぶりやはりつけと比較すると最も確実で苦痛が短くて済むという理由で比較的身分の高い人々の刑罰として好まれる傾向にあり、西欧近代の合理的精神はその延長上でかのギロチンをも生み出している。

　単なる関係解消から生命の終了へ。「ひま」から「くび」への変化は、田沼バブルから寛政デフレへと市場経済の浸透に対峙した人々の感性が微妙な経済社会の変化を嗅ぎ取ったことを示しているのかもしれない。いうまでもなく、「ひま」が商家の奉公人など現在のホワイトカラーに対して使われ、「くび」が労務作業者や請負業者に対して使用されていたという可能性もあるだろう。上方中心だった元禄文化の文章は自然と「ひま」の用例が目に付き、労務作業者も登場するようになった文化文政以降になると「くび」の用例が残るようになったと考えても矛盾はない。いずれにせよ、この先は国語国文学研究者の領域であるし、明治に入り、欧米文明の輸入が進む過程で、「かいこ」という新しい言葉を創造しフォーマルに利用するようになったのはおそらく確かなのではないだろうか。

2　明治から平成へ：法的枠組みの変遷

　「ひまを出す」から「くびにする」への変化が明治維新に半世紀先立つ 19 世紀初頭に起こっていたかもしれないことは十分留意する必要があるけれども、ともかく「くびの切りかた」に関する社会的ルールが法律というかたちで明示されたのは、おそらく「解雇」という言葉が発明された時期、すなわち明治維新後である。

　1896 年に民法が施行されると、雇用契約と呼ばれる契約類型が法典のなかに示された。そこでは、特にいつまでと期限を定めていない場合にはいつでも解約の申出ができ、申出の 2 週間後に自動的に契約が終了すると定められた（第 627 条）。言い換えれば、いつでも（ということ

は、とくに理由もなく）「お前なんかクビだ！」と叫ぶことができ、雇い主がそう叫ぶと被用者が同意しようがしまいが 2 週間後に自動的にクビになってしまうのが、制定以来今もって変わらない民法上の規定なのである（多くの人々はこれをもって解雇自由と呼ぶ）。ただし民法のこの規定は、（とくに理由もなく）「お前なんかクビだ！」と叫ぶことと、（とくに理由もなく）「こんなところ辞めてやる！」と叫ぶことを区別していない。被用者の側も、いつでも「こんなところ辞めてやる！」と宣言することができ、宣言しさえすれば雇い主が何と言おうと 2 週間後に契約は自動的に終わってしまうのである。これは労使対称であることを意味している。翻って考えてみると、解雇という言葉自体、雇い主から被用者に向けられた言葉であって、すでに労使対称ではない。したがって民法のなかには解雇という言葉は登場せず、解除・解約などの中立的な言葉が使用されている（この点は「ひま」と「くび」の対比からも興味深い。たとえば解雇に対して被用者が辞める表現を考えてみよう。「ひま」を使うと、「ひまを出す」に対して「ひまを取る」と簡単に思いつくが、「くび」を使って「くびにする」に対応する表現をつくるのは難しい）。

　戦前期には、工場法や職業紹介法など社会立法も行われたものの、「くびの切りかた」に関しては民法の規定以外の立法は基本的にはなされなかった。しかし戦後に入るとルールは変化し始める。1947 年に制定された労働基準法は、とくに理由もなく「お前なんかクビだ！」と叫んだとしても、それから契約が終了するのに 2 週間ではなく倍の 30 日かかるようにした（第 20 条）。それに加え、被用者が仕事が原因で怪我をしたり病気になったりしている間（と治った直後）はくびを切れなくなった。女性の被用者については、産前産後の休暇をとっている間とその直後もくびを切れなくなった（第 19 条）。この種の、ある条件を満たす被用者を解雇してはいけないというルールはその後もいくつか付け加えられた。2010 年現在では、たとえば育児介護休業を使いたいと言ったり実際に使ったりしたことを理由にくびは切れない（育児介護休業法第 10 条、第 16 条）。女性であることを理由にくびは切れないし（均等法第 6 条）、労働組合員であることを理由にしてもくびは切れない（労働組合法第 7 条）。これらの制限はもっぱら「くびを切る」ことに課され、被用者の辞職も同様に制限されたわけではなかった（それゆえ、これらの法律には契約解除や解約ではなく解雇という言葉が頻繁に登場する）。

　ところが、こういったルールから、「一般的にくびが切れないのか？」

という疑問に答えるのは難しい。上にあげたような項目に当てはまらない場合、たとえば、怪我も病気もしていないし、そもそも男性で妊娠できず、育児介護休業を使っているわけでもないし使いたいわけでもなく、労働組合員でもない、今となっては普通にいそうな（筆者のような）被用者は、30 日ルールさえ守ればいつでも、とくに理由もなくくびを切れるのだろうか。あるいは、そういう（筆者のような）被用者がとくに理由もなくくびを切られたときに、仕方がないと納得しなければならないのだろうか。

　日本政府は戦後長きに渡って、上記のような疑問を立法で解決しようとはしてこなかった。それでは人々はまったく疑問を持たず、納得してきたのかというと、そうではない。戦後直後から解雇に関わる紛争は後を絶たず、職場や労働委員会など様々な場所で摩擦を起こしてきた。その摩擦を最終的に解消するように期待されていた裁判所にもくび切り訴訟が多数持ち込まれ、彼らもまた処理に忙殺されてきたのが現実だった。

　裁判所が判決・決定を下すためには法律的根拠と理屈が必要である。そして両当事者が判決・決定に納得しなければ、裁判は多大な費用と時間を費やしながら最高裁までもつれこむ。そこで裁判官は、利用可能な法律的根拠と理屈から、正義を実現しかつ両当事者の納得が得られる解決をその都度探すことになる。最高裁は 1970 年代に入ってようやく、およそ 30 年に渡り積み上げられた膨大な試行錯誤の結果を整理し、「裁判所にくび切り案件を持ち込んだらこれに沿って解決します」という枠組みを提示した。これが「解雇権濫用法理」と呼ばれる判例法理で、現在のくび切りを一般的に規律づけるルールであると考えられている。

　以下、解雇権濫用法理をかいつまんで説明しよう。まず裁判所は、被用者にくびを切られる理由がある場合（普通解雇や懲戒解雇と呼ばれる）と、もっぱら雇い主の事情によるくび切り（整理解雇と呼ばれる）とを区別する。普通解雇についてのリーディングケースとされるのは 1975 年の日本食塩製造事件だが、2 年後の高知放送事件での判決文のほうがはっきりしている。すなわち、最高裁は『普通解雇事由がある場合においても、使用者は常に解雇し得るものではなく、当該具体的な事情の下において、解雇に処することが著しく不合理であり、社会通念上相当なものとして是認することができないときには、当該解雇の意思表示は、解雇権の濫用として無効になる』と述べた。たとえば「寝坊して担当番組に穴を開けた」など、くびになってもおかしくない理由があっても、実際にその人のくびを切るには「客観的合理性」と「社会的相当

性」なるものが必要というわけである。

　この客観的合理性と社会的相当性という言葉が具体的に何を意味するのかはとりあえずおいて、整理解雇について最高裁はどうまとめたのだろうか。リーディングケースは1979年の東洋酸素事件東京高裁判決とされる。そこでは、被用者に全く責任がないくび切りにあたって『(1) 事業部門を閉鎖することが企業の合理的運営上やむを得ない必要に基づくものと認められる場合であること、(2) 同事業部門に勤務する従業員を同一又は遠隔でない他の事業場における他の事業部門の同一又は類似職種に充当する余地がない場合、あるいは同配置転換を行ってもなお全企業的にみて剰員の発生が避けられない場合であって、解雇が特定事業部門の閉鎖を理由に使用者の恣意によってなされるものでないこと、(3) 具体的な解雇対象者の選定が客観的、合理的な基準に基づくものであること』という条件が付けられた。のちの最高裁判例を経て、整理解雇には四つの要素すなわち、人員削減の必要性、解雇回避努力義務、被解雇者選定の客観性・妥当性、手続きの妥当性が必要とされるに至っている。

　以上のように、くび切りはいつでもできるわけではなく、普通解雇には客観的合理性と社会的相当性という条件が必要で、整理解雇には4つの側面からの考慮が求められるというルールを、裁判所は信義則を拡大解釈して創り上げてしまった。相変わらず法律には何も書いていないのだが、出るところに出たときにはこのルールが適用されてしまうので、事実上このルール（解雇権濫用法理および整理解雇法理）がくび切りの一般的ルールとして機能してきたといわれている。

　解雇権濫用法理の根幹は確かにくび切りにあたっての条件を明示したことにあるが、それだけではないことにも注意していただきたい。裁判所では、訴えられた側の雇用主が、自分のくび切りが権利濫用ではないことを立証する必要がある。また、くび切りが権利濫用で無効となった場合には、前の雇用契約がそのまま存続する。裁判所は、いくらいくら払って終わりにしなさいとは命令できない。お金で決着をつけるには、いったん契約の存続を認めた後、それを前提に交渉しなくてはならない。多くの場合、いくばくかの和解金の取り決めをして会社復帰と同日付で依願退職するというかたちが整えられたりするものの、もちろん実際に会社に復帰するケースもある程度存在する。さらに、解雇権濫用法理は期限を定めずに雇用されている労働者を前提としていたはずなのだが、裁判所が、期限を定めて雇用されている労働者の契約が更新されない際にも類推して適用してしまう場面も登場した。

このような解雇権濫用法理は、昭和の時代には労働基準法にも、労働組合法にも六法全書にもどこにも載っていなかった。ところが裁判所で争うと、こういうルールですと言われてしまうのである。「教科書に書いてないじゃないか」という苦情は試験直後の学生が使う常套手段だが、判決後に「六法に載ってないじゃないか」と反論しても裁判所は聞いてくれない。確かに分かりにくいといえば分かりにくいかもしれない。

さすがにこのわかりにくさを解消するためだけではないだろうが、2004 年に労働基準法が改正されたおり、第 18 条の 2 が新設され、「解雇は、客観的に合理的な理由を欠き、社会通念上相当であると認められない場合は、その権利を濫用したものとして、無効とする」と定められた。ここに、解雇権濫用法理はめでたく法律となった（この条文は 2007 年の労働契約法制定に伴い同法第 16 条に移された）。整理解雇の 4 要素や立証責任の配分、有期契約への類推適用については法律に含まれず、同法理に関わるすべてが成文化されたわけではないが、少なくとも「六法に載ってないじゃないか」という反論は、それ自体が成り立たない世の中に（つい最近）なったのである。

3　労働市場と解雇規制

さて、それではこのような変遷を遂げたわが国の解雇規制は、現実にはどのような影響を及ぼしてきたのだろうか。

すぐに思いつくのは「解雇費用を増加させることで経済を萎縮させる」という議論である。もし、上記のような解雇権濫用法理を「解雇するときにお金がかかる」と考えるのであれば、（永久に雇い続けるのでない限り）人を雇うのに必要な費用を増やすとすぐに導くことができる。当然、雇い主の取り分が少なくなるので、事業の魅力は減り経済活動は収縮するだろう。また、仮に現在すでに人を雇っていて不意に業況が悪化してしまった場合、雇っている人を解雇するには余計にお金がかかるのだから、本来しようと思っていた新規採用を抑えることで対応しようとするだろう。一般にすでに雇われている人よりも新規採用の対象となる人のほうが若いので、かくして「中高年は解雇権濫用法理に守られて、不況のしわ寄せは若年に集中する」という命題が成立するかのようにもみえる。もしも市場経済がこのような単純明快な構造に終始していたら話は簡単だっただろう。解雇権濫用法理などあらゆる解雇規制は市場経済にとって害悪以外の何者でもない。断固として廃止すべしという主張が現実味を帯びる。

　ところが、100年以上におよぶ経済学の発展は、市場経済が上記のような単純な構造では解釈しきれないことを次々に明らかにしつつある。たとえば、解雇するときにお金がかかったとしても、そのお金は雇い主と被用者の間の様々なやり取りの一部でしかない。雇用契約の内容は、働いているときの賃金・手当て・ボーナスはもちろん、労働時間や仕事する場所、環境、仕事の内容、どれだけ一生懸命働くかなど多くの要素から構成されると考えるのが現実的である。雇い主はこれらの条件をトータルでコスト評価して、その人の働きと見合うかどうかを判断する。したがって、解雇するときにはお金を払わなくてはならないと一方の手を縛られたとしても、たとえばその分だけ日々の賃金・手当てや労働時間、ボーナスを減らすとか、他方の手にはいくらでも調整の余力があるのである。この調整でうまく帳尻を合わせることができれば、雇い主にとってのトータルなコストは、解雇費用がかかろうがかかるまいが変わらない。自由で理想的な労働市場というのはまさにこのような調整がスムーズにできる状態と定義されるから、もし仮に日本の労働市場が理想的なのであれば、解雇権濫用法理があろうとなかろうと、有期契約への類推適用をしようとしまいと、人を雇うのに必要な費用は変わらないと考えるべきなのである。逆に言えば、解雇権濫用法理の存在が労働市場によからぬ影響を及ぼすならば、それはそもそも（解雇権濫用法理と別の理由で）日本の労働市場が理想的な調整メカニズムを発揮していないからなのである。ということは、この状態から解雇権濫用法理を闇に葬り去ったからといって、（よりまともな状態になることはあるかもしれないが）一足飛びに理想的な労働市場を実現することはできない。

　他方、現実の労働市場は理想的な状況ではないことも経済学はよく認識するようになってきた。たとえば賃金の額面はなかなか下げられないことがわかっている。心理学的な要因などもいろいろ考えられ、これだという原因がはっきりしているわけではないが、ともかく、賃金の額面をなかなか下げられないという経験則はどんな国でも観察されてきている。この場合、解雇するときにこれだけお金を積まなければいけないから、いつもの賃金はこれくらいで我慢してくれ、という調整は成立しないかもしれない。このとき、解雇費用の帳尻を合わせるための余地は狭くなり、最終的に調整しきれないことも起こりえるだろう。

　あるいは、杓子定規にあらかじめ決められたことだけをやっていたのでは、（お役所以外の）現場は回らないと考えることも、現代経済学ではもはや常套である。話が違ってきたときには、その都度臨機応変に当事者が寄り合って話し合いをするしかない。最初からどう話が違ってく

るかを契約に書いておくことができないからである。話が違ってきたときにどう行動するか約束できないなら、往々にして話が違ってくるだろうと予想できるときには、人々はそのような関係には深入りしないだろう。特に、日本のように諸方面の摺り合わせの妙で付加価値を作り出してきた社会では、長期的な関係構築を妨げるこの種の機能不全はやっかいである。何とかして、話が違ってきたとしても悪くはしないという信頼や信用を創り出す必要があるが、それは半面で人々の行動をあらかじめ制約する（コミットする）ことを意味する。この議論を重ねると、むしろ調整機能を犠牲にしなければならないという方向が見えてくるのがわかる。

　さらにいえば、労働市場で労働者が手に入れることのできる情報はごくわずかである。転職しようと思っても、同業他社はともかく異業種での仕事がどんな状況なのかを詳しく知るのは難しい。雇い主にしても、ある人のくびを飛ばしたのはいいが、代わりにどんな人を雇えるかはよく分からないのが実情だろう。このようなとき、労使で労働条件の調整をしようとしてもスムーズに合意にたどり着くとは限らない。（一時的にせよ）どちらも強気に出られるので、話がうまくまとまらないかもしれないからである。

　以上のように、現代経済学で想定されるのはもはや理想的で調整がスムーズに行われる労働市場ではない。したがって解雇権濫用法理を撤廃することが理想的な労働市場を生み出すとは考えないほうがよい。ところがやっかいなのは、理想的な労働市場が前提でない場合には、解雇権濫用法理の存在が労働市場をよりまともな方向に導いたのか、逆によりまずい状態を生み出したのかは、理論的には一概にいえないことである。どちらに転ぶ（んだ）のかは場合によりけりで、残念ながら現在確実に言えることは、強すぎる解雇規制や弱すぎる解雇規制はともに望ましいとはいえない、というごくまっとうなことぐらいである。研究の進展が望まれる分野でもある。

4　解雇権濫用法理の実態——まとめにかえて

　ここで注意していただきたいのは、なぜ日本において解雇権濫用法理というかたちで解雇規制が成立したのか、あるいは、現にどんな役割を果たしてきたのかについては、欧米で発展した経済学の議論を並行輸入するだけではなく、私たち自身が別途考える必要があるだろうということである。

　この筆者たち独自の議論の出発点は、先にも紹介した東洋酸素事件を

検討したときに沸いた疑問だった。この事件は整理解雇法理のリーディングケースとされ、どんな労働法の教科書でも言及されるものの、判決文をよく読んでみると、不思議な点がいくつかある。第一に、裁判は原告全員の解雇を有効として終わり、会社の整理解雇を妨げたわけではない。それに、例えば定年退職者を嘱託として再雇用することと被解雇者を配置転換することを比べ、後者を優先する必要はないと言い切っている。しかし現在では、なぜか東洋酸素事件は整理解雇を過度に禁圧するものとして非難の嵐にさらされている。第二に、会社側の全面勝訴にもかかわらず、実は、高裁判決の5年後に、当時定年に該当した人を除く原告12人のちょうど半数の6人が復職するという条件で和解が成立しているのである。裁判所で全員解雇有効というお墨付きをもらっているのだから、会社は譲歩するインセンティブは一切ないはずである。それにも関わらず、6名原職復帰というほぼイーブンの和解に合意したのは何とも不思議で、筆者たちは何か裏の事情があったのではと邪推していた。

　この不思議を解決しようと、1970〜80年代の54件の整理解雇裁判例を調べてみると、いくつか特徴があることがわかってきた。まず、4つの要素（人員削減の必要性、解雇回避努力義務、被解雇者選定の客観性・妥当性、手続きの妥当性）が具体的にどのような行為を指しているのかを裁判例を丹念に調べても、結局わからないことである。典型例として、二番目の要素の「解雇回避努力義務」という要素を考えてみよう。教科書によると、この要素は他に様々な手段をとったのちに初めてくび切りが正当化されることを意味しており、典型的な方法として解雇に先立って希望退職を募集することや正規社員の解雇の前に非正規雇用を雇止めすることがよくあげられる。しかし、54件の事件を調べてみると、希望退職を募集することは解雇回避努力義務が認められる必要条件でもなければ十分条件でもない。また、非正規労働者の人員整理を優先することも、解雇回避努力義務が認められる決定的な要素ではなかった。つまるところ、4つの要素はケースバイケースで総合的に判断されているのであって、「とりあえずこうしておけば大丈夫」という鉄板は裁判例を渉猟してもそれほど見つからないのである（逆に、無前提で子供の数や性別で差別するなど、これをやったら即アウトという行為は比較的見つけやすい）。

　もっと強調するべき特徴は、54件の整理解雇として分類された事件には、実際には一部の労働者集団を不当に扱ったことに端を発した紛争が多かったことだろう。当時は、政治的主張を巡る対立がまだ厳しさを

残していた。労働者内部で分裂しているときに整理解雇が強行されると、整理解雇がある一方の集団を恣意的に排除するためだったとの誤解を生み、それが紛争の種となったケースが多かった。東洋酸素事件はこの典型例だったことも、当事者へのインタビューを通じて明らかになった。もっとも、1980年代以降になると、労使協調路線が広がり、労働者集団のなかの政治的対立は少なくとも表に出ることが少なくなった。同時に雇い主は、企業のおかれた状況を折に付けて労働者に発信する仕組みをつくり、いざ整理解雇の場面になっても「業況が悪いから仕方ないのであって、別にあなたが前々から気に入らない（生意気だ、顔が気に入らない、俺の誘いを断った、組合活動に熱心だ、とくに理由はない、などなど）と思っていたから（この機を利用して）くびにするわけではありません」と、従業員の納得を得やすい環境を整えるようになった。現実の整理解雇法理は、単にこうすれば大丈夫というマニュアルを示したものというよりは、狙いうちのくび切りとの誤解が生じないように人事政策や人員整理の方法を誘導してきたと解釈できるのである。

　こういった推論が、前節に紹介した経済学の標準的な発展と微妙に食い違うことはわかっていただけると思う。元来、法文化は国によって異なり社会のあり方と密接に関係していて均一ではない。日本の労働法制は、労働時間や賃金、雇用といった重要な事項に関するルールが立法によらず紛争解決を第一義とする裁判所によって創り出される点では英米法と似ているが、個人単位ではなく、職場や企業単位での合意形成（いわゆる労使自治）を信頼してきたという特徴がある。標準的な経済学をつかった法律の効果測定（いわゆる「法の経済分析」）というオーソドックスな研究ももちろん欠かすことはできないし、重要さが減じることはない。他方、日本法を題材とする独自性を生かすことも、労働市場がどのような仕組みで動いているかを考える非常によい契機になるのではないかと思う。

＊草稿段階でコメントをいただいた斎藤修、水町勇一郎、大内伸哉の各氏には深く感謝申し上げる。

『日本労働研究雑誌』2010年
「初学者に語る労働問題」より転載。表記は発表当時のままとした。

第III部

変化の方向？
——現代の労働市場を取り巻く諸側面

- 第 III 部では、現代日本の労働市場で緩やかに変化している部分に注目し、個別の論題を四つ立てる。

- まず第 6 章では賃金格差について、続く第 7 章ではタスク／仕事の二極化について検討する。この二つの章で、近年の日本の労働市場の底流を形成する変化の方向を意識することができる。ただし、両章で取り上げる変化は日本独自というわけではない。実は先進諸国ならば多かれ少なかれどこでも観察される事象でもある。日本の労働市場といえども、もはや世界から隔絶されているわけではないことを再確認できるだろう。

- とはいえ、近年の日本の労働市場では世界的にみて稀な現象も起こっている。そのひとつが第 8 章で取り上げる自営業の減少である。通常、先進諸国の自営業は景気循環や経済成長の中で増えもするし減りもするが、日本だけは数十年にわたってひたすら自営業が減少してきた。第 4 章で強調されたように、日本における非正規の世界の膨張の背後には自営業の減少がある。第 8 章では文献紹介を中心に解明の手掛かりを紹介する。

- もうひとつの特異的な変化は、第 9 章で取り上げる「第三者」の役割の増大である。1990 年代以降の日本の労働市場はいくつかの制度的改正を経験してきたが、基本的に労使自治の原則に則った制度調整だった。ところが 2000 年代に入って、労使自治の原則に抵触するかもしれない制度改正が相次いでいる。労働審判や総合労働相談窓口など行政・司法介入に限らず、もはや無視できなくなった最低賃金や、運用に本腰が入れられた派遣法なども視野に入れて解説しよう。

- 以上の第 III 部で解説される変化は、そもそも個々の変化自体が小さく遅い。相互の連関は明瞭ではなくばらばらで、全体としての変化の方向性がはっきり示されるわけでもない。しかし、将来の日本の労働市場を考える上では、着実に進行しているという意味で、無視できない変化の方向だといえる。

第**6**章

賃金格差
——二極化する賃金

1 賃金格差の行方

（1） 平等神話の崩壊？

　戦後長きにわたり、日本は比較的平等な社会を保ってきたと考えられている。とくに高度成長を経験したあとの 1970 年代以降になると、「一億総中流」という言葉が定着したのはよく知られている。実際、内閣府の世論調査によれば、みずからの暮らし向きが「中くらい」だとした回答者は、高度成長期が始まった直後の 1958 年には 70% 程度だったのが、高度成長期が終焉に近づいた 70 年には 90% にも達し、日本社会の大部分が中流意識を持つようになったことを如実に示している[1]。

　こうした中流意識が形成された背後には、たとえば耐久消費財の普及を通じた生活スタイルの平等化があった。上記と同じ 1958 年から 1970 年にかけて、家電普及率は、電気冷蔵庫で 3.2% から 89.1%、電気洗濯機で 24.6%から 91.4%、白黒テレビで 10.4% から 90.2% へと顕著に上昇し、高度成長期

---

[1]　内閣府『国民生活に関する世論調査』。1958 年 2 月調査の問 4「お宅の暮し向きは，全国的にみればどの程度だと思いますか，この中〔回答票ア〕から選んでください。」に対する回答は、上 0.2%，中上 3.4%，中 37%，中下 32%，下 17%，不明 10% だった。1970 年 1 月調査の問 16 では「お宅の生活程度は，世間一般からみて，この中のどれに入ると思いますか。」と質問形式が異なるが、上 0.6%，中の上 7.8%，中の中56.8%，中の下 24.9%，下 6.6%，不明 3.3% となった。

を通じてほぼ共通の生活スタイルがもたらされたことを示唆している。

　加えて、村上・公文・佐藤（1979）や村上（1984）など、同時代の識者は、戦後の民主化も中流意識の構築に効果があったと認めている。とくに高等学校など中等教育への進学率は、1958年の53.7%から、70年までわずか12年間で82.1%にまで上昇し、教育分野における機会均等が急速に達成されたことは特筆すべきだろう。

　以上のような中流意識の形成と並行して、所得格差も比較的平等に維持されてきた。Sawyer（1976）による初期の国際比較研究では、日本の世帯所得のジニ係数は1969年について0.316と報告され、比較対象となった先進諸国のなかでは最低水準に位置づけられた。人口上位1%の国民所得に占めるシェアを計測したMoriguchi and Saez（2008）でも、この時期、日本は欧米諸国と比較すると低水準にとどまっていたことがわかっている[2]。

　ところが、2000年代に入って、にわかにこの平等神話に動揺が走った。橘木（1998）は各種統計を材料に、日本の所得格差は1980年代から1990年代にかけて急速に増大し、2000年代以降はもはや平等な社会とはいえないとして世間の注目を浴びたのである。

　実際、OECD統計として公表されている世帯所得のジニ係数は、1980年代中頃の0.35を起点に一貫して上昇を続け、2000年代中頃には0.44に達した。合衆国や英国のジニ係数が同時点でともに0.46とされており、日本の所得分配がもはや英米並みの不平等になったという指摘は、その意味では正しい。1980年代より継続的に行われてきた規制緩和が社会の不平等を拡大するのではないかと直感していた人々が、この統計的根拠をみて、みずからの危惧が現実になったと考えてもおかしくはなかった。

　ところが、大竹（2005）など、専門家によるさまざまな統計的精査の結果、この世帯所得のジニ係数の上昇は、実は高齢化や、若年層や高齢層での単身世帯の増加が主要因だったことが明らかにされた。

　そもそも世帯所得という概念は、たとえば世帯人員数の影響を直接受けるため、不平等を計測する材料としては直接利用できない。仮に、世帯所得を

---

[2]　Sawyer（1976）Table 4 および Moriguchi and Saez（2008）Table C2。

そのまま用いた場合、1名ずつ5世帯存在するアパートでは不平等を計測できるが、全員同居して1世帯を構成すると、不平等そのものが計測できなくなる。それゆえ、所得の不平等を算出するには、世帯所得を何らかの方法で個人別に変換して個人所得を割り出さなければならない。

　ここで、たとえば夫婦2名で構成される世帯が2つある場合を考えてみよう。一方は夫の年収600万円のみで家計が支えられ、もう一方は夫の年収400万円と妻の年収200万円がある共稼ぎ世帯と想定する。単純に世帯人員数で世帯所得を平均して個人所得に変換した場合、個人所得の分布は300万円が4名という計算になり、不平等は生じていない。

　だが、後者の世帯が離婚し、400万円が1世帯、200万円が1世帯になったとすると、個人所得の分布は400万円が1名、300万円が2名、200万円が1名となり、不平等が生じてしまう。分割された単身世帯の所得がまったく等しくない限り、不平等が拡大することがわかる。

　実は、単身世帯の所得が等しくても、多くの場合、単身世帯の拡大によって個人所得の不平等度は拡大してしまう。その理由は、世帯所得を個人所得に変換する際、単純に世帯人員で除して平均するのではなく、世帯人員の平方根で除した「等価所得」がよく使用されることによる。等価所得を用いる理由のひとつは、世帯維持に必要な固定費用には規模に関する経済性が働くと考えることによる。複数人世帯ではこの固定費用を分割できるが、単身世帯では一人でまるまる負担しなければならないため、実質的な所得が減少すると考えるわけである。

　上記の例に即して、夫のみで年収600万円の世帯と、夫300万円妻300万円の世帯という2世帯構成から出発しよう。分割前の社会の個人所得は、平均所得を用いると300万円が4名という構成だったが、等価所得を用いると424万円が4名という分布になり、どちらの変換方法でも、この時点で不平等は生じていない。ここで後者が2つの世帯に分割された場合、平均所得を用いた場合300万円が4名で不平等は生じないことは変わらない。ところが、等価所得を用いた場合には、424万円が2名、300万円が2名となり、不平等が生じてしまうのである。

　高齢世帯が増加すると、夫婦のうちどちらかが他界して単身世帯となる頻

度は多くなるし、若年層の晩婚化も単身世帯を増やす原因ともなっている。こうした単身世帯が増加すれば、仮に個人所得分布がまったく一定だったとしても、見かけ上世帯所得の不平等は大きくなってしまうという統計上の作為があることは注意すべきだろう。

　もちろん、単身世帯や引退世帯の増加が所得の不平等を増幅するメカニズムは、等価所得の計算方法以外にもある。たとえば、引退世帯では主な所得源が勤労所得から年金所得に移り、一般的に所得は減少する。しかしその分、子供の養育など壮年時代に負担していた支出が減少したり、財産の取り崩しによって所得を補填したりできるかもしれず、必ずしも厚生が悪化するわけではない。結局、高齢化や晩婚化など人口要因によって発生する所得格差を社会厚生の格差と結びつけて考えるには、計測の問題以外にも周到な準備が必要になることがわかる。その意味で、近年の日本社会の所得格差が拡大したとしても、それが社会厚生の悪化につながったかどうかはそれほど確かではないととらえられるだろう。

（2）　所得格差から賃金格差へ

　世帯を単位として計測される所得格差と労働市場で発生する賃金格差の間には、労働時間の選択と世帯構成の選択という大きな経済問題が横たわっており、両者は同義ではないことには読者の注意を促したい。たとえば、賃金格差が拡大したとしても、低賃金被用者は労働時間を増やし年収を維持しようとするかもしれない。あるいは、三世代同居を選択することによって世帯運営にまつわる固定費用を節約しようとするかもしれず、賃金格差ほどには所得格差は拡大しない可能性もある。

　このように、各世帯や個人は、自分の賃金がたとえ低下したとしても自分の厚生に悪影響が出ないように、労働時間や世帯構成を工夫して調整する術があり、賃金格差の動向が所得格差の動向とぴたりと一致する保証はまったくない。逆にいえば、所得格差が大きな変化を起こしていないとしても、その背後で賃金格差の拡大が発生することは十分に考えられる。したがって、所得格差に関する議論が小康状態であることを織り込んだとしても、賃金格差の動向を把握しておくことには十分意味があるのである。

　以下、本章では賃金センサスを用いて賃金格差の動向をまとめていきたい。賃金センサスは賃金格差を観察する上では最も有力なデータだが、パートタイマーの捕捉が過小であるという批判があるし、2005 年の調査票の改訂をめぐって意図せざる大きな効果が出てしまうなど、議論が絶えない[3]。次項で賃金格差の動向をおおざっぱに観察したあと、次節でこの調査上の問題点を詳述しよう。

（3）　拡大しなかった賃金格差

　まず 1993 年から 2012 年までの賃金センサスを材料に、ジニ係数によって賃金のばらつきを評価し、20 年間の推移をまとめたのが図 6-1 である。なるべく全体像を把握するために、ここでは賃金センサスに格納された民営事業所に勤める常用労働者全員を標本とし、6 月分給与を 12 倍し前年年間賞与を加えた年間収入と、6 月分給与に前年年間賞与の 12 分の 1 を加えて6 月総労働時間で除した時間賃金を対象に、男女計、男性のみ、女性のみについて計数を算出した。

　まず注意するべきは 2004 年と 2005 年の間にある落差である。本章でも後に節を改めて詳述するが、賃金センサスではこの間に調査票が変更され、正社員と非正社員の区分が新設された。同時に、スペース節約のためか「パートタイム労働者」から「短時間労働者」へ表現が変更されたのである。手引きや調査票に記された定義は一字たりとも変更されていなかったことから、変更の影響はないと考えられていたものの、結果として大きな断層を生み出してしまったのである。何が起こったかについては、後段、他の統計と比較しながら検討するとして、ここでは、2000 年代に起こった変化のいくばくかは、この調査票の変更によることを常に考慮しなければならないと指摘しておけば十分だろう。

　2004 〜 05 年の断層を割り引かなくてはならないが、図 6-1 を眺めると、いくつか特徴があるのがわかる。第一に賃金格差、とくに時間賃金に関するジニ係数の変化は、比較的小さい。所得格差の文脈では、ジニ係数が 1980

3）　Asano, Ito and Kawaguchi（2010）や篠崎（2008）を参照のこと。

図 6-1　賃金のばらつきの推移：1993-2012 年（ジニ係数）

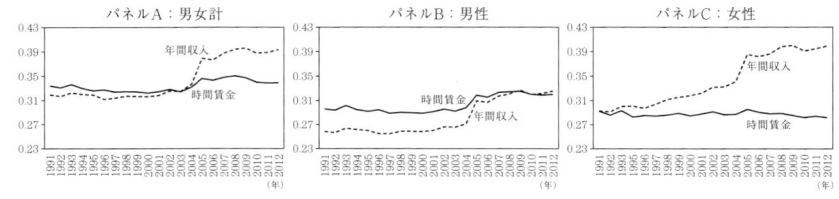

注）賃金センサス各年より筆者推計。

年代中頃の 0.35 から 2000 年代中頃の 0.44 までの 0.09 ポイントの上昇が、驚きをもって迎えられたことを思い出していただきたい。図 6-1 の時間賃金についてのジニ係数の変化分を、単純に 1991 年と 2012 年の差分をとって評価すると、男女計で + 0.005 ポイント、男性で + 0.024 ポイント、女性で − 0.011 ポイントにすぎず、2004 〜 05 年の断層を考慮してもなおその変化の幅は比較的小さい。

　ところが、第二に、年間収入についてのジニ係数の変化は、それぞれ + 0.074 ポイント、 + 0.067 ポイント、 + 0.106 ポイントとかなり大きい。2004 〜 05 年の断層の見積もりにもよるが、所得格差の文脈と同程度の格差の拡大が起こっていたと考えてもおかしくはない。

　この二つの系列の差は、労働時間、すなわち短時間被用者の増加から生じているのは明らかだろう。したがって、もし労働市場での格差の拡大があったと考えるのであれば、それは主に労働時間の格差を通じて生じたと考えるべきで、時間賃金についての格差は必ずしも拡がったわけではないことが示唆されるのである。この点は女性において顕著であることはパネル B とパネル C を一瞥すれば明らかだろう。

　そして、第三に、時間賃金のジニ係数の推移は男女差がはっきりしており、女性ではむしろ減少傾向にある。男性では、2004 〜 05 年の断層を考慮しなければ + 0.024 ポイント、保守的に見積もって 2004 〜 05 年にまったく変化がなかったと考えても + 0.003 ポイントの変化があったのに対し、女性では 2004 〜 05 年の断層を考慮しなければ − 0.011 ポイント、2004 〜 05 年にまったく変化がなかったと考えれば − 0.019 ポイントのジニ係数の変化が

認められる。

　時間賃金については、女性での縮小傾向と男性での拡大傾向が併存するという特異的な時代だったのである。全体としては、この二つの動きがちょうど相殺されるようなかたちとなり、時間賃金の格差はそれほど増大しなかったと要約できる。

（4）　女性での格差縮小と男性での格差拡大

　富めるものがより富むようになったのか、中間層が貧困層に転落したのかでは、社会厚生がまったく異なると考えたほうがよいので、格差拡大議論の際に常に問われるのは、賃金分布のどの部分がどのように変化したかである。この点、ジニ係数は全体的なばらつきを比較するのに便利だが、実際にどれくらいの賃金がどのように動いたのかは教えてくれない。加えて、日本にはもともと男女間には厳然たる賃金格差があり、両者の賃金分布の位置や形状はかなり異なる。男女で格差の動向が異なるというからには、それぞれの賃金分布がどのように変化したのかを直接検討する必要がある。

　本項では時間賃金についてのパーセント点（％点）の推移を調べることで、賃金分布の形状がどのように変化したのかを示そう。図 6-2 は、まず各年の％点を中位点からの相対距離として算出し、1991 年の各値をゼロに基準化して推移を示した。ただし、議論を簡略にするために 2004 〜 05 年の断層をこの際無視して、まったく変化がなかったと想定して接続する。少々算出過程が複雑なので、以下で説明しよう。

　たとえば、1991 年時点の男性の 10 ％点は 1072 円で、50 ％点の 1990 円に対して−0.46 の比率である。断層直前の 2004 年時点の 10 ％点は 1131 円と上昇しているものの、50 ％点も 2188 円まで上昇しており、10% 点の中位点に対する比率は−0.48 にとどまる。−0.46 と−0.48 の差分は−0.02 なので、男性の時間賃金の 10 ％点と 50 ％点との距離は、13 年間で都合 0.02 ポイント拡大したと算出できる。ただし、10 ％点の 50 ％点に対する比率は2005 年には−0.52 とジャンプし、以降アップダウンを繰り返して 2012 年には−0.51 となる。ここでは 2004 〜 05 年の断層をなかったものとして考えたいので、2005 年の値−0.52 と 2004 年の値−0.48 の差分である−0.04 を、

図 **6-2**　％点の推移：**1992-2012 年**

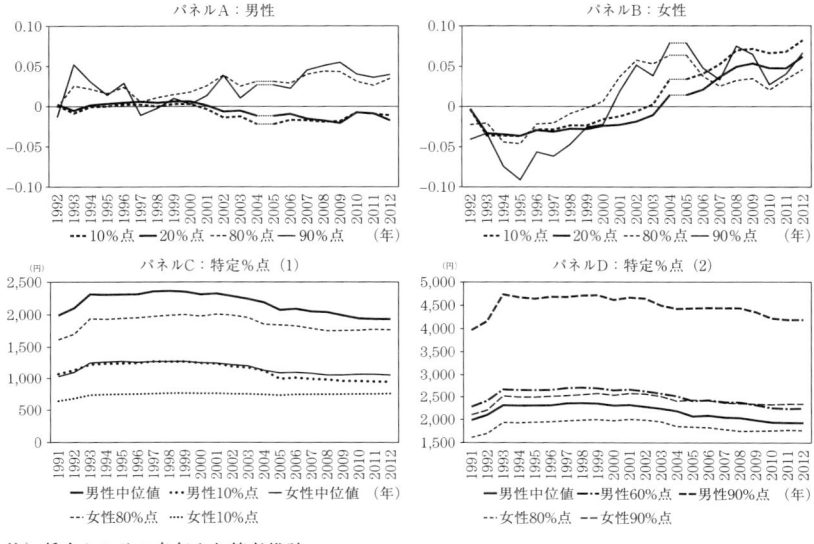

注）賃金センサス各年より筆者推計。

2005 年以降の比率から取り除くことで対処する。したがって、2005 年には
2004 年と同じ − 0.48、2012 年には − 0.51 − (− 0.04) = − 0.47 を採用し、
1991 年からの変化分は、2005 年には 2004 年と同じ − 0.02、2012 年には −
0.01 として作図する。

　図 6-2 のパネル A とパネル B は、この作業を 10% 点、20 点、80 ％点と
90% 点について男女別に繰り返し図示したものである。また、分布の絶対
的な位置を知るために、パネル C とパネル D として、男女の中位点、男性
の 10% 点、60 ％点、90 ％点、女性の 10 ％点、80% 点、90 ％点の絶対額の
推移を示した。

　まずパネル A とパネル B を比べると、この間の分位点の推移について、
男女間で鮮明なちがいがあることがわかる。すなわち、男性の賃金分布は
50 ％点から下の低分位点が 2000 年代以降徐々に低落傾向にあるのに対し、
女性の賃金分布は低分位点も高分位点も、ともに相対的に増加する傾向にあ
る。つまり、男性の賃金分布は左右対称に両裾が広がり格差が拡大する一

方、女性の賃金分布は左裾が詰まる一方で右裾が開くというかたちで中位点を中心に左右非対称に分布が動き、全体としては格差が縮小したのである。

　とりわけ、パネル B に現れた女性の低分位点の相対的な上昇は顕著である。その動きは 1990 年代後半よりすでに始まり、2000 年代以降増幅されている。ただし、パネル C をみてもわかるように、女性の低分位点の相対的な上昇は、低分位点の絶対額の増加と、基準となる中位点の絶対額の減少によって複合的に生じたことは指摘しておくべきだろう。

　具体的には、女性の 10 ％点は 1991 年の 641 円から継続的に上昇し、断層直前の 2004 年には 746 円に至っている。他方、中位点は 1995 年に 1278 円を記録したあと低落を開始し、10 年後の 2004 年には 1136 円にまで下がってしまっており、この二つの動きが相俟って、女性の低分位点の相対的な上昇に拍車がかかったのである。

　また、一方の女性の中位点は（少なくとも 2004 〜 05 年の断層直前までは）男性の 10 ％点とおおむね同水準であり、男性の 10 ％点の低落傾向もちょうど同じ軌道に乗っているのがわかる。

　本題とは少々ずれるが、この賃金水準以下で働いている被用者が女性では半分を占めるのに対して、男性では実は十分の一程度にとどまるという統計的事実そのものは、日本における男女間賃金格差の現実を如実に表していて興味深い[4]。しかしここでは、男女にかかわらず、時給 1000 〜 1100 円程度の層全体が、下落傾向にあることを強調するべきだろう。この点は次章の業務の二極化の文脈で重視される「中間層の崩壊」と関連するので、そのときまで覚えておいていただきたい。

　さて、賃金水準の低落傾向は中位点のみならず、より高分位点に相当する賃金層にも観察される。パネル D をみると、高賃金層である男性 90 ％点に

---

[4]　パネル D では、女性の 90 ％点は男性の 60 ％点とほぼ同水準である。こうした格差の背後には、男女の勤続年数格差や教育年数格差、就業している産業・職業の格差も横たわっているので、パネル C およびパネル D が示している性別格差は、経済学が通常問題とする同一の人的資本を擁する被用者での性別格差ではないことには注意を促したい。もちろん、条件が異なるとはいえ、表面上観察される賃金水準ではこれだけの格差が存在しており、女性が高生産性の職位に就くことがいかに少ないかということも、人々の持つ社会に対する印象を考えるためには重要な情報だろう。

おいても、中位点ほどではないが一定の低落傾向があったのは明らかだろう。パネルＡとパネルＢで示されたように、相対的には、高分位点は上昇傾向にあり、この箇所で賃金格差を拡大する力が働いていたことは間違いない。その一方、絶対水準でみると、中位点以上の分位点はおおむね低落傾向にあり、労働市場全体での名目時間賃金の減少、すなわちデフレ傾向とも一致する。

　こうしてみると、パネルＣで観察された女性の低分位点の絶対水準の上昇は、かなり例外的であることがわかる。この間、女性の就業率は少なくとも減少はしていない。高い人的資本の収益率が見込める被用者から順に労働市場に参入していると仮定すれば、新たに参入する被用者の人的資本はすでに参入している被用者の人的資本より劣っているはずなので、女性の就業率の上昇は低分位点をむしろ押し下げる力があり、この現象を理解するには別な説明が必要だろう。

　おそらく最も有力な説明は最低賃金の上昇で、本書でも第９章で再論する。昨今最低賃金が注目を集めるようになったのは、生活保護水準との逆転現象が指摘され法律自体が改正されるに至った 2000 年代後半だが、パネルＢに示されたように、女性の低位点の相対的な上昇はすでに 1990 年代後半に始まっている。これはデフレ傾向が始まった当時、同時に中位点が低落を開始したにもかかわらず、低位点が動かなかったことによっており、「最低賃金が下支えした」という表現が最も妥当するだろう。山からの落石が最低賃金という防護柵で堰き止められるというイメージが適切かどうかはわからないが、結果として最低賃金付近に積み上がる雇用は増大し、世間に注目されるだけの存在感が出てきたと考えられる。

　結局、男性での賃金格差の拡大には低分位点の崩落という契機が、女性での賃金格差の縮小には逆に低分位点の上昇という契機があったとまとめられる。前者は労働市場の二極化との関連が強く、後者は制度との関連が強い。それぞれ第７章および第９章で再説することとし、本章では先に指摘した 2004 ～ 05 年の断層を中心に、賃金センサスが賃金格差を扱うのに適切なデータかを検討しておきたい。

2　賃金センサスは賃金格差を扱うのに適切なデータか

（1）　賃金センサスの特徴

　賃金センサスとは『賃金構造基本統計調査』という正式名称を持つ政府統計で、統計法上基幹統計として位置づけられる重要な調査である。毎年1回実施され、6月末日現在の賃金情報を採取するのが目的とされる。日本の労働基準法では、工場法の時代から賃金について現金直接払いの原則と賃金台帳の設置義務が唱えられており、労働基準監督行政の主要項目のひとつでもある。

　賃金センサスは、実質的には、使用者に設置義務が課せられている賃金台帳の写しを求めるもので、そのため、あくまでも事業所を調査対象としており、属する被用者の情報を事業所の担当者が報告するかたちをとる。したがって、被用者個人の賃金情報を得、しかもそれが利用されながら、被調査対象者は政府統計として自分の賃金情報が報告されたかどうかを知らないという、どちらかというと行政統計としての性格を持っている。

　賃金センサスの調査設計について、もうひとつ指摘しておくべきことは、その実査体制である。通常の政府統計は、各都道府県（あるいは市町村）へ実施が委託され、それぞれの統計主管課が実査担当調査員を率いる。総務省統計局が管轄する世帯調査である労調や就調が典型例だが、労働統計の場合も、地方調査として都道府県の関与が必要な毎勤がこのような実査体制をとっている。また、ハローワークを通じて調査をする場合もあり、雇用動向が最近まで都道府県労働局を経由した実査体制をとっていた[5]。

　こうした政府統計に対して、賃金センサスは監督官庁である労働基準監督署が管轄するという特異な形式を持つ。この実査体制がどこまで有効かは、管見の限り、きちんと検討したものはないが、結果として80％前後という高い有効回答率を維持している。同時に、賃金台帳上の把握であるという限

---

[5]　直近では民間委託を取り入れるためか、事業所票については厚生労働省統計情報部が直轄し、入職者票および離職者票については民間業者を使用しているようである。

りにおいてだが、賃金情報についても精確性が担保されているといえる。

もちろん、こうした賃金センサスにも欠点はあり、いくつかの点で批判にさらされてきた。まず、調査対象をそもそも5名以上の常用労働者を雇用する事業所としていることから[6]、賃金分布の裾に何らかの偏りがあるのではないかと指摘されることがある。あるいは、事業所の賃金台帳からのサンプリングが事業所担当者に任されていることから正確になされず、正社員に偏っているのではないかという指摘もある。そして、先にも触れた2004～05年にかけてなされた調査票の改訂によって、図6-1や図6-2でもはっきりとわかる断層が生じてしまった。

本節では、このような賃金センサスの弱点が、賃金分布の推移を知る上でどの程度枷になるかを、他の政府統計と比較しながら検討したい。具体的には、第一の5名未満の事業所をサンプリングの対象としていないことについては、全事業所規模を調査対象としている世帯データである就調や労調と比較しよう。

次に、サンプリングの偏りと調査票の変更の影響については、同じ労働統計である毎勤との比較で検討したい。毎勤では賃金額について個人別ではなく事業所の支払い総額を尋ねていることから、事業所内でのサンプリングの偏りはない。また、毎勤の調査票は現在でも「パートタイム労働者」から「短時間労働者」への表現の変更は行われておらず、同一の定義と表現を維持している。したがって、毎勤と賃金センサスを事業所レベルで比較することができれば、両者のちがいから賃金センサスの持つ調査設計上の特徴を把握することができる。

（2） 5名未満事業所の影響：労調との比較

2014年実施の経済センサス基礎調査によれば、そもそも従業者5名未満の事業所は、事業所数では58％と過半を占めているものの、従業者数では

---

6) 正確には、「常用労働者10人以上を雇用する事業所」および「常用労働者5人以上9人以下を雇用する事業所（民営の事業所であって、常用労働者5人以上9人以下を雇用する企業に属する事業所に限る）」と定義されている。したがって、賃金センサスの常用労働者5～9人規模の事業所には、大企業の極小規模支店などは含まれない。

表 6-1　賃金センサスと労働力調査（**2010 年**）

	賃金センサス				労働力調査					
	5 名以上		10 名以上		除官公		除官公非農林漁業 5 名以上雇用者		除官公非農林漁業 10 名以上雇用者	
	（万人）	（割合）	（万人）	（割合）	（万人）	（割合）	（万人）	（割合）	（万人）	（割合）
呼称										
正社員	1929	0.669	1830	0.666	2949	0.647	2773	0.647	2552	0.651
正社員以外	953	0.331	916	0.334	1611	0.353	1513	0.353	1367	0.349
労働時間										
一般労働者	2208	0.766	2106	0.767						
短時間労働者	673	0.234	640	0.233						
雇用契約期間										
期限の定めなし (注)	2204	0.765	2077	0.756	4237	0.861	3872	0.858	3494	0.859
期限の定めあり	678	0.235	669	0.244	684	0.139	642	0.142	572	0.141

注）賃金センサスについては著者算出、労調については、2010 暦年詳細集計のうち第 2 表より算
　　出。労調における雇用契約期間の「期限の定めなし」には 1 年を超える雇用契約が含まれる。

12 ％と全体の 1 割程度を占めるにすぎない。したがって、5 名未満の事業
所を調査対象から外すことがただちに大きな偏りにつながるかは即断でない
ので、賃金センサスの主要な変数について、労調の公表数表と比較してみよ
う。比較年は東日本大震災による影響がある以前の 2010 年とした。

　まず調査によって復元される被用者数だが、賃金センサスは合計 2800 万
人強と、労調と比較するとかなり少ない。労調でも就調でも、日本全体の被
用者数は 5000 万人前後とされており、民営非農林業 5 名以上の規模に限っ
たとしても 4000 万人は下らないはずである。より正確な比較ができる 10
名以上に限定しても、賃金センサス 2700 万人に対して労調 3900 万人と、
かなりの差がある。

　ところが、正社員と非正社員の比率をみてみると、驚くべきことに、ほと
んど変わらない。正社員 65 ％程度、非正社員 35 ％程度という比率は、賃
金センサスと労調が最も比較可能な 10 名以上の事業所に向けてサンプルを
限定すればするほど、一致する傾向がある。逆に 5 名以上の全体の比率を
とったとしても、大きな差は観察されない。これに対して、有期契約比率は
多少の開きがある。有期契約を過小サンプルしているのではないかと疑われ
ている賃金センサスのほうが、むしろ有期契約の構成比率が大きい。

　ただし、労調では無期契約と 1 年を超える有期契約を区別していないの

で、期限の定めのない契約の比率が労調で高いことは、賃金センサスのサンプルが有期契約に偏っていることをすぐには意味しない。実際、2011 年の厚生労働省『有期労働契約に関する実態調査』によれば、1 年を超える有期契約を結んでいると答えた個人は全体の 14.9 ％だった。労調のおよそ 85 ％のうち 15 ％程度が 1 年超の有期契約と考えると、期限の定めのない契約を持つ被用者の構成比は 70 ％程度と計算できる。

　75 ％程度という賃金センサスの無期契約構成比は少々大きく、無期契約被用者を過剰にサンプリングしているという疑念も故がないわけではないのかもしれない。とはいえ、前出『有期労働契約に関する実態調査』は有期契約の内容を知ることを最大の目的としている。つまり、年齢などで区切られたセルのサイズを確保するために、全体像の復元を犠牲にして偏ったサンプリングをしており、14.9 ％という数値を労調にあてはめることには慎重になるべきだろう。賃金センサスが無期契約被用者を過剰にサンプリングしているという疑念は、現時点ではそれほど考慮すべきではない。

　このように、労調の集計数値と比較すると、賃金センサスは偏った統計とはいえず、調査対象を 5 名以上に限定していることも、平均値を算出する限りにおいて大きな影響を及ぼしているとはいえないだろう。

（3）　5 名未満事業所の影響：就調との比較

　平均値の算出において偏りがなかったとしても、分位点、なかでも裾に近い低分位点については、5 名未満の事業所が調査対象ではないことが影響を及ぼすかもしれない。もし 5 名未満の零細事業所の労働条件が比較的劣悪であれば、賃金センサスでは裾切りのような現象が発生していることになり、低分位点を過大に評価してしまう可能性がある。本章では、労調と同様に全世帯を対象としている就調と比較することで、裾切りの可能性を考えよう。

　ここで労調ではなく就調を利用するにはいくつか理由がある。たとえばサンプルサイズの問題である。労調はその特性上、1 カ月あたり 4 万世帯と比較的サンプルサイズが小さい。もちろん、1 年間 12 カ月分をプールすればおよそ 50 万世帯となり、就調と同等かもしれない。しかし、労調では同一世帯が 2 カ月連続で 2 回、合計 4 カ月調査対象とされ、年間収入は最終月

のみに回収される特定調査にある。結局、賃金分布という意味での 1 年間の
サンプルサイズは最大で 10 万世帯強となり、やはり少ない[7]。

　加えて、労調で問われる労働時間は月末 1 週間の実労働時間にすぎず、年
収に対応する年間労働時間を算出するのは容易ではない。年間ベースの時間
賃金を考察対象とするのであれば、労調よりも就調のほうが望ましい。

　もちろん、就調にも欠点はある。質問している労働時間が普段の状態につ
いてであるため、労調や賃金センサスで記録されている実労働時間とは異
なっている点は重要だろう。時間賃金を算出する際には、相当の測定誤差が
紛れていると考えたほうがよい。

　また、労調や就調のような世帯調査一般にみられることだが、年間収入や
年間労働日数、週あたり労働時間の回答がカテゴリーの選択形式になってお
り、場合によっては上限に張りつくという傾向が散見される。

　こうした点を覚えた上で、賃金センサスと就調の時間賃金の 10 ％点と
90 ％点の中位点からの距離を、1992 年を基準として比較したのが図 6-3 で
ある。賃金センサスの資料上の性格を吟味するのが目的なので、図 6-2 と
は異なり、2004 ～ 05 年の断層は考慮せず、点線で示すにとどめた。

　これらの 4 つのパネルを整合的に解釈するのは容易ではない。まず賃金セ
ンサスと就調の差違だが、男性 10 ％点ではおおむね一致する傾向があるも
のの、男性 90 ％点や女性では少なからずの傾向の差がみられる。とくに女
性 10 ％点については、図 6-2 で明らかだった格差の縮小傾向は、就調では
はっきりとしていない。むしろ、5 名未満を含めた全体の 10 ％点は、1990
年代後半以降は比較的安定的に推移しているようにみえる。

　格差拡大のもう一方の要因と目される分布の右裾の 90 ％点の伸長も、就
調では男女ともにはっきりと観察されるわけではない。就調の分位点をみる
限り、図 6-2 で議論した賃金格差の動向には疑問符をつけるべきだろう。

　本項の関心事である従業員 5 名未満を含めるか否かについても、はっきり
とした傾向のちがいはみられない。たしかに、どのパネルをみても、5 名未

---

[7]　細かい点になるが、労調特定調査の『調査の手引き』では「1 年間の収入」の算定期
　　間は明示されていない。自然に調査時点から 1 年間と解釈すれば、調査月によって対
　　象となる年収が異なってしまう可能性は否定できない。

図 6-3　10% 点および 90 % 点の賃金センサスと就調の比較

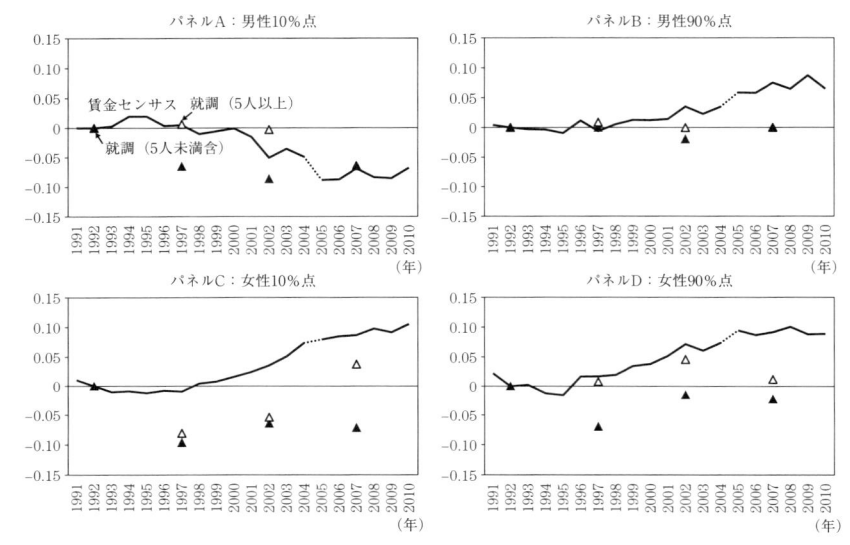

注）賃金センサスおよび就調各年より筆者推計。就調における時間賃金は、年間収入、年間労働日数、週労働時間から算出している。まず、各カテゴリーの値をそれぞれの値域の中位値（最大カテゴリーについては最小値）で代理する。次に年間労働日数を 7 で除して実労働週を算出し、それに週あたり労働時間を乗じて年間労働時間とする。これで年間収入を除すことで時間賃金を求めた。賃金センサスについてはこれまで同様、前年ボーナスを加味した総時間賃金を用いる。それぞれの時間賃金の対数をとり、サンプルウエートを用いた上で分位点を算出した。また、就調では短期的季節的就業者については労働時間の調査対象から外しているので、賃金センサスでは図 6-2 と同様に臨時労働者を除いている。

満を含めた場合の分位点はおおむね低い傾向にあるので、5 名未満を含めるか否かは分布の両裾には影響を及ぼすとも考えられる。しかし、1997 年および 2002 年に少なからずあった 5 名以上と 5 名未満の乖離は、なぜか 2007 年には男性ではまったくなくなってしまっている。

　2007 年になって、5 名前後での事業所規模の差がにわかに消失してしまい、それが、2010 年を材料とした表 6-1 の結果をもたらしたともいえるかもしれない。しかし、5 名未満を含めるか否かという調査設計上の問題は、直感的には定性的に賃金分布に影響を与えると考えたほうがよい。実際女性の分布では少なからず残存しており、5 年という短期間に大きく変動する性質のものではないという考え方にも一理ある。

　この点をもう少しはっきりさせるために、さらに次のような手順を踏んで、1992 年と 2007 年を比較してみた[8]。まず賃金センサスの月給を 12 倍して賞与を加えることで年間所得を割り出し、これを就調の年間収入カテゴリーにあてはめて離散変数に変換する。さらに、月間総労働時間を 4 で除して週あたり労働時間を算出し、これも就調の週労働時間カテゴリーにあてはめて離散変数に変換する。最後に月間労働日数を 12 倍して年間労働日数を求め、就調の年間労働日数カテゴリーにあてはめる。つまり、賃金センサスで連続変数として採録されているデータを、就調の基準に合わせて離散変数に変換するわけである。

　すなわち、就調では真の連続変数は観察されないが、賃金センサスでは真の連続変数が観察されると考え、それがあたかも就調のようなカテゴリーデータとして収集されたときに、分位点はどのような様相を呈するかを調べ、世帯調査が持つカテゴリー化の影響を確かめる。加工された賃金センサスデータから時間賃金とその分位点を求めて、中位点との相対的な距離が 1992 年から 2007 年までの間にどれだけ変化したか、変化分を算定した。比較のために賃金センサスの元データを用いた場合、就調を用いた場合、就調で 5 名以上に限定した場合の合計 4 種類のサンプルを、男女別に、10 ％点と 90 ％点の周囲について図示したのが図 6-4 である。

　まず驚くのは、賃金センサスの元データを利用した場合の、15 年間の分位点の変化のスムーズさだろう。とくに女性の 10 ％点周辺では、低分位点ほど中位点との距離が単調に縮まっている様子が如実に示されている。逆に 90 ％点周辺では前後の分位点との差は顕著ではなく、賃金分布の右裾の変化に関する限り、多少分位点がずれたとしても傾向には影響を及ぼさない。

　ところが、同じデータを離散変数に変換した途端、このスムーズさは影を潜めてしまう。男性 10 ％点周辺では、賃金センサスの元データによれば、中位点との距離は、10 ％点では −0.070 と 7 ％程度縮小したのに対して、直前の 9% 点の変化は −0.072、直後の 11 ％点の変化は −0.067 と、それぞれ 0.002 〜 0.003 とわずかで、どの分位点をとっても低分位点が崩落してきて

---

[8]　神林（2017）では同じ手順を 2012 年就調にあてはめ、本項と同様の結論を得ている。

図 6-4　カテゴリー化の影響

パネルA：男性10%点周辺

パネルB：男性90%点周辺

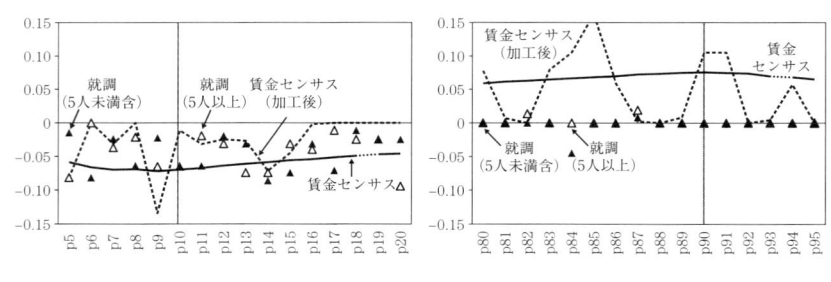

パネルC：女性10%点周辺

パネルD：女性90%点周辺

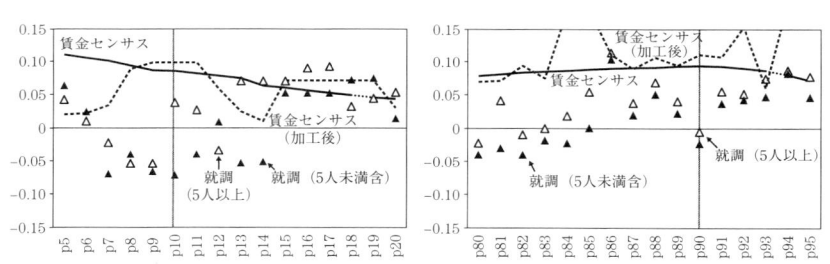

注）2007 年賃金センサスおよび就調より筆者推計。算出方法については本文参照のこと。

いるとの解釈には影響はない。しかし、離散化された賃金センサスのデータによれば、9 ％点、10 ％点、11 ％点の変化分はそれぞれ、−0.134、−0.011、−0.032 と、大きく振れてしまう。9 ％点を低分位点の代表とみれば、かなりの崩落がみられるのに対し、隣の 10 ％点で代表すれば、賃金分布の左裾は必ずしも広がっていないと結論づけられても不思議ではない。両系列は同じ情報によっており、カテゴリー化するかしないかだけのちがいでしかない。カテゴリー化の影響は特定の標本を指定する分位点を議論する際には、避けて通れないと考えたほうがよいだろう。

　そして 5 名未満の事業所を含めるかどうかという懸案事項も、このカテゴリー化の影響を避けられない。典型例として、図 6-3 から 5 名未満の事業所の影響が比較的強いと示唆された女性の 10 ％点周辺を、パネル C としてみてみよう。

　10％点の変化分だけをとってみると、5名以上では＋0.038と左裾の底上げは顕著である。しかし5名未満を考慮した場合には−0.072と、むしろ左裾は男性と同様に崩落しているとさえいえる。ところが、すぐ隣の9％点に目を移すと、5名以上と5名未満ではそれぞれ−0.054、−0.066と大きな差はみられず、逆に12％点では−0.34、0.001と位置関係が逆転してしまっている。5名以上と5名未満の差は、どの分位点をとるかによって大きく振れてしまい、定性的な傾向を見つけ出すのは難しいようにみえる。前段の離散化の影響を所与とすると、これらの不安定性は、ひとまずはカテゴリー間の離散的な移動によって生じていると考えるべきだろう。

　以上のように考えると、賃金センサスの持つ正確な情報の利点が浮かび上がる。分位点とは本質的にある特定標本の情報に依存してしまうので測定誤差の影響が強いと考えられているが、賃金センサスの持つ大規模サンプルと詳細な情報という利点は、この欠点をカバーして余りある。すなわち、女性の10％点周辺では、単調減少が明確に観察されており、低分位点ほど中位値との距離を縮めていることが強く示唆される。

　5名未満を算定するか否かは、底上げの度合いの大小に影響することは否定するべきではないが、単調減少するという傾向そのものには影響を及ぼさないと考えるべきだろう。その底上げの度合いが強いか弱いかはひとまず措くとしても、裾が詰まるかばらけるかというちがいが男女にはあるという点については、賃金センサスが5名未満をカバーしていないという設計は過誤をもたらさないとまとめられる。

（4）　パートタイマーの過小サンプルと調査票変更の影響：毎勤との比較

　5名未満事業所の影響はないとしても、賃金センサスには非正社員が過小サンプルされているのではないかという疑問がつきまとっていた。実際、2005年には「パートタイマー」から「短時間労働者」に、調査票上の語を改めただけで大きな断層を生じさせたことは、本章でも繰り返し指摘した。賃金センサスの個人票の事業所内サンプリングについて疑念をより強くさせる原因ともなっただろう。

　もともと、賃金センサスは、賃金台帳の情報を用いるという手順から、人事担当者が調査票に記入すると想定されている。他方、パートタイマーなど非正社員の雇用管理は、現場限りで行われており、個別情報が企業や事業所中枢の人事担当者まで上がっていない場合も少なくない。このとき、人事担当者が調査票に記入する際の個別被用者のサンプリングに、手元に詳細情報のない非正社員を考慮しない場合があるとしても不思議ではない。

　幸い、毎勤という別の政府統計と突き合わせることによって、この点の賃金センサスの偏りを検証できる。毎勤は賃金センサスと同じ事業所調査だが、毎月の労働市場での動きを速報するのが目的なので、個別被用者ではなく、事業所の総額人件費や総被用者数を報告する設計となっている。

　個別被用者に関する情報と異なり、事業所の総額人件費や総被用者数、総投入労働時間数などは、生産や財務の状況を把握しておくために企業中央でも共有されている可能性が高い。毎勤では、1980 年代後半以降、パートタイマーと一般労働者を別建てで回答するようになっているので、賃金センサスで調査された事業所の 6 月末現在の情報を突き合わせれば、総被用者数に占めるパートタイマーの割合や平均時間賃金などを、同一事業所同一計測期間で比較することができる。

　図 6-5 は、2004 年と 2005 年の各年 6 月について、両調査同時に調査対象とされた事業所の情報を集め、パートタイマー比率（人数および時間）、平均時間賃金の対数値の同一事業所内の対応関係を示したものである。もちろん、賃金センサスは事業所内サンプル調査なので、同一事業所に限っても賃金センサスと毎勤の計数が常に一致する必要はないが、平均的には一致するはずである。図の中では、45 度線に近い部分に、45 度線を挟んで対称的に分布していることが予期される。

　まずパートタイマー比率を人数と時間で定義して比較したパネル A とパネル B、パネル D とパネル E をみると、多くの事業所が 45 度線のまわりに分布している一方で、全体として、45 度線を挟んで上側に若干偏っているのがわかる。とりわけ、原点近くについては垂直軸に近い座標に位置する標本、すなわち、賃金センサスではパートタイマーはサンプルされていないが、毎勤ではそれなりの比率であることがわかる事業所の存在は無視できな

図6-5　賃金センサスと毎勤の比較

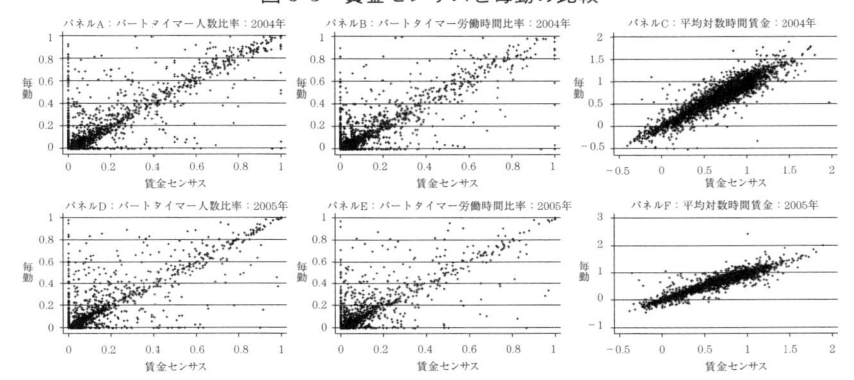

注）賃金センサスおよび毎勤各年より筆者推計。ただし、時間賃金については、毎勤との対応を
　　とるために賞与を除いた所定内給与に超過労働時間手当を含めたものとして算出している。

い。したがって、賃金センサスでサンプリングされたパートタイマー比率
は、全数を報告している毎勤よりも平均的に少ない可能性が垣間見える。や
はり賃金センサスはパートタイマーを過小に報告しているのかもしれない。

　この点を統計的に確かめたのが表6-2である。両調査で同時に観察可能
な事業所は、2004年と2005年を合わせると、およそ5000ある。同一事業
所で両調査でのパートタイマー比率と平均時間賃金の差をとり、その平均を
算出し、t検定が可能なように観測数と標準誤差を並べて整理した。パート
タイマー比率については男性と女性、平均時間賃金については一般労働者と
パートタイマーに分けて算出した計数についても示している。

　まず、両調査のパートタイマー比率の差は、平均的には−0.021と算出さ
れ、統計的にはゼロと異なると判断するに支障はない。つまり、同一事業所
でみても、賃金センサスのほうが押しなべてパートタイマー比率が低い傾向
があるといえる。男性については−0.015、女性については−0.038なので、
賃金センサスにおけるパートタイマーの過小サンプルはとくに女性において
見逃しがたい。

　しかし興味深いことに、調査票の変更前後の2004年と2005年では、両
調査の差はほとんど変わらない。賃金センサスでは調査票が変更される前か

表 6-2　賃金センサスと毎勤の差の統計的検定

(a) パートタイマーの構成比率（人数）［賃金センサス−毎勤］

	男女計			男性			女性		
	観測数	平均値の差*	標準誤差	観測数	平均値の差*	標準誤差	観測数	平均値の差*	標準誤差
合計	5260	-0.021	0.002	5193	-0.015	0.002	5132	-0.038	0.003
2004 年	2995	-0.021	0.002	2986	-0.017	0.002	2961	-0.039	0.003
2005 年	2211	-0.020	0.003	2207	-0.012	0.002	2171	-0.038	0.004

(b) 対数時間賃金　［賃金センサス−毎勤］

	全被用者			パートタイマー			一般労働者		
	観測数	平均値の差*	標準誤差	観測数	平均値の差*	標準誤差	観測数	平均値の差*	標準誤差
合計	5205	0.003	0.002	1988	0.002	0.007	5188	-0.005	0.002
2004 年	2994	0.007	0.003	1075	-0.001	0.008	2980	0.000	0.003
2005 年	2211	-0.002	0.003	913	0.005	0.010	2208	-0.012	0.004

＊平均値の差は、賃金センサスの平均値から毎勤の平均値を引いて算出している。したがって、負値は賃金センサスにおける非正社員の過小サンプルを示唆する。
注）2004 年および 2005 年賃金センサスおよび毎勤を用いて筆者算出。

らパートタイマーは過小サンプルされていて、「パートタイマー」から「短時間労働者」と用語が変わっても過小サンプルの傾向は、とくに女性では変わらなかったことになる。

　図 6-5 でより重要なのは、平均時間賃金の差である。パネル C で 2004年、パネル F で 2005 年について図示したが、見かけ上 45 度線上に上下対称に集中しており、両調査の間で偏りはあまりみられない。平均値の統計的検定を報告した表 6-2 でも、2004 年と 2005 年のサンプルをプールすると両調査の平均的な乖離はわずか＋0.003 にとどまり、統計的にはゼロと異なると判断するには危険が伴う水準である[9]。

　パートタイマー比率については賃金センサスに過小サンプルの可能性がはっきりと示されたのに、平均時間賃金に差がみられないのはなぜだろうか。パートタイマーを過小にサンプリングしていれば、一般労働者は過大にサンプリングしていることになるので、パートタイマーと一般労働者との賃金格差を前提とすれば、賃金センサスの平均時間賃金は毎勤よりも高くなって然るべきだろう。

---

[9]　片側検定の p 値は 0.0567 にとどまり、両側検定だと 10 ％水準で有意ではなくなる。ただし、パートタイマーの時間賃金についてはパートタイマーがいないと報告された場合には計算できないので、両調査の比較の際には当該事業所の観測値は欠損となってしまう点に注意が必要である。

　一般労働者とパートタイマーに分けて、平均時間賃金の差をみると、この一見矛盾するような現象の理由が垣間見える。すなわち、一般労働者については、賃金センサスのほうが、低い平均時間賃金を報告する傾向があるというのである。

　もしパートタイマーの過小サンプリングを低賃金層の過小サンプリングと解釈すれば、パートタイマーも一般労働者も偏りの方向は一致する。少なくとも一般労働者についても、賃金センサスでは毎勤より高いか、せいぜい同等の平均時間賃金が算出されるはずで、低くなるとは考えにくい。この背後には、回答者が毎勤でパートタイマーとして報告した被用者を、賃金センサスで一般労働者として記入してしまう場合があるとは考えられないだろうか。

　2004 年と 2005 年に分けると、2004 年には一般労働者とパートタイマーの混交という傾向はそれほど顕著ではない。賃金センサスは、毎勤と比較するとパートタイマーの過小サンプルのみが反映され、結果として賃金センサスの平均時間賃金は、毎勤と比較すると高かった。パートタイマー、一般労働者、それぞれについてみると平均時間賃金のちがいは観察されず、賃金センサスが格納するパートタイマーの比率が小さいことから、全体の平均時間賃金が高くなってしまったのである。

　それに対して 2005 年になると、パートタイマーの過小サンプルの程度は不変だったが、「パートタイマー」から「短時間労働者」に用語が変更されたことで、毎勤でパートタイマーと区分された被用者が、賃金センサスでは短時間労働者と区分されず一般労働者とされることが起き、結果としてパートタイマーの平均時間賃金は賃金センサスでは高く、一般労働者の平均時間賃金は低くなってしまった傾向があるといえるかもしれない。パートタイマーが過小サンプルされても、背後で一般労働者に区分されてしまった短時間労働者がサンプルされるので、全体としての平均時間賃金は毎勤と同等になるという推論が成り立つ。

　本項の目的、すなわち賃金センサスの資料上の正確性という観点からは、2005 年以降のほうがむしろ平均的には偏りが少なくなっていると考えたほうがよいことがわかる。賃金センサスの調査票の表記変更自体はパートタイマーの過小サンプリングの修正を意図したものではなかったが、結果として

全体の賃金分布を補正したと考えるべきだろう。したがって、本章前段で一応脇に置いておいた2004 〜 05年の断層はそれなりに考慮するべきだろう。また、パートタイマー（短時間労働者）だけ、一般労働者だけを取り出して分析する場合には、より注意すべき点でもある。

　脇道にそれるが、「パートタイマー」から「短時間労働者」への調査票上の表記の変更がもたらした断層は、事業所や企業では「パートタイマー」が必ずしも「短時間労働者」と同義とされているわけではないことも示唆しており、興味深い。

　本書では、日本の労働市場における正社員の世界と非正社員の世界の区別が、法律上の区分よりも職場慣行レベルで定義される呼称によってなされていることを再三指摘してきた。この職場慣行上の区分はおそらくかなり強固で、賃金センサスや毎勤のように、調査の手引きに法律上の定義を明確に引用してパートタイマーという用語を用いた場合でも、呼称上のパートタイマーに引きずられて回答してしまうほどなのである。

　以上の分析を前提に、賃金センサスは賃金格差を扱うのに適切なデータかという問いに答えるなら、完全ではないが注意しながら使用すべきであるとなろう。調査対象を5名以上の常用労働者を雇用する事業所に限定しているという点は、平均的にも賃金分布としても大きな影響を与えていないだろう。

　もちろん、この結論は5名未満の情報を提供する世帯調査がカテゴリーデータのみを収集しているという点に依存している。両者を比較した場合、5名未満の有無よりは、回答形式が離散変数か連続変数かによって生じる測定誤差の影響のほうが大きく、賃金センサスの分位点が偏るという結論は得られない。将来的に世帯調査の調査項目として連続変数が導入されれば[10]、再検討するべきだが、現時点で賃金センサスを否定する材料はないといえる。

　他方、2004 〜 05年に発生した断層は無視するべきではない。しかし、2005年以降にはむしろ偏りが調整されたと考えるべきで、2004年までのデータを扱うか、短時間労働者または一般労働者のみを扱う場合に考慮するべき点だといえる。

3　賃金格差の源泉

（1）　分 散 分 解

　本節では、男性での賃金格差の拡大、女性での賃金格差の縮小が起こった背景を探るために、分散分解を使ってまとめておきたい。本格的な分析は次代の俊英を待たなければならないが、おおざっぱに労働市場の動向を示唆するために情報をまとめておこう。

　もともと、近年の日本で男性での賃金格差の拡大、女性での賃金格差の縮小が併存していることを指摘したのは、本書が初めてではない。しかし、日本では賃金格差という言葉自体は、あるグループとほかのグループの間の格差として理解される傾向が強く、たとえば男女間賃金格差、大企業・中小企業間賃金格差、正社員・非正社員間賃金格差を題材に、現状の報告やメカニズムの分析について数多くの研究が蓄積されてきた。とくに賃金センサスや就調、国民生活基礎調査などの政府統計の個票が利用できるようになるのと同時に、計算ソフトウェアが改善されたことも手伝って、1990 年代以降には研究に拍車がかかった。これらの研究で得られた結論は個々の論文や著書を参照していただき、本節では研究上の流れを整理しておくにとどめる。

　グループ間格差を取り上げた研究には、グループを性別や企業規模、雇用形態などで定義し、それぞれの平均賃金のグループ間格差を検討するという方法で共通する一群がある。グループ平均の比較に注目するのは、その研究動機を考えると、自然な方法だろう。たとえば、男女間賃金格差の研究は、労働市場における男女差別の存在の検証という課題に直結しており、平均的に男女で賃金にちがいがあるか、つまり女性であれば誰しもが不利になっていないかが主要な研究動機になる。この場合、男女間の平均的な格差を分析

---

10)　速報性かつ毎月調査という目的からすると労調において詳細な年収を聞くのは難しいだろう。就調での可能性もあるが、就調であれば労働時間についても連続変数にすることが必要になる。この点については試験的に 1 週間の実労働時間を質問した年もあるので現実的かもしれない。もうひとつは厚生労働省『国民生活基礎調査』で実労働時間を聞くという方法が有力だろう。

対象とすることは、むしろ 直 截的だといえる。企業規模間格差や正社員・
非正社員格差についても同様だろう。

　2000 年代以降になると、全体のばらつきを、グループ間のばらつきとグ
ループ内のばらつきに分解することを方法上の共通点とする一群の研究が現
れてきた。平均ではなく分散に重きを置くので、分散分析と総称されること
が多い[11]。

　ばらつきに目を向けるということは、男性であっても女性よりも低い賃金
を受け取る場合もあるし、中小企業であっても大企業よりも賃金が高い場合
があるという現象を、平均をとるという過程に埋没させずに、男性のばらつ
きと女性のばらつき、あるいは大企業のばらつきと中小企業のばらつきがど
のように全体のばらつきを構成するか、という観点が重視される。したがっ
て、差別という文脈に直接つながるわけではないが、所得格差の文脈では伝
統的に用いられてきた観点である。賃金格差の発生源を特定の経済メカニズ
ムに求めて追及するというよりも、賃金格差の全体像を統計的に把握するこ
とに重点を置いた研究手法といえる。

　最も単純かつ典型的な算式は、賃金関数を前提にして次のように分解する
方法である。まず、属性 j のグループに属する個人 i の t 時点の総時間賃金
の対数値を w_{ij}^{t} と表記しよう。次に個人 i が t 時点で属するグループ属性を
表す変数、すなわち賃金関数の説明変数を X_{ij}^{t} とし、t 時点のデータを用い
て最小二乗推定された当該属性の係数を $\hat{\beta}_{j}^{t}$、個人 i の残差を $\hat{\varepsilon}_{ij}^{t}$ とすると、

$$Var(w_{ij}^{t})=Var(X_{ij}^{t}\hat{\beta}_{j}^{t})+Var(\hat{\varepsilon}_{ij}^{t}) \qquad (t=1993, \cdots, 2014) \qquad (6\text{-}1)$$

が成立する。このとき、右辺第一項が t 年のグループ間のばらつきを示す。

　他方、右辺第二項は、所属するグループ j を共通としたとしてもなお残存
する個人の賃金のばらつきを表象するので、グループ内のばらつきと解釈で
きる。

---

[11]　日本での応用例としては、Kambayashi, Kawaguchi and Yokoyama（2008）やデータを
　　延長した内閣府（2011）がある。その後、Kambayashi（2011）が事業所間の賃金分散
　　の拡大があることを指摘し、最近、明坂・三好（2016）が同様の指摘をしている。一
　　方、Kambayashi, Tanaka and Yamaguchi（2016）は企業間の賃金分散拡大の重要性を
　　重視すべきことを見出し、貿易構造との関連を示唆している。

図 **6-6** 総時間賃金の分散分解

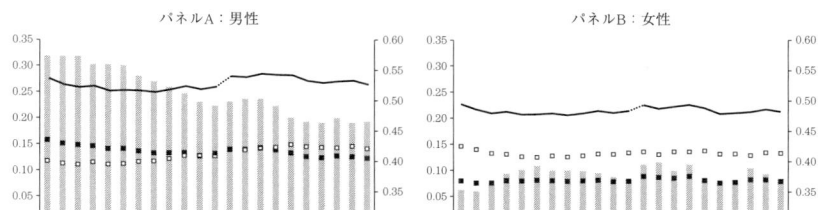

注）賃金センサス各年より筆者推計。集計対象は民営事業所に属するフルタイム被用者。グループは年齢と勤続年数、最終学歴で構成。総時間賃金の対数値を用いた。

通常、グループjは、年齢や最終学歴、勤続年数などの人的資本の属性が等しい被用者として定義される。ここでは、男女別に分け、年齢と勤続年数、最終学歴をグループ属性として取り上げる。この間の高学歴化を考慮すると、グループ属性として最終学歴を用いる必要性は高いので、本節ではとくに民営事業所のフルタイマーのみに標本を絞る。したがって、本章1節とは分析対象がずれている点には、読者の注意を喚起しておきたい。

1993年から2012年の賃金センサスを用いて、民営事業所のフルタイム被用者の総時間賃金のばらつきを上記の式に従って分解したのが、図 6-6 である。

男性の賃金分散はおおむね女性よりも上に位置しており、総時間賃金のばらつきは男性のほうが女性よりも大きい。図6-1でジニ係数を用いて確かめられたのと同様である。時系列動向については、前節にみたように注意が必要だが、男性では若干の増加傾向、女性では安定的か縮小傾向があると解釈できる。

他方、グループ間分散とグループ内分散の動向には特徴がある。まず、1990年代から2000年代初頭にかけて、男性のグループ間分散が減少する傾向にあった。逆にグループ内分散は、男性において上昇する傾向がみられる。結果として、男性ではグループ間分散とグループ内分散の説明力は逆転し、2000年代後半以降は、グループ間分散よりもグループ内分散のほうが

大きい傾向が現出した。もう一方の女性においては、もともとグループ内分散の重要性のほうが大きく、1997年前後以降は一見してわかる顕著な変化は見て取れない。

図6-6の含意は、ことのほか重要である。近年の男性の賃金のばらつきは、グループ間格差の縮小と同時にグループ内格差の拡大が起こり、この二つの傾向が相殺することで、全体のばらつきは微増するにとどまったと解釈できるからである。

グループ間格差の縮小とは、たとえば年功賃金体系の緩和に象徴されるように、長期勤続者と短期勤続者の賃金格差が縮小したことも含まれる。第3章4節において、年功賃金体系の緩和は全体としては1990年代後半にとどまり、2000年代以降は、平均的には一部を除いて年功賃金体系は維持されたことが示唆されたことを思い出していただきたい。図6-6パネルAでも、2000年代以降グループ間格差の低落傾向が小さくなっており、こうした解釈を裏づけている。

（2）　賃金体系の変化と被用者属性の変化（グループ間格差の源泉）

グループ間格差は、賃金体系の変更のように被用者属性の価格体系の変化によって引き起こされる部分もあるが、高い賃金がつけられる属性と低い賃金がつけられる属性にばらついていた被用者が変わることでも発生する。たとえば、高校卒業者と大学卒業者、あるいは長期勤続者と短期勤続者の賃金格差が一定だったとしても、大学卒業者の割合が増加したり長期勤続者の割合が減少すれば、図6-6のようにグループ間格差が減少することがあり得る。

このメカニズムの影響を確かめるためには、価格体系が固定された場合の仮の賃金分散と実際値とを比較すればよい。具体的には、1993年の賃金関数の推定値を1994年以降の各年の被用者にあてはめて仮の賃金を算出し、そのグループ間分散を計算する。被用者の分布そのものは実際のものを利用するため、図6-6の実際値との間に乖離があるとすれば、それは属性分布が変化することによってばらつきが変化した部分と解釈できる。

図中直線で示されているのは1993年のグループ間格差の水準で、被用者

図 **6-7**　グループ間分散の推移に対する、賃金体系と属性分布の貢献

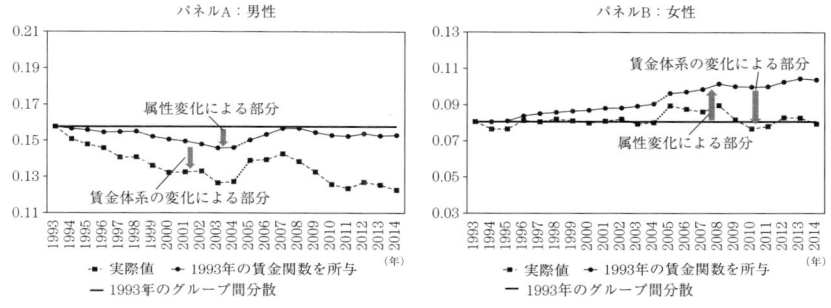

注）賃金センサス各年より筆者推計。集計対象は民営事業所に属するフルタイム被用者。グループは年齢、勤続年数、最終学歴。実際値は図 6-6 パネル A およびパネル B のグループ間分散に等しい。

の属性分布にも賃金体系にもまったく変化がなかったとすれば、この水準が維持されるという想定を表している。

　次に賃金体系を 1993 年の値に固定して、被用者の属性分布だけを現実の値に動かしたグループ間分散が、実線（+）によって示される。したがって、実線と直線の乖離部分は、被用者の属性分布が変化したことで生じた、グループ間格差の変化だといえる。

　興味深いことに、被用者の属性が変化することによって生じたグループ間格差の変化には、男女で趨勢がまったく異なる。すなわち、男性では安定的に、女性では逆に拡大させる方向に動いていたのである。

　言い換えれば、男性では、1993 年時点で高く値づけされていた属性から安く値づけされていた属性（たとえば長期勤続者から短期勤続者）に向けて被用者が異動する傾向があったものの、長続きせず、リーマン・ショック直前には 1993 年当時と似たような水準まで戻ってきていた。逆に女性の被用者は、低く値づけされていた属性から高く値づけされていた属性（たとえば短期勤続者から長期勤続者）に向かって継続的に異動していったといえる。

　本書でも、第 3 章や第 4 章において長期雇用慣行を考察した際に、とくに若年では男性と女性の置かれた状況が異なることを指摘してきた。すなわち、女性の労働市場への進出は淡々と進んでいった一方、男性では、女性の

進出に押されてか、旧来のような労働条件を享受できなくなってきた階層が生じていたことが示唆された。賃金分布をみても、このような男女間の相違は確認できるのである。

図 6-7 のもうひとつの重要なメッセージは、賃金体系の変化は、男女間わずグループ間格差を縮小する方向に変化していることである。図中では、実際のグループ間格差を示した破線（▪＝実際値）が、賃金体系を 1993 年当時のものに固定した場合のグループ間格差を示した実線よりも常に下側に位置することによって示されている。被用者属性の変化がグループ間格差に与えた圧力は、男性では縮小方向、女性では拡大方向とまちまちだったことと対照的だろう。しかも、実線と破線との乖離は時間が経過するにつれて単調に大きくなっている。すなわち、賃金体系の変化は、グループ間格差に対して常に縮小方向に圧力をかけ続けていたことがわかる。

以上、ここまでの本節の推論をまとめよう。まず賃金分散をグループ間分散とグループ内分散に分解すると、男性においてはグループ間分散が縮小してグループ内分散が増大する傾向があった一方、女性ではグループ間分散が縮小もしくは安定的に推移し、グループ内分散も同様の傾向にあった。グループ間分散の動向は、賃金体系の変化と被用者属性の変化に分けられる。被用者属性の変化は、基本的に賃金格差を増大させる方向にシフトしており、男性と比較すると女性に顕著だった。しかし賃金体系の変化は賃金格差を縮小する方向に動いており、この二つが相殺して、とくに男性のグループ間格差に縮小傾向をもたらしたといえる。

（3）　グループ内格差の源泉

前項までで、近年の日本の賃金のグループ間格差の趨勢においては、年功賃金体系の修正に象徴される賃金体系の変化が、グループ間格差を縮小する役割を果たしたことが示唆された。次の考察対象は、とくに男性において増大したグループ内格差である。

ここでいうグループ内格差とは、被用者の属性を限定して同一グループに属する被用者だけに注目しても、なお残存する賃金のばらつきのことを指し、計量経済学的には（6-1）式の誤差項として要約される部分でもある。

人的資本市場が十分に競争的であれば、誤差項にあたる部分のばらつきは、個人個人の資質のちがいによって説明されるべき要素にあたる。近年の日本の労働市場の、とくに男性の賃金格差の動向に一役買っているのは、個人個人の資質のばらつきが大きくなったことだという解釈になる。

　しかし、誤差項を個人個人の資質に帰着させる前に、いくつか考慮するべき要素があるだろう。

　たとえば伃用者側の要因がないだろうか。もともと、大企業と中小企業とでは賃金格差があることはよく知られている。労働市場での競争が十分競争的であれば、各人の賃金は人的資本の限界生産性に等しく、同一の人的資本を持つ被用者がたまたま大企業に就職した場合に限界生産性が高くなる理由を考える必要はない。このとき、企業規模間賃金格差は、大企業には労働市場で高く評価される資質を持つ被用者が集まり、中小企業では逆に低くしか評価されない資質を持つ被用者が集まることで、見かけ上発生しているにすぎないと解釈できる。

　以上の解釈の当否こそが、労働経済学が挑み続けていまだに結論を得ていないテーマのひとつでもある。本書では深入りを避け、単純に使用者側の要因がグループ内格差と関係するかを統計的に検証することを通じて、近年の日本の労働市場におけるグループ内格差の源泉について、何らかの手掛かりを得ることに目標を設定しよう。

　本項で依拠する方法は単純である。まず（6-1）式のもとになった賃金関数に、使用者側の要素 Y_j を説明変数として追加する。すなわち、推定モデルとして次の（6-2）式を考える。

$$w_{ij}^{t} = X_{ij}^{t} \beta^{t} + Y_{j}^{t} \gamma^{t} + \omega_{ij}^{t} \qquad (t = 1993, \cdots, 2014) \qquad (6\text{-}2)$$

　（6-2）式に従って賃金関数を推定したあとに注目したいのは、（6-1）式で算出されたグループ内分散 $Var(\hat{\varepsilon}_{ij}^{t})$ のうち、（6-2）式で推定された $\widehat{Y_{j}^{t}\gamma^{t}}$ のばらつきがどの程度を占めるかである。この割合が、グループ内格差のようにみえた賃金格差のなかで、使用者側の要因によって説明されるべき大きさであり、個人個人の資質のちがいに帰着できない部分でもある。

ところが、（6-2）式に（6-1）式と同様に分散分解をあてはめると、今回は共分散の解釈が難しくなる。すなわち、

$$Var(w_{ij}^t) = Var(X_{ij}^t \overline{\beta^t}) + Cov(X_{ij}^t \overline{\beta^t}, Y_j^t \widetilde{\gamma^t}) + Var(Y_j^t \widetilde{\gamma^t}) + Var(\widetilde{\varepsilon}_{ij}^t)$$

$$(t = 1993, \cdots, 2014) \tag{6-2}'$$

となって、$Cov(X_{ij}^t \overline{\beta^t}, Y_j^t \widetilde{\gamma^t})$ をグループ間分散として扱うべきか、グループ内分散に含むべきか一概にはいえないからである[12]。そこで本項では、分散分解ではなく共分散分解を用いて考察を進めよう。すなわち、賃金分散を

$$Var(w_{ij}^t) = Cov(w_{ij}^t, X_{ij}^t \overline{\beta^t}) + Cov(w_{ij}^t, Y_j^t \widetilde{\gamma^t}) + Cov(w_{ij}^t, \widetilde{\varepsilon}_{ij}^t)$$

$$(t = 1993, \cdots, 2014) \tag{6-2}''$$

と分解し、右辺第一項をグループ間のばらつきの、右辺第二項と第三項をグループ内のばらつきの代理変数とするという考え方である。すなわち、賃金のばらつきを、賃金と被用者属性とが連動する部分、使用者要素とが連動する部分、個人個人の資質と連動する部分に分割し、後者二者を合計してグループ内のばらつきとみなすのである。

　ただし、共分散分解では、賃金のばらつきの変動自体がどの共分散にも影

---

12)　分析の関心が $Var(\widehat{\varepsilon}_{ij}^t)$ に占める $Y_j^t \widehat{\gamma^t}$ のばらつきの割合にあるならば、（6-2）式に類する別の方法として、直接 $\widehat{\varepsilon}_{ij}^t$ を Y_j^t に回帰し、その推定量を加工することで（6-1）式と同様に分解できる。すなわち、推定モデルを $\widehat{\varepsilon}_{ij}^t = Y_j^t \delta^t + \psi_{ij}^t$ として、直接

$$Var(\widehat{\varepsilon}_{ij}^t) = Var(Y_j^t \overline{\delta^t}) + Var(\overline{\psi_{ij}^t}) \quad \cdots (6\text{-}a)$$

を用いれば、グループ内格差に占める事業所側の要素の役割を計算することができる。
　ただし、このとき、（6-a）を（6-1）に代入すると、

$$Var(w_{ij}^t) = Var(X_{ij}^t \widehat{\beta^t}) + Var(Y_j^t \overline{\delta^t}) + Var(\overline{\psi_{ij}^t}) \quad \cdots (6\text{-}b)$$

が成立することに注意されたい。（6-2）′式と比較すると明らかだが、（6-a）式は、$Cov(X_{ij}^t \widehat{\beta^t}, Y_j^t \overline{\delta^t}) = 0$ を仮定するのと同値なのである。一般に、大企業には大学卒業者が集まりやすいなど、ある特徴を持った使用者に、ある属性を持った被用者が集まりやすいことは、大いにあり得る。したがって、$Cov(X_{ij}^t \widehat{\beta^t}, Y_j^t \overline{\delta^t}) = 0$ の仮定は、それほど自明ではない。別な表現をすれば、（6-1）式の推定モデルは Y_j を考慮しない分、β の推定にバイアスが生じ、グループ間格差を過大あるいは過小に見積もってしまう可能性がある、ともいえる。しかし、（6-a）式を合わせて所与とすることは、（6-1）式に推定上のバイアスは発生していないことを仮定するに等しい。共分散分解の場合には、こうした暗黙の仮定を置かずに議論を進められるというメリットがある。

響を与える。したがって、各共分散の絶対水準の時系列比較にはあまり適しておらず、全体の賃金分散のうち諸要素と連動している部分がどの程度かというシェアの推移を考察するほうが、直感的に理解しやすいだろう。本項でも（6-2）″式を用いて各共分散のシェアを算出して、議論の素材とする。

　使用者側の要素 Y_j として取り上げる変数だが、賃金センサスは事業所側の変数が少なく、利用できるのは産業分類、企業規模分類、立地都道府県などにとどまる。本項でもこの 3 つの変数を用い、産業分類・企業規模分類・立地都道府県の賃金分散に占めるシェアを計算し、次に事業所平均賃金をコントロールすることに等しい、事業所固別効果を固定効果を用いて同様の計算をする。その結果、追加した変数の持つ説明力を検討できる。

　図 6-8 では、各年の（6-2）″の値を推定し、賃金分散に対する 3 つの項（または事業所固定効果）のシェアを 1993 〜 2014 年まで男女別に並べた。

　まず男女の両方とも、グループ間格差の動向は、先にみた図 6-6 と等しいことを確認していただきたい。図 6-6 の分析対象は民営事業所被用者全体だったが、図 6-8 ではもっぱらフルタイム被用者を検討しており、両者では分析範囲が異なる。それにもかかわらず、図中では、男性のグループ間格差は、1990 年代後半から 2000 年代前半まで、賃金分散の中での相対的な重要性を低め、2000 年代初め以降は安定的に推移したことが示されている。女性においては、全期間にわたって大きな変化はない。男性の賃金分散に占めるグループ内格差のシェアは、1990 年代後半から 2000 年代前半まで増大したという、図 6-6 と同様の傾向が読み取れるのである。

　図 6-8 から発せられる最も重要なメッセージは、事業所固別効果の影響の大きさだろう。中でも、男性では、産業・企業規模・立地都道府県の 3 変数と関係する賃金格差は、グループ内格差のおおむね 45 ％程度にとどまる一方[13]、事業所固定効果と関係する賃金格差は 70 ％程度にものぼる。産業・企業規模・立地都道府県では説明できないが、しかし事業所固有の影響を形成している何らかの要素の説明力は無視できない。

　そして、グループ内格差が大きくなるにつれ、こうした事業所側の要素と

---

[13]　たとえば 1993 年では、0.449＝0.234/（0.234＋0.288）である。

図 6-8　グループ内のばらつきに対する、事業所の要素の貢献

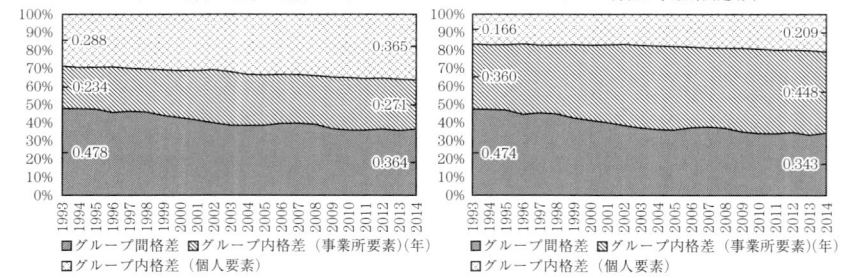

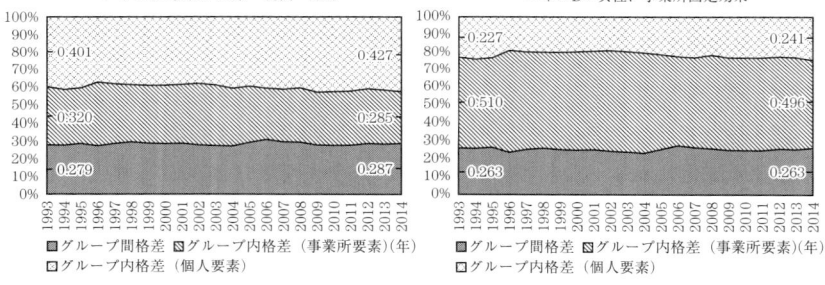

注）賃金センサス各年より筆者推計。集計対象は民営事業所に属するフルタイム被用者。被用者のグループは年齢、勤続年数、最終学歴によって作成。事業所側の要因は産業分類・企業規模・立地する都道府県の３つの変数、または事業所固定効果を用いた。図内の数値は、1993年および2014年についてのシェアである。

の連動も強くなってきている。具体的にはパネル A では、1993 年には、産業・企業規模・立地都道府県の３変数が賃金と連動する程度は 0.234 だったのに対して、2014 年には 0.271 まで、0.037 ポイント増加した。他方パネル B によれば、事業所固定効果が連動する部分は、それぞれ 0.360 と 0.448 で、増加分は 0.088 ポイントと大きい。

　また、パネル A では、もともと男性のグループ内格差は 0.522（= 0.288 + 0.234）から 0.636（= 0.365 + 0.271）まで 0.114 ポイント増加している。そのうち事業所側の要素による部分が 0.037、個人的要因による部分が 0.077 と、事業所側の要素と関係するばらつきは半分を占めていなかった。ところが産業・企業規模・立地都道府県の３変数の代わりに事業所固定効果を用い

たパネルBでは、グループ内格差の変化が＋0.131と大きく見積もられ、そのうち事業所固定効果と関係する部分が0.088と過半を占めるようになる。

　パネルAにせよパネルBにせよ、事業所側の要素と賃金の連動が強くなることで、グループ内格差を拡大させたといえるが、事業所側の要素のなかでも、産業・企業規模・立地都道府県の3変数では説明がつかない事業所固有の要素の役割が大きかったのである。

　以上の男性についての観察結果は、実は女性と好対照をなす。女性のグループ内格差は、元来変化がなかったが、事業所側の要素と賃金の連動性が弱くなった代わりに、個人的要因と賃金の連動性が強くなる傾向にあった。両者が相殺して、グループ内格差が安定しているようにみえたのである。

　このように、グループ内賃金格差の変化は、産業や企業規模、それのみならず事業所や企業固有の要因が変動することで発生している側面があるとまとめられる。

（4）　補論：分位点への影響

　さて、賃金格差の変化を、被用者属性の変化と賃金体系の変化に分解しようという本節の試みは、分位点の変化についても応用可能である。ただし、分位点を特定したり大小を比較するためには、個別要素を別々に扱うことができた分散分析とは異なり、賃金水準自体の情報が必要である。

　その結果、仮想的な賃金水準を想定する際の個人個人の資質の効果（誤差項）の扱いが難しくなり、グループ間格差とグループ内格差の推移を賃金変化と属性変化に分割するのはそれほど簡単ではない。ここでは、ひとつの試みとして、最も単純に、仮想的な個人別効果は実際の個別効果と等しいと仮定して、考察を試みよう。

　まず、t 時点でのデータを用いて、（6-3）式の賃金関数を推定するのは、（6-1）式の手順と同様である。

$$w_i^t = X_i^t \beta^t + \varepsilon_i^t \qquad (t = 1993, \cdots, 2014) \qquad (6\text{-}3)$$

　次に、1993年のデータを用いて推定された賃金体系（$\widehat{\beta^{1993}}$）を1994年以降のデータにあてはめ仮想の賃金を算出するのも、図6-7作成時と同様

である。ただし、このとき個人別効果として、t 年個人 i について実際に推定された $\hat{\varepsilon}_i^t$ をそのまま用いる。すなわち、賃金体系が 1993 年当時のままだと想定したときの t 年個人 i の賃金水準 $\widetilde{w}_i^t$ を、次の（6-3）′式によって算出する。

$$\widetilde{w}_i^t = X_i^t \widehat{\beta^{1993}} + \hat{\varepsilon}_i^t \qquad (t = 1993, \cdots, 2014) \qquad (6\text{-}3)'$$

1993 年については、実際の賃金水準 w_i^{1993} と仮想的賃金水準 $\overline{w_i^{1993}}$ は同一個人 i については必ず等しくなるが、1994 年以降の仮想的賃金水準は、賃金体系が変化した分だけ、同一個人についても両者に相違が発生する。

以上の手順に従って、仮想的な賃金水準を各年について作成して賃金分布をつくり直し、分布の特性値を算出する。ここでは、本章 1 節で詳述した 10% 点と 50% 点に注目しよう。

50% 点との相対的な距離を合わせて、1993 年を基点にした推移を図示したのが図 6-9 である。図 6-7 と同様に、それぞれ 1993 年の水準で水平線を引き、賃金体系を固定し属性分布のみを変化させた場合の（相対）分位点の推移を実線で、実際の値を破線で示している。図 6-2 では民営事業所全被用者を用い、かつ 2004-05 年の断層を考慮するために調整しているが、図 6-9 ではフルタイム被用者に限り、2004-05 年の断層はまったく調整していない。

まずパネル A、B、D、E から 10 ％点と 50 ％点の推移を確認すると、賃金体系を固定した仮想的な賃金分布から算出される分位点の変化は、実際の変化よりも常に大きく、男女問わず上昇傾向にあった。つまり、1993 年当時に高値をつけていた属性（たとえば高校卒業よりも大学卒業、あるいは短期勤続者よりも長期勤続者）に被用者が全体的にシフトすることによって、分布の左裾も中心も、同時に右方向にずれてきたと解釈できる[14]。

ただし、その速度は分位点によって異なる。つまり、分布の全体にわたって均等にシフトしていったのではなく、シフトが大きく起こった部分と小さくしか起こらなかった部分に差があったのである。

具体的には、男性では 50 ％点の上昇のほうが 10 ％点の上昇よりも速く、結果として仮想的賃金分布における 10 ％点と 50 ％点との距離は開いてし

図 6-9　10% 点、50% 点の推移に対する、賃金体系と属性分布の貢献

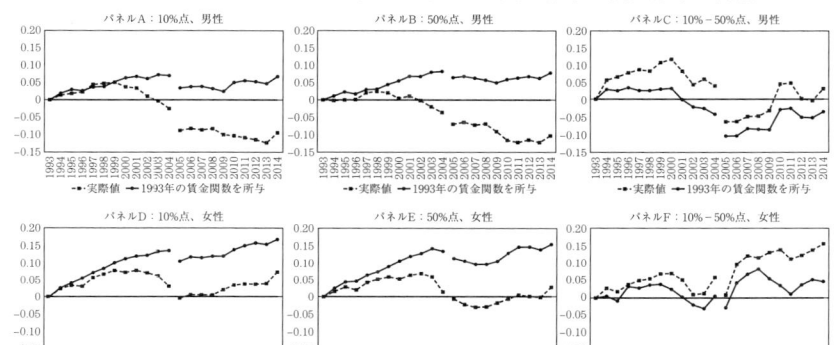

注）賃金センサス各年より筆者推計。集計対象は民営事業所に属するフルタイム被用者。グループは年齢、勤続年数、最終学歴で構成。

---

14)　各分位点に該当する個人は固定していない点に注意されたい。仮想的な賃金体系をあてはめた場合、個人の順位が入れ替わって、たとえば 50 ％点にあたる個人は、実際の分布での 50 ％点にあたる個人ともはや同一ではない。したがって、t 時点の実際の中位者 i の賃金と、同じ t 時点の仮想賃金分布の中位者 i' は異なり、両者の賃金水準の差には、厳密にいえば、属性の差と個人効果の差の両方の要素が含まれることになる。本章では、簡略さを優先して、両方の要素を「属性の差」として解釈することで、詳細な議論を省略する。

　ただし、個人 i も個人 i' のいずれも、t 時点のデータであればどこかに必ず存在する。分散や平均など、分布全体に関するある種の要約統計量に注目する限り、どの個人にどの個人的効果を配分して仮想的賃金を算出したかは問題とはならない。簡単にいえば、全体をまとめてしまうのであれば、必ずどこかで計算には入っているはずだからである。

　最新の賃金分布の経済学的論考は、この個人的効果の扱いについて、より一般的に、仮想的な状況において個人的効果そのものが変化することを考慮するようになった。たとえば、仮に賃金分布が 1993 年当時のままだったとすれば、t 時点で被用者となる人々の意思決定が変わるはずだということを織り込みながら進展しているのである。同じ t 時点といっても、仮想的賃金分布の下では、実際にはいなかったはずの個人 i'' が労働市場に入ってくるかもしれないし、実際には働いていた個人 i''' が引退してしまうかもしれない。このとき、実際の個人的効果と仮想的賃金分布のもとの個人的効果には、分布の意味で「ずれ」が発生するはずで、平均や分散といった分布全体の要約統計量といえども、このずれを吸収して帳尻を合わせることはできない。簡単にいえば、そのまま素直に計算してしまうと、個人 i'' は計算に入ってこないし、個人 i''' は計算から除かれない。近年、このずれを補正する方法がいくつか提案されており、日本に応用されたのは Kambayashi, Kawaguchi and Yokoyama（2008）である。

まい、相対的な 10 ％点はかえって低落する方向に動いた（パネル C）。前節では分散分析の結果、男性の属性シフトが実はグループ間格差を拡大する方向に動いていたことが指摘されたが、それは、賃金階層の低位と中位での属性変化の速度のギャップから生まれていたかもしれないのである。

　他方、女性では 10 ％点の上昇のほうが速く、仮想的賃金分布における相対的な 10 ％点は上昇するはずだった（パネル F）。グループ間とグループ内という区別はできていないが、賃金体系の変化を考慮しなかったとしても、基本的な賃金格差の推移の構図は、図 6-2 や図 6-7 から得られるメッセージと同様だといえるだろう。その背後には被用者属性の分布の変化と、その男女間のちがいという事情があることが示唆されるからである。

　しかし現実には、賃金体系の改訂が並行し、分位点の変化を押しとどめる力が働いた。1993 年当時には高く評価されていた属性も、賃金調整の結果、各年では必ずしも高く評価されなくなり、結果として、属性のシフトが引き起こすはずだった変化を相殺したことになる。前節において賃金分散の分析から得られた賃金体系の変化の役割と一致している。この賃金体系の変化の影響は、1990 年代末から 2000 年代前半にかけて顕著だったことも一致しており、男性の 10 ％点と 50 ％点は 1993 年時点と比較すると、絶対水準を減少させるに至ったほどである。

　もちろん、賃金体系の変化の影響も分位点によって異なり、10 ％点と50 ％点の距離へも影響を及ぼしている。具体的には、男女ともに、50 ％点への影響のほうが 10 ％点への影響よりも大きかった。賃金体系の変化は、属性シフトからくる 50 ％点の上昇をより強く引っ張ったことで、相対的にみると 50 ％点を引き下げ、逆にいえば 10 ％点を引き上げたことになる。被用者の属性の変化にしろ、賃金体系の変化にしろ、10 ％点よりも 50 ％点により強く影響した可能性があることは、次章で触れる労働市場の二極化と関連しており、興味深い論点だろう。

　（注 14 つづき）分位点の場合には、この議論がより直截的にあてはまる。たとえ労働市場への参入や労働市場からの退出を考えずとも、仮想的賃金分布の下で分位点として指定される個人は実際とは必ず異なるはずである。その際に生じる個人的効果の入れ替わりを、属性シフトとして解釈するかどうかは論者次第かもしれない。ただし、上記のずれの修正法を応用した分析も開発され、利用されるようになってきた。

（5）　小括：賃金格差のメカニズム

　以上のように、本章では賃金センサスを用いて近年の日本の賃金格差の動向を分析してきた。その結果をおおまかにまとめると、次のようになる。

　まず、賃金格差は全体として男性で拡大傾向、女性で縮小傾向にあり、男女合計すると安定的に推移していた。格差社会という言葉が流通しながら格差が広がっているとはいえないという点では、賃金格差も所得格差と大差があるわけではない。

　その賃金格差を、人的資本の属性によってグループ化し、グループ間格差とグループ内格差に分割すると、男女間では動向が異なる。男性ではグループ間分散が縮小してグループ内分散が増大する傾向があり、後者が前者を上回ることで賃金格差を拡大させた。一方、女性ではグループ間分散もグループ内分散も比較的安定的もしくは若干の縮小傾向に推移し、結果として賃金格差は若干縮小した。

　さらに、グループ間格差の動向は、被用者属性の変化と賃金体系の変化に分解できる。近年の日本では、被用者属性は、基本的に賃金格差を増大する方向にシフトしていたものの、賃金体系の変化は、逆に賃金格差を縮小する方向に動いており、二つの力が相殺したといえる。もう一方のグループ内格差を理解するためには、おそらく事業所側の要因を考慮することが必要だろう。とくに拡大した男性のグループ内格差は、事業所側の要因と賃金との連動が強まることで発生していた可能性が強い。

　以上の観察結果から、いくつかの含意を紡ぎ出すことができるだろう。たとえば、日本の労働市場が持つ価格メカニズムに対する含意がある。近年の日本の労働市場ではとくに女性では高学歴化や長期勤続化が進んだことはよく知られている。しかし、このこと自体は労働市場での賃金格差を拡大させる方向に作用していた。ところが同時に、賃金体系の変化が賃金格差を縮小させる方向で働き、両者が相殺されたことは、労働市場における資源配分のメカニズムが中長期的に作動していたと解釈できるかもしれない。つまり、需要と供給の関係で過度に高く価格がつけられた要素に対しては、賃金が低落する圧力がかかるという意味である。

　本書では第Ⅱ部において、日本的雇用慣行を中心に変わらない日本の労働市場を強調してきたが、本章の含意と合わせれば、それはあくまでも労働市場のメカニズムに立脚していることを忘れるべきではなく、未来永劫不変ではないという解釈を引き出すことができる。

　あるいは、拡大した男性のグループ内格差の源泉が事業所や企業間の格差拡大である可能性は、本章冒頭で言及した、ある種のパラドクスと関係するかもしれない。本章の見解をそのまま訳出すれば、事業所間格差とは、まったく同一の人的資本を保持している被用者でも、たまたま就業する事業所が異なることから賃金格差が生まれ、しかもその格差が拡大してきていると言い換えられる。そして、事業所固定効果で代理される格差、つまり産業や企業規模、地域といった変数で説明できない要因から生じる格差拡大となると、同一の人的資本を保持した被用者が同一地域で操業する同規模の同業種に就職したとしても、なぜか会社によって賃金格差が生じ、その格差が拡大しつつあると考えられる。

　このような格差は、世間にはみえづらい。大企業であれば、情報産業であれば、など、一見してわかる企業や事業所の属性に引きずられて賃金格差が拡大しているのであれば、そのメカニズムは理解しやすいし、政治的にも格差是正のターゲットを絞りやすい。だが、企業規模や産業ではなく、まさに企業や事業所の「収益性」のような要素によって賃金格差が拡大しているとすれば、なぜ自分の会社に比べて隣の会社の賃金が上がるのかを一般従業員が理解するのはそれほど簡単ではない。

　そうであるとすれば、現在の賃金格差を心理的に許容する余地が狭まるとしても矛盾はないだろう。もし、社会の格差に対する心証を形成するのが、格差の絶対水準ではなく、格差が発生するメカニズムだとすれば、本章で示唆されたメカニズムの変化が底流で日本社会を揺り動かしているかもしれないのである。

　もちろん、本章の分析には留保すべき点がいくつもある。まず賃金センサスの資料上の紛れから、分析対象を全被用者とするかフルタイマーに限るかで、本章がまとめた現象の強弱は変わってくる。分析結果を定性的な傾向の有無を超えて解釈する場合、その含意が労働市場全体を説明するのか、ある

部分のみを説明するのか、データとの対応関係は常に考えておくべきだろう。

　次に、本章で例示した分散分析、共分散分解などは、賃金関数の推定と表裏をなしている。したがって、賃金関数の推定の一致性を毀損する要因がある場合、本章で言及している現象は経済メカニズムから生じているのではなく、推定上の問題点から生じている可能性がある。実際、現代労働経済学の最先端の研究のひとつは、この文脈を精緻に分析することにあるのだが、本章はこうした最先端の研究を十分に取り入れた解説とはなっていない。

　補論において、どのような問題点が生じ得るかについては暗示したつもりであるが、興味を持った読者は是非、専門的な論文を参照していただきたい。

第 7 章

二極化する仕事
──ジョブ、スキル、タスク

1　雇用機会の二極化

（1）　被月者の質から雇用機会の質へ

第 6 章では賃金格差という観点から、1990 年代以降の日本の労働市場の底に流れる変革の力をまとめた。伝統的な経済学は、労働市場のメカニズムを考えるにあたって被用者の選択を重視してきた。労働力を、経済における究極的な初期賦存とする考え方に基づけば、その持ち主である被用者の意思決定こそが、労働市場をかたちづくる。そして、労働市場から発生する格差とは、まずは被用者の資質の格差に根拠がある、と続けるのは自然な論理展開でもある。実際、近年の日本の賃金格差を理解するのに、とくに女性における高学歴化や長期勤続化など、被用者の就業選択の変化と価格メカニズムの反応という観点が必須であることは前章で示した通りである。

しかし、労働市場のメカニズムを理解する上で、労働需要側の要因も留意すべきであるという考え方も、一定程度論者に共有されるようになってきた。前章 3 節で考察された、賃金格差への事業所側の要因の貢献の議論は、その一例である。

もともと、同一の資質を持った被用者でも、就業する雇用機会によっては十分活躍できる場合もできない場合もあると考えるのはそれほど奇異ではない。したがって、少なくとも短期的には、個人の資質ではなく雇用機会の質

によって、被用者の生産性が決定されると考える方法もある。しかも、雇用機会の質を決めるのに主導権を持つのは使用者側であり、こと企業の投資戦略やビジネス戦略は直接雇用機会を設計しているといっても過言ではない。

　1990 年代以降の労働市場を取り巻く環境変化として、グローバル化とICT 化が指摘されるが、この二つがまず影響するのは使用者側のビジネス戦略であって、被用者の就業行動ではない。賃金格差を理解するには雇用機会の質の格差を考慮する必要があるという主張は、少なくともすぐに否定されるべきではないのである。

　以上のような背景の下、雇用機会の質の格差を分析対象にすること自体は、現在では以前ほど異端視されることは少なくなった。しかし、多くの研究者はおそらくある種の懸念を払拭しきっておらず、その結果、この文脈に沿った研究成果の出版はいまだに少数派にとどまる。その懸念とは、この文脈を選択すること自体がイデオロギー的な立場表明になるという点よりも、雇用機会の質をどのように計測するかという実際的な点に尽きる。

　少し考えても、人的資本理論を背景に、「教育年数」や「経験年数」といった代理変数を見出し、連綿とデータ化してきた伝統的な労働経済学とは異なり[1]、雇用機会の質について一般的な代理変数をみつけてデータとして収集するのは容易ではない。被用者本人に「あなたは何年間、今の仕事を経験していますか？」と聞くのはそれほど難しくないが、「あなたの今の仕事の質はどのくらい高いですか？」と聞いてみても、適切な回答が返ってくる可能性はかなり小さいことは容易に想像がつく。どのような観点で雇用機会の質を計測するのか、論者のなかである程度の統一的な見解が安定しない限り、研究が拡散するのは難しい。

（2）　職種（occupation）、タスク（task）、仕事（job）

　ところが 2000 年前後になり、世界的に有力な労働経済学研究者が相次いで雇用機会の質の代理変数を提案すると、状況が一変した。ひとつは、賃金水準そのものを雇用機会の質だとみなす考え方、もうひとつは何らかのかた

---

[1]　近年では認知能力や非認知能力など、より生物学的な観点が強調されるようになり、人的資本の計測はたゆまぬ精緻化を進めている。

ちで職務内容を要約して雇用機会の質とみなす考え方である。詳細は各節に譲るとして、本節ではおおまかな流れを説明しよう。

第一の方沄は、一見すると、個人の賃金を限界生産性として解釈する伝統的な労働経済学の考え方と似ている。しかし、新しく提案された方法は、何らかのかたちでグループを形成し、そのグループの雇用機会の質を計測するのに、属する被用者の賃金情報を集計的に用いる。同一グループに入っていれば、たとえ個人の賃金が異なっても、グループのレッテルに添付された質の雇用機会を持つと考え、個人の賃金が個人の限界生産性と関係するという考え方とは異なる[2]。

第二の方法は、仕事の内容をタスク（Task）という観点から分類する[3]。旧来、タスクという意味では頭脳労働（Cognitive Task）と身体労働（Manual Task）という二分法が流通しており、現在でも有効な分類方法だろう。2000年代以降、有力視されるようになったのは、あらかじめ決められた同じことを繰り返すのか、異なる状況に対処しつつ毎回異なることをしなければならないのかという区別である。英語では、前者は Routine Task、後者は Non-routine Task と呼称されている。本章ではそれぞれ定型タスク、非定型タスクと訳出しよう。

先の頭脳／身体労働という区分も加えると、「頭脳的定型タスク（Routine Cognitive Task）」「頭脳的非定型タスク」「身体的定型タスク（Routine Manual Task）」「身体的非定型タスク（Non-routine Manual Task）」の四つに区別できる。さらに、頭脳的非定型タスクを、被用者同士の相互関係が重要な

---

[2]　Goos and Manning（2007）や Autor and Dorn（2013）を参照のこと。

[3]　近年「職務給」という単語とともに、職務という日本語が復活しつつある。しかし、現在の流通しつつある「職務給」という単語に対応するのは、本来は「仕事給」と呼ばれる考え方で、複数の職務内容を束ねて定義される仕事（job）に対して賃金を設定する仕組み一般を指してきた。さらに、職種（occupation）は、仕事（job）の同時的経時的組み合わせで定義される。これに対してタスク（task）とは、ある職務内容の遂行過程を物理的に分解した要素を指し、テイラー的動作分析で多用される。技能（skill）とは、あるタスクを遂行するために被用者が備えている条件を指す。欧米の労働現場（もしくは英語）では、このように職種（occupation）、仕事（job）、タスク（task）、技能（skill）が厳密に区別される傾向にあるが、日本の人事労務管理（もしくは日本語）では、これらの語は必ずしも厳密に区別されていない。本書では、先行研究や他の専門的な考察をよそに、この定義を採用する。

のか、個人で独立して職務を遂行できるのかという点で分け、前者を「相互関係的非定型タスク（Non-routine Interactive Task）」、後者を「分析的非定型タスク（Non-routine Analytical Task）」と呼ぶことが一般的になってきた。この方法は、都合五種類のタスクを定義し、どのタスクがどの程度重要かをメルクマールに、雇用機会の質を評価する方法とまとめることができる[4]。

　すでにお気づきの読者もおられると思うが、上記のような分類の基礎を提供しているのは実は職業分類である。たとえば、ある職業の平均賃金の高低によって、その職業の雇用機会の質を判断し、あるいは、ある職業がどの程度非定型タスクに偏っているかによって、その職業の雇用機会の質の高低とする、といった類のアプローチである。労働需要側から雇用機会を評価する場合には、企業規模や産業分類という観点があったことはすでに繰り返してきた。労働現場を条件づける生産技術は、経営規模や産業によって制約されるという考え方に裏打ちされており、企業規模間賃金格差や産業間賃金格差という文脈で研究の成果が積み上げられてきたことは読者もよく知っていることだろう。これに対して、近年の雇用機会の質の議論は、従来被用者の資質の代理変数として考えられていた職業という情報を、労働需要側から利用しようとする試みでもあると言い換えられる[5]。

　より具体的に議論を進めると、二つの方法は次のように要約できる。第一の方法は、雇用の質を定義すべきグループとして職業分類を利用する。分析対象期間の初期時点での各職業の平均賃金や中位賃金を算出し、高い職業から低い職業に並べ、その相対的な順位をもって雇用機会の質の高低の代理変数とするという方法である。

　第二の方法は、やはり職業別に五つのタスクのスコアを生成し、たとえば分析的非定型タスクを多用する職業からほとんど要求されない職業に並べることで、雇用機会の質の高低を示すことができる。もちろん、どのタスクの割合が高いことが雇用機会の質が高いとみなすかは自明ではないが、直感的にも分析的非定型タスクと相互関係的非定型タスクの二つの要素が強いほ

---

[4]　後述、Autor, Levy and Murnane（2003）が初出である。

ど、雇用機会の質が高そうだと予想するのは容易だろう。

　次の課題は、具体的に二つのアプローチを日本の労働市場のデータにあて
はめることである。しかし、その前に職業分類を基本とした雇用機会の質の
評価という分析方法の利点について整理しておこう。

　まず、雇用機会の質を考慮する動機として、労働市場全体での雇用機会の
質の格差が拡大しているのかどうかという疑問があることを想起していただ
きたい。この場合、できる限り詳細かつ広汎な雇用機会の質についてのデー
タが利用できることが望ましく、職業分類を用いることは利点になる。なぜ
なら、各国の労調や国調などの基幹的世帯調査では、少なくとも個票に戻っ
たときには、職業分類について 3 桁以下の詳細分類を備えていることは稀で
はなく、全国を概観するデータを構築できるからである。

　繰り返しになるが、小規模標本のパネル調査は特定の経済学的メカニズム
を検証するのには適しているが、賃金格差や雇用機会の質の格差などに関す
る経済全体の分布を調べるには、あまり適していない。大規模なクロスセク
ションデータの有効活用を考える必要があるが、雇用機会の質の代理変数と
して職業分類を用いるというアイデアは、この点でも工夫されている。

　また、データの保存状態が比較的良好な、労調など各国の基幹的世帯調査
を用いることができれば、現在から遡って数十年単位の中長期的なデータを
整理できるという利点もある。たしかに、近年の実証経済学全体の傾向とし

---

5)　もちろん、産業分類と職業分類が厳密に別のものとして意識され始めたのはそれほど
　　古いことではない。たとえば、現在でも、12 に分割されている日本標準職業分類の大
　　分類は、管理的職業従事者、専門的・技術的職業従事者を筆頭に、事務従事者、販売
　　従事者、サービス職業従事者、保安従事者、農林漁業従事者、生産工程従事者、輸送
　　・機械運転従事者、建設・採掘従事者、運搬・清掃・包装等従事者、分類不能の職業
　　と続く。ここで日本標準産業分類の大分類を思い出すと、サービス業、農林漁業、製
　　造業、運輸業・郵便業、建設業、鉱業など、職業分類とかなり親和的なことはおわか
　　りだろう。戦前日本の国調をみると、たとえば 1920 年の第 1 回調査の職業分類の大分
　　類は、農業、林業、漁業、採鉱・冶金業、土石採取業、などとなっており、まさしく
　　現在でいう産業分類を指していた。一般に、規模が小さな事業体では直接部門が支配
　　的であり、典型的な製品を担う典型的な職業の従業員が主体となる。この場合、産業
　　分類と職業分類を分ける必然性はそれほど大きくはない。しかし、製品の多様化や管
　　理部門や技術部門など間接部門が充実するにしたがって、典型的な職業ではない従業
　　員が増え、産業分類とは別に、職業分類を用いて人口や労働力を数える必要が生じて
　　きたと考えることができる。結局、日本の国調において職業分類と産業分類が明らか
　　に分離されるのは、ようやく戦時中の 1940 年調査を待たなければならなかった。

ては、技術などの環境変化の影響を分析するには、自然実験的な枠組みに依拠するのが主流である[6]。しかし、自然実験的な枠組み、すなわち比較的短期間での環境変化を材料にする実証プログラムは、よほどの激変でない限り市場全体に及ぼす影響を検出できない。

労働市場全体を取り巻く技術変化は往々にして連続的に静かに進行することを考えると、厳密に因果関係を同定することをあきらめ、中長期的なトレンドを明確にして変数間の相関を紡ぎ出すという研究方法もいまだに有効だろう。基幹的世帯調査に依拠できる職業分類を用いれば、数十年単位での中長期的な動向を観察することができることが利点になるのである。

本章では以下、2節で就調を用いて賃金情報に基づいた雇用機会の質の変化について整理しよう。次の3節ではタスク情報に基づいた雇用機会の質の変化についてまとめる。ここでタスク情報は日本労働政策研究研修機構が巨費を投じて作成した『キャリア・マトリックス』を用いる。

このプログラムは、職業紹介の現場で利用するために、どの職業でどのようなタスクが必要かを調査したもので、米国における同様のプログラムDOT や O*NET を参考にするなど、国際的な通用性も高かった。しかし、民主党政権下の事業仕分けによって廃止判定を受け、それまで蓄積された知識がすべて利用できなくなった。幸い、筆者を含む研究グループが廃止される以前に研究論文を作成しているので、その成果を紹介することで、タスク情報を用いた雇用の質の変化を概観する。

2　仕事の二極化

（1）　職業・産業の同時利用

まず就調を用いて、賃金情報を用いた雇用機会の質の推移を確認しよう。総時間賃金の算出には、本書で通底する方法に則るので、前章までの該当部分を参照していただきたい。ここでは、グループ分けの方法について先行研

---

[6]　たとえば、Akerman, Gaarder and Mogstad（2015）など。

究とは異なる方法をとることを説明する。

　第一に、職業分類単独ではなく、産業分類と職業分類を同時に用いてグループを形成し、「仕事」と定義する。第二に、2002 年調査を境に大きく変更された分類体系に鑑みて、集計を 1982 年から 2002 年の 20 年間、2002 年から 2012 年までの 10 年間の二つの期間に分ける。

　第二の点はもっぱら、分類体系が通算できないという理由による。第一の点も、利用できる職業分類が粗いという理由が過半だが、加えて日本においては、同一職業であれば産業をまたいでも同一の仕事であるとは考えにくいという理由もある。職業分類が粗い場合はなおさらだろう。表 7-1 は、1982 年、2002 年、2012 年の就調の産業分類と職業分類の変遷、そして両者の組み合わせとして定義される仕事の概要を示している。

　1980 年代の就調の職業分類は粗く、1.5 桁までしかデータ化されていない。0.5 桁というのは、ある職業に関してのみより詳細な分類が利用されていることを意味する。したがって 1.5 桁とは、基本的に 1 桁の大分類を用い、この場合は製造職のみに関して若干細かい分類が利用されていることを示しているのである。合計 14 種類の職業分類が使われている。1980 年代の就調については、産業分類も 2 桁までしか利用されていないため、両者を同時に用いたとしても、仕事として定義できるのは高々 500 グループ未満にすぎない。

　日本標準産業分類は、2002 年に大改訂が行われ（第 11 回改訂）、それまで 9 分類だった大分類に項目が新設され、13 分類になった[7]。国際標準産業分類との比較可能性が向上した一方、それ以前の産業分類とは大分類ですら通算するのが難しくなるというデメリットも生じてしまった。この産業分類が就調に適用されたのは 2007 年調査からだが、総務省統計局は 2002 年調査に限って、遡って新分類を適用し、現在では 2002 年調査については両方の分類が利用できるようになっている[8]。ここでは、1982 年調査と接続

---

[7]　大分類項目の改訂は 1957 年以来だった。新設された大分類項目は、「情報通信業」「医療福祉および教育学習支援業」「飲食店、宿泊業」「複合サービス業」である。とくに情報通信業は、製造業のなかの電気機械器具製造業やサービス業、通信業の一部などが含まれることになり、産業分類の通算可能性が著しく低下した。

表 **7-1**　就調における産業分類と職業分類の変遷：**1982–2012** 年

調査年	1982	2002		2012
観測数	829,966	968,628		1,045,109
うち産業・職業あり	533,915	560,774	567,699	572,512
うち所得・労働時間あり	470,869	506,731	509,477	511,630
	2 桁	2.5 桁	3 桁	3 桁
産業分類数	39	86	101	253
	JSIC1976	JSIC1993	JSIC2002	JSIC2007
	1.5 桁	2.5 桁		3 桁
職業分類数	14	66		232
	NC1980	JSCO1997		JSCO1997
	496	2,847	3,483	10,414
「仕事」の数	272		3,483	
「仕事」あたり観測数	3,591		293	
最小観測数	1		1	
最大観測数	92,528		45,324	
10 未満の観測数の「仕事」	23		1,557	

注) Kambayashi（2014）Table 1 を筆者翻訳。JSIC は日本標準産業分類、JSCO は日本標準職業分類、NC は国勢調査職業分類を指し、それぞれに附せられた数字は基準年を表す。

するためには旧分類を、2012 年調査と接続するためには新分類を用いる[9]。

　以上のように 2002 年を境に産業分類上の断絶があるので、1982 年、2002 年、2012 年の 3 カ年から（i）1982 〜 2002 年、（ii）2002 〜 2012 年の二つの期間を考察対象とし、それぞれ共通のグループを形成すると、少なくとも 1 名の被用者を含む仕事を、第 i 期 272 個および第 ii 期 3483 個を定義できる。ひとつの仕事あたりの観測数は第 i 期では 3500 を超えるので、平均など集計値を算出するには十分だろう。他方、第 ii 期では、仕事の数自体が 10 倍以上になったため、仕事あたりの観測数は小さくなったものの、300 を切る程度なので、やはり集計値の算出には耐え得るだろう。

---

[8]　就調の産業分類および職業分類の集計には、俗にアフターコード方式と呼ばれる集計方法が採用されている。被調査者は自分が勤務する事業所の主力製品や仕事の内容を回答し、産業や職業は選択しない。他方、統計局の担当者が、回答をもとに産業分類や職業分類を割りつける。調査票原票には基となる情報が残されており、異なる分類方法でも事後的に再分類することが可能である。したがって、職業分類についても、1980 年代に遡って 3 桁の詳細分類に再編することは、原理的には可能である。

（2）　仕事の二極化

　これらの仕事について、1982 年または 2002 年時点での総時間賃金の中位値を算出し小さい順に並べ、簡単化のために 1982 年または 2002 年時点の復元された被用者数のシェアがちょうど 2 割ずつになるように仕事単位で 5 つのグループに分ける。そしてそれぞれのグループの、第 i 期 20 年間もしくは第 ii 期 10 年間の雇用変化数を年平均に直して示したのが、図 7-1 である。それぞれの短冊は被用者数の増減数を示すが、母数となるストック数はどの分位グループも同じ 1000 万人前後なので、短冊の大きさを成長率とみなしても大過ない。

　これまで本書で繰り返し指摘してきたように、第 i 期は日本の被用者の数が継続的に増加した時期にあたり、平均すると年間 33.1 万人ずつ被用者が増加した。パネル A をみると、すべての仕事が均等に増加していたわけではなく、第 II 五分位と第 V 五分位の仕事が集中的に増加したことがわかる。つまり、1982 年時点の賃金で評価して、中位賃金が上位 80 ％以上に入っていた仕事と、下位 20 ～ 40 ％に入っていた仕事がそれぞれ年間 14.5 万人と 15.1 万人ずつ大きく増加した一方で、中位 40 ～ 80 ％に入っていた仕事の増加は、2 グループ合計しても年間 12.2 万人程度と、両極の半分以下にとどまっていた。

---

[9]　他方、職業分類についての改訂はそれほど極端に進んでいるわけではなく、経時的な通算可能性が担保されている。しかし、これは国際標準分類との比較可能性が犠牲になっていることの裏返しでもある。国際標準職業分類は 1988 年に大きく改訂され、分類基準に技能（Skill）の概念が導入された。とくに専門職について、Professionals に加えて Techricians and associate professionals という分類が大分類に加えられ、後者は前者よりも技能水準が低い被用者を分類するようになったことに象徴されるだろう。たとえば看護師でいえば、前者として Nursing and midwifery professionals が定義されるのと同時に、後者に　Nursing and midwifery associate professionals が配置された。両者の区分は、主に教育水準の高低や資格の有無によるとされ、雇用機会の質の区別という観点からは重要な改訂となった。しかし総務省統計局は、この国際標準職業分類の流れに抗して、現場経験を通じて職階を上昇していく日本の現状を所与とすれば技能水準の高低を職業区分として採用するのはなじまないとし、日本の標準職業分類は現在でも旧来の分類哲学を墨守している。雇用機会の質という意味では、同じ看護師であっても、主要業務を担うか補助的業務を担うかでは異なるだろう。このちがいを重視するのであれば、日本の職業分類に基づく分析はやや信憑性に欠けるかもしれない点には留意する必要がある。

図 7-1 仕事の二極化

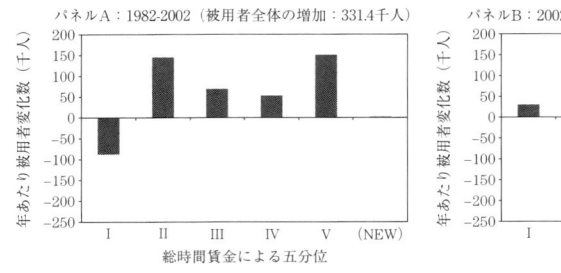
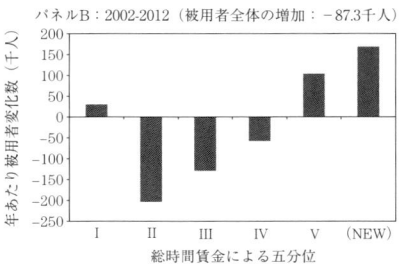

注) Kambayashi（2014）Figure 2 を筆者加工。就調 1982 年調査、2002 年調査、2012 年調査より筆者推計。（NEW）は初期時点では観測数がなかったが、終期時点では観測された仕事を示す。

　第Ⅱ五分位から第Ⅴ分位までの 4 つのグループだけをみると、1980 年代と 1990 年代には明らかに「二極化」が進んでいたことがわかる。当時増えた雇用機会は、もともとかなりの高賃金だった仕事と、もともと比較的低賃金だった仕事だったのである。被用者が低生産性セクターから高生産性セクターに移っていくような典型的な途上国型の経済成長の下では、高賃金の仕事ほど増えていくという右上がりの図（アップグレード：Upgrading）が書けるが、日本の雇用機会の推移は、他の先進諸国と同様に U 字型をしており、この意味で二極化が進行したとまとめられる[10]。

　ただし、日本における二極化の進行は、他の先進諸国と異なる点もある。最も劣悪な雇用機会である第Ⅰ五分位が、急激に減少したのである。1982年時点でみて、最も中位賃金が低かった最下位 20 ％の仕事は、年平均およそ 8.8 万人程度減少していた。逆にいえば、1980 年代から 1990 年代にかけて減少した仕事は、やはり低賃金の仕事に集中していたのであって、その意味では仕事の質が低いほうから高いほうへ被用者が動いていたこともまた、事実なのである。結局のところ、1980 年代以降の日本の雇用機会の変転は、

---

[10]　Eurofound（2015）は、この方法を EU 加盟 27 カ国に加え、中国、韓国、オーストラリア、ロシア、米国にあてはめた結果を報告している。U 字型によって代理される二極化は米国や日本、欧州全体について観察されるが、右上がりによって代理されるアップグレードは、オーストラリア、ロシア、中国、東欧諸国など高成長を経験した経済に典型的に表れた（同書第 3 章を参照のこと）。

純粋な U 字型に近いというよりは、μ 字型に近いといえるかもしれない。

　μ 字型がみえるパネル A に比べると、パネル B に示された 2000 年代の変化は解釈が難しい。まず 2002 年時点には観測されなかったが 2012 年に初めて登場した、新しい仕事の成長が著しい点を指摘したい。もちろん、仕事の分類が詳細になったために、たまたま 2002 年に観察されなかった仕事も入っているだろう。それゆえ、この新しく登場したかにみえる仕事をとりあえず措いて、残りの第 I 五分位から第 V 五分位までを観察してみると、U 字型がみえるとも解釈できなくもない。

　2000 年代はおおむね不況期にあたるので、年間平均 8.7 万人の仕事が失われていたが、どのグループでも仕事が減少していたわけではなく、仕事が増えたグループもあった。それが第 I 五分位と第 V 五分位の両極なのである。逆に第 II 五分位から第 IV 五分位までの、比較的中位に位置づけられる仕事は減少を続けている。もっとも、第 I 五分位が増加したといっても年間わずか 3.2 万人にすぎず顕著とは言い難いが、中位の仕事が減少して、両極の仕事が増えるという意味では U 字型だと解釈できるだろう。

　以上のように、比較的賃金水準が高かった仕事と、比較的賃金水準が低かった仕事という両極の仕事が増え、中位の仕事が増えなかったもしくは減少したという意味では、少なくとも 1980 年代以降、日本の労働市場は継続的に雇用機会の質が二極化していったといえる[11]。

（3）　仕事の二極化と正規の世界／非正規の世界

　次の関心は、やはり「正規の世界と非正規の世界の不釣り合いな連関」と仕事の二極化との関係だろう。それを確かめるためには、単に図 7-1 を正規の世界と非正規の世界、そして自営業に分割すればよい。その結果が図 7-2 である。

　どの時期でもどの分位点でも、自営業が減少して非正社員が増える傾向に

---

[11]　ただし、図 7-1 を解釈する上で注意すべき点が二つある。ひとつは、初期時点で観察されない仕事をどのように位置づけるか、もうひとつは大きな塊の仕事が五分位の境界に差しかかったときに、どちらのグループに配分するか、という問題である。興味ある読者は本章補論を参照のこと。

図 7-2　仕事の二極化（2）

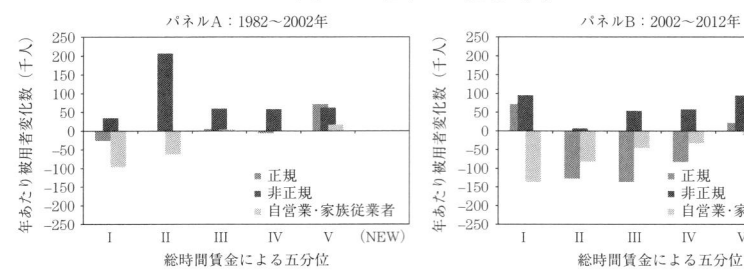

注）Kambayashi（2014）Appendix Figure 2B を筆者加工。就調 1982 年調査、2002 年調査、2012 年調査より筆者推計。（NEW）は初期時点では観測数がなかったが、終期時点では観測された仕事を示す。正規・非正規の区分は呼称上の区分。

あるのは多かれ少なかれ共通している。たとえば自営業は、パネル A でもパネル B でも、第Ⅰ五分位での減少が最も大きい。つまり、最も多くの自営業が失われていたのは最も低賃金の仕事だった。第Ⅱ五分位、第Ⅲ五分位と、賃金という意味での雇用機会の質が改善されるにつれて、自営業の減少は穏やかになっていき、最高位のグループである第Ⅴ五分位では、パネル A の第 i 期では増加するに至っている。本書第Ⅱ部で強調した近年の自営業セクターの収縮は、低廉な雇用機会に集中的に起こり、自営業セクターは相対的には高賃金の仕事にシフトしていっているのがわかる。

　非正社員の増加は、どちらかといえば、どの階層でもフラットに生じていたといえるが、とくに増加が激しかったのは、第 i 期の第Ⅱ五分位だった。前項では、第 i 期においては雇用機会の変化はμ字型だったと表現したが、その最初のピークである比較的低位の第Ⅱ五分位の雇用増加は、非正社員が増加したことによる。

　ただし、第Ⅱ五分位の非正規雇用の増加は、もともとシェアの大きい飲食料品小売業販売職で起こっており、この塊をどう位置づけるかに注意する必要がある。つまり、飲食料品小売業販売職は 1982 年時点で全就業者の 7.6% を占め、ちょうど第Ⅰ五分位と第Ⅱ五分位の境界にあたっていた。この仕事を第Ⅰ五分位に区分するか、第Ⅱ五分位に区分するかで、全体がμ字に見えるか U 字に見えるかは変わってくるのである。気にかかる読者は補

論を参照していただきたい。

　飲食料品小売業販売職を除けば、非正社員は、そのほかのどの五分位でも一定程度増加しており、それは第ⅰ期でも第ⅱ期でも変わらず、塊の仕事の微妙な区分にも依存していない。したがって、非正社員の増加は、ある特定の質の雇用機会に集中していたわけではなく、比較的低賃金の仕事から比較的高賃金の仕事まで、広汎にわたっていたのである。

　この観察結果は、本書第Ⅱ部で強調したように、非正規雇用と自営業の代替関係はある特定の産業のみで発生しているわけではなく、多かれ少なかれ全産業に共通して起こっている現象だとする見方と一致する。また、比較的高賃金の仕事が集まる第Ⅴ五分位では、非正規雇用と正規雇用が同時に増加することでµ字またはU字の二番目のピークを形成しており、非正規雇用が正規雇用の減少と表裏をなすわけではないという見方とも一致する。

　他方、正社員については第ⅰ期と第ⅱ期では少々様子が異なる。第ⅰ期の正社員は、最高位の第Ⅴ五分位グループで増加したほかはほぼ増減がなく、最低位の第Ⅰ五分位で若干の減少を示しているにすぎない。全体として正社員が減少したわけではないという本書の観察と矛盾しない。しかし第ⅱ期に入ると、正社員の増減だけでU字型の変化をみせるようになる。すなわち、第Ⅰ五分位と第Ⅴ五分位、そして新しく登場した仕事で正社員は増加し、中位に位置する第Ⅱ五分位から第Ⅳ五分位まででは正社員は減少した。とくに第Ⅲ五分位と第Ⅳ五分位では、正社員・自営業の減少と非正社員の増加が同居している。非正社員と正社員の代替という世間一般の感覚はまったく理由のないことではなく、まさにちょうど中間的な仕事で起こっていたことが強調された結果なのかもしれない。

（4）　賃金残差による評価

　前項でみたように、中位賃金の高低によって仕事の質を順序づけることは、世界に共通する方法のひとつではある。しかし、日本のように性別や年齢、勤続年数に賃金が強く依存する場合には、高齢長期勤続の男性など、単に高賃金属性を持った被用者が多く所属するというだけで、仕事が高く評価されてしまうという可能性も捨てきれない。

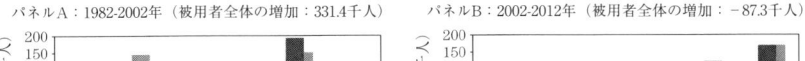

図 **7-3** 賃金残差でみた仕事の二極化

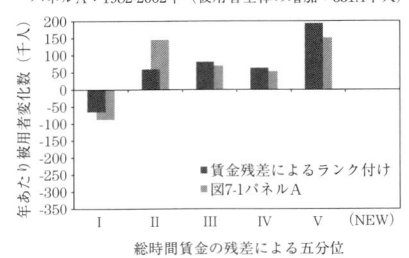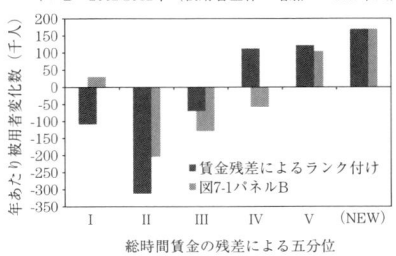

注）就調 1982 年調査、2002 年調査、2012 年調査より筆者推計。（NEW）は初期時点では観測数がなかったが、終期時点では観測された仕事を示す。賃金残差は、総時間賃金を性別、年齢、勤続年数、最終学歴、雇用形態、企業規模、立地都道府県に回帰した残差である。

　この点を確かめるために、賃金関数を用いて性別や最終学歴などを制御した上で、その仕事が賃金という意味でどれだけ追加的に評価されているかを使って、仕事の順序づけをやり直してみた。具体的に賃金関数の説明変数として用いたのは、性別、年齢、勤続年数、最終学歴、雇用形態[12]、企業規模、立地都道府県である。つまり、賃金の額面の大小ではなく、被用者の属性が同じだったとして、それでも高い賃金をつけている仕事と、属性を制御してしまうと低い賃金がつけられる仕事で分けてみようという試みである。図 7-3 はその結果だが、参考のために額面賃金で順序づけした結果である図 7-1 を合わせて掲示している。

　賃金残差によって仕事を評価すると、全体として雇用機会の質に対して正の相関を持って就業者が増加するようにみえるようになる。パネル A で示された第ⅰ期では、額面では比較的低位に評価されていた第Ⅱ五分位の雇用の増加分が、賃金残差で評価し直すことで全体に分散した。第Ⅰ五分位が減少したことは変わりないが、第Ⅴ五分位での雇用が大きく伸び、全体の形状は μ 字型というよりは右上がりにみえるようになった。

　パネル B の第ⅱ期の就業構造の変化も、基本的には同様に解釈できる。額面賃金ではなく賃金残差で仕事を順序づけし直すと、最も低位に位置づけ

---

12)　第 4 章で用いた、常用・正規、常用・非正規、臨時日雇・正規、臨時日雇・非正規、自営業・家族従業者の五つのカテゴリーを用いた。

図 7-4　賃金残差でみた仕事の二極化（2）

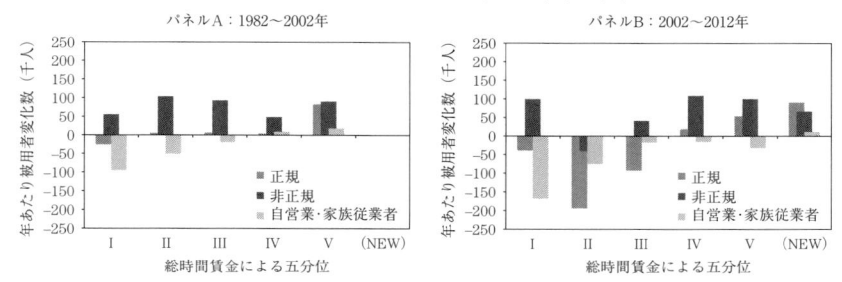

注）就調 1982 年調査、2002 年調査、2012 年調査より筆者推計。（NEW）は初期時点では観測数
　　がなかったが、終期時点では観測された仕事を示す。賃金残差は、総時間賃金を性別、年齢、
　　勤続年数、最終学歴、雇用形態、企業規模、立地都道府県に回帰した残差である。

られる第 I 五分位では毎年 3.0 万人の増加から一転して毎年 10.8 万人の減少
に変わり、逆に比較的高位に位置づけられる第 IV 五分位では毎年 5.8 万人
の減少から毎年 11.2 万人の増加に変わる。その結果、第 ii 期の雇用の減少
は比較的低位な第 I 五分位から第 III 五分位に集約され、逆に雇用の増加は
比較的高位な第 IV 五分位と第 V 五分位に集約される。結局、労働市場全体
でみると、賃金残差の低い仕事から高い仕事へ雇用機会が移行していると解
釈できるだろう。

　図 7-1 でみえた労働市場の二極化は、図 7-3 では、むしろ質の低い仕事
から高い仕事に単調に移り変わっていくように、見え方が変わる。欧州での
実証研究に合わせれば、この右上がりの現象は、どちらかというとアップグ
レードと総称される就業構造の変化だといえる。

　仕事の二極化とは、元来、低く順序づけされる仕事であるにもかかわらず
増加したものがあることを意味する。実際、図 7-1 の二極化の一極を成り
立たせていたのは、第 i 期では第 II 五分位、第 ii 期では第 I 五分位の、いず
れも比較的低位に位置づけられる仕事の増加だった。そしてこれらの仕事の
増加は、まさに非正社員の増加に依存していたことがすでに図 7-2 で示さ
れており、比較的得心しやすいだろう。

　他方、賃金残差で雇用機会の質を順序づけた図 7-3 を、低待遇から高待
遇へのアップグレードだと解釈すれば、比較的低位な仕事で非正社員が増加

したという図 7-2 の説明とは矛盾するようにみえる。おそらく、第 i 期の二極化の要因となっていた第 II 五分位の突出した非正社員の増加は、残差賃金で雇用機会の質を評価すると、必ずしも低位ではないほかの分位点にばらつくのかもしれない。次の図 7-4 で、図 7-3 を正社員、非正社員、自営業・家族従業者の三つのカテゴリーに分解して、議論を続けよう。

　名目賃金で評価した図 7-2 パネル A では、第 II 五分位の非正社員の増加は年間 20.7 万人を数えたが、賃金残差で評価した図 7-4 パネル A では半減して 10.4 万人にとどまる。その半面、たとえば第 I 五分位での非正社員の増加は 3.4 万人から 5.6 万人に、第 III 五分位では 6.0 万人から 9.3 万人に、第 V 五分位では 6.2 万人から 9.1 万人になる。賃金残差で評価した場合には、非正社員は、仕事の質の高低によらず、押しなべて増加したと表現できるだろう。逆にいえば、非正社員が増加した仕事は、額面賃金で評価すればたしかに比較的低位に位置づけられるかもしれないが、性別や最終学歴などをコントロールしてしまうと、必ずしも低位に位置づけられる仕事とは限らない。ある属性を持つ被用者にしては割に高く位置づけられる場合もあれば、割に低く位置づけられる場合もあり、仕事の質と非正社員の増加はそれほど相関しない。

　興味深いことに、第 ii 期については、むしろ正社員の減少が第 I 五分位と第 II 五分位に集中することで、図を右上がりに描き直している。第 I 五分位では、正社員は 7.2 万人の増加から 3.9 万人の減少に転落し、第 II 五分位では 12.7 万人の減少が 19.4 万人の減少に上乗せされた。その結果、第 I 五分位や第 II 五分位の減少が強調され、全体として右上がりの傾向、つまりアップグレードが見出されるようになったといえる。

（5）　創り出された仕事と失われた仕事

　図 7-1 から図 7-4 は、就業者の増減を、中位賃金などでいくつかの仕事グループに分けて集計してつくられていた。しかしよく考えてみると、同じ五分位に区分された仕事でも、20 年間あるいは 10 年間で増加した仕事もあれば、減少した仕事もあるはずである。たとえば第 V 五分位は第 i 期第 ii 期通じて増加し続けていたが、第 V 五分位に区分されたすべての仕事が常に

図7-5　賃金残差でみた仕事の二極化（3）（2002 ～ 2012）

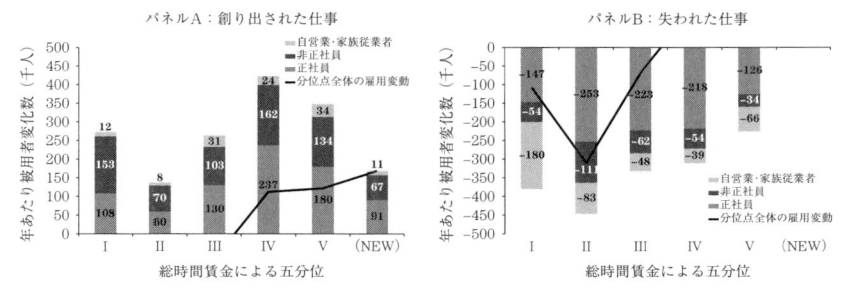

注）就調 2002 年調査および 2012 年調査より筆者推計。（NEW）は初期時点では観測数がなかったが、終期時点では観測された仕事を示す。賃金残差は、総時間賃金を性別、年齢、勤続年数、最終学歴、雇用形態、企業規模、立地都道府県に回帰した残差である。産業と職業で定義された仕事グループのうち、2002 年から 2012 年の期間で就業者数を増加させた仕事を Created Job、就業者数を減少させた仕事を Destructed Job として分類した。それぞれの仕事の 10 年間の就業者数の変化を呼称正社員、呼称非正社員、自営業・家族従業者で区分した。

成長し続けたわけではなく、同じ第Ⅴ五分位でも、成長した仕事もあれば停滞した仕事もあるだろう。この考え方が正しければ、第Ⅴ五分位が増加したのは、単に前者が後者を上回った結果にしかすぎないと解釈するべきなのである[13]。

　そこで、各五分位に分類された仕事を、創出された仕事による部分と、喪失した仕事による部分に分割し、図 7-4 を書き直してみよう。各五分位を仕事単位で、創出した部分と失われた部分に分ける必要があるのだが、仕事の数が全体で 300 弱の第ⅰ期では十分な分析ができない。分析対象を第ⅱ期に限定し、創り出された仕事と失われた仕事について別々に示したのが図 7-5 である。

　図 7-5 をみると、とくに正社員について、同じ五分位の中で相当数の雇用創出と雇用喪失が併存していたことがわかる。たとえば、図 7-4 パネルＡの第Ⅰ五分位では正社員の就業機会が年平均 3.9 万人減少したことが示さ

---

[13]　ある塊でとらえられる就業機会を創出された仕事と失われた仕事に分解する視点は、雇用創出・喪失分析と呼ばれ、景気循環と就業機会の関係を整序する際に用いられるようになってきた。雇用成長率が 3 ％だとしても、その背後で 6 ％の雇用創出と 3 ％の雇用喪失がある経済と、12 ％の雇用創出と 9 ％の雇用喪失がある経済では、求められる労働市場の機能がまるで異なる。詳細は玄田（2004）を参照していただきたい。

れているが、図 7-5 では、年平均 14.7 万人失われたのと同時に、年平均 10.8 万人の就業機会が新たに創られ、結果として 3.9 万人の就業機会が失われたと分解される。3.9 万人の純減の背後で、14.7 万人の雇用喪失と 10.8 万人の雇用創出、合わせて 25.5 万人の移動が併存し、労働市場はこれだけの労働移動を調整しなければならなかったことは強調されるべきだろう[14]。

　また、この純増減と雇用創出・雇用喪失のずれは、正社員における特徴で、非正社員や自営業では大きくない。換言すれば、ある五分位で非正社員が増加した場合には、その五分位に属するすべての仕事で非正社員がおしなべて増加し、逆に自営業が減少した場合には、その五分位に属するすべての仕事でおしなべて自営業が減少する傾向がある。つまり、創出された仕事の数だけで計算すると、正社員の就業機会の増加はみかけよりもかなり多く全五分位計で 80.5 万人を数え、実は非正社員合計の 68.9 万人を凌駕している。

　同時に、失われた雇用機会は、それぞれ 96.8 万人と 31.3 万人と 3 倍ものちがいがあった。最終的に、正社員は 16.3 万人の純減、非正社員は 37.5 万人の純増となったものの、その背後の雇用変動の大きさを純増減との比率で評価すると、それぞれ 10.9 倍、2.7 倍と大きな開きが生じている。非正社員は、ある仕事の成長に合わせて着々と流入する動きが支配的だったのに対して、正社員は、失われた正社員の仕事から新たに創出された正社員の仕事に循環する動きがかなり大きかったのである。

　したがって、賃金残差で評価すると右上がりにアップグレードするようにみえた就業構造の変化も、もっぱらパネル B に示された雇用喪失に引っ張られた結果であって、パネル A に示された雇用創出のみをみると、やはり二極化の傾向があることがわかる。

　もともと、仕事の二極化は労働需要のメカニズムから導出されてきたことは本節冒頭で紹介した通りである。雇用創出は、この労働需要のメカニズムから直接導かれる統計なので、賃金残差で評価しても、雇用創出について二

---

[14]　もちろん、第Ⅰ五分位で就業機会を失った正社員が、同じ第Ⅰ五分位の正社員として再就職できているとは限らない。しかし、そのような再就職が可能性として皆無だったとは言い切れないし、雇用機会の質が明らかに異なる他の五分位に属する仕事への再就職と比較すると、同じ五分位に属する仕事への再就職には、必要な費用も少なくて済む可能性はある。

極化の傾向が残るという結論は理解しやすい。

　その一方、むしろ浮き上がった問題は、雇用喪失が二極化のメカニズムとの関連だろう。通常の二極化のモデルに埋め込まれている雇用喪失のメカニズムは、中間の仕事が失われるという論点だけで、第Ⅰ五分位や第Ⅴ五分位での雇用喪失の併存は含まれていない。したがって、日本の労働市場の文脈では、二極化のモデルが想定する以上に、正社員や自営業の就業機会の減少が低賃金の仕事に偏っていることを念頭に置く必要があり、就業機会のスクラップ・アンド・ビルドの過程を理解しなければならないのである。

　以上の本節の観察結果は、以下のようにまとめられる。まず、額面賃金で雇用機会の質を評価すると、1980 年代以降継続して仕事の二極化が進展したことは間違いない。比較的低賃金の仕事と、比較的高賃金の仕事の増加が併存し、中間的な賃金の仕事が相対的には減少していったのである（図7-1）。しかし、この変化を就業形態で分割してみると、正社員や自営業・家族従業者の就業機会は比較的低賃金の仕事から比較的高賃金の仕事に着々とアップグレードしており、二極化のメカニズムは主に比較的低賃金の仕事での非正社員の増加に依存していた（図 7-2）。ただし、額面賃金ではなく賃金残差によって雇用機会の質を評価すると、一見、二極化の傾向は強く観察されるわけではなくなる（図 7-3、図 7-4）。しかし、新たに創り出される雇用機会については、やはり二極化の傾向が観察され、それは正社員・非正社員を問わない（図 7-5）。

　労働需要とより近接する雇用創出指標でこそ二極化が観察されるという、本項で見出された統計的事実は、技術や環境の変化による労働需要の変化が、非正社員のみならず正社員に対しても同様の影響を及ぼしており、日本の労働市場を取り巻く一般的な条件の変化だととらえられることを示している。その一方で、失われた雇用機会には、中間的仕事のみならず低位の仕事も多く含まれ、二極化のメカニズムが示唆されるのと同時に、正社員や自営業の雇用喪失も無視できない。このことは、正社員や自営業の就業機会に対する市場競争の原理、つまり低生産性の仕事が消失していくという市場圧力と関係するかもしれない。二極化のメカニズムと市場淘汰のメカニズムをどう位置づけるかが、近年の日本の労働市場を解釈するひとつの視角となるこ

とが示唆される。

3　タスクの二極化

（1）　タスク・スコアの生成と集計

　前節は、産業分類と職業分類を用いて定義された仕事を、初期時点での各仕事の中位賃金を中心に順序づけし、雇用機会の質と定義した。本節では、別の角度から、すなわちすでに本章 1 節で紹介したように、タスク情報を用いて雇用機会の質を定義し、その推移を観察したい。

　タスク情報を提供するのは日本労働政策研究研修機構がかつて作成した『キャリア・マトリックス』（以下、CMX と略記）である。このプログラムは、ハローワークでの職業紹介や職業訓練プログラムと連動しており、ある職業に就くためにはどのようなタスクをこなすことが必要かを示すために作成されたマニュアルのようなものである。ほぼ全職種を網羅する 503 職種に対して、それぞれ 35 のタスクの要不要を 5 段階でスコア化していた。たとえば、「化学者」に対しては、「読む」4 点、「聞く」4 点、「書く」4 点、「話す」4 点などがあてられている[15]。

　こうした職業情報の作成・収集は、日本の CMX が唯一のものではない。諸外国でも整備されてきているし、出自をたどれば戦前まで遡る。雇用政策のなかでは最も古い部類に属する施策のひとつともいえるだろう。近年でこそ労働経済学者に注目されてタスク情報として盛んに利用されるようになったものの、元来の目的は人々の適職選択に必要な情報提供にあり、現在ではタスク情報のみならず、さまざまな情報支援ツールとともに提供されることが多い。

　情報支援ツールには、一般には、人々の職業適性を評価するためのさまざまな技能・性格試験が含まれる。日本では、厚生労働省が編集に関与している『一般職業適性検査（General Aptitude Test Battery: GATB）』や、当時の人事測定研究所（現在ではリクルート・マネジメント・ソリューションズ）が提供する SPI 総合検査などが知られている。こうした試験を経て、個人の

技能や性格を言語化し、タスク情報が提供する職業の内容と照らし合わせて適職を絞り込むという過程をとるのが典型的だろう。米国においても、遠くニューディール政策の一環として職業情報の収集が企図され、労働省の下でDictionary of Occupational Titles（通称、DOT）が編纂されたのが1935年だった。

　ともあれ、まず考えなくてはならないことは、CMX の 35 の要素を、本章1 節で紹介した「分析的非定型タスク（Non-routine Analytical Task）」（以下、NA と略す）、「相互関係的非定型タスク（Non-routine Interactive Task）」（以下、NI と略す）、「頭脳的定型タスク（Routine Cognitive Task）」（以下、RC と略す）、「身体的定型タスク（Routine Manual Task）」（以下、RM と略す）、「身体的非定型タスク（Non-routine Manual Task）」（以下、NM と略す）の 5 種類のタスクに変換することである。ここでは Ikenaga and Kambayashi（2015）に従い、NA に「5. 数学」、NI に「15. ネゴシエーション」、RC に「24. オペレーションとコントロール」、RM に「27. 機械、システムの修理」、NM に「17. サービス志向」をあてる。

　35 あるタスク情報を 5 種類のタスクにまとめる方法は、ほかにもあるだろう。しかし、Ikenaga and Kambayashi（2016）でこの方法が採用されたのは、論文出版時の審査員による強い勧めもあったのだが、国際比較を担保するためでもあった。なぜなら、この分野ではもはや古典となりつつある Autor, Levy and Murnane（2003）が同様の方法をとり、ある種類のタスクに対

15）　35 のタスクを列挙すると、1. 読む、2. 聞く、3. 書く、4. 話す、5. 数学、6. 科学、7. 論理と分析、8. 積極的学習、9. 学習戦略、10. モニタリング、11. 問題解決、12. 他者理解、13. 他者との協調、14. 説得、15. ネゴシエーション、16. インストラクション、17. サービス志向、18. 要件分析、19. 技術開発、20. 道具、機材、設備の選択、21. 据付やインストール、22. プログラミング、23. 計器監視、24. オペレーションとコントロール、25. メンテナンス、26. トラブルシューティング、27. 機械・システムの修理、28. 品質管理、29. 意思決定、30. システム分析、31. システム評価、32. 時間管理、33. 資金管理、34. 資材管理、35. 人材管理である。このように列挙すると、CMX で評価基準を提供している 35 の要素は、概念的にはタスクというよりはスキル（技能）に近いと思われるかもしれない。実際、松本（2009）など、制作当事者もスキルと呼称することがしばしばあった。本書では、別に適切なタスク情報がないことと、使用者が設計するタスクと、被用者の持つスキルはコインの表裏のような関係にあり、中長期的には一致していると考えられることから、とくに区別せず、主旨を明確にするためにタスクと統一する。

してDOTのタスク情報の中からただ1つのみを取り出して対応させているからである。

　具体的には、NAに対しては「GED Math」、NIに対しては「Direction, Control, Planning」、RCに対しては「Set Limits, Tolerances, or Standards」、RMに対しては「Finger Dexterity」、そしてNMに対しては「Eye Hand Foot Coordination」をあてている。Ikenaga and Kambayashi（2016）では、これをもとに、次のプロセスをたどって対応関係を確定した。

　まず、Autor, Levy and Murnane（2013）が生成したタスク・スコアを用いて、米国において最もNA（つまりGED Math）が要求される5つの職業を特定する。次に、米国の5職業に対応する日本の5職業を職業名から特定する。そして、日本の5職業で最も利用されているタスク情報をCMXに求めたところ「5. 数学」だった。この作業を繰り返して導いたのが、上記の対応関係である。逆にいえば、5種類にまとめられたタスクのそれぞれを典型的に集約的に用いる職業が日米で等しいという前提の上で、対応関係を後づけしたとまとめられる。

　このように設定した対応関係をもとに、5つのタスク情報の数値をそのまま各職業のタスク・スコアとして貼りつける。CMXでのタスク情報は絶対評価を表すので、CMXで各職業に貼りつけられているタスク情報の合計が常に一定になるわけではない。論理的には、最小で35、最大で175の範囲に散らばる。この数値に特定の意味はないが、数値が高い職業ほど、さまざまなタスクを高い難易度で同時にこなす必要があることを示していると解釈できるだろう。

　次の目標は、5種類のタスク・スコアの日本の労働市場全体に占めるシェアを算出することである。CMXには、ある職業に就いている就業者が何人かという数量情報はないので、詳細職業分類とともに数量情報が利用できる政府統計である国調との接続を目指さなくてはならない。

　ところが、CMXは503の職業に対してタスク情報を提供しているものの、残念ながらCMXの職業分類は日本標準職業分類とも国勢調査職業分類とも異なり、かつ総務省統計局が国調の長期の時系列としてまとめている職業は237にとどまる。つまり、CMX上の職業と国調上の職業との対応関係

図 7-6　タスクの二極化（**1960 年のシェア＝ 100**）

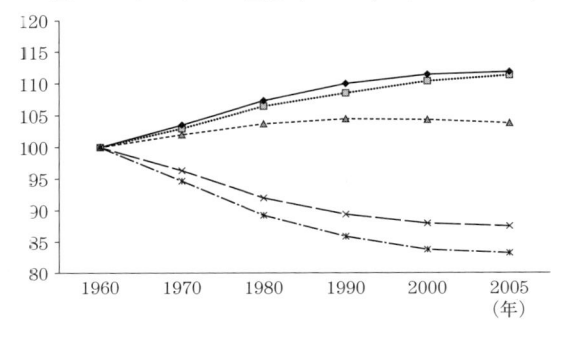

→ 関係相互的非定型タスク（NI）　-□- 身体的非定型タスク（NM）
-▲- 分析的非定型タスク（NA）　-✕- 頭脳的定型タスク（RC）
-✳- 身体的定型タスク（RM）

注）Ikenaga and Kambayashi（2016）Figure 2 を筆者改訂。作成
　　方法は本文参照のこと。

をつくらなくてはならないのである。

　このとき、もし複数の CMX 上の職業が、あるひとつの国調上の職業と対応すると考えられる場合には、理想的には就業者比率で重みをつけて集計するべきだが、参考となる数量情報はまったくない。したがって、単純にタスク・スコアを平均せざるを得ないが、しかし、こうした作業の結果、国調の各職業に対して 5 種類のタスク・スコアを転記することができる。

（2）　タスクの二極化と労働需要の役割

　最後に、国調の就業者数を重みとして 5 種類のタスク・スコアを総計し、シェアを算出したのが図 7-6 である。ただし、1960 年時点のシェアを 100 と基準化し、それぞれのタスク・スコアのシェアがどの程度変化したかを、相対的に示している。

　1960 年からほぼ半世紀かけて、日本の労働市場のタスク・シェアは徐々に変わってきた。総じて、シェアを伸ばしたのは 3 つの非定型タスク（NI、NA、NM）で、シェアを減少させたのは 2 つの定型タスク（RC、RM）である。定型的なタスクをこなす職業が減少した一方で、非定型的なタスクをこ

なす職業が増加してきており、タスクの面からみても、日本の労働市場が二極化してきたことが明瞭である。

Ikenaga and Kambayashi（2016）は、図7-6に示された日本のタスクの二極化の特徴を、米国と比較して議論している。まず重要なのは、日本ではタスクの二極化自体が緩やかで単調に推移していることだろう。Autor, Levy and Murnane（2003）に掲示された米国の集計結果をみると、かの地で非定型タスク（NIおよびNA）のシェアの増加はICTが席巻し出す1980年代以降に加速したのであって、1960年から1970年代にかけては、むしろ定型タスクのシェア増加の勢いのほうが強い。逆にいえば、定型タスク（RCおよびRM）のシェアは、1960年代から1970年代までは増加し、1980年代以降に反転して減少するという逆U字型（hump shape）をなぞる。すなわち、米国におけるタスクの二極化は、ICT革命と並行して1980年代以降に起きた、すぐれて時代固有の現象なのである。

他方、日本においては、定型タスクの減少と非定型タスクの増加という典型的なタスクの二極化は、実は1960年代以降途切れることなく淡々と継続してきた。

もう一つの日本の特徴は、身体的非定型タスク（NM）の増加にある。Autor, Levy and Murnane（2013）によれば、米国におけるNMのシェアは1960年代以降一貫して減少しており、職場の機械化と密接に関係すると議論されている。日本でも職場の機械化が進行したのは間違いないが、全体的なタスク・シェアからみると、NMは増加し続けてきた。

タスクの二極化における日米のちがいは、一体なぜ起きたのだろうか。

Ikenaga and Kambayashi（2016）は、1960年時点での日米の産業構造のちがいや、CMXとDOTによる日米のタスク情報のちがいを検討しており、どちらも一定の影響があったことを認めているものの、決定的ではないとしている。むしろ、ICTや機械化の影響が日米で異なるという仮説を提示し、日本については、賃金センサスやJIPデータベースなど他のデータを総合的に扱うことで論証を試みている。

具体的には、まず、需要サイドと供給サイドのどちらが変化を主導したのかを類推することから始めている。そのためには、数量と同時に価格の動き

をみることが必要なのだが、CMX 自体にはどちらの情報もない。図 7-6 は CMX のタスク情報を国調の職業別時系列集計につなげることで作成したが、国調にに賃金情報は格納されていない。そこで今度は、CMX と国調を接続したデータに、さらに賃金センサスの職種別集計値を添付することで賃金情報を補う[16]。

　加えて、本章 2 節でみた仕事の二極化で用いた作図法を取り入れる。1970 年時点で全職業を 5 つのグループに分け、それぞれのグループの 2005 年までの 35 年間の平均賃金成長率と雇用成長率を算出して、その相関関係をみるのである。

　5 つのグループに分けるための順序づけには、タスク密度、すなわち、5 種類のタスクのそれぞれの職業内のシェアを用いる。たとえば NA について、最も集約的に用いている職業から最も粗放的に用いている職業に並べ、1970 年時点の就業者が 5 等分になるようにグループを分割するわけである。

　タスク密度は 5 種類のタスクにそれぞれ定義できるから、グループ分けもそれぞれのタスクに応じて組み替えられる。もちろん、5 種類のタスク密度は特定の職業については合計が常に 1 になるので、定型タスク密度が比較的高い職業の非定型タスク密度は低いという相関はあるかもしれないが、厳密にいえば、NA 集約基準の第 V 五分位グループと RC 集約基準の第 I 五分位のグループでは、属している職業はそれぞれ異なる点については注意されたい。

　図 7-7 は、横軸に五分位ごとに算出した賃金成長率を、縦軸に五分位ごとに算出した雇用成長率をとり、第 I 五分位から第 V 五分位に向けてプロットをつないで作成した。パネル A から C に非定型タスクである NA、NI、NM について、パネル D と E に定型タスクである RC および RM について示した。

　図 7-7 で示されているのは 1970 年からの数十年間の長期的な変化なので、変化率を対数差で示した軸の絶対値はそれほど重要ではない。ポイントは、第 I 五分位から第 V 五分位にかけて、集約度が増すにつれて賃金と雇用

---

[16]　ただし、今までに触れたように、国調、賃金センサス、CMX はそれぞれ別の職業分類を用いていることから、再び対応関係をトレースしなければならない。

図 7-7　タスク密度と賃金・雇用変化（1970 ～ 2005 年）

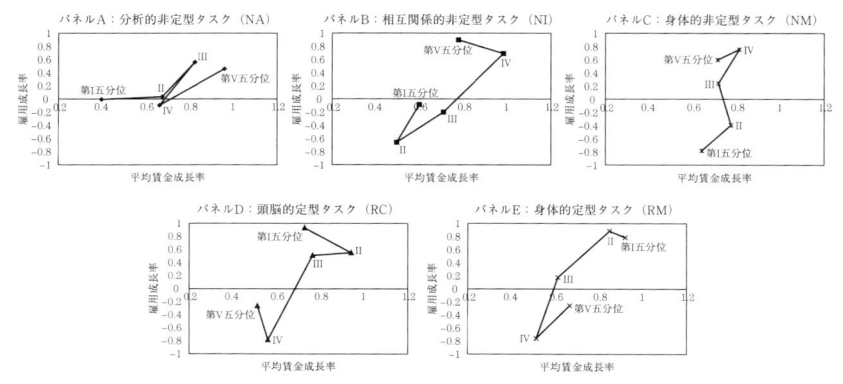

注）Ikenaga and Kambayashi（2016）Figure 7 より筆者改訂。作成方法は本文参照のこと。

の成長率が同時にどの方向に動くかにある。

　パネル A から C にまとめられた非定型タスクでは、明らかに、第Ⅰ五分位が左下に位置し、第Ⅴ五分位が右上に位置する。逆にパネル D と E にまとめられた定型タスクでは、第Ⅴ五分位が左下に、第Ⅰ五分位が右上に位置する。つまり、非定型タスクについては、タスク密度が高いほど賃金と雇用が並行して増加する一方、定型タスクについては、タスク密度が高いほど賃金上昇も雇用成長も鈍くなる。時間の経過とともに数量と価格が同一方向に動くということは、とりも直さず、需要関数のシフトによって、これらの動きをある程度説明できるということを示唆する。

　各パネルで右上がりの関係が比較的明瞭に観察でき、需要サイドとの密接な関連が推測されるのは、NA や NI、RC や RM の動きである。日米のちがいを生んでいた NM については、タスク密度と価格変化の関係は NI や NA と比べてもはっきりとしない[17]。図 7-7 パネル C をみると、NM については右上がりというよりは垂直方向に変化しており、NM 集約的職業ほど賃金成長率に関係なく雇用が成長している様を示しているからである。図 7-4 パネル A で、賃金残差によって仕事の質を順序づけた場合に、非正社員は、仕事の質の高低と比較的無関係に、どの質の仕事においても増加したことが

示唆されたが、もしかすると NM の変化とも関係するかもしれない。残念ながら国調や賃金センサスでは就業形態を分類することはできないので、現時点でのデータセットでこれ以上の推論はできないが、日本における非正社員の増加は、タスクの二極化のメカニズムともリンクしているかもしれないことは指摘しておこう。

（3）　タスクの二極化と機械化・ICT 化

もしタスクの二極化の主動因が需要サイドにあるならば、やはり ICT 投資や機械化投資など、資本と労働との代替関係を基礎に考えるべきだろう。しかし、多くの資本ストックのデータは産業別集計のみが公表されており、職業と資本ストックとの関係はさほど明示的に議論されてこなかった。

そこで、Ikenaga and Kambayashi（2016）は、まず国調の産業・職業のクロス集計表に、職業を鍵にタスク・スコアをリンクし、さらに産業ごとに集計することで、各産業の 5 種類のタスク・シェアを算出したあと、産業別の資本ストックデータを付与することで、タスク・シェアと資本ストックとの統計的関係を検討した。

資本ストックデータは、JIP データベースに掲載されている IT および非IT 資本ストックを用いる。回帰分析の説明変数としては、同じく JIP データベースより取得できる産業別労働者数を用いて 1 人あたりの資本装備率に変換した対数値を用い、同時に産業の固定効果を挿入する。産業の平均的なタスク・シェアを度外視して、各産業内での資本ストックの変化とタスク・シェアの変化との関係をみることになる。したがって、推定式は次の通りである。

$$T_{jt}^k = a^k + \beta^k \cdot ICT_{jt} + \gamma^k \cdot NonICT_{jt} + u_j^k + \varepsilon_{jt}^k \quad (k = NI, NA, NM, RC, RM)$$

ただし、T_{jt}^k は t 年 j 産業の k タスクのシェアで、ICT_{jt} は t 年 j 産業の ICT

---

17)　実際、賃金成長率 NM_wage_t を雇用成長率 NM_emp_t に回帰すると、

$$NM\_wage_t = \underset{(0.028)}{0.727} + \underset{(0.047)}{0.059} \cdot NM\_emp_t$$

#of observation: 5、$R^2 = 0.35$

と推定され、両者の相関は統計的にはゼロと有意にちがわない。

表 7-2　タスクの二極化と資本ストック

	NA	NI	RC	RM	NM
ICT	0.000 [0.000]	0.001 [0.000]***	−0.001 [0.000]*	−0.001 [0.000]**	0.000 [0.001]
NonICT	0.001 [0.001]	0.000 [0.001]	−0.001 [0.001]*	−0.002 [0.001]***	0.002 [0.002]
定数	0.190 [0.011]***	0.197 [0.015]***	0.207 [0.010]***	0.210 [0.009]***	0.197 [0.022]***
観測数	312	312	312	312	312
R-squared within between overall	 0.016 0.029 0.027	 0.123 0.007 0.012	 0.166 0.014 0.007	 0.242 0.001 0.003	 0.016 0.043 0.034

注）Ikenaga and Kambayashi（2016）Table 3 を筆者改訂。観測単位は産業×年で、産業について
固定効果を含めている。被説明変数は各タスク・シェア。カッコ内は標準誤差。*、**、*** は
それぞれ 10%、5%、1% 水準で統計的にゼロと異なると判断できることを示す。また、ICT
は 2000 年価格の実質 ICT 資本ストックを、NonICT は 2000 年価格の非 IT 資本ストックを示
す。

ストック装備率の対数値、$NonICT_{jt}$ は t 年 j 産業の非 ICT ストック装備率の
対数値である。国調の産業・職業のクロス集計を用いているので、推定対象
は 1980 年、1990 年、2000 年、2005 年の 4 時点 78 産業に限られ、合計の
サンプルサイズは各推定 312 にとどまる。

　すでに気づいている読者も多くいると思うが、タスク・スコアを用いる分
析では、一般に、データの変動は本質的には職業分布の変化に帰着する。し
たがって、表 7-2 の推定結果も、各産業内の経時的な職業分布の変動に基
づいて算出されたものと解釈すべきである。そのため、タスク・シェアの変
動が十分ではない場合には、標準誤差が大きく表れているかもしれない。

　しかし、ここまで限定された小サンプルサイズの推定であっても、定型タ
スクのシェアの減少が ICT 資本ストックのみならず、非 ICT 資本ストック
とも負の相関を持っていたことは、統計的に有意に示されている。なおか
つ、NI シェアと ICT 資本ストックとは正の相関を示しており、日本でもタ
スクの二極化と ICT 資本ストックが関係していることは、おそらく実証的
に正しいと判断すべきだろう。

　通常、タスクや仕事の二極化の背後に ICT 革命をみるのは、欧米における現実がそうだったからだが、これまでみてきたように、日本でも一定の説明力を持っていることは間違いない。ICT の浸透に伴う職場の変化と労働市場の二極化は、やはり他人事ではないのである。

　他方、とくに定型タスクの減少と非 ICT 資本ストックが関連している点も見逃せない。非 ICT 資本ストックとは機械投資などを意味しており、必ずしもタスクの非定型化とは結びつけて考えられてこなかった。実際、Autor, Levy and Murnane（2013）でも示されたように、米国で機械化が進んだ 1960 年代と 1970 年代には、むしろ定型タスクのシェアが増加しており、熟練工に蓄積された技能が機械の導入によって非熟練工でも実行可能になったというリカーディアン的世界が現れていると解釈されている。いわゆる「熟練の解体」である。これに対して日本の場合には、機械化は定型タスクの減少をもたらし、米国における機械の導入とは異なる影響を職場に及ぼした可能性が示唆されているのである。

　相矛盾するようにも見える日米のちがいだが、日本における人事労務管理の歴史を繙（ひもと）くと、機械導入の効果が定型タスクの減少をもたらしたという見解は、必ずしも奇異には映らない。議論の出発点は、1970 年代から 1980 年代にかけてすでに機械化が進んでいたことは同時代的によく知られていたことである。すでに 1986 年の『科学技術白書』において「金属工作機械における NC 化率をみても…中略…昭和 53 年度頃から急速に増え、昭和 55 年度には 50 ％を超えるに至っている」[18] と指摘されている。そして、この機械化はただちに熟練の解体につながったとは考えられてこなかった。

　たとえば、当時の科学技術庁が実施した『民間企業の研究活動に関する調査』（以下、科技庁調査と略す）では、「貴社では過去 5 年間のうちに生産のラインにおける大規模な設備の更新や機械化・自動化を行いましたか。」という問いに対して、回答企業の 65％ が「行ったことがある」を選択しており、資本ストックの更新が広汎だったことを示している[19]。また、その目

---

[18]　昭和 61 年版科学技術白書、第 1 部第 2 章 1-(1)「工場における自動化（FA 化）の進展」参照。

[19]　770 社中 497 社。科技庁調査質問票および附表 3-(1)-1。

的としては「生産量の拡大」（222/497＝0.45）もさることながら、少なからずが「人員削減」「人員増の抑制」（（158＋79）/497＝0.48）を挙げた[20]。つまり、1980年代の機械化・自動化は、人員削減を通じた労働生産性の上昇という古典的な機序をなぞっていたことが確かめられる。

　しかし、これと同時に作業の単純化が進んだわけではない。同調査が「新しい労働環境はどのように変化しましたか」と尋ねたところ、選択肢のなかで「定型的な作業が多くなった」を選択したのは86社にとどまり、「単調・反復又は定型的な作業が減少した」または「作業の手順が複雑になった」を選択した延べ236社（＝184＋52）に対して、4分の1程度にすぎなかった[21]。設備の更新等に伴って被用者の職場転換に迫られたのは4割程度の190社だったことを考え合わせると[22]、設備更新や機械化・自動化に伴い、作業がかえって複雑化した結果、在職の熟練労働者を維持し続けたグループが小さくなかったことを、こうした調査は示唆している。

　ただし、科技庁調査の関心は自然科学を念頭に置いた科学技術にあり、必ずしも職務編成と技術との関係に気を遣っているわけではない。また、資本金10億円以上の企業を対象とした『科学技術調査』において研究開発を実施していると回答した企業を母集団としており、機械化や自動化の影響を議論する標本としては偏りが懸念される。

　幸い、科技庁調査以外にも、労働省が1985年まで実施していた『労働生産性統計調査』（以下、労働省調査と略す）が知られている。もともと労働省調査は、製造業19産業における代表的69品目の労働生産性の計測を主旨としていたが[23]、機械化や自動化の帰結についても十分注意を払っていた。たとえば、1981年調査において、自動車・電動機など8産業を対象として「産業用ロボット等ME応用機器導入とその労働面への影響」を調査している[24]。

---

[20]　科技庁調査附表 3-(1)-2。
[21]　科技庁調査附表 3-(4)。
[22]　科技庁調査附表 3-(2)-1。
[23]　対象品目を製造している事業所のほぼ全数を調査対象としているという利点があるものの、調査票は個別品目に合わせて複雑を極め、全産業全品目で通覧できる情報はそれほど豊富ではない。

　労働省調査によれば、1981 年 12 月末において産業用ロボットを保有している事業所の割合は 8 産業合計で 9%、NC 工作機械等の保有割合は 17% にすぎない。しかし、一見低いようにみえる普及率も、電動機産業に限ればそれぞれ 67% と 89%、自動車産業では 75% と 80% と、特定産業ではかなり高い普及率が報告されているのである[25]。1980 年代の機械化や自動化は、産業構造や土台となる技術によって、かなりばらついていたことがわかる。

　産業用ロボットの導入目的は、科技庁調査と比較すると、人員縮減により重心があると報告されている。たとえば、産業用ロボットの導入目的としては、最も多い 78% が選択したのは「配置労働者数の減少」であり、「無人運転ができる」も 48% を数えた。「生産量の増加」や「品質・精度の向上」は 46% と 32% と、人員整理の動機がより前面に立つ[26]。

　他方、NC 工作機械の導入目的は多少異なり、「品質・精度の向上」を選択したのが 79 %、「多様な製品や複雑な加工ができる」を選択したのが 63% と、「配置労働者数の減少」46 %、「無人運転ができる」39% と比較すると大きい[27]。産業用ロボットと NC 工作機械はともに非 ICT 資本ストックとして位置づけられるが、職場編成に与える影響は異なる可能性があることが、労働省調査からはわかる。

　また労働省調査では、実際に産業用ロボットや NC 工作機械が導入されたとき、当該工程の労働者数が減少したことも報告されている。産業用ロボットを導入した事業所の 70% が労働者の減少を報告しており、増加したという事業所はなかった。NC 工作機械の場合には、減少したと報告した事業所は 30% にとどまり、増加したと報告した事業所も 12% と一定程度観察される。したがって半数は現状を維持したと考えられ、上記の導入目的と平仄が

---

[24]　産業機械についての調査対象となった 8 産業は、鉄製錬業、鉄圧延業、鋳鋼・銑鉄鋳物製造業、電線・ケーブル製造業、旋盤製造業、玉軸受・ころ軸受製造業、電動機製造業、自動車・同附属品製造業である。もともとの調査対象の 19 産業は、上記 8 産業に加え、綿紡績業、毛紡績業、綿スフ織物業、合板製造業、パルプ製造業、紙製造業、アンモニア系肥料製造業、ソーダ工業、レーヨン製造業、タイヤ・チューブ製造業、セメント製造業である。
[25]　労働省調査「調査結果の概要」第 7 表および第 8 表。
[26]　労働省調査「調査結果の概要」第 9 表。
[27]　労働省調査「調査結果の概要」第 10 表。

一致する。本節の文脈で重要なのは、産業用ロボットにせよ NC 工作機械にせよ、当該資本ストックの導入による工程労働者の減少を、雇用調整で賄った事業所は皆無だった点である。ほとんどは「他工程、他部門へ配転」されることで維持されたのである[28]。

それでは、この配置転換はスムーズに行われたのだろうか。実は「問題がある」と考えていた事業所は少なくなかった。担当工程が変わればタスクも変わるし、必要なスキルも変わる。それまでに蓄積した暗黙知が使えなくなれば、生産性は低下すると考えるのは、何も経済学のみではない。労働省調査では過半の事業所が「他工程、他部門への配転」に際して「問題がある」と認識しており、その内容は再教育訓練問題だった。

ただし、労働省調査が示す興味深い事実は、「導入に伴いその工程において新たに配置した作業者」についても同様に「問題がある」と回答した事業所が、やはり半数を超えており、その内容は「教育訓練問題」なのである。つまり、他工程に配転になった被用者が取り立てて再訓練しにくいというわけではない。製造ライン全体にロボットが導入される過程では、誰がどこに配属されようと、常に教育訓練の問題がつきまとったと解釈できる。

そして、NC 工作機械導入の場合にはこの関係が逆転する。「従来からの工程作業者の他部門、他工程への配置転換に係る再教育訓練問題」を指摘したのが 61% あったのに対して、「導入に伴いその工程において新たに配置した作業者の教育訓練問題」を指摘したのは 80% と上回る[29]。

結局、1970 年代から 1980 年代に起こった非 ICT 資本ストックの蓄積過程で、製造現場を担っていた熟練工は機械に押し出されるかたちで失業したかといえば、そうではなかっただろう。1970 年代以降のメカトロニクス化は、製造機械にマイクロコンピュータを実装して数値制御技術を組み込むことで、熟練工の知識と技能はそのまま利用されたし、同時に、外国製造拠点の指導者などとして配置転換を通じて職場を変えていくことができたとも評されている。こうした事例と、表 7-2 でみた、非 ICT 資本ストックと定型タスクの減少という米国ではみられなかった関係は、少なくとも矛盾はしない

---

[28] 労働省調査「調査結果の概要」第 11 表および第 12 表。
[29] 労働省調査「調査結果の概要」第 13 表および第 14 表。

といえる。

（4）　小括：仕事格差のメカニズム

　本章では雇用機会の質をさまざまに評価することを通じて、日本の労働市場で仕事の二極化が起こってきたことを議論してきた。仕事の質を中位賃金で評価した2節では、比較的低賃金の仕事と比較的高賃金の仕事が増加するという二極化が、日本の労働市場でも起こっていたことが示された。

　ただし、1980年代と1990年代の正社員や、1980年代以降の自営業に典型的にみられるように、低生産性の仕事から高生産性への仕事へのシフトという淘汰のメカニズムがあり、二極化のメカニズムと併存していたことも見逃せない。一方の高賃金の仕事が増加しているという点では、両者のメカニズムは一致している。他方、低賃金の仕事については、雇用創出が強調される二極化のメカニズムと、雇用喪失が強調される淘汰のメカニズムが混在しているのである。

　また、タスク・スコアによって仕事の質を評価した3節の考察からは、日本の労働市場では非定型タスクのシェアが継続的に増加し、逆に定型タスクのシェアが減少し続けたという、別の二極化の側面があることがわかった。そして、これらの変化は、IT投資のみならず、非IT投資とも統計的関係がある。米国においては、ロボットなど非IT機械設備投資によるFA化は熟練の解体を促し定型タスクの増加をもたらしたとされるが、日本の場合には、むしろ定型タスクを削減し非定型タスクへ労働力を振り向ける役割を果たしてきたことが示唆された。非IT投資からIT投資へ、企業の資本設備投資の内実が1990年代以降変化してきたとしても、定型タスクが減少し、非定型タスクが増加し続けるという方向は、数十年にわたって維持されてきたといえる。

　以上の考察は、日本の労働市場は1980年代以降、中長期的に継続して二極化の圧力を受け続けたと解釈でき、自営業の衰退と非正社員の継続的増加という基調を生み出したのかもしれない。

補論　新しい仕事と大きな塊の仕事

初期時点で観察されず、終期時点で観察された仕事は、観察期間で新しく現れた仕事と考えられるが、とくに 2002 年から 2012 年にかけての第 ii 期においては、一つひとつの仕事の観測数が少なく、たまたま 2002 年時点でデータとして含まれなかった可能性もある。この影響を確かめるためには、2002 年時点で観察されなかった仕事についても、何らかのかたちで順序づけする必要があるが、そのひとつとして、2002 年時点と 2012 年時点の両方の情報を使い、平均賃金を算出する方法がある（ただし、物価変動分は控除しなければならない）。

ただし、2012 年の賃金は、労働市場の二極化が進んだ結果決定されるものなので、本来、メカニズムが働く以前に定義するべきグループ区分に利用するべきではない。したがって、附図 7-A では、あくまで参考として、1982（2002）年と 2002（2012）年の標本をプールして算出した平均賃金によって仕事の順位を決め、五分位を定めた結果を掲示する。

図 7-1 と比較すると、第 i 期についてはまったく変化はない。もともと 1982 年時点で観察されなかった仕事はほとんどなかったからである。それに対して第 ii 期については、様相が若干異なる。まず、全体の仕事数が増え、第 I 五分位点が上昇した結果、図 7-1 パネル B では第 II 五分位点として集計されていた仕事の一部が、附図 7-A では第 I 五分位として集計されたため、第 I 五分位に属する仕事が減少傾向に転じた。

また、第 II 五分位が増加に転じており、新しい仕事の賃金が常に高いわけではなく、中位に位置することもあることを示唆している。しかし、中位の第 III 五分位は減少しているため、全体として U 字型というよりは、第 i 期と同様の μ 字型となったと解釈できるだろう。本文では、第 i 期と第 ii 期は二極化が進行したという意味では同様であるとの解釈を示したが、両期間の異同という意味では、附図 7-A のほうが直感的に理解しやすいかもしれない。

第 i 期において最も大きな塊となった仕事に属するのは、観測数だけでも

附図 **7-A**　新しい仕事の影響

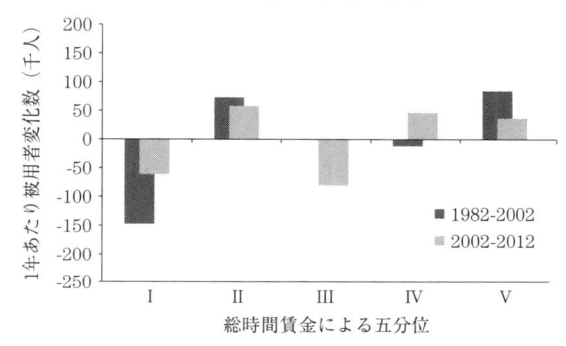

注）Kambayashi（2014）Appendix Figure 2B を筆者加工。就調
　　1982 年調査、2002 年調査、2012 年調査より筆者推計。

附図 **7-B**　大きな塊の影響

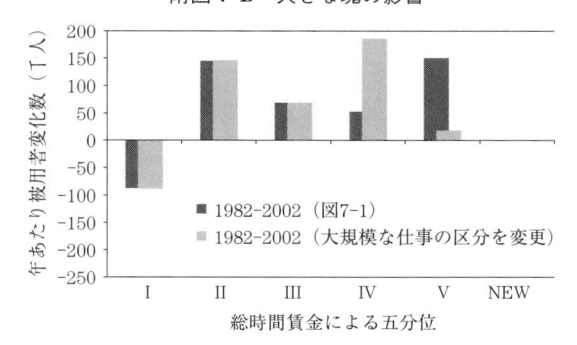

注）Kambayashi（2014）Appendix Figure 1 を筆者加工。就調
　　1982 年調査および 2002 年調査より筆者推計。

9 万人を超えており、相当大きい。このような大きな塊がどの分位点に属す
るかは、図の全体的印象を決める上で決定的かもしれない。そのため、附図
7-B では、最も大きな仕事の区分を第 V 五分位から第 IV 五分位に置き換え
た。

　やはり、ひとつの仕事の塊がどこに位置するかによって、印象は異なるこ
とがわかる。しかし、μ 字型であることには変わりはなく、本章全体の論旨
は頑健だといえる。

第8章

自営業はなぜ衰退したのか

1　日本に特異な自営業の衰退

　本書の読者には、自営業の衰退の重要性をここで再度説明する必要はない
だろう。近年の日本の労働市場の特徴である「正規の世界と非正規の世界の
不釣り合いな連関」は、自営業セクターの衰退があって初めて成立してき
た。したがって、なぜ、これほどまでに長期にわたって継続的に自営業が衰
退し続けているのかを探ることは、日本の労働市場の現状を理解する上で欠
かせない論点のはずである。本書の構想段階では、本章の課題はまさにこの
問いに答えることにあったのだが、残念ながら現在までのところ、明確な結
論が得られていない。本章では既存文献に頼りながら、自営業の衰退を議論
するための論点を整理するにとどめる。

　日本の自営業研究が遅々として進まない理由にはいくつかある。ひとつ
は、先進国において自営業は、景気循環に伴い増減を繰り返すのが通例で、
30 年以上にわたって衰退の一途をたどっているのは日本以外に類例がな
く、国際的にみて特異的であることが挙げられる。

　図 8-1 は、CECD 統計より（準）加盟 37 カ国の自営業比率の推移を、本
書が考察対象としている 1980 年代以降について示したものである。比較の
ために、すべてのパネルに日本の推移を書き込んだ。

　パネル A に示された主要 6 カ国のうち、30 年以上にわたって、ひたすら
自営業比率を落としているのは日本だけである。その低下幅も 30 年間で

図 8-1　OECD 諸国における自営業比率の推移（1981 ～ 2015 年）

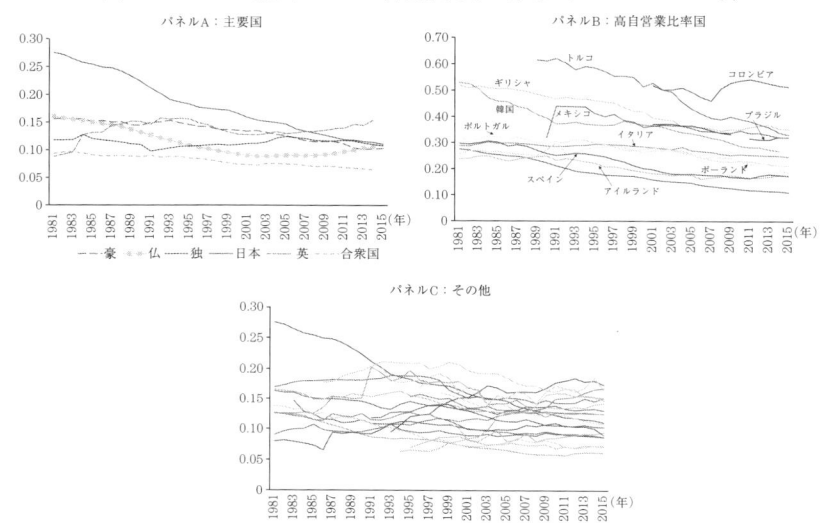

注）Kambayashi（2016）Figure 1 をもとに筆者加工。オリジナルのデータは OECD 統計。‘Civil Employment all status, all activities’ に占める、‘Employers and persons working on own account all activities’ および ‘Unpaid family workers all activities’ の比率を算出した。

15 ％ポイント以上と、他の追随を許していない。その結果、2015 年には日本の自営業比率は 11.1 ％に至り、ドイツの 10.8 ％やオーストラリアの 10.3 ％に比肩する水準となった。1980 年代から長期にわたって自営業比率を減少させてきたフランスも、2000 年代初頭に 8.9 ％で底を打ったあと増加傾向に転じ、2014 年には 10.6 ％と日本と似た水準に戻ってきている。オーストラリアも 15.4 ％を記録した 1993 年以降 20 年にわたって低落傾向にあるが、それ以前の 1980 年代は安定的に推移していた点が異なる。日本の自営業比率の長期的推移が、先進国にあって、いかに特異的かがわかる。

　パネル A では、1981 年時点で 27.5 ％という、主要国の中では突出している自営業比率の高さにも驚かされる。プラザ合意が成立しバブル経済への一歩を踏み出した 1985 年時点でも、自営業比率は 25 ％を超えており、働いている人の 4 人に 1 人は自営業セクターに属していたことは忘れるべきではないだろう。1985 年の自営業セクターでの就業者は日本ではおよそ 1475

万人だったが、この人数は同年の英米を合計したおよそ 1300 万人よりも多かったのである。

　もちろん、初期時点での比率が高ければ、その分、低落幅も速度も大きくなってもおかしくはない。そこで 1980 年代から 1990 年代初頭にかけて、自営業の比率が日本と同等かそれ以上だった国を選んで示したのがパネル B である。ポルトガル、スペイン、イタリア、ギリシャといった南欧諸国とともに、ブラジル、コロンビア、トルコといった新興国が並び、経済構造を自営業比率でみたときの日本の位置づけを知ることができる。とくに新興国では自営業比率は長期的に低落傾向にあるともみえるので、仮に日本の労働市場をこうした国々と同質とみなせば、自営業比率の持続的低落は理解しやすい。しかし、自国を合衆国やドイツ、フランスなど先進国と比較してきた伝統に則れば、にわかには首肯しがたいだろう。

　そのほかの 20 カ国をまとめて示したのがパネル C で、おおむね 10 ％から 20 ％の間を上下しながら推移している。とくに 2000 年代以降になると上昇傾向が強くなるグループがみられることには注意されたい。世界的には、自営業は衰退傾向にあるとはいえないのである。

　つまるところ、自営業比率が数十年にわたって持続的に低落するという現象は、主に新興国にみられるのであって、先進国ではほとんど日本特有といってしまってもよい。この状況下で自営業の衰退を取り上げるとすれば、研究成果を外国語で出版に漕ぎつけるのは至難になることは目に見えている。英米の研究者に研究の意義を理解してもらい、出版の優先順位を上げてもらうことが難しいからである。

　経済学研究において外国雑誌での出版が重視されるようになるにつれて、日本の自営業が衰退し続けているという事実は研究対象として見向きもされなくなっていった。実際、研究文献探索の基本データベースである Web-of-Science のコア・コレクションで自営業関連の研究文献を検索すると 800 件は下らないが、「日本」のキーワードを加えると、検索にかかる文献はわずか 6 件になってしまう[1]。自営業のおかれた特異的な状況そのものが、か

---

[1]　検索キーワードを 'Self-employed,' 'Self-employment' とした。2016 年 6 月 1 日時点の数値である。

えって研究の進展をはばむという事情があるといえる。

　日本の自営業研究にいまひとつ拍車がかからないのには、自営業セクターが行政管轄の間隙に落ち込んでしまい、データが蓄積されてこなかったという理由もあるだろう。旧労働省が管轄する諸政策は、労働契約を結ばない自営業主には関心がなく、偽装請負のような話題のなかで時折取り上げるくらいである。大規模サンプルを誇る賃金センサスといえども、5 人に満たない零細事業所は調査対象とはしていない。政府の労働統計は、総務省統計局の管轄する就調など基幹的世帯調査を除き、自営業をほとんど無視してきたのが実情なのである。

　残る可能性は自営業を事業者としてみる視角からの統計情報の収集で、産業政策を管轄する経済産業省が関心を持ち、傘下の中小企業庁が管轄する場面が多かった。しかし、経済産業省や中小企業庁は自営業を企業の草創期、つまり開業行動の一環として位置づけており、整備される統計も、財務や設備投資に関わる経営情報が中心になる。自営業主や家族従業者の労働時間や生活時間などの個人的情報が採取されることは基本的になかった。データも少なく、外国に売れる可能性も小さいならば、日本における自営業研究が進まないのも合点がいく。

　本章では、自営業研究一般に対象を広げながら、経済学の中ではどのような視点で自営業研究が進展してきたかをまとめ、日本の自営業研究について概説するというスタイルは採らない。将来的に日本の自営業研究に糸口をみつけ、1980 年代以降の日本の労働市場の全体像を描写する上での一助としたいからである。

2　自営業と景気循環

（1）　プッシュとプル

　経済学における自営業研究の出発点のひとつは、自営就業と景気循環との関係を突き止めることにあった。自営就業とは、失業と被用者としての就労の中間にあり、景気循環の過程で失業者や被用者が増減するに従って、自営

就業も変化するという枠組みで考えるのである。大きくは二つのメカニズム
が仮説として提出され、現在でも決着がついていない。一つはプッシュ仮説
と呼ばれ、不況時に被用者市場から押し出された人々が自営就業を選択する
という理屈を重視する。もう一つはプル仮説と呼ばれ、好況期に被用者市場
からリスクをとることのできる人々が引っ張り出されて自営就業を選択する
というメカニズムを採る。どちらにせよ、被用者と失業者と自営就業という就
業状態の主体的選択という理論的枠組みに依拠し、実証的には主に失業プー
ルの増減と自営業就業確率との相関をみることによって検証されてきた。

　経済学においてプッシュ仮説を唱える代表例はEvans and Leighton (1989)
である。この論文は、1968 年から 87 年までの合衆国の NLSY の男性標本と
CPS を用いて、失業者や低所得者が自営開業もしくは自営就業する傾向に
あることを示した[2]。さらに、一般に自営業の就労条件は被用者よりも劣悪
で、自営就業や自営開業は失業状態からの脱出の足掛かりとしての役割を担
うと、議論を展開している。欧州では伝統的に失業対策の一環として自営開
業を促す施策がとられてきたが、その考え方を補完する論旨だったといえる。

　このとき Evans and Leighton (1989) は当時の社会学ですでに議論されて
いたプッシュ仮説を持ち出し、被用者市場から自営就業が押し出されると解
釈した。不況は被用者の稼得収入を減少させるので、相対的に自営就業が有
利になり、とくに被用者から自営就業への流入が起こるという説明である。
この説明に従えば、自営就業確率と失業率は正の相関を持つはずである。

　逆のプル仮説の代表例は、Blanchflower and Oswald (1991) だろう。好景
気になって失業率が低くなった時こそ、自営開業に失敗しても容易に次の職
を見つけることができるので、自営開業のリスクが減殺されると考えた。つ
まり、好景気が、人々を自営開業に惹きつけ、したがって自営就業確率と失
業率は負の相関をみせるはずである。

　Evans and Leighton (1989) 以来すでに四半世紀が経過したが、プッシュ

---

2)　自営開業とは被用者あるいは無職だった人が新たに自営業主として就業を開始するこ
　　とを指し、NLSY のようなパネルデータによって分析されることが多い。それに対して
　　CPS のようなクロスセクションデータを用いた分析は、一時点の就業選択を分析対象
　　とすることが多い。

仮説とプル仮説のどちらが現実に妥当するかは定まっていない。ひとつには、このふたつの仮説が、実は相互に排他的になっておらず、自営就業確率と失業率の平均的な関係だけをみても、相反する両者の理屈が混在してしまうからである。実際、Blanchflower（2000）が OECD 諸国の国レベルでのパネルデータを分析したところ、自営就業確率と失業率との関係は各国でまちまちで、国によってプッシュ要因とプル要因のどちらが支配的になるか異なることが示唆されている。被用者として働いた時の期待利得と自営就業した場合の期待利得を比較して就業選択するという基本的メカニズムは両仮説に共通しており、景気循環の際の所得変動やリスク回避度の現れ方などが分析対象地域や研究によって異なるにすぎないとも解釈できる。たとえば、不況期に被用者の稼得所得が相対的に大きく減少する場合にはプッシュ要因となり、逆に不況期には自営業の業況が悪化して自営業者の稼得収入が相対的に減少する場合にはプル要因となると考えれば、プッシュ仮説とプル仮説をことさら分け隔てて対立的に扱うこともなく、労働市場や製品市場の在り方によって両要因の大小関係が決まると考えてもよい。

　また、もしプッシュ要因とプル要因の相対的な強さが国によってまちまちなのであれば、同じ理屈が個人にも通用するはずで、個人によって、不況期に自営就業をより強く志向する人もいれば、逆に好況期にこそ自営就業をより強く望む人もいると考えるべきだろう。Svaleryd（2015）が典型的な研究で、スウェーデンの個人データを用いて、地域の労働市場条件が自営就業に与える影響が、いかに個人の属性によって異なるかを検証している。このとき、一国の失業率と自営就業確率との平均的な関係は、どのような人々によって社会が構成されるかにも依存する。

　もともと、プッシュ仮説とプル仮説は労働市場の中で自営就業をどう位置づけるかをめぐる、全体像の構築を目的とした議論として出発したが、現在では個人の就業メカニズムのひとつの解釈として援用される場面が増えてきたとまとめられるだろう。

　個人属性のちがいによって失業と自営就業の選択行動が異なることが念頭に置かれたとき、欧州の文脈で最も注目された属性は移民だった。たとえば Clark and Drinkwater（2000）は、英国において被用者市場でより激しい差

別に見舞われる移民が自営就業をより選択することを見出し、プッシュ仮説が支配的になることを主張している。日本では外国人労働者の比率は現在でも大きくはないが、被用者市場での差別的取り扱いを映す鏡として自営就業を位置づける考え方そのものは、適用可能である点は指摘しておきたい。

（2）　日本のデータでの検証

それでは、日本の自営就業と失業率はどのような統計的な関係を持っているのだろうか。1982 年から 2012 年までの就調を用いて検証してみよう。

分析対象は就調の主に仕事をしている有業者で、被用者か自営業者のどちらを選択しているかを統計的に分析する。被用者か自営業者かは労働契約を結ぶかどうかと同義の従業上の地位で判断し、常雇・臨時雇・日雇を被用者、会社役員を含むそれ以外の有業者を自営業者として定義しよう。

ここで鍵になる説明変数は失業率であるが、同じ就調より都道府県別の無業比率を算出して代理させる。ただし、無業比率の計算には家事・通学の傍ら仕事をしている標本が含められるので、統計分析対象とならない標本の比率と等しいことに注意されたい。有業者の個人属性に関わる説明変数には、性別、年齢、年齢二乗、最終学歴を用い、時系列的推移を示すために年次ダミーも含める。また、都道府県ダミーを含めることによって、地域特性も反映させる。ここで主に関心のあるのは、都道府県別の無業比率と自営就業選択との相関関係なので、推定係数の標準誤差は都道府県別のクラスタリングに対して頑健な方法で算出している。

30 年間にわたるデータ全体の挙動をみた表 8-1 の(1)によると、無業比率と自営就業とは若干負の関係を示しながらも、統計的有意性はなく、無相関と考えたほうがよい[3]。強いていえば、日本の自営就業は不況期に少なくなるというプル仮説のあてはまりのほうが強いかもしれないが、少なくともクロスセクションのデータから簡単に確かめることはできない。加えて、(1)では、無業比率によって説明される部分を除いたとしても年次ダミーが着々と減少しており、自営就業の趨勢的減少のうち景気循環によって説明される範

---

[3]　これは、標本全体の観測数が 300 万を超えるにもかかわらず、実質的な変動が 47 都道府県 × 7 回 = 329 しかないため、標準誤差が比較的大きく算出されるためでもある。

表 8-1　自営就業選択と景気動向との関係（1）

標本 年次 推定方法 被説明変数	就調：主に仕事をしている有業者 1982 ～ 2012 年 OLS 自営就業 =1、被用者就業 = 0					
	(1)		(2)		(3)	
説明変数	推定係数	標準誤差	推定係数	標準誤差	推定係数	標準誤差
無業比率	-0.138	0.151	-0.071	0.116	-0.338	0.143
女性ダミー			-0.053	0.003	-0.054	0.002
年齢			-0.009	0.001	-0.009	0.001
年齢²／100			0.022	0.001	0.022	0.001
最終学歴（v.s. 高校卒）						
中学卒			0.030	0.004	0.028	0.004
高専・専門学校卒			-0.002	0.002	-0.001	0.002
大学卒			-0.025	0.003	-0.021	0.003
年次ダミー（v.s. 1982 年）						
1987 年	-0.015	0.003	-0.023	0.002	-0.020	0.002
1992 年	-0.033	0.003	-0.052	0.003	-0.051	0.003
1997 年	-0.052	0.004	-0.076	0.004	-0.072	0.004
2002 年	-0.047	0.008	-0.084	0.007	-0.074	0.007
2007 年	-0.070	0.009	-0.118	0.008	-0.107	0.008
2012 年	-0.091	0.011	-0.146	0.009	-0.132	0.009
都道府県ダミー	NO		NO		YES	
観測数	3,387,716					
決定係数	0.005		0.182		0.185	

注）他の説明変数として定数項を含む。標準誤差は都道府県ごとの相関を許して算出している。

囲は限定的であることを示唆している。

　こうした傾向は、個人属性を制御すると、ますます強まる。個人属性を制御した表中(2)によれば、個人属性と自営就業の間の相関関係は統計的に有意に拾えているが、逆に無業比率と自営就業との相関関係はより弱くなる。

　むしろ(2)の特徴は、高齢者や低学歴者など被用者市場で不利な立場に立たされる人々ほど自営就業が多くなる傾向が確かめられる一方、女性では自営就業は少ないことを示唆する点にある。高齢者や低学歴者で自営就業が多いことは従来から指摘されてきたことと一致する。被用者市場で不利な立場に立たされる人々が自営就業を選択すると解釈するのであれば、女性についてもこの理屈があてはまるはずなので、すぐに首肯できる解釈ではない。

⑵で女性に自営就業が少ないのは、おそらく、分析対象を主に仕事をしている人々に限定したことによって、副業的に内職をしたり家族従業者として手伝う人々が標本に含まれないからだろう。実際、家事・通学の傍ら就業する人も標本に含んで自営就業を定義した分析結果である章末の附表 8-A をみると、女性ダミーの係数は、統計的有意性はないものの、正値に推定されている。自営就業との関連で男女間の就業行動のちがいを考える上では、副業的な就業をどのように位置づけるかが重要であることを示している。

　以上のように、表 8-1 の⑴や⑵をみると、クロスセクションデータに依存する限り、日本の自営就業は景気動向との関係が弱い。研究者の関心も男女差や年齢差、学歴差などに惹きつけられる傾向が強いものの、多面的に矛盾しない実証結果が簡単に得られるわけではない。自営就業をめぐる経済学的研究の主要テーマであるプッシュ／プル仮説論争に、日本の分析があまり貢献してこなかった理由の一端がわかるだろう。

　ただし、クロスセクションデータに都道府県ダミーを加えて時系列方向の変動を主要な識別の要素としてみると、分析結果は大きく変化する。表 8-1 の⑶は単に⑵に都道府県ダミーを追加しただけの推定結果だが、無業比率の推定係数だけが大きく変化し、統計的に有意に負値が推定されている。都道府県の文化的要因や自然条件などにより無業比率が高い都道府県で自営就業比率が高いという相関が恒常的にあるため、クロスセクションの変動を用いると、無業比率と自営就業比率の関係に正の方向にバイアスがかかってしまうのである[4]。換言すれば、特定の都道府県に注目した場合、不況期に入り無業比率が増大したときには、自営就業比率ははっきりと減少する傾向を持つ。したがって、⑴や⑵と異なり、日本においてはどちらかというとプル仮説の力学が支配的になっていることが示唆されるのである。

　推定された係数の -0.338 という大きさはどのように解釈できるだろうか。たとえば 90 万人の被用者と 10 万人の自営業者合わせて 100 万人の有業者と、20 万人の無業者、合計 120 万人の人口を抱えた都道府県を想定してみよう。当初の無業比率はおよそ 17% である。不況期に入り、無業比率が 20% に増大し、無業者が 3 ％ポイント、4 万人増えたとする。このとき、新たな無業者 4 万人のすべてが、被用者が失業することによって生じている

のであれば、被用者 86 万人、自営業者 10 万人となり、自営就業比率は 10.4% と 0.4 ポイント上昇する。逆に 4 万人のすべてが、自営業者が廃業することによって生じているのであれば、被用者 90 万人、自営業者 6 万人となり、自営就業比率は 6.3% と 3.7 ポイント減少する。推定された係数は、この二つの極端なシナリオの間のどのあたりかを指し示す。

　上記の例に推定係数 − 0.338 をあてはめると、3％ポイントの無業比率の上昇に対する自営就業比率の減少はおおよそ 3 分の 1、1％ポイント程度である。したがって、自営業者の廃業が 1.5 万人、被用者からの失業が 2.5 万人とすると、おおよそのつじつまが合う。10 万人いた自営業者からの 1.5 万人の脱落確率は 15%、90 万人いた被用者からの 2.5 万人の脱落確率は 2.8% と自営業者からの脱落確率が 5 倍程度と算出できる。

　たとえば、10% 程度という比較的低い自営比率を持つ地域にとっては、この 3 分の 1 が与える社会的影響はそれなりに大きいとも思えるが、しかし、日本の自営業比率の低下を説明するという観点に立てば、やはり 3 分の 1 程度の影響では十分ではないのも確かだろう。

　それでは、無業比率と自営就業との関係は、性別や学歴などによって異なるのだろうか。標本を分割して確かめてみよう。表 8-1 と同一標本を用い、ただし男女の別、高専・短大卒以下と大学卒以上の別、1997 年までと 1997

---

4)　自営就業と無業比率の関係のように、クロスセクション方向の変動を識別の源泉とした推定結果と、時系列方向の変動を識別の源泉とした推定結果で含意が逆転するという例は、とくに就業構造を被説明変数とした分析でよくみられる。日本における別の事例として、母親の就業と保育所定員率の増加との関係がある。保育所定員率が高い北陸地方などで母親の就業率が高く、逆に保育所定員率が低い大都市で母親の就業率は低いことから、クロスセクション方向では正の相関関係を持つが、これをもって保育所定員を増やすと母親の就業が増えると考えるのは早計で、実際、都道府県ダミーなどを利用して同一地域内の時系列方向の変動を使ってその関係を確かめると、もはや統計的に有意な相関関係は見出されない。地域内で保育所が整備されると、三世代同居が減少して核家族世帯が増え、むしろ母親の就業率は減少する方向に圧力が加わるからである。別言すれば、就業意欲の高い母親は、保育所が整備されていない状況においては、三世代同居が選択できるのであれば祖父母の助力を得ることで就業を継続していたのであり、保育所が整備されている状況においては、保育所を利用して就業を継続している。結局、こうした母親は保育所が整備されていようとなかろうとすでに就業を選択している傾向が強い。このメカニズムが働く限りにおいては、保育所の整備は地域の母親の就業率を増加させるとは限らない。以上の議論は朝井・神林・山口（2016a）にまとめてある。

表 8-2　自営就業選択と景気動向との関係（2）

標本	就調：主に仕事をしている有業者					
	男性	女性	大学卒以外	大学卒	全標本	
年次	1982～2012年				1982～1997年	1997～2012年
推定方法	OLS					
被説明変数	自営就業=1、被用者就業=0					
	(4)	(5)	(6)	(7)	(8)	(9)
説明変数	推定係数　標準誤差	推定係数　標準誤差	推定係数　標準誤差	推定係数　標準誤差	推定係数　標準誤差	推定係数　標準誤差
無業比率	-0.209　　0.134	-0.562　　0.179	-0.341　　0.153	-0.014　　0.083	-0.550　　0.178	-0.134　　0.111
1982年	BASE	BASE	BASE	BASE	0.071　　0.004	–
1987年	-0.021　　0.002	-0.020　　0.003	-0.021　　0.003	-0.014　　0.002	0.053　　0.002	–
1992年	-0.049　　0.003	-0.059　　0.004	-0.056　　0.003	-0.022　　0.002	0.019　　0.002	–
1997年	-0.070　　0.004	-0.078　　0.004	-0.077　　0.004	-0.044　　0.003	BASE	BASE
2002年	-0.072　　0.007	-0.081　　0.009	-0.079　　0.008	-0.054　　0.004	–	-0.007　　0.004
2007年	-0.096　　0.007	-0.133　　0.010	-0.115　　0.008	-0.081　　0.005	–	-0.040　　0.004
2012年	-0.121　　0.008	-0.157　　0.013	-0.141　　0.010	-0.108　　0.006	–	-0.069　　0.006
都道府県ダミー	YES	YES	YES	YES	YES	YES
観測数	2,258,357	1,129,359	2,782,978	604,738	1,983,715	1,936,718
決定係数	0.176	0.186	0.186	0.144	0.166	0.205

注）他の説明変数として性別、年齢、年齢^2／100、学歴、定数項を含む。標準誤差は都道府県ごとの相関を許して算出している。

年以降の別に分割して、それぞれ(3)を推定した結果をまとめたのが表 8-2 である。簡単化のために無業比率と年ダミーの推定係数のみを掲示したが、推定には性別や年齢などの説明変数も取り入れている。

　無業比率の係数はおおむね負値に推定されているものの、その絶対水準や統計的有意性はサンプルによってさまざまである。(4)の男性よりも(5)の女性で、(7)の大卒よりも(6)の高専・短大卒以下で、無業比率の推定係数の絶対値は大きく、男性や大卒では統計的有意性が低い。また、(9)の 1997 年以降についても、無業比率の統計的有意性が消失している。総じて、景気循環と自営就業比率との関係は、個人の属性によって均等ではないと要約される。

　表 8-2 で興味深いのは、サンプルを分割したとしても年次ダミーは着々と減少を示していることだろう。つまり、どんな集団をとってもどんな時期をとっても、景気循環とは別に自営業比率は継続的に減少してきたと解釈できるのである。

　個人属性と同様に、地域別にみても異質性は確認される。表 8-3 では、

表 8-3　自営就業選択と景気動向との関係（3）

標本	就調：主に仕事をしている有業者			
	グループⅠ （← 1982 年時点の自営業比率低）	グループⅡ	グループⅢ	グループⅣ （1982 年時点の自営業比率高→）
年次	1982 ～ 2012 年			
推定方法	OLS			
被説明変数	自営就業 =1、被用者就業 =0			

説明変数	(10)		(11)		(12)		(13)	
	推定係数	標準誤差	推定係数	標準誤差	推定係数	標準誤差	推定係数	標準誤差
無業比率	-0.252	0.064	-0.195	0.049	-0.196	0.059	0.017	0.066
1982 年	BASE		BASE		BASE		BASE	
1987 年	-0.015	0.002	-0.021	0.002	-0.026	0.002	-0.031	0.002
1992 年	-0.037	0.001	-0.047	0.002	-0.061	0.002	-0.073	0.002
1997 年	-0.053	0.001	-0.069	0.002	-0.087	0.002	-0.103	0.002
2002 年	-0.056	0.003	-0.075	0.003	-0.093	0.004	-0.116	0.004
2007 年	-0.084	0.003	-0.108	0.003	-0.132	0.004	-0.155	0.004
2012 年	-0.106	0.004	-0.133	0.003	-0.158	0.004	-0.189	0.005
都道府県ダミー	YES		YES		YES		YES	
観測数	1,028,647		873,732		785,029		700,308	
決定係数	0.149		0.178		0.186		0.206	

注）他の説明変数として性別、年齢、年齢^2/100、学歴、定数項を含む。標準誤差は都道府県ごとの相関を許して算出している。グループⅠは、北海道、埼玉、千葉、神奈川、富山、愛知、滋賀、大阪、兵庫、奈良、広島、福岡、グループⅡは宮城、東京、新潟、石川、福井、岐阜、静岡、三重、岡山、香川、沖縄、グループⅢは秋田、福島、栃木、群馬、長野、京都、鳥取、島根、愛媛、佐賀、長崎、大分、グループⅣは青森、岩手、山形、茨城、山梨、和歌山、徳島、高知、熊本、宮崎、鹿児島の各都道府県。

47 都道府県を 1982 年時点で自営就業比率が低い都道府県から高い都道府県に並べ、順にグループⅠからグループⅣまで四分割し、それぞれのグループごとに(3)を推定した結果を要約した。都道府県数が 11 ～ 12 になるようにグループをつくったので、各グループに属する標本数は若干異なる。予想できるように、東京や大阪など大都市圏は低い自営就業比率の部類に入り、東北・中四国・九州地方などの地方部は高い自営就業比率の部類に入る。

　無業比率の係数はおおむね負値に推定されるものの、もともと自営就業比率が低かったグループⅠで絶対値が大きく、自営業比率が高かったグループⅣでは正値に推定されもはや統計的に有意ではなくなっている。景気循環と自営就業比率の関係は、欧米など他の先進諸国で熱心に議論されたもの

の、日本に対する現実的適用可能性に疑問符がつけられることは表 8-1 や表 8-2 を通じて紹介してきた。表 8-3 によれば、その理由の一端は、1980年代初頭において自営就業比率が相対的に高かった地域において景気循環と自営業比率との関係が曖昧であることにもよることがわかる。逆にいえば、自営就業比率が欧米なみに低くなった地域や時代においては、景気循環と自営業比率との関連という経済学が取り上げてきた視角が日本においても意味を持つかもしれない。

　その一方、無業比率との相関関係の強弱によらず、年次ダミーはどのグループにおいても着実に減少を示している。そして容易に想像できることだが、自営就業比率の低下は、もともと自営就業比率の高かったグループで比較的大きく、自営就業比率の低かったグループで比較的小さい。同時に、無業比率と自営就業比率が統計的に相関しないグループ IV でかえって決定係数は大きく算出されており、他と独立した自営業比率減少の趨勢の強さが示唆される。やはりどの地域においても、自営業衰退の傾向は共通しており、この中長期的トレンドは、地域のちがいや景気循環との関係のちがいでは説明できないとまとめられるだろう。

　以上を要するに、自営就業に関わる経済学研究のひとつの流れは、人々の就業選択を背後に備えた景気循環と自営就業との関係を明らかにすることにあった。しかし、日本では利用可能なクロスセクションデータではこの関係自体が曖昧になることもあり、実証研究は蓄積されていない。同時に、本書で関心のある自営就業の中長期的低下傾向は、人々の構成や地域にもよらず景気循環の局面にもよらず、着々と進行しており、景気循環と自営就業との既存研究の成果に依拠できる範囲は必ずしも広くないのが実情なのである。

3　自営業と起業家精神

　景気循環と自営就業との関連に注視したプッシュ／プル仮説と並んで、経済学における自営業研究を牽引してきたもうひとつの視点が、起業家としての自営業主の役割である。この文脈によると、自営業とは社会のイノベーションを担う小企業群であり、技術革新を通じて一国経済の長期的な成長を

下支えする基礎的な部門として位置づけられる。

たとえば、Rupasinghal and Goetz（2013）は合衆国の郡レベルのパネルデータを用いて、ある時点の自営業比率と将来の平均的な所得成長の間には正の相関があることを見出した。同様な研究は各国比較でも行われており、たとえば、Koellinger and Thurik（2012）は OECD 加盟 22 カ国のパネルデータを用いて、自営業主比率が GDP の成長をもたらすことを厳密なグレンジャーの意味で示している。

より一般的には Parker（2009）、Baumol（2002）、Audretsch（2007）など、MBA コースでよく採用される中小企業論の標準的な教科書では、いわゆる「創造的破壊」が引用されつつ、不況期の自営業が景気回復期を主導することについて強調されるのが常である。この考え方は多くの国の政策当局にも共有されており、自営開業をイノベーションと関連づけて政策的に支援する制度を設けている例は枚挙にいとまがない。

日本についても自営業を起業家とみなす視点はある程度共有されている。本章冒頭で言及した経済産業省や中小企業庁での開業支援は、本書の文脈では自営業を下支えする政策として解釈できるが、本来の政策目的としては、企業活動を活発化させることによる経済成長の深化を謳っている。

また、数少ない日本の自営業についての先行研究である Genda and Kambayashi（2002）では、研究動機として、自営業の減少は起業活動の衰退を意味しており、日本経済の将来的な衰退につながるのではないかという危惧が強調されている。もし自営業の減少と非正社員の増加が対応関係にあるのであれば、衰退する起業活動と見合いになっているのが正社員を利用するビジネスモデルという関係になるので、イノベーションの場所をめぐって日本経済を占う重要なインプリケーションをもたらすだろう。

本節では自営業主を起業家とみなす研究群を紹介しよう。

（1） 新規開業と流動性制約

起業家と経済成長を結びつける考え方が広まったのには、Schumpeter（1934）や Knight（1921）の果たした役割が大きい。ただし、この二人の研究者では「起業家」の定義が若干異なる点には注意を喚起したい。ヨゼフ・

シュンペーターは起業家に不可欠な要素を新たな事業を起こす能力に求める。こうした起業家が存在さえすれば、金融市場は開業資金をどこからか調達できると考えていた。他方、フランク・ナイトは起業家の主要な要素はリスク・テイカーとしての性質にあると考え、どれだけの資金を用意できるか自体が起業家としての能力として重要だとした。

　以上のようにまとめると、開業時の資金（信用）制約が存在するか否かが、両説を分ける分水嶺となることがわかる。シュンペーターのように考えれば、自営開業の可否に独自資金の多寡は相関しないが、ナイトのように考えれば、独自資金の額そのものが起業家であるかどうかを直接示すはずである。したがって、起業家と自営業を結びつける研究は、開業時の資金制約の有無を鍵に成長することになった。

　まず、自営開業の選択肢を明示的にモデルに取り入れた理論的な研究に、Banerjee and Newman（1993）や Aghion and Bolton（1997）がある。両者では、自営開業時に資金制約がある場合、経済成長が鈍化することが明らかにされた。シュンペーターやナイトが提唱した起業家と経済成長との関係が、合理的な個人を想定した標準的な経済モデルでも復元可能なことを示したといえる。

　両者の議論はむしろ、金融市場の不完全性などから資金制約が制度的に解消されない場合、好況時に適度な所得格差を保ち、手持ち資金を一定のグループに偏らせておいたほうが、彼らが自営開業する際の資金制約を緩和できるので、経済成長にとって望ましいと展開された。逆にいえば、金融市場から資金を調達できないとすれば、まったく平等な所得分配の下では、誰も自営開業するだけの資金を貯蓄できず、経済成長が鈍ってしまうことになる。

　もちろん、あまりに所得分配が偏ると経済全体での消費需要が停滞してしまうので、経済成長にとっては望ましくない。所得分配には適切な不平等が必要であるという結論が導かれる。起業と経済成長との関係を定式化する理論的な研究は、経済全体の所得分配論への含蓄のあるインプリケーションを得て、現実の自営開業行動を解釈するという動機を失ってしまったが、ISバランスを通じた景気循環のマクロ理論としてさまざまに展開することになった。

　他方、自営開業に関わる研究は、理論的研究とは袂を分かち、実際に資金制約があるのか実証的に確かめる研究に集約されていった。実証上の問題点は、研究者が利用できるデータには、資金制約を直接計測した変数がない、という点に集約される。

　合衆国のデータによる初期の研究では、世帯が保有する資産価額が資金制約の代理変数とされた。Evans and Jovanovic（1989）や Evans and Leighton（1989）、Holtz-Eakin, Joulfaian and Rosen（1994）などが代表例で、これらの研究では、世帯の総資産価額が自営就業確率あるいは自営開業確率に統計的に有意に相関することが見出された。金融市場などに関する一定の理論的想定の下では、確かめられた相関関係は資金制約の存在を表すと議論され、この文脈の基礎が形成されたといえるだろう。

　遅れて、Taylor（1996）や Black, De Meza and Jeffreys（1996）など、総資産価額の代わりに住宅価格を用いた研究が出版された。彼らは、英国では住宅価格の上昇が自営就業確率を上昇させることを示し、資金制約の存在の証明としている。一般に世帯調査で自己申告された総資産価額が信頼に足るかは担保されておらず、とくに時価を評価できるわけではないという難点がある。地域の住宅価格であれば、日本の路線価のようなかたちで公的なデータが公開されており、自己申告された総資産額よりは信頼できる変数だろうと考えたわけである。

　とはいえ、総資産価額や住宅価格と自営開業のタイミングとの間には、逆の因果関係や欠落変数など、内生性が疑われる筋がいくつも思いつく。1990 年代後半以降の研究は、この内生性をどう克服するかが問われた。まず注目されたのが遺産授受による総資産の増加である。Blanchflower and Oswald（1998）は遺産授受や贈与の発生には自営開業からの逆の因果関係はないと前提した。そして、英国では遺産や贈与の有無が自営開業と統計的に有意な相関を持つことが確認され、流動性制約が存在すると主張した。スウェーデンのデータで同様の枠組みを確かめたのが Lindh and Ohlsson（1996）で、やはり両者の間に統計的に有意な相関を報告している。

　総資産額を流動性制約の代理変数とみなす考え方に対しては、どの範囲の資産を総資産とみなすか、という点も問題として提起された。通常の世帯調

査ではひとつの世帯の資産額のみが報告されるにとどまる。一方、統計的単位である「世帯」が「家族」と同一とは限らず、とくに若年時には世帯の資産額と家族の資産額に乖離が生じがちではないかという疑問に答える必要があった。

Dunn and Holtz-Eakin（2000）は NLS に格納された親子標本をつなぎ合わせることで、家族全体の保有する資産総額と、親子間の就業行動の連鎖との関係を確かめた。とくに、親世帯の資産額が子世帯の若年時の職業選択に与える影響を認めた点が高く評価されている論文である。もっとも、自営開業との関連では、著者たちは、流動性制約の存在は示唆されるものの、その影響の強さは大きくないとし、金融資産の世代間継承というよりは、人的資産の世代間継承の影響のほうが重要であることを指摘して、単純な流動性制約の存在に疑問符をつけている。

流動性制約仮説を検証する実証研究は日本でも試みられている。Genda and Kambayashi（2002）は 1989 年と 1994 年の全消の個票を用い、世帯の立地場所と自営就業との間に相関があることを見出した。そこでは、1990年代の自営就業の減少は、1992 年のバブル崩壊に伴う急激な資産価格の減少によって流動性制約が強くなったことが原因ではないかと推論している。

実は、原論文となった玄田・神林（2001）では、全消の強みを生かし、Evans and Jovanovic（1989）に倣って世帯の総資産額が説明変数として投入されており、そこでは流動性制約の存在が示唆されていた。Genda and Kambayashi（2002）では、総資産額の内生性を疑い、より外生性の強いと思われる立地を代わりの説明変数として投入し、住宅価格の下落の大小として解釈している。因果関係の意味では、より明確な推定モデルとなったものの、係数の解釈の余地を広げることになってしまったという研究例である。

その後、Diamond and Schaede（2013）が JHPS を用いて流動性制約仮説を検証し、パネル構造を用いて、世帯資産の変化と自営就業が正の相関を持つことを示したものの、推定された係数は総じて統計的有意性を欠いており、明確な結論には至っていない。全消にせよ JHPS にせよ、遺産など世帯資産の外生的変動に関する情報はほとんどなく、残念ながら日本における流動性制約の存在についての実証研究は進んでいないのが現状だろう。

（2）　新規開業と制度的要因

　これまで説明してきたように、新規開業時の研究では資金制約が最も大きな要因として注目されてきたが、現実には、民法や会社法などほかの制度的な制約も無視できない。Chowdhury, Terjesen and Audretsch（2015）は、OECD 諸国のデータを用いて、法制度が自営開業に与える影響を統計的に検証した例である。

　ここで読者の注意を促したいのは、法制度など具体的環境を考える場合には、新規開業と自営就業とが厳密に区別される場合があることである。新規開業とは、登記など行政的な手続きを経て設立される新しい事業体として認識され、時として有限責任会社（limited liability company）も含まれる。それに対して自営就業とは、政府統計の世帯調査で多用される概念で、自己の勘定（on their own account）で就業する人々を指し、必ずしも会社形態をとるわけではない。

　こうした区別は経済学的には意味をなさないことがほとんどだが、データ上は厳密に区別されることがある。たとえば、法規制や税制の枠組みは、会社組織と個人請負では大きく異なる国が多い。日本でも、新会社の設立による開業と、単なる個人請負契約の締結では、必要な手続きはまったく異なる。また、より実際的な問題として、新会社の設立は登記などを通じて行政情報として収集されることが常だが、個人請負などは統計調査によって把握する以外に方法はなく、データ上の両者の関係はまったく担保されていない。Chowdhury, Terjesen and Audretsch（2015）も、先行研究を丹念に整理し、自営業や会社、開業などの概念についての、国や統計による異同について注意を喚起している。

　法制度と自営業との関連を考慮することは、日本の文脈においても無視するべきではない。1990 年代以降、商法は定期的に改正され続け、2005 年には会社法として集大成される法律群が成立した。

　会社法の制定は、政策的に新規開業を促進することを意図しており、会社設立に必要な手続き要件を大きく緩和したことは記憶に新しいだろう。たとえば、会社設立時に必要な最低資本金額を、旧商法の有限会社 300 万円、

株式会社 1000 万円から、新会社法では一律 1 円に引き下げ、会社設立に必要な費用を極力低める制度改正が行われている。

　加えて、地方自治体によっては新規開業時に補助金を供給する事例が多くある。しかし、Masuda（2006）で議論されたように、地方自治体によって整備されている開業促進政策は概して有効に機能していない。新会社法成立後も、自営就業者が減少を止めないのは本書を通じて紹介してきたデータが示している通りである。

　一般に法制度と自営開業との関係を否定するべきではない。しかし、こと近年の日本の自営業の衰退を説明する要因としてどれだけ重要かは即断できないといえるだろう。新規開業に対する数ある優遇措置が、自営就業を押し上げない理由を探求する必要があることがわかる。

4　自営業の社会厚生上の役割：とくにワーク・ライフ・バランスとの関連

　本章では自営就業に関する経済学研究を、二つの古典的な視点——景気循環と就業選択、自営就業に対する制度的制約——からまとめてきた。残念ながら、どちらの文脈も、近年の日本の自営業の持続的低落を十分に説明できるまでには至っていない。それゆえ、本章冒頭で述べたように、本書では自営業の衰退を既知の経済メカニズムによって説明する途は諦めた。ただ、本章を閉じるにあたって、比較的最近提起された新しい文脈、すなわち自営就業の社会厚生上の役割について最後に紹介して、将来の自営業研究の一助としたい。

　もともと、自営就業は長時間労働であるが労働密度が比較的自由に配分でき、職住近接であることが多い。所得が比較的低いという点を度外視すれば、第 4 章末尾で触れたように、近年先進諸国で重視されるようになってきたワーク・ライフ・バランスにはうってつけの就業形態なはずである。換言すれば、自営就業には非金銭的な報酬があり、社会的厚生は所得ほど低くない可能性が指摘されるようになり、その真偽や程度をめぐって実証研究が提出されるようになってきたのである。

　この文脈を日本にあてはめると、自営業の衰退は、社会全体でみたときの

フレキシビリティの減少をもたらしていると解釈できる。失われたフレキシビリティを被用者の世界が引き受けなければいけない事態が生じているはずだが、元来日本の被用者の世界はそのようにできていない。その歪みは政府によるサービスによって吸収されるしかなく、年金や介護、生活保護などの機能不全をもたらしつつあるという構図が透けてみえる。こうした構図の信憑性を担保するために、本節で紹介する自営業の持つ非金銭的報酬部分の議論は、日本社会にとって、ことのほか重要だといえる。

（1） なぜ自営業主の所得は被用者よりも低いのか

まず、本章の2節および3節にまとめられた自営就業に関する経済学研究はすべて、期待利得の多寡によって就業形態を合理的に選択するというモデルに依拠している点を思い出していただきたい。その結果、均衡においては、少なくとも限界的な就業選択者の期待利得は、新規開業しても既存企業で被用者として働いても等しい。しかし現実には、一般に自営就業者の平均所得は被用者と比較すると低いことが知られている[5]。なぜ、自営業主の所得は被用者の所得よりも低いのか、この点をめぐってさまざまな議論が提起されてきた。

たとえば、Lazear and Moore（1984）の古典的な研究では、被用者に存在するモラルハザードの状況が自営業主にはないことに注目する。被用者は使用者との間に労働契約を結ぶが、両者の間には情報の非対称性が存在することは、経済学研究者のみならず、すでに多くの人々に共有されているだろう。

この情報の非対称性ゆえに発生する非効率性を回避するために考え出されたのが契約理論である。観察可能な「成果」などを材料にして条件つきの賃金契約を設計することにより、情報の非対称性による非効率性を最小限に抑えられると考えられた。後払い賃金体系はその典型例で、与えられた仕事を首尾よくこなした場合にのみ賃金を支払うことにすれば、使用者のみえないところで手を抜くインセンティブを最小限に抑えることができる。このとき、被用者の賃金上昇は、生産性成長率よりも急峻になり、世にいわれる年

---

[5] 欧州諸国についてまとめたものに、Hipp, Bernhardt and Allmendinger（2015）がある。

功賃金体系が成立する。問題は、右上がりの年功賃金体系自体は、経験を積んで生産性が上昇することによっても実現されるので、現実に観察される年功賃金体系のうちどの程度が後払い賃金にあたり、どの程度が人的資本の蓄積による生産性の情報にあたるのかが識別できず、後払い賃金体系が実在するのか判然としなかったことにあった。

　Lazear and Moore（1984）は、自営業主は被用者と使用者が一致するので、定義によってプリンシパル–エージェント問題は発生しないことに注目した。自営業主に右上がりの年功賃金体系が観察されるのであれば、それは人的資本が蓄積して生産性が上昇したことにほかならない。彼らは実際に合衆国のクロスセクションデータを用いて自営業主と同等の被用者の年功賃金体系を比較し、後者の傾きが前者の傾きを上回る分こそが、後払い賃金体系の論理による部分だと議論したのである。

　被用者と使用者の間の情報の非対称性は、賃金の時系列方向のばらつきにも影響を及ぼす。後払い賃金体系は勤労する時点と支払いが発生する時点が時間的にずれるため、必然的に保険の要素が混入し、十分なリスク負担ができない被用者は、なるべく賃金支払いが一定になるように使用者に譲歩するインセンティブがあるからである。Carrington, McCue and Brooks（1996）はCPSとPSIDを用いて、合衆国の1960年代から90年代の長期にわたる所得変動を観察し、自営業主の所得変動と被用者の所得変動の差は、労働時間による調整によって発生しているのではなく、時間あたり賃金そのものの変動によって生じていたことを明らかにし、このリスク分配のメカニズムが両者で異なると議論している。

　以上のような研究を所与とすると、情報の非対称性や時系列方向の賃金変動を考慮せずに、クロスセクションデータを用いて単純に自営業主の所得と被用者の所得を比較すると、自営業主の所得のほうが低い状態がより頻繁に観察されることは理解できる。しかし、自営業主の所得が低いからといって、一足飛びに自営業主は被用者よりも社会厚生が低いと考えることはできないこともわかるだろう。

（2）　「自分が自分のボスである」ことの非金銭的報酬

　前項の議論は、直接には、自営業主の賃金体系はそもそも被用者の賃金体系と異なり、両者の賃金水準は直接比較できないと注意を喚起した。同時に、自営業主を選択する人と、被用者を選択する人の間にも、少なからず資質のちがいがあることも示唆している。実際、先にも紹介したように、すでに 1921 年にフランク・ナイトは起業家の必要欠くべからざる要素はリスク態度であることを明言しているし、リスク選好など、それまで観察できなかった属人的要因がデータの改善によって観察できるようになると、まさにその属人的要因が自営就業に影響を及ぼすことが確認され、繰り返し報告されてきた。

　なかでも、実証経済学研究者がまず注目したのが、「自分が自分のボスである」ことの非金銭的報酬の存否である。「自分が自分のボスである」人生に充実感を見出す人であれば、たとえ稼得収入が低くても、自営就業を受け入れるかもしれない。この場合、稼得収入が低いからといって、自営業主の厚生水準が低いとは限らない。実際、Blanchflower and Oswald（1998）は、英国のクロスセクションデータを用いて、「誰かに雇われていること」と「自分で自分を雇っていること」の主観的評価を吟味し、所得水準や産業・職種など就業環境を一定とすると、自営業主は被用者よりも高い主観的満足度を得る傾向があることを見出した。

　自営業主の相対的に高い満足度は、Blanchflower and Freeman（1997）によると、英国のみならず、どの国でも観察される。さらに、Blanchflower（2000）は 1995 〜 1996 年の Eurobarometer Survey に 1972 年から 1998 年にかけての合衆国の GSS を加え、やはり被用者と比較すると自営業主の満足度は平均的に高いことを報告した。クロスセクションデータを用いた先行研究による限り、収入額が同じであれば、人々は「自分が自分のボスである」ことを相対的に高く評価しているといえそうである。

　もちろん、収入額を制御しているとはいえ、クロスセクションデータに基づく相関関係が、真の因果関係、すなわち「自分が自分のボスになること」で満足度が高くなるか、を示している保証はない。たとえば、自営業主であ

るか否かではなく、データにはない当該人物の個人的資質のちがいが満足度のちがいをもたらしており、あたかも自営業と被用者の相違点であるかのようにみえるだけかもしれない。

　また、本章でもすでに紹介しているが、人々が稼得収入の多寡によって就業形態を選択しているとすれば、そもそも収入額は重要な内生変数であって所与のものとして制御することは容易ではない。2000 年代以降、「自分が自分のボスである」ことに非金銭的報酬があるか否かをめぐっては、この二点のバイアスをどのように処理するかが重要な論点とされた。

　まず、観察できない個人的資質のちがいは、パネルデータに依拠した個別効果モデルによって吟味された。たとえば Clark（2003）は英国の世帯パネル調査である BHPS を用いて、Lalive（2007）は合衆国の個人パネル調査である NLSY を用いて、それぞれ固定効果モデルをあてはめて、データに表れない個人的資質の制御を試みた。

　また、稼得収入の内生性をめぐっては、Clark and Senik（2006）が、就業形態が満足度に与える影響と、就業形態が稼得収入に与える影響とを、同時決定モデルを前提として推定している。この論文では、BHPS と EU 圏内の世帯パネル調査である ECHP のフランス居住者の標本を取り上げ、個別効果の有無にかかわらず、自営業主は稼得収入は低いが満足度は高いという関係が示された[6]。

　少なくとも、ある程度経済が発展し、自営業の在り方として地下経済を想定する必要のない OECD 諸国については、「自分が自分のボスである」ことには非金銭的報酬があることと矛盾しないという結論が、経済学的実証研究の趨勢である。

（3）　「自分が自分のボスである」ことのデメリット

　他方、自営業主には独特のデメリットもあり、「自分が自分のボスである」

---

6)　ただし、Clark and Senik（2006）のような同時決定モデルでは、稼得収入には影響を及ぼすが満足度には影響を及ぼさない（またはその逆）変数が両者を識別するのに必要になる。当該論文ではこの点を考慮せず、誤差項の相関だけを許すというかたちで推定しているため、推定結果の頑健性については議論の余地があるだろう。

ことの非金銭的報酬は、常にポジティブに観察されるわけではない。たとえば Graham and Pettinato（2002）が 17 のラテンアメリカ諸国とロシアについて考察したところ、自営業主の相対的満足度は、OECD 諸国の実証結果と比較すると高くなく、多くの場合被用者と同等にとどまる。このことから彼らは、発展途上国における自営業主は、先進国における自営業主と比較すると、より失業状態に近い状態と考えるべきであると主張している。

　本章でも紹介してきたプッシュ仮説とプル仮説との間に戦わされた議論は、自営就業とは失業と被用者との間の中間的就業形態であるという認識から出発していたことを思い出していただきたい。発展途上国では、この前提がよく現実にあてはまると考えても不思議はない。逆にいえば、先進諸国で「自分が自分のボスである」ことの非金銭的報酬を吟味する際には、景気循環と自営業との関係という古くからの議論をひとまず横に置いて、異なる視角から自営業を分析していることを意識すべきだろう。

　自営就業の具体的なデメリットのひとつとしては、就業者の健康を害する可能性が挙げられる。Clark and Oswald（1994）は BHPS に格納された健康に関する質問事項（the General Health Questionnaire）を用いて、メンタルヘルスの状況について自営業主と被用者を比較した。用いることのできる変数で個人的要因を制御したとしても、自営業主はおしなべて被用者よりもメンタルヘルスを毀損している傾向が観察される。「自分が自分のボスである」ことの満足度は、メンタルヘルスをある程度犠牲にしてもなお余りある程度に大きいのかもしれないが、「自分が自分のボスである」ことに何らかの負の側面があることは間違いなさそうである。

　実は、自営就業は精神的健康のみならず、身体的健康にも悪影響を及ぼす可能性があることが Rietveld, van Kippersluis and Thurik（2015）で議論されている。彼らは合衆国の HRS を用いることで、同一個人の就業形態の変化と身体的健康の変化を同時に考察した。通常、自営業主は被用者と比較すると身体的健康に優れた人が多いのだが、彼らによれば、それは身体的健康に優れた人ほど自営業を選択しやすいというセレクションによって説明され、真の効果はむしろ身体的健康を悪化させる可能性すらある。もし彼らの実証結果が正しければ、任意の人を被用者から自営就業に転換しても、当該

個人の身体的健康は改善されるわけではなく、むしろ悪化してしまうかもしれないのである。

　以上のように、自営就業が当該個人に非金銭的な側面からどのような影響を及ぼすかについては、負の側面を含めて研究が進められてきた。そして、近年の行動経済学の隆盛とともに、実証研究において主観的満足度の測定が市民権を得ると、自営就業の非金銭的報酬は一層脚光を浴びるようになった。

　Clark, Colombier and Masclet（2008）は、英国のデータを用いて、通常測定される「仕事からの主観的満足度」を七つの要素に分解したところ、被用者の主観的満足度が自営業者よりも高いのは雇用保障に関する要素だけであることを示した。金銭的収入の面でさえ、客観的な大小ではなく主観的満足度という観点からは、自営業者は相対的に高い評価を寄せているのである。

　この論文は、ほかにも、自営業主としてのキャリアが親から伝来したものなのか、自分で起業したものなのかで異なる可能性を指摘し、自分で起業したほうが親から譲り受けた場合よりも主観的満足度が高い傾向があることを示した。彼らはこの結果を流動性制約が存在することの証左だとしている。

　日本のケースでも、Cheng（1997）、Ishida（2004）や前述の Diamond and Schaede（2013）が自営業主の父を持った子は長じたのち自営業主を選択しやすいことを述べており、自営業主であることの非金銭的報酬がある可能性が繰り返し指摘されてきている。主観的満足度の大小や自営業主としての地位の世代間移譲の傾向を考慮すると、日本における自営業の衰退は、自営業主としての非金銭的な魅力が急速に衰えていることに一因があると推測できるかもしれない。

　ただし、サーベイ調査で収集される主観的な満足度のデータについては、さまざまなバイアスが含まれる可能性があることがすでに知られており、自営就業との関連についても注意が喚起されている。たとえば、Hanglberger and Merz（2015）は、人々は環境の変化に直面したとき、主観的満足度は一時的に高水準に推移するものの、新しい環境に慣れるに従って満足度が低下する傾向があることを指摘した。

　より具体的には、the German Socio-Economic Panel Study（GSOEP）を

用いて、自営就業に転換することによって高くなった主観的満足度の3分の2は、単に新しい環境に直面したことによるのであって、潜在的には被用者が転職することによっても起こり得る事象にすぎないと議論した。実際、自営就業によって高くなった主観的満足度は、新規開業後3年程度で消失してしまうと報告している。

　Dawson *et al.*（2014）は、自営就業を選択する個人はもともと楽観的な傾向があるとしている。同時に、自営就業がもともと楽観的だった個人をより楽観的にさせる傾向もあるとし、こうした傾向は、自営就業による主観的満足度を過剰に高く評価する結果をもたらしていると警告を発している。

　以上、本節でまとめてきたように、自営就業の選択に際して、非金銭的報酬が最も重要な動機の一つであることについては、おおかた異論はないだろう。しかし、自営就業から得られる非金銭的報酬の内容や多寡がどの程度かについては、定見が得られているとはいいがたい。とくに、自営就業に伴い身体的精神的な負荷があるとすれば、自営就業の主観的満足度は割り引いて評価する必要があり、自営就業の社会厚生を過大評価してしまう可能性を常に頭の隅に置いておくべきだろう。

（4）　日本のデータを用いた準備的分析

　日本における自営就業の主観的満足度や身体的精神的負荷はどの程度なのだろうか。幸い世帯パネル調査であるJLCPSが、こうした情報を格納しており、準備的分析にはうってつけである。本項では簡単に分析を試みた。

　表8-4の⑭はデータをプールして、単純に仕事からの主観的満足度と従業上の地位との相関をみた結果である。正社員就業と比較すると、自営就業のほうが概して仕事からの主観的満足度が高い傾向がある。そして、この自営就業の満足度が高いという傾向は、表中の⑮にある通り、所得や個人属性を制御しても変わらない。ところが、パネル調査の特性を生かして個人の固定効果を考慮した⑯をみると、自営就業に対する推定係数は逆転し、統計的な有意性には欠けるものの負値を示すようになってしまう。つまり、このデータの範囲では、日本においても自営就業者の主観的満足度が相対的に高いという傾向は観察されるのだが、それはもともと就業を高評価している個

表 8-4　自営就業と主観的満足度の関係

被説明変数	仕事からの主観的満足度 (5:満足している,…,1:不満である)						生活全般の主観的満足度 (5:満足している,…,1:不満である)					
推定方法	OLS (14)		(15)		FE (16)		OLS (17)		(18)		FE (19)	
	推定係数	標準誤差	推定係数	標準誤差	推定係数	標準誤差	推定係数	標準誤差	推定係数	標準誤差	推定係数	標準誤差
説明変数												
(v.s. 正社員)												
自営就業	0.235	0.076***	0.332	0.077***	-0.137	0.134	0.022	0.066	-0.007	0.069	0.007	0.079
非正社員就業	-0.023	0.053	0.196	0.067***	-0.174	0.093*	-0.147	0.050***	-0.127	0.062**	-0.005	0.061
非就業							-0.018	0.061	-0.005	0.070	-0.033	0.067
コントロール変数												
(個人または世帯)所得(万円)	NO		0.001	0.000***	0.000	0.000*	NO		0.001	0.000***	0.000	0.000**
データ取得時ダミー	YES		YES		YES		YES		YES		YES	
個人属性	NO		YES		NO		NO		YES		NO	
R-squared	0.008		0.053				0.010		0.069			
観測数	5868		5593		5599		6897		5438		5444	
個人数	1300		1279		1281		1430		1326		1328	

注) 東京大学社会科学研究所「働き方とライフスタイルの変化に関する全国調査（若年・壮年パネル）」2007 〜 2012 年調査を用いた筆者推計。ただし、この調査では、自営業主や正社員などを選択するときに、契約形態に基づいて判断するのか労働時間や呼称に基づいて判断するのかは明確に指示していない。主観的満足度については、「あなたのお考えについてうかがいます」という項目建ての直後に、「次のことについて、現在あなたはどのくらい満足していますか」という問いを立て、「A. 仕事」「B. 結婚生活」「C. 友人関係」「D. 生活全般」の 4 項目について、「満足している」「どちらかといえば満足している」「どちらともいえない」「どちらかといえば不満である」「不満である」「非該当」の中から択一で回答するよう促している。標準誤差は個人単位でクラスターしており、*** は 1 ％、** は 5 ％、* は 10 ％水準で、推定された係数は統計的にゼロと異なると判断しても危険は小さいことを示している。仕事からの満足度に関する推定については前年の年間個人所得（万円）を、生活全般の主観的満足度に関する推定については前年の年間世帯所得（万円）を説明変数として用いている。個人属性としては性別、年齢、最終学歴と世帯の地理的状況を含めた。仕事からの満足度に関する推定では、無業者は分析対象としていない。

人ほど自営就業しやすいという関係で説明がつく可能性が高い。

　同一個人が正社員から自営業に就業転換したからといって、少なくとも満足度が高くなるわけではなく、むしろ低下する傾向さえ疑うべきであることがわかる。日本においては、自営就業はむしろ低開発国に似た位置づけだという前出図 8-1 のインプリケーションを彷彿とさせる推定結果である。

　ただし、(15)の固定効果推定の結果は注意して解釈する必要があるかもしれない。この固定効果推定で本質的に利用されているのは、同一個人が正社員から自営業に転換した（あるいはその逆の）場合に、満足度が高く（あるいは低く）なるかという情報である。JLCPS の標本数は少なく、追跡されている有業者は 1300 人程度なので、もともと、自営業に関係して従業上の地

位が変更される頻度は多くはない。自営業からの従業上の地位の異動は、異動先を不問に付しても、5年通算で67人にすぎず、逆に自営業への異動は、異動元を問わずとも、やはり5年通算で92人にとどまる。

　⒃の推定結果は、5年間で延べ159回のデータに依存している部分が大きいのだが、それは5599回の観測数の中の2.8％程度しかない。この本質的な変動の小ささは、推定係数の標準誤差が比較的大きいことからも推測できるだろう。パネルデータは個別の観測できない効果を制御できるという利点があるものの、一般に標本数が少なく、考察したい効果が実際に観察できる頻度が必ずしも十分に保証されないという難点も持つのである。

　翻って、生活全般の満足度と自営就業との関係をみたのが、表中の⒄から⒆である。仕事からの満足度に関する結果と比較して興味深いのは、自営就業時の生活全般の主観的満足度は、推定方法によらず正社員就業時と拮抗している点だろう。

　もちろん、仕事からの満足度とちがい、生活全般の満足度は家族などさまざまな要因を含んでいる。加えて本調査の場合、仕事についての満足度と生活全般についての満足度を回答する間に、結婚生活と友人関係についての満足度を順に回答する設計となっており、個人に関する満足度から社会全体に対する満足度に向かって考慮対象が拡大していくことを回答者に印象づける。この場合、生活全般の満足度については、かなり多くの要因を取り入れて総合的に評価する方向に誘導されている可能性はある。その結果、就業形態が直接生活全体の満足度と相関しなかったとしても奇異ではない。したがって、自営就業からの非金銭的報酬は、あるとしても仕事からの満足度に限られ、家族を含めた生活全般に関する満足度に結びつくと即断するのは控えるべきなのかもしれない[7]。

　JLPCは主観的満足度以外に健康状態を質問しており、自営就業との関連を考察できる。表8-5は、表8-4とほぼ同一だが、被説明変数を身体的健康と精神的健康についての状態に替えて、自営就業との相関関係を探った結果をまとめたものである。

　なお、精神的健康状態は、いわゆるMHI-5を用いて評価されている。MHI-5とは、本来38の質問項目で抑うつ度を計測するMental Health Inventory（MHI）の一種で、そのうち五つの項目を抜き出して作成する簡易指標である[8]。JLPC では「以下の項目について、過去 1 カ月間にあなたはどのくらいの頻度で感じましたか。一番よく当てはまる番号を選んで下さい」という問いに対して、「A. かなり神経質であったこと」「B. どうにもならないくらい気分が落ち込んでいたこと」「C. 落ち着いていておだやかな気分であったこと」「D. 落ちこんで、ゆううつな気分であったこと」「E. 楽しい気分であったこと」「F. 健康上の理由で、家事や仕事などの活動が制限されたこと」と項目を立て、それぞれの項目に対する回答選択肢として「いつもあった」「ほとんどあった」「ときどきあった」「まれにあった」「まったくなかった」を圧意している。このうち、A から E についてのスコアを合計し、精神状態が良好なほど点数が高くなるように、5 点から 25 点で評価するのが MHI-5 である[9]。

　単純な相関関係を計測した(20)によると、自営就業者は正社員就業者と比較して取り立てて普段の健康状態が悪いわけではない。個人属性と世帯所得を制御した(21)、固定効果で個別効果を制御した(22)では、当該変数の係数はむしろ正値に推定されている。正社員から自営業に転換することによって、健康状態は改善される傾向があると読むことができるのである。

　また MHI-5 との関連をみると、やはり単純な相関をみた(23)では、自営就業と正社員就業とでは抑うつ傾向については統計的に有意な差が認められない。年齢や性別を制御した(24)でも、やはり両者の相関関係は観察されない。しかし、普段の健康状態と同様に、固定効果推定で個別効果を考慮すると、自営就業は正社員就業と比較して抑うつ傾向が弱いことが確認される。表 8-5 の推定結果は、正社員から自営業に転換することによって、普段の健康

---

7)　逆に本章の趣旨からは少々離れるが、本書全体との関係で興味深いのは、非正社員就業時の満足度が、正社員就業時や自営就業時と比較すると低い点だろう。本書第 4 章でみたように、自営就業と比較して非正社員就業が労働条件面で常に劣悪であるとはいいがたい。しかし、表 8-4 は、主観的満足度という評価軸からみると、非正社員就業はやはり自営就業よりも劣位に置かれる可能性を示しており、自営就業と非正規就業との関連が複雑なことを示唆している。

8)　Yamazaki, Fukuhara and Green（2005）。

9)　本来の MHI では回答選択肢は六つ用意され、MHI-5 は 5 点から 30 点で評価される。最低である 5 点は重度の不安障害およびうつ病が疑われるケースである。

表8-5 自営就業と健康状態の関係

被説明変数	ふだんの健康状態 (5:とても良い, …, 1:悪い)						精神的健康状態 MHI-5(5〜25)					
	OLS ⑳		OLS ㉑		FE ㉒		OLS ㉓		OLS ㉔		FE ㉕	
推定方法	推定係数	標準誤差	推定係数	標準誤差	推定係数	標準誤差	推定係数	標準誤差	推定係数	標準誤差	推定係数	標準誤差
説明変数												
(v.s. 正社員)												
自営就業	0.045	0.061	0.111	0.064*	0.121	0.068*	-0.068	0.228	0.145	0.241	0.514	0.272*
非正社員就業	-0.022	0.043	0.030	0.054	0.085	0.051*	-0.356	0.177*	0.072	0.230	0.174	0.203
非就業	-0.102	0.059*	-0.033	0.069	0.073	0.057	-0.061	0.232	0.507	0.282*	0.131	0.226
コントロール変数												
世帯所得(万円)	NO		0.000	0.000***	0.000	0.000	NO		0.001	0.000***	0.000	0.000
データ取得時ダミー	YES		YES		YES		YES		YES		YES	
個人属性	NO		YES		NO		NO		YES		NO	
R-squared	0.011		0.035				0.010		0.019			
観測数	6948		6579		6586		6897		6502		6508	
個人数	1430		1407		1409		1430		1403		1405	

注）表8-4 と同様。東京大学社会科学研究所「働き方とライフスタイルの変化に関する全国調査（若年・壮年パネル）」2007 〜 2012年調査を用いた筆者推計。健康状態については「あなたのふだんの健康状態についてうかがいます」という文言に続いて「あなたは、自分の健康状態についてどのようにお感じですか」という問いを置き、「1.とても良い」「2.まあ良い」「3.普通」「4.あまり良くない」「5.悪い」から択一する形式をとっている。必ずしも身体的健康について明示して質問しているわけではない。MHI-5 については本文参照のこと。標準誤差は個人単位でクラスターしており、*** は1％、** は5％、* は10％水準で、推定された係数は統計的にゼロと異なると判断しても危険は小さいことを示している。個人属性としては性別、年齢、最終学歴と世帯の地理的状況を含めた。仕事からの満足度に関する推定では、無業者は分析対象としていない。

状態も抑うつ傾向も改善される可能性があることを示している。

　ただし、表8-4 の⑯および⑲にみたように、仕事や生活全般についての主観的満足度については、正社員就業と自営就業との間に統計的に有意な差は認められなかった。一般に、健康状態や抑うつ傾向は主観的満足度と密接な関係を持っていると考えられるので、表8-5 の結果は前段の推定結果と矛盾しているようにみえる。

　この点を確かめるために、表8-4 にふだんの健康状態と MHI-5 を追加的に説明変数として投入した推計を試み、その結果をまとめたのが表8-6 である。ただし、煩雑さを避けるために、被説明変数に仕事からの満足度をとった推定結果のみを掲示した。

　表8-4 の⑮にふだんの健康状態と MHI-5 を追加的に投入した結果が㉖である。追加された両変数の係数は正値に推定され、身体的精神的健康状態は

表 8-6　自営就業と健康状態、主観的満足度の関係

被説明変数	仕事からの満足度 （5：満足している , …, 1：不満である）							
推定方法	OLS (26)		FE (27)		OLS (28)		FE (29)	
	推定係数	標準誤差	推定係数	標準誤差	推定係数	標準誤差	推定係数	標準誤差
説明変数								
（v.s. 正社員）								
自営就業	0.303	0.069***	−0.144	0.097	0.273	0.349	−0.246	0.362
非正社員就業	0.174	0.059***	−0.191	0.073***	0.247	0.231	0.253	0.274
ふだんの健康状態	0.195	0.023***	0.079	0.020***	0.195	0.032***	0.090	0.029***
自営就業 * 健康状態					−0.011	0.067	−0.039	0.065
非正社員就業 * 健康状態					0.006	0.047	−0.018	0.046
MHI-5	0.087	0.006***	0.060	0.005***	0.088	0.008***	0.064	0.008***
自営就業 * MHI-5					0.004	0.019	0.013	0.019
非正規就業 * MHI-5					−0.005	0.013	−0.023	0.013*
コントロール変数								
個人所得（万円）	0.001	0.000***	0.000	0.000*	0.001	0.000***	0.000	0.000
データ取得侍ダミー	YES		YES		YES		YES	
個人属性	YES		NO		YES		NO	
R-squared	0.183				0.183			
観測数	5506		5511		5506		5511	
個人数	1275		1277		1275		1277	

注）表 8-4 および表 8-5 と同様。東京大学社会科学研究所「働き方とライフスタイルの変化に関
　する全国調査（若年・壮年パネル）」2007 〜 2012 年調査を用いた筆者推計。標準誤差は個人
　単位でクラスターしており、*** は 1 ％、** は 5 ％、* は 10 ％水準で、推定された係数は統計
　的にゼロと異なると判断しても危険は小さいことを示している。個人属性としては性別、年
　齢、最終学歴と世帯の地理的状況を含めた。

やはり仕事からの主観的満足度と密接に関わっている様がわかる。

　⒂で注目すべきは、説明変数を追加しても自営業就業の係数が正値に推定
されていることだろう。自営就業の係数が正に推定されること自体は表
8-4 ⒂と同様だが、⒂の場合、身体的精神的健康状態が同一水準だとして
も、自営業就業は正社員就業に比較して高い満足度を得ている個人が多いこ
とを示している。一見すると、自営就業からの主観的満足度は健康状態以外
のさまざまな非金銭的報酬を反映したようにみえる。

　しかしこの係数は、個別効果を固定効果で推定した⒂では、統計的には有
意ではないものの、負値に逆転してしまっている。

　同一個人が正社員から自営業に転換した場合、表 8-5 の⑫および㉕に従って身体的精神的健康状態が改善されるので、その分、仕事からの主観的満足度が向上する方向に動くことになる。しかし、それ以外の要因で主観的満足度が向上する余地はほぼ皆無なのかもしれない。

　身体的精神的健康状態が主観的満足度へ与える影響そのものが、自営就業者と正社員就業者で異なることを考慮して交差項を加えても、㉘および㉙では交差項が統計的有意に推定されず、上記の観察と一致する。主観的満足度という観点から自営就業と正社員就業を比較すると、身体的精神的健康状態の良否を経由した関係がほとんどで、そのほかの事情を通じた関係はそれほど重要ではないことを示唆している。

　実は、この点は正社員就業と非正社員就業との関係とは大きく異なっている。本項の趣旨とはずれるが、本書にとっては重要な発見なので指摘しておきたい。すなわち、個別効果を固定効果で制御した表 8-4 の⑯をみると、正社員就業から非正社員就業に転換した場合、仕事から得られる主観的満足度が低下することが示唆され、この観察自体は多くの読者の予想の範囲にあるだろう。その一方、表 8-5 の⑫からは、正社員から非正社員に転換することで、少なくともふだんの健康状態は改善される傾向があることがわかる。

　この健康状態の改善は、主観的満足度をも向上させるので、正社員から非正社員へ転換した折の満足度の低下を相殺する役割を持つ。つまり、表 8-4 の⑯から示唆される満足度の低下は過小評価されている可能性があるわけである。実際、表 8-6 の㉗で示された通り、正社員から非正社員に転換した場合の満足度は、身体的精神的健康状態の改善を伴わないとすると、大きく低下してしまう。換言すれば、正社員就業と非正社員就業との関係においては、身体的精神的健康状態を通じた相互連関は満足度に対してごく一部しか説明できず、正社員から非正社員に転換することによる満足度の低下（あるいは非正社員から正社員に転換することによる満足度の上昇）はその他の要因によって左右されると考えられる。

　本書では、これまで、賃金や労働時間といった側面から考え、どちらかというと非正規就業と自営就業を代替的就業機会ととらえる傾向を有してきた

が、主観的満足度や健康状態などの新しい指標を用いて両者の関連を探ると、非正規就業と自営就業の間の異なるメカニズムが垣間見える。

（5）　育児と自営業

結局、自営就業によって身体的精神的健康状態が改善される傾向は肯定できるものの、それ以上に、自営就業が主観的満足度に肯定的な影響をもたらすかは、前項の分析からは明らかではない。したがって、主観的満足度という観点から、自営就業が社会厚生を改善する役割を担うかは確からしいとはいえないだろう。

主観的満足度や身体的健康的精神健康状態以外に、自営就業の非金銭的報酬として近年注目されつつあるのは、就業と家庭生活のバランスを取りやすいという側面である。手軽なサーベイが Lombard（2001）や Hundry（2001）にまとめられているので、興味ある読者は参照されたい。

なかでも最も典型的なのは、自営業世帯は被用者世帯と比較すると多くのこどもを育てているという統計的事実の解釈をめぐる議論だろう。たとえば Allen and Curington（2014）では、女性が自営就業を選びやすいという傾向は、女性が金銭的関心よりも家庭的価値観に重きを置くゆえと説明され、その結果、自営業世帯ではこどもが多いと結論している[10]。日本でも、Okamuro and Ikeuchi（2012）が就調を用いて自営就業と、とくに女性の持つ家庭への価値観との関連を議論している。自営業の労働条件は一般に融通がきき、また職住近接という面でも子育ての費用を縮約できると考えれば、自営業世帯が多くの子供を持つという傾向には納得する読者が少なくないだろう。

しかし、容易に思いつくことだが、ここでも自営開業を能動的に選択するという問題を避けて通れない。家庭生活をどれだけ重視するかという個人の選好は、通常観察されないばかりか、就業選択には決定的に影響すると想定できるからである。

こうした価値観が就業形態によって影響されると考えることが稀だとする

---

[10]　用いられたデータは the Wisconsin Entrepreneurial Climate Study 1992-1993 である。

と、家庭生活を重視する個人が自営就業を選択した結果、自営業世帯の子供が多くなるのであって、その逆ではないという解釈も、それなりの理屈に聞こえる。少なくとも、自己選択の可能性は実証結果の解釈を難しくする方向に働くので、実証研究の結論もいまだに定まっているとはいえないのが実情なのである。

たとえば Noseleit（2014）では、自営就業自体は出生率を上昇させないと結論されている。そこで用いられたデータは European Social Survey で、クロスセクションデータでしかないが、欧州全域のデータという強みを生かし、各地域での小規模事業を取り巻く制度的な環境を女性の就業選択の操作変数としている。これに対して Broussard, Chami and Hess（2015）は、自営業世帯では事業を継承させるべき子供を持つ強力なインセンティブがあることを指摘し、自営業世帯では女子よりも男子をより好むという傾向があることをデータから導き出し、自営業を開業したからこそ子供を持つ意欲が強くなる傍証としている。

ワーク・ライフ・バランスの典型的論点である出生率ひとつとっても、自営就業との関連はまだまだ明らかになっているとはいいがたい[11]。

（6）　小　　括

以上のように、本章では自営就業に関する経済学研究をまとめてきたが、自営就業を労働市場の中に位置づけることが、現時点ではいかに困難かを読者には理解いただけただろう。日本の自営就業は、大雑把にいえば、貧しい不完全就業の一形態、輝かしい起業家の卵という二つの両極端なイメージがあり、みる人によって異なる姿を見せる鵺のようなものだった。とくに、現代日本では後者がもてはやされる傾向があり、折に触れて繰り返される「フリーエージェント宣言」や、日本の労働市場の雇用慣行を時代遅れのものとして批判するときに引き合いに出される「プロフェッショナル」な労働市場

---

[11]　育児休業の取得と自営業との関係についても、同様に議論は交錯している。たとえば、Andersson Joona（2014）が、スウェーデンでさえ、自営就業をしている女性は育児休業を長く取得する傾向にあることを見出した。その一方、Anxo and Ericson（2015）は同じスウェーデンのデータを用いても、自営就業の男女は被用者と比較すると育児休業は短期間しかとらないと主張している。

は、いずれもバラ色の自営就業しかみていない結果だろう。他方、21 世紀になってもなお、日本の自営業の実情はおよそ起業家一色で染まるような状態ではなく、1980 年代以降の四半世紀においてすら、むしろ低開発国のインフォーマルセクターに近いかもしれないことも、本章を通じて十分示唆されたと思う。

　データの進歩も相俟って、近年の実証経済学の研究の進展は急速だったが、それでもなお、日本の自営業研究はまだ緒についたばかりで、労働市場はおろか社会の中での役割や、自営業の生起継承衰退のメカニズムは闇に閉ざされている。第 6 章でみた賃金格差や第 7 章でみた労働市場の二極化との関連も不明なままだが、日本の労働市場を理解する上で重要な要素であることは間違いない。

附表 **8-A**　家事・通学の傍らの就業者も含む自営就業選択と景気動向との関係

標本	就調：全有業者					
年次	1982 ～ 2012 年					
推定方法	OLS					
被説明変数	自営就業 = 1、被用者就業 = 0					
	(1)´		(2)´		(3)´	
説明変数	推定係数	標準誤差	推定係数	標準誤差	推定係数	標準誤差
無業比率	−0.043	0.176	0.022	0.124	−0.494	0.102
女性ダミー			0.004	0.003	0.003	0.003
年齢			−0.007	0.001	−0.007	0.001
年齢²／100			0.020	0.001	0.020	0.001
最終学歴（v.s. 高校卒）						
中学卒			0.037	0.005	0.034	0.004
高専・専門学校卒			−0.010	0.002	−0.008	0.002
大学卒			−0.023	0.003	−0.017	0.003
年次ダミー（v.s. 1982 年）						
1987 年	−0.023	0.004	−0.032	0.003	−0.024	0.003
1992 年	−0.050	0.003	−0.072	0.003	−0.070	0.003
1997 年	−0.077	0.005	−0.103	0.004	−0.096	0.003
2002 年	−0.081	0.011	−0.123	0.008	−0.099	0.006
2007 年	−0.112	0.011	−0.166	0.009	−0.142	0.007
2012 年	−0.139	0.014	−0.199	0.011	−0.167	0.009
都道府県ダミー	NO		NO		YES	
観測数	3,991,127					
決定係数	0.010		0.184		0.188	

注）他の説明変数として定数項を含む。標準誤差は都道府県ごとの相関を許して算出している。

第 9 章

存在感を増す「第三者」

　ここまで、賃金や仕事の格差、自営業の衰退について文献やデータを用いて紹介し、「正規の世界」と「非正規の世界」の底に潜む流れを示唆してきた。本章では、「世界の掟」を形成してきた労使自治原則の揺らぎについて簡単に言及し、第III部の主題である日本の労働市場の変化の兆しとしてまとめよう。

　労使自治原則とは、いうまでもなく、使用者と被用者の二者間関係で労働関係を構築するという大方針で、本書では「正規の世界」を支えてきた制度的前提として強調してきた。しかし近年、使用者でも被用者でもない第三者が外から労働関係に介入する場面が増えてきた節がある。本章は、「世界の掟」を揺るがすかもしれないこの動向について、簡単に紹介することを目的としたい。

　多くの読者にとって、労使自治に対置される第三者としてすぐに思いつくのは、裁判所や行政府で、それは何も最近新しくできたものではない。裁判所は戦前から存在したし、労働行政も少なくとも戦後以降には強力な介入手段が与えられてきたことは、すでに第1章や第5章で説明した。したがって、第三者そのものは、最近新たに出現したものではない。日本の労使自治原則の特徴は、むしろ、第三者が存在し労使自治に介入する権限を保ちながら、現実には司法も行政も介入には消極的だった点にある。何よりも、日本の労働法では、明示的に労使合意による規範創出が多用されてきたことは、議論の出発点として繰り返しておこう。

　翻って近年の労働市場をつぶさに観察すると、労使合意による規範創出を認めない強行規定が、労働関係を実際に律する場面が散見されるようになってきた。最低賃金がその代表例である。最低賃金とは、あとで詳述するように、賃金額について労使合意があったとしてもそれを覆し、第三者が独立に決めた賃金額を強制する制度であり、労使自治原則に真っ向から対立する性質を持つ。旧来、最低賃金として設定されていた水準が低かったために、現実に目にする機会は限られていたものの、近年の急激な上昇に伴い日常的に観察されるほどになってきた。

　また、制度的に第三者が登場する場面も増えていると考えられる。たとえば派遣法がある。派遣法とは、派遣元と派遣先と被用者の三者間関係を制度化したものである。雇用調整を容易にするためなど、立法目的をめぐってはさまざまな意見が交わされたが、本章では、二者間関係で成り立っている伝統的な労働関係とは根本的に異なる仕組みを導入したと解釈できることを示そう。

　たしかに、本章で示すように、現実には派遣法が三者間関係として十全に機能しているとはいえない。しかし、少なくとも労使自治とは異質な枠組みが制度的に提供されるようになったという点は注目に値するだろう。

　さらにいえば、司法改革の名の下に全国の労働局に開設された労働総合相談窓口は、無料で専門家の意見を聞ける機会を増やし、現実にも驚くべき数の相談が受けつけられていることは第5章で紹介した。労働組合や職場懇談会など、さまざまな段階の労使コミュニケーションを通じて被用者と使用者が継続的に二者間関係を維持し、労使間のトラブルを未然に防ぐのは日本的雇用慣行の特徴のひとつだが、第三者、しかも弁護士・社労士・大学教員・労働局職員など専門的背景を持つ第三者が、間歇的に労使自治をチェックする頻度が増えたことは疑う余地はない。

　司法制度の変化については第5章でも整理して述べているので、本章では最低賃金と派遣法に絞って紹介し、日本の労働市場で第三者が存在感を増してきている例としてまとめよう。もしかすると、日本の労使関係は、二者間関係に基づく伝統的な労使自治では立ち行かなくなりつつあるかもしれないのである。

1　バインドする最低賃金

（1）　日本の最低賃金制度の特徴

　諸外国と比較すると、日本の最低賃金制度には強い強行性があることが知られている。もともと賃金額とは、労働契約という合意によって定められるものである。したがって、現に約定されている賃金額については、定義によって被用者も使用者も異論はないはずである。つまり、被用者は当該賃金で働いてよいと考え、使用者も当該賃金を払ってもよいと考えたからこそ契約が締結されているはずなので、何らかの事情の変更がない限り、異論を差し挟む誘因は両当事者には存在しない。最低賃金制度とは、そのような状況であったとしても、当事者ではない政府が労使の合意を覆し、さらに契約の内容である賃金額を特定するという強制的ルールである。このように表現すると、最低賃金制度というルールがいかに契約自由の原則から離れているかがわかるだろう。

　契約自由の原則に真っ向から対立すると思われる最低賃金制度だが、制度自体が導入されている国はかなり多い。2015 年現在、ILO に所属している 186 カ国のうち 171 カ国が何らかのかたちで最低賃金制度を導入しており、最低賃金制度がない国のほうが例外的なのである。雇用保険や職業紹介と異なり、財政的負担をしなくてよいという、政府にとっての手っ取り早さが主要因なのかもしれないが、契約自由の原則に対するある程度の介入は、労働市場においては社会正義にかなっていると考えている人々のほうが、今や圧倒的多数派であることを示している。

　ただし、最低賃金制度の実質的な普及の指標として、171 カ国という数字を額面通り受け取ることはできない。設定される最低賃金額が低すぎる場合には労働市場に対してほとんど影響を及ぼさないし、労働監察制度が普及している先進諸国においても、もともとの適用除外の範囲が大きければ実質は担保されない。各国の最低賃金制度の運用実態をみると、実効性という意味ではまちまちだからである[1]。

　この点、日本は最低賃金制度を免れることができる適用除外が、障碍者などごく少数に限られる点で珍しい[2]。通常、先進諸国では、若年被用者や徒弟契約被用者など、生産性が低く賃金が低くならざるを得ないものの、将来の人的資本の蓄積が見込めるような場合について、必要以上に雇用機会を減らさないように、最低賃金制度の対象から除外することが多い。また、事業所規模が小さい場合に適用除外とする国も少なくない。

　日本の場合には、こうした適用除外がほとんどなく、被用者であればほぼ最低賃金制度の規制を受ける制度となっているのである[3]。その理由の一端は、おそらく低い設定額にあっただろう。適用除外規定がなくとも、設定額を低くとどめておくことができれば、最低賃金制度の影響を僅少にとどめられるので、わざわざ適用除外規定をつくる必要はない。大陸欧州諸国では設定額を高くする見合いで、適用除外規定を利用してきたと理解できる。

　ところが、1990年代後半から、日本では最低賃金額が急激に上昇し始めた。あとで詳説するように、一般には2007年の最低賃金法の改正がメルクマールとされているが、最低賃金の上昇はそれ以前の1990年代から始まっていた。適用除外規定をほとんど持たない日本の制度下では、最低賃金の上

---

[1]　　Basu *et al.*（2009）は、均衡において最低賃金を遵守しないという選択を行う労使が存在することを理論的に議論している。実証面では、はやくも Ashenfelter and Smith（1979）が、合衆国における1973年の最低賃金違反は65％にも及んでいたことを報告しており、とくに開発途上国において最低賃金の実効性に疑問が呈されることが多い。ただし、Machin *et al.*（2003）は、英国の介護労働市場では最低賃金違反がほとんど見られないとしており、最低賃金の実効性を一律にまとめることが容易ではないことを示している。

[2]　　適用除外措置は2007年の最低賃金法改正の折に減額特例制度に変更された。厳密にいえば、適用除外の場合は、いったん適用除外許可を受けた場合の賃金に下限は存在しないが、減額特例制度の場合には、最低賃金に対する減額割合が決められるので、最低賃金はどんな場合でも存在するというちがいがある。事実上労働契約を結ぶ被用者である限り最低賃金制度の適用を免れられないという意味では、この変更には労働市場政策に対する重大な示唆があるが、本章では、とくに必要がある場合を除き、適用除外制度と減額特例制度とを区別せず、適用除外制度と呼称する。

[3]　　より具体的には、減額特例が認められる条件として、（1）精神または身体の障害により著しく労働能力の低い者、（2）試みの使用期間中の者、（3）基礎的な技能等を内容とする認定職業訓練を受ける者のうち省令で定めるもの、（4）軽易な業務に従事する者、（5）断続的労働に従事する者、が規定されているが、減額措置を受けるには被用者一人ひとりについて都道府県労働局の許可が必要になる。『労働基準監督年報』によれば、2012年に減額特例が許可された被用者は1万4619人にとどまる。

昇圧力を逃がす手段は労働市場には備わっておらず、現在ではかなりの数の被用者が最低賃金制度の影響を受けるようになったと推測される。最低賃金制度を典型的な労使自治に対する第三者の介入とみるならば、そうした場面は着実に増加してきているのである。

（2）　最低賃金の相対的位置

それではまず、賃金センサスを使って、最低賃金制度の影響を受ける被用者の推移をおおざっぱに確かめよう[4]。図 9-1 は、どの程度の被用者が最低賃金付近にいるかを数えた結果である。

日本における最低賃金制度のうち最も重要な役割を果たしているのは、都道府県ごとに定められる地域別最低賃金で、設定される最低賃金額も都道府県によって異なる。そこでここでは、全国のうち賃金水準が低く最低賃金の役割が相対的に大きいと思われる青森県と、賃金水準が高く最低賃金の役割が相対的に小さいと思われる東京都を、両極端な例として取り上げよう。具体的には、両都県について、各年の賃金センサス個票から時間賃金を算出し、単純に最低賃金以下の標本数のシェアと、最低賃金と中位賃金の比率を男女別に算出した[5]。最低賃金には適用除外や細かな計算法があるので、賃金センサス上の時間賃金が地域別最低賃金を下回ったからといって、すぐに最低賃金法違反を意味するわけではない点には注意されたい。また、復元倍率は用いず、単に標本数を数えている点は、政府公表値と異なる点である。

男女間はもとより都道府県間にも賃金格差があることを思い起こせば不思議ではないが、最低賃金の相対的水準は、最低賃金付近の被用者数でみても、最低賃金の中位賃金に対する比率でみても、性別や都道府県によって大

---

[4]　第 6 章で取り上げたように、賃金センサスでは 2004 年から 2005 年にかけて調査票が改訂され、時系列接続には留意すべき点がある。ただし、日本の最低賃金制度の性質から一般労働者と短時間労働者を区別する必要がなく、一方、全体の賃金分布については上記の調査票改訂の影響は僅少であることはわかっているので、とくに必要のない限り 2004 年以前と 2005 年以降を分けて取り上げることはしない。

[5]　賃金センサスは毎年 6 月末に調査されるので、その時点で有効な地域別最低賃金を用いている。最低賃金には産業別最低賃金や特定最低賃金があるが、以下の最低賃金はとくに断らない限り地域別最低賃金を指す。また、賃金センサスの時間賃金は、諸手当を除き所定内労働時間で除して求めている。

図 9-1 最低賃金の相対的水準 （1994 ～ 2012 年）

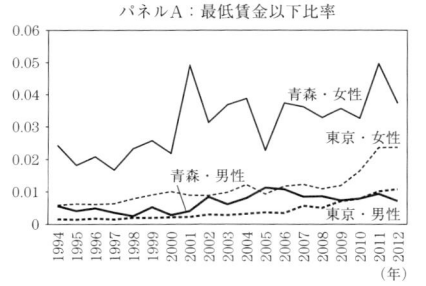 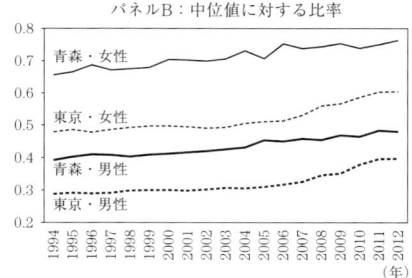

注）賃金センサス民営事業所より筆者作成。

きく異なる。すなわち、青森県でも東京都でも、女性のほうが男性よりも最低賃金の相対的水準は高い。また、男性でも女性でも、東京都よりも青森県のほうが最低賃金の相対的水準は高い。

　図 9-1 で特徴的なのは、共通した時系列的な上昇傾向だろう。身のまわりの現象として、最低賃金の影響を受ける被用者の増大を感じたことのある読者も少なくないと思われるが、その感覚はやはり統計でも確かめられる。最低賃金の相対水準には、都市部でも地方部でも、男性でも女性でも問わず、おしなべて上昇傾向が観察される。

　とはいえ、そのタイミングについては一般に流布されている感覚とは少々異なるだろう。2007 年の最低賃金法改正によって、最低賃金の決定条件に生活保護水準との均衡が加わり、地域によっては大幅な引き上げが実現されたことはすでによく知られている。法改正以降初めて最低賃金が改訂されたのが 2008 年秋で、改訂が図 9-1 に反映される 2009 年以降のデータをみると、法改正の影響が明瞭に現れている。パネル A では、2010 年以降、東京都の女性で最低賃金付近の比率が急増しているし、四つのグループのなかでは最も最低賃金と無縁なはずの東京都の男性にも、法改正の影響は観察されるからである。

　ともすれば、最低賃金の上昇はこの法改正を契機としたと思われがちだが、図 9-1 を見ると、最低賃金の影響を受ける被用者の増大傾向はすでに1990 年代後半から始まっていることがわかる。たとえば青森県の場合、法

改正の影響は女性では顕著にみられる可能性はあるものの、少なくとも男性では大きな影響は観察されない。むしろ、改正前の1990年代末から2000年代前半における上昇のほうがはっきりとしているともいえる。

　最低賃金の上昇傾向が2007年の法改正以前からみられることは、パネルBの中位値に対する比率をみるといっそうわかりやすい。青森県における上昇傾向は1990年代末から徐々に始まっているようにみえるし、東京都においては2006年前後から顕著になる。

　最低賃金の上昇は何も2007年の法改正以降のみに限らず、1990年代以降持続的だった。ただし、上昇傾向の地域差は大きく、1990年代以降2000年代前半にかけては青森県など地方圏での上昇が大きく、2000年代後半以降では逆に都市部での上昇が大きかったとまとめられる[6]。

（3）　最低賃金の「壁」と「こぶ」

　さて、最低賃金の影響度合いを把握するためには、最低賃金付近の被用者のシェアや中位賃金との比率のみならず、賃金分布全体に対する影響をみておく必要がある。

　次ページの図9-2は、賃金センサスから作成した1994年、2003年および2012年の時間賃金の分布に、当時有効だった最低賃金の位置を挿入したものである。ただし、表示の関係から、横軸は時間賃金20円単位で密度を示し、3000円を上限として限って掲示している。

　1994年の図を見ると、青森県の女性を除いて賃金分布は最低賃金の影響を被っておらず、きれいな山形を保っている。その一方、この年の例外である青森県の女性では、すでに最低賃金付近の密度が切り立っているのが観察される。最低賃金が賃金分布の左裾に「壁」をつくり、いわば分布の崩落を堰き止めていると表現できるだろう。

---

[6]　地域によって上昇トレンドのタイミングが異なるということは、2007年の法改正のタイミングを使った単純な比較から最低賃金上昇の効果を検出するのは容易ではないことを示唆している。そして、本書の射程からは外れるが、なぜ最低賃金の上昇が2007年の法改正以前から徐々に進行していたのかは別途分析する必要があるだろう。

図 **9-2** 最低賃金と賃金分布との関係

パネルA：青森県・女性

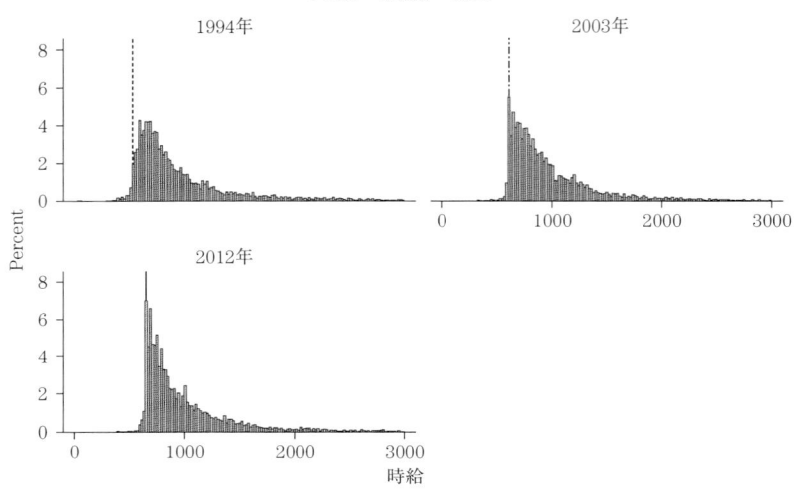

パネルB：青森県・男性

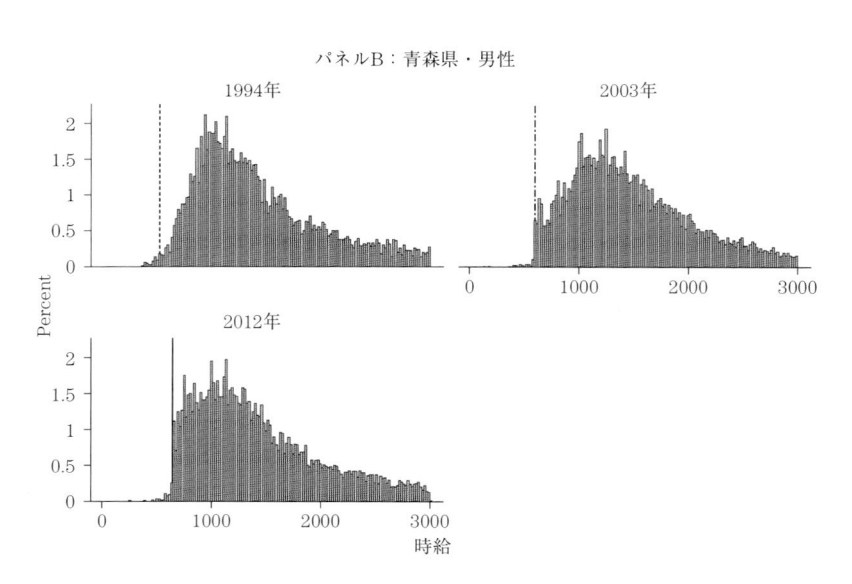

パネルC：東京都・女性

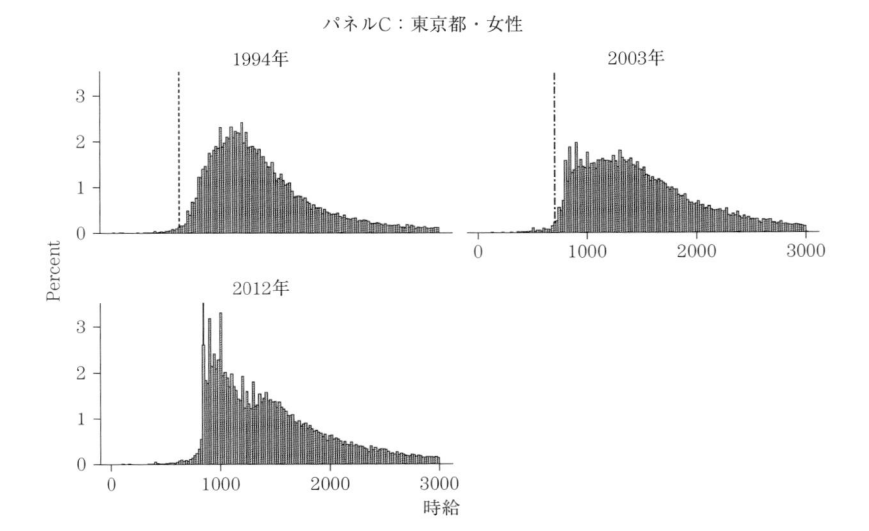

パネルD：東京都・男性

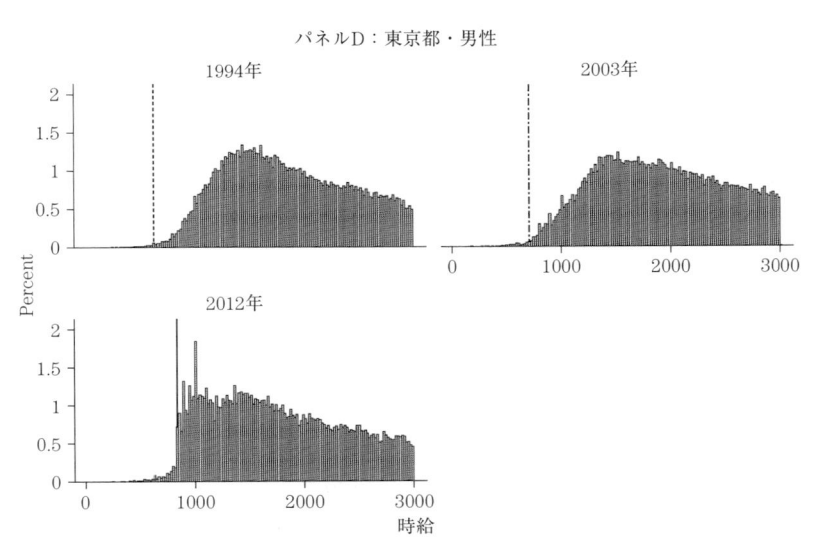

注）賃金センサス民営事業所より筆者作成。

　2003 年になると、最低賃金の上昇に伴い、青森県の男性、東京都の女性でもこの壁が姿を出現しているように見える。さらに 2012 年になると、青森県の男女や東京都の女性の賃金分布の壁ははっきりと見えるようになり、東京都の男性の賃金分布にでさえ最低賃金直後に切り立った壁を認めることができるようになる。壁の存在は、とりもなおさず最低賃金の直接的影響下に置かれる被用者の存在を意味している。

　図 9-2 には、賃金分布と最低賃金との関係をみる上で、もうひとつ注目すべき現象がある。それは、最低賃金と賃金分布の頂上との間に、何やら「こぶ」のようなものが発生する現象で、東京都の男女に典型的に現れている。

　こぶが発生するということは、最低賃金が上がったときに、最低賃金とは直接関係のないはずの、賃金水準の少し高い被用者のシェアが増大することを意味している。東京都の男性を具体例にとってみよう。1994 年の時点では、最低賃金は 620 円に設定されていた。このとき、およそ最低賃金とは関係がないと思われる、時間賃金が 1000 円から 1050 円の仕事をしていた被用者のシェアは 1.21 ％だった（図 9-2 では短冊ひとつの幅は 20 円で設定されているので、2.5 個分の短冊のシェアになる）。2012 年になると、最低賃金は 837 円に上昇した一方で、時間賃金が 1000 円から 1050 円の範囲に入っていた被用者のシェアは、2.58 ％にほぼ倍増している。最低賃金が上がるのと同時に、なぜか最低賃金とは無関係のはずの、時間賃金が 1000 円から 1050 円の仕事が増えたことになる。

　より正確には、分布の下限が移動する影響を考慮する必要があるかもしれない。東京都男性の例でいえば、2012 年には最低賃金である 837 円未満のシェアは原則としてゼロになるはずなので、837 円以上の賃金分布が 1994 年と 2012 年でまったく同一だったとしても、1994 年当時 837 円未満だったシェア（0.91 ％）が消失する分だけ、2012 年の賃金分布は押し上げられることになる。この失われた部分を考慮したとすると、1994 年当時と比較するべき 2012 年のシェアは、調整前の 2.58% に対して 2.55 ％と若干低くなる。しかし、1994 年当時の 1.21% と比較すると大きくなったことには変わりはない。

　また、最低賃金が上昇したことによって、たとえばインフレーションが起こり、名目 1000 円の時間賃金の仕事の限界生産性が、実質的に低下する可能性もある。1994 年時点で 1000 円の時間賃金は最低賃金 620 円に対して 161 ％なので、この仕事と実質的に比較するべき仕事は、たとえば 2012 年時点の最低賃金 837 円に対して 161 ％である 1350 円の時間賃金の仕事であると考えたほうがよいかもしれない。2012 年時点で 1350 円から 1400 円の時間賃金の被用者のシェアを算出すると、上記の調整を施しても 2.08% であった。もともとの、1994 年時点で時間賃金が 1000 円から 1050 円の仕事をしていた被用者のシェア 1.21% よりも、やはり大きい。

　他方、分布の頂上を越えて、最低賃金が影響を及ぼすとはおよそ考えられない世界では、上記のようなシェアの変化は起こっていない。たとえば、時間賃金 2500 円から 2550 円の被用者のシェアについて同様の比較をすると、1994 年の 1.45% に対して 2012 年の 1.35% とほとんど変わりはなく、こぶの影響が最低賃金に比較的近い範囲で発生していることが確認できる。

　何らかの理由で、最低賃金とは直接関係のないはずの仕事の量が相対的に増え、グラフ上で「こぶ」を生じさせたことはどうやら確からしい。そして、こうした「壁」や「こぶ」の発生は、別言すれば、賃金分布の左裾で分布の圧縮が起こっているとも表現できる。

　それでは次に、賃金分布の左裾で圧縮が起こっていることを、統計的に確かめてみよう[7]。方法は単純で、各都道府県の男女別の賃金分布の分位点間距離の推移を、最低賃金の相対的水準に回帰すればよい。具体的な推定モデルは、t 年 j 都道府県の賃金分布の P% 分位点の対数値を lnP_{jt}、最低賃金の対数値を $lnMW_{jt}$ とすると、

$$(lnP_{jt} - ln50_{jt}) = \beta^P (lnMW_{jt} - ln50_{jt}) + pref_j + year_t + \varepsilon_{jt}^P$$

と書ける。分布の圧縮が起こっていないのであれば、分位点間距離は最低賃

---

[7]　最低賃金が賃金分布へ与える影響を考察したのは、DiNardo, Fortin and Lemieux（1996）が嚆矢とされる。一方、以下の方法は、Lee（1999）によって提案され、日本に対して Kambayashi, Kawaguchi and Yamada（2013）が応用した。ただし、中位賃金を左右両辺に導入するこの方法は、測定誤差ゆえに分布の圧縮を過大評価しやすいことが、Autor, Manning and Smith（2016）で指摘されている。

金の水準に依存しないので、β^P は 0 と推定されるはずである。逆に、最低賃金の相対的水準が上昇したときに分位点間距離が減少していると、その部分では分布の圧縮が起こっていると考えられるので、中位点より左側の分位点では正値の β^P が推定される。

　ここでは、各々の $P\%$ 分位点に対し、47 都道府県の 1994 年から 2012 年まで 19 年間、合計 893 個の観測値を用い、男女別々に推定する[8]。分位点間距離や最低賃金の相対水準は、性別別都道府県別賃金分布の中位点を基準とし、コントロール変数として都道府県固定効果（$pref_j$）と年固定効果（$year_t$）を用いた。

　図 9-3 は、10% 分位点から 90% 分位点までの 5% 分位点ごとの推定結果を要約したものである。図中には、各分位点を用いた推定係数（$\hat{\beta}^P$）とともに、括弧内に標準誤差を記した。また、推定係数の大きさを視覚的に把握するために、各分位点の 1994 年時点での都道府県平均値を基点とし、2012 年までの最低賃金の平均的上昇分（女性 + 0.128、男性 + 0.252）に推定係数をかけた値と等しい矢印を描くことで、最低賃金の上昇によって各分位点がどれだけ移動したかを示した。

　明らかに、最低賃金の上昇に伴い賃金分布の左裾が詰められているのがわかる。そして図 9-2 でも示唆されたように、左裾の圧縮は低分位点であるほど大きい。10% 点に対する回帰係数は女性で 0.573、男性で 0.359 なので、最低賃金上昇分のそれぞれ 6 割弱と 3 割強が 10% 点の上昇分として反映される計算になる。20% 点でも、最低賃金上昇分の 4 割および 2 割に相当する影響を残しているものの、圧縮の効果自体は中位点に近づくにつれて逓減している。

　一般に、最低賃金が直接影響を及ぼす範囲は大きくても 2 〜 3% にとどまると考えられているので、10% 点は「最低賃金の近傍だが直接影響を受けない範囲」の代表例とされることが多い。しかし、図 9-3 にまとめられた推定結果は、日本の賃金分布の場合、10% 点はおろか 20% 点など相当上位の分位点まででも最低賃金上昇に伴う賃金分布の圧縮の影響がみられると結論

---

[8]　ただし、分位点を算出する段階で、本文に解説された方法で最低賃金の上昇に伴う低賃金の仕事の消失の効果と調査ウエートを考慮している。

図 9-3　最低賃金による賃金分布の圧縮

パネルA：女性

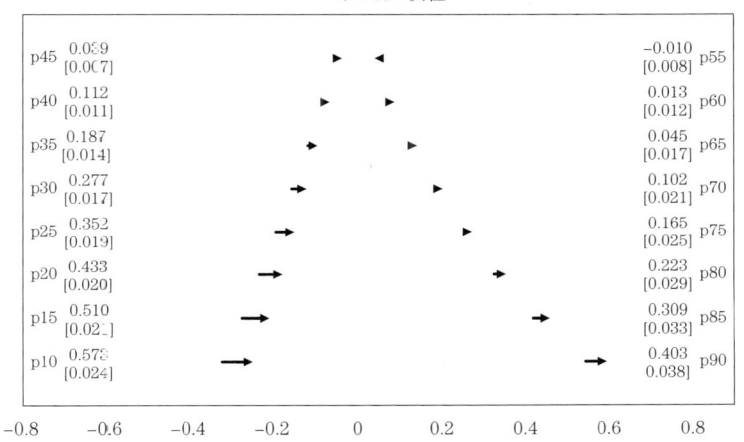

パネルB：男性

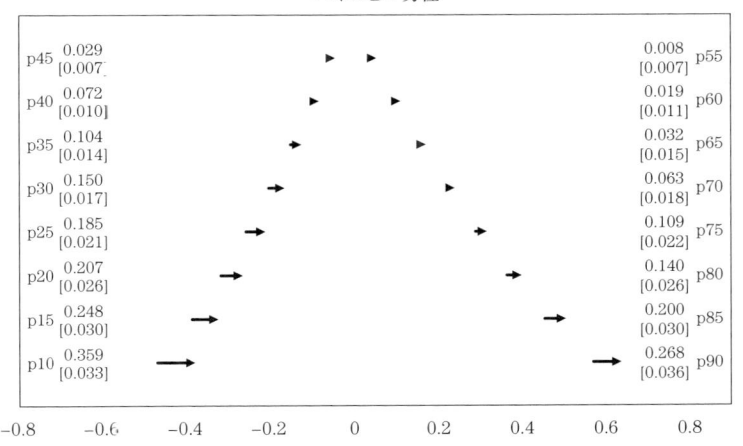

注：賃金センサス民営事業所より筆者作成。中位値から各分位点までの距離を、同じく中位値か
　　ら最低賃金までの距離に回帰した係数の推定値（β^P）と、括弧内に標準誤差を示した。各推
　　定に用いたのは 1994 年から 2012 年までの都道府県データで、標本数は原則 893 である。た
　　だし、女性の 10％ 点については、最低賃金の切り上げに伴って消失したと考えられる標本が
　　10％ 点を超えてしまった観測値が 1 つあり、欠損として扱った。また、説明変数として都道
　　府県固定効果と年固定効果を含め、標準誤差は都道府県単位でクラスターして算出した。矢
　　印は、各分位点の 1994 年時点での平均的位置から始まり、2012 年までの最低賃金の上昇分
　　（女性 ＋0.128、男性 ＋0.252）を推定係数に掛け合わせ、最低賃金上昇による分位点の移動の
　　大きさを算出して示している。

づけられるだろう。

　その結果、賃金分布自体の左裾は窮屈に切り詰められ、賃金格差は全体として縮小したと解釈できる。第6章でさまざまな角度から、とくに女性における、賃金格差の縮小傾向を議論したことを思い出していただきたい。そこですでに示唆していたが、最低賃金という労使を超越した介入も、重要な要因のひとつだったことがおわかりいただけるだろう。

（4）　最低賃金法改正の影響

　では、最低賃金の上昇に伴う賃金分布の左裾の圧縮は、最低賃金法改正の前後で異なるのだろうか。

　ここではまず、2007年の最低賃金法の改正についてまとめておこう。もともと日本の最低賃金法は1959年に制定され、1968年の改正で現在主流となっている最低賃金審議会の審議に基づく地域別最低賃金と、産業別の最低賃金の二本立てとなった[9]。一方の産業別最低賃金は、字義通り、産業別の労使交渉で設定する最低賃金を指す。しかし、企業別組合を旨とする日本においては、産業別に労使交渉可能な産業は偏っており、産業別最低賃金の適用範囲は極度に限定されてきた。したがって、本書のように地域別最低賃金をもって最低賃金とすることが多い。

　地域別最低賃金を決定する最低賃金審議会は公労使の三者で構成され、まず毎年夏頃に全国レベルでの中央最低賃金審議会が招集される。そこでは最低賃金の高低によって都道府県が四つのブロックに分けられ、それぞれのブロックについて最低賃金改訂の「目安」が決定される。その後、各都道府県においてやはり三者構成による地方最低賃金審議会が開かれ、中央から送られてきた目安を参考に引き上げ額を答申する。こうして決定された新しい最低賃金は、10月など秋頃から有効になるのが通例である。

　2007年の法改正は、多岐にわたって最低賃金制度を変更したが、この決定機構そのものには手をつけていない。法改正の焦点は、むしろ、最低賃金

---

9)　また労働協約による地域別最低賃金設定という選択肢も法律上は残されていたが、地域別の労使交渉が可能な場面は訪れず、2007年の法改正の折、この選択肢は削除された。

を決める際に考慮するべき要素の変更にあった。

　もともと、最低賃金は交渉力の弱い被用者の賃金決定を下支えするという目的を掲げ[10]、改正前より、その参照基準には「地域における労働者の生計費および賃金ならびに通常の事業の賃金支払い能力を考慮」することが定められていた（第9条2項）。とはいえ、三者構成という審議会方式からしても、最低賃金水準の決定には、経営側の賃金の支払い能力がより強調されてきたのが実情である。

　法改正では、もう一方の生計費を考慮することについて、続く第9条3項に「前項の労働者の生計費を考慮するに当たっては、労働者が健康で文化的な最低限度の生活を営むことができるよう、生活保護に係る施策との整合性に配慮するものとする」と明記し、最低賃金は、事業の収益性とは別個に、世帯の生活水準を直接決定する役割を負うべきものとされた。

　そのほか、最低賃金の算出基準を時間賃金に統一したり、先に説明したように適用除外制度を減額特例措置に変更するなど、少なからずの制度変更がなされているが、労働市場に与える影響として重視すべきはやはり、生活費そのものを最低賃金が支えるという考え方が明記された点だろう[11]。その結果、とくに生活保護水準が最低賃金と離れていた北海道や東京都などの都道府県では、急激な最低賃金の上昇が起こった。

　それでは、この最低賃金法改正の結果生じた最低賃金の上昇が、賃金分布の圧縮にどのような影響を及ぼしたのかを検討してみよう。賃金センサスの調査票の改訂、法改正のタイミングや標本数を考慮し、サンプルを1994年から2004年、2005年から2012年の二期間に分割し、図9-3と同様に賃金分布の圧縮について作図したのが図9-4である。

　女性の分布の左側では、1994〜2004年よりも2005〜2012年で、係数

---

10)　第1条によれば「この法律は、賃金の低廉な労働者について、賃金の最低額を保障することにより、労働条件の改善を図り、もって、労働者の生活の安定、労働力の質的向上および事業の公正な競争の確保に資するとともに、国民経済の健全な発展に寄与することを目的とする」。

11)　この発想は、戦前や戦後直後に一部で根強かった生活賃金の考え方と等しい。1990年代以降の日本的雇用慣行に対する批判のひとつに、雇用関係に社会保障的要素を混入するべきではないという主張があったが、最低賃金法の改正はまさにそうした主張に逆行する方向で法改正がなされたことになる。

図 9-4　法改正前後における最低賃金による賃金分布の圧縮
（1994 ～ 2004 年、2005 ～ 2012 年）

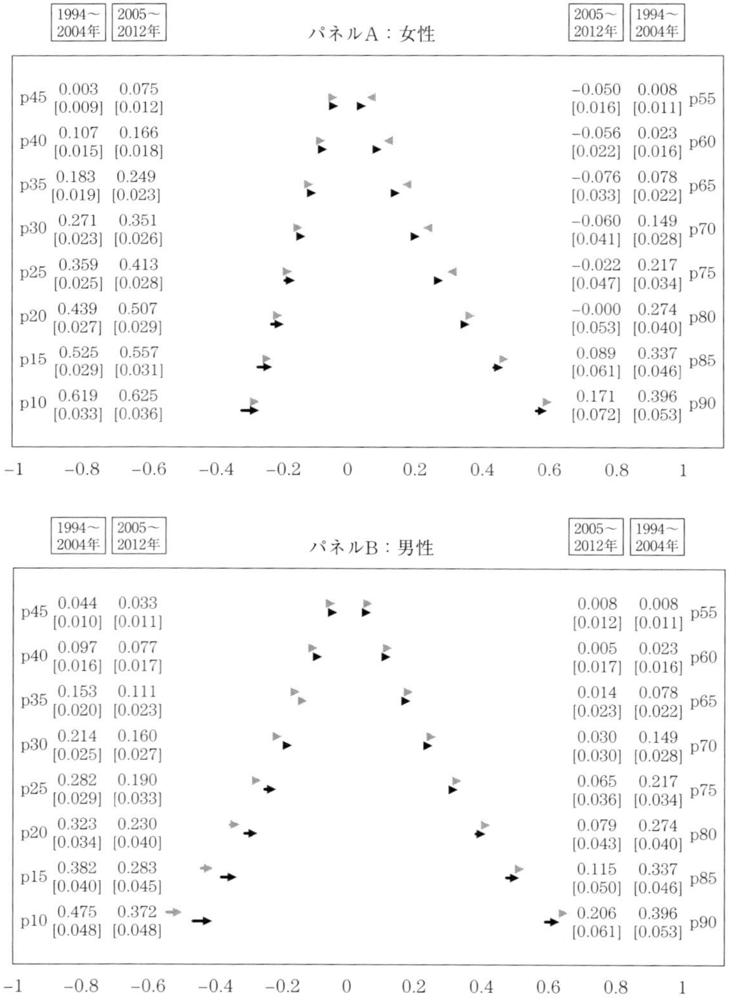

注：賃金センサスより筆者作成。作成方法は図 9-3 を参照のこと。ただし、矢印を算出する際に
　用いた最低賃金の上昇分は 1994 年から 2004 年にかけては女性＋0.083、男性＋0.120、2005
　年から 2012 年にかけては女性＋0.035、男性＋0.123 である。

が大きく推定されており、最低賃金の上昇に伴う賃金分布の圧縮効果は大きくなっているようにみえる。しかし両者の差は、統計的に有意とみるには危険が伴う水準でしかない。中位点と最低賃金との距離の縮小幅が、前半 10 年間の + 0.083 から後半 8 年間の + 0.035 に半減したこともあり、一概に 2000 年代後半に左裾の圧縮がより顕著になったとはいいがたいだろう。

　男性についても、最低賃金法改正前後で推定係数自体が小さくなり、やはり最低賃金の上昇に伴う左裾の圧縮が顕著になったとはいえない。結局、最低賃金の上昇による裾の圧縮効果は、最低賃金法改正の後に大きくなったとはすぐにはいえないことがわかる[12]。

（5）　（補論）最低賃金の機能の経済学的解説

　それでは、なぜ最低賃金が上昇したときに、賃金分布に「壁」や「こぶ」が生じるのだろうか。実は最低賃金の効果という題材は、近年の労働経済学では最も重要な問題として深く探求されてきているものの、百家争鳴やまず、いまだに最大公約数的見解しか得られていない。労働経済学において理解されている最低賃金のメカニズムを詳細に解説することは、本書の目的とは若干ずれるが、知識として本項でまとめておこう。

　経済学の初歩的な教科書では、最低賃金の効果を雇用喪失と失業の増大で説明し、市場経済に対する価格規制がいかに資源配分に歪みをもたらすかの好例として最低賃金制度が引用されることが多い。しかし、現代の労働経済

---

[12]　ただし、2005 年以降には 55% 点から 80% 点において、統計的に有意ではないものの、係数が負に推定されていることには注意すべきかもしれない。最低賃金の上昇に伴い分布の右側でも圧縮が起こっていることを示しているからである。ところが、第 6 章でもまとめたように、分布の右側で圧縮が起こっているとは考えにくく、この推定結果は各分位点の距離を測る参照点に中位点をとったことによると解釈するほうが自然である。何らかの事情で、最低賃金と同時に中位点そのものが上昇してしまうと、より高位の分位点と中位点との距離は縮小し、係数は負に推定される。最低賃金による賃金分布の圧縮を議論するためには、最低賃金の上昇によっても不動な参照点を設定するほうがよく、実際 Kambayashi, Kawaguchi and Yamada（2013）では 70% 点を基準としている。本章では、テクニカルな正確さよりも直感的なわかりやすさを優先して中位点を参照点に設定した。ただし、参照点を 80% 点に設定し、80% 点と 10% 点の距離を最低賃金と 80% 点の距離に回帰しても、その推定係数は、2004 年までのサンプルでは 0.888（標準誤差は 0.033）、2005 年以降のサンプルでは 0.839（標準誤差は 0.030）とやはり差は小さく、本章の推論に影響はない。

学では実証的にも理論的にもさまざまな角度から考察が進められてきており、雇用喪失・失業増大のみというまったく否定的な結論にとどまることはむしろ稀である。何らかのかたちで、雇用がむしろ増大するなど社会的に望ましい結果がもたらされる可能性が否定されず、負の側面と正の側面をあわせた総合的判断が求められると結論されることがほとんどだろう[13]。ここでは、最低賃金の重要なメカニズムのひとつとして無視できない「スピルオーバー効果」を大まかに説明しよう。

　いま、労働市場に三つの仕事 A、B、C が存在するとして、それぞれの需要と供給が次の図 9-5（1）のパネル A のように成立しているとする。このとき労働市場全体での賃金分布は、パネル B のように書ける。

　ここで、ちょうど市場 B で成立していた賃金水準 w_B^* で最低賃金が導入されたとする。w_B^* の最低賃金は市場 B と市場 C で成立している賃金を超えていない。したがって、最も単純に考えれば、両市場に対して最低賃金は何ら影響を及ぼさず、それぞれの市場で成立する賃金と雇用量は $\{w_B^*, N_B^*\}$ と $\{w_C^*, N_C^*\}$ で変わらない。一方、市場 A では、均衡水準よりも高い賃金水準が強制されるので、その分需要が減少し供給は増える。その結果、市場 A で実現される賃金は w_A^* から w_B^* に上昇する一方、雇用量は N_A^* から N_A^{**} に減少し、同時に U_A^{**} 分の失業が発生する。すなわち、市場 A で成立している賃金と雇用量は $\{w_B^*, N_A^{**}\}$ となる（図 9-5（2）パネル A 参照）。最低賃

図 9-5（1）

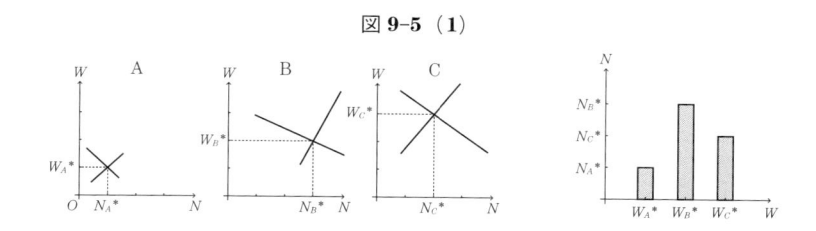

13)　最低賃金上昇に伴い雇用が失われるか否かについては長い論争の歴史があり、いまだに決着がついていないことはよく知られている。ここでは主要な文献として、Card, Katz and Krueger（1994）、Card and Krueger（2000）、Neumark and Wascher（2000）、Allegretto, Dube and Reich（2011）、Neumark, Salas and Wascher（2014）を挙げるにとどめておこう。

図 **9-5**（**2**）

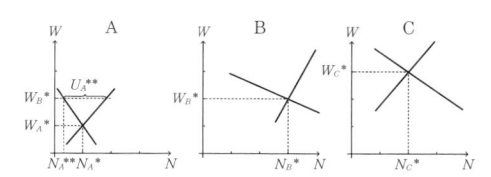
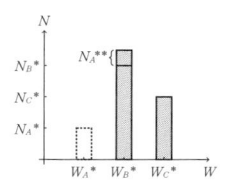

金が上昇すると雇用が失われるという、経済学の初歩の教科書に記述されているメカニズムは、ほぼこの図で解釈できる。

　最低賃金に介入された状況は、賃金分布上ではどのような変化として表現されるだろうか。市場Aでは、最低賃金を下回ってしまった w_A^* の値付けは観察されなくなるが、新たに成立した w_B^* の値がついた仕事が N_A^{**} だけ登場する。したがって、三つの市場を合計した賃金分布を考えると、w_A^* の人口がまったく消失し、w_B^* の人口が $N_A^{**}+N_B^*$ とかえって増大する（図 9-5（2）パネル B）。あたかも、最低賃金である w_B^* の位置に「壁」が積み上がったかのように見えることがわかる[14]。これが、最低賃金が上昇したときに、賃金分布に壁ができる最も単純な理屈である。

　ただし、このとき最低賃金は市場Cにはまったく影響を及ぼしておらず、賃金分布も w_C^* の人口は N_C^* のまま不変であることに注意されたい。最も単純な図式では、最低賃金とは直接関係のない仕事への影響はまったく観察されないはずなので、賃金分布の「壁」は説明できても「こぶ」は説明できない。

　では、こぶを説明するために、図 9-5（2）に示した最も単純な図式から離れるとすれば、どのようなメカニズムを想定するのがもっともらしいだろうか。まず労働需要側で何が起こるかを考えてみよう。最も単純な図式では、三つの労働市場がそれぞれ独立して機能していると想定しており、いわ

---

[14]　図 9-5(1) のパネル B と図 9-5(2) のパネル B を比べると、ちょうど N_A^*-N_A^{**} だけ総雇用が減少しており、各賃金水準のシェアや分布の分位点を算出して以前の値と比較する際には、この失われた N_A^*-N_A^{**} 分を調整しないと公平な比較にならないことがわかる。

図 9-5 （3）

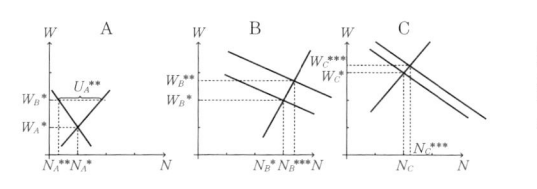
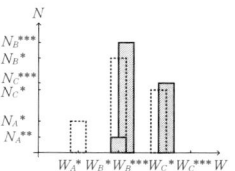

ば相互に影響を与えない使用者がいると想定しているともいえる。他方、使用者は三つの仕事を組み合わせて生産活動に従事していると考えることもできるだろう。たとえば、生産関数が F (N_A, N_B, N_C) と書けると考えるわけである。

　労働市場の均衡状態では、限界生産性が賃金率に等しいという条件がそれぞれの市場で同時に満たされていなければならない。つまり図 9-5 （1）は、$w_A^* = \partial F(N_A^*, N_B^*, N_C^*) / \partial N_A$、$w_B^* = \partial F(N_A^*, N_B^*, N_C^*) / \partial N_B$、$w_C^* = \partial F(N_A^*, N_B^*, N_C^*) / \partial N_C$ の三つの条件が同時に成立している状態だと解釈できる。

　ここで最低賃金が導入され、上で説明した単純な図式に従って市場 A で成立する雇用量が $N_A^{**} (< N_A^*)$ に減少したとしよう。このとき市場 B が関心を持つ限界生産性は、$\partial F(N_A^{**}, N_B^*, N_C^*) / \partial N_B$ に変化してしまうので、もはや w_B^* と等しくはない。生産関数上での N_A と N_B との技術的関係が代替的だとすると、N_A が減少した分を N_B を増やして埋め合わせなくてはならず、その結果、均衡での賃金水準も上昇する。すなわち、図 9-5 （3）のパネル A に図示したように、市場 B では需要曲線が上方へシフトし、$\{w_B^{**} (> w_B^*), N_B^{**} (> N_B^*)\}$ の方向に調整が始まるのである。N_A と N_B が変化すれば、同様の理屈から市場 C にも影響を及ぼし、N_C も変化する。この結果は再度市場 B に反映され、結局、市場 B と市場 C では $w_B^{***} = \partial F (N_A^{**}, N_B^{***}, N_C^{***}) / \partial N_B$、$w_C^{***} = \partial F(N_A^{**}, N_B^{***}, N_C^{***}) / \partial N_C$ が同時に成立するまで調整が続く。

　つまり、市場 A への介入は、労働投入要素の代替・補完関係を通じて、直接最低賃金の介入を受けないはずの市場 B や市場 C へも伝播するのであ

る。賃金水準が似たような仕事ほど、より強い代替・補完関係を持つと考えられるので、この伝播は市場 A に近い仕事ほど強くなり、賃金分布上に「こぶ」を形成する。さらにいえば、最終的な総雇用量は $N_A^{**} + N_B^* + N_C^*$ ではなく、$N_A^{**} + N_E^{***} + N_C^{***}$ になるので、労働市場全体で雇用が減少し社会に失業が増えるかどうかは生産関数の形状に依存し、最低賃金を上げれば必ず雇用が減少するとはいえないのである。

　労働経済学では、いま説明したような、異なる労働市場の間の伝播をスピルオーバー効果と名づけ、最低賃金の効果を議論する上での基礎的な枠組みとしている[15]。上記の説明は労働需要側のみに注目し、スピルオーバー効果の説明を生産関数の形状のみに帰着させるという素朴な考え方だが、スピルオーバー効果が説明できる理論的枠組みはこれだけではない。

　他の代表例としてジョブ・サーチ理論があり、労働需要側のみならず労働供給側への影響をも視野に入れて理論が構築されている。詳細は専門論文に譲るが、ジョブ・サーチ理論とは、労働市場の職探し過程が労使双方に無視できないコストを強いることを重視する。職探しのコストの端的な想定は、被用者も使用者も相手を探している期間は生産活動がまったくできないというもので、求職・求人活動をしている間は機会費用だけが積み上がっていってしまうという考え方である。このような労働市場では、求人にありつけないなら求職活動は熱心にはしないでおこうという論理が働くし、求人側でも、せっかく求人を用意しても首尾よく被用者が雇えないのなら、わざわざ求人を出すまでもないと反応する。

　ところが最低賃金が十分に上昇すると、「仮に仕事が見つかったとすれば、より確実に高い賃金がもらえる」という現象が生まれる。求職者は、それならばより熱心に求職活動をしようとするし、もし求職者が熱心に求職活動をするならば、求人側も短時間で適切な被用者を雇える可能性が高くなるから、多少の賃金の切り上げを厭わず求人をより多く出そうとする。相乗効果が生じて労働市場がより活発になり、結果として失業が減少することも起こり得る場合があることがわかるだろう。実はこのジョブ・サーチ理論の枠

---

[15]　Teulings（2000, 2003）が代表例である。

組みで、転職活動（On-the-job search）を想定すると、最低賃金の上昇は、直接影響を受けるマッチング直後の労使だけではなく、すでにマッチングが成立している労使にも、賃金上昇を促す影響を及ぼす[16]。スピルオーバー効果の別の説明が成立するのである。

　現在の最低賃金をめぐる経済学的研究は、古典的な話題である雇用喪失の有無にとどまらず、さまざまにあるスピルオーバーのメカニズムの効果をどのように理論化し測定するかに注意が向けられているとまとめられる。

（6）　最低賃金制度の役割再考

　話を本筋に戻そう。直接賃金額が最低賃金に介入される頻度自体は大きくはないが、最低賃金の上昇に伴い確実に増加してきているし、間接的に影響を受ける範囲も、部分的ではあるが、やはり拡大してきていることが4項までの考察でわかった。日本における最低賃金の経済学的研究は、最低賃金の導入によって雇用喪失が起こるかという問題に過度に傾斜してきた。しかし、膨張する非正規の世界を考えたときに、最低賃金の役割が示唆する重要なメッセージは、労使自治を超越した第三者による強制的な賃金決定が発動される場面が増えたという側面だろう。

　日本における賃金決定の歴史的展開を総括すると、戦後の高度成長期とは、産業革命以降根強くあった生活賃金という考え方が薄れ、まさに経済学が主張する生産性によって賃金が決まるという考え方が支配的になってきた時代でもあった。労働三法を基幹とする労働政策も、雇用政策と社会保障を峻別し、個別労使による合理的な交渉を支えてきたのだった。

　このなかにあって2000年代は、雇用政策に社会保障、すなわち人々の生活水準そのものを直接律する政策が含まれるようになってきたのかもしれない。しかも、実際に具体例として選択された政策は最低賃金制度で、単なる偶然なのかもしれないが、それは制度として労使合意を超越する強行性を色濃く持っている。この組み合わせは、社会保障的配慮に基づく給付水準を、租税や給付を通じた所得再分配政策ではなく、政府のような第三者による労

---

[16]　Burdett and Mortensen（1998）および Flinn（2006）が代表的な文献である。

使への直律的介入によって達成するという政策を生む。解釈によっては、労働政策の本質的転換とも理解できるのである。

2　ビルトインされる三者関係[17]

　前節では、労使に対する第三者の介入の具体例として、最低賃金制度を取り上げ、政府による行政主体の介入を議論した。本節では派遣法に注目し、被用者と使用者に加えて、労働市場の三番目の取引主体を第三者として巻き込む制度として解釈する。

　派遣法とは現在の正式名称を「労働者派遣事業の適正な運営の確保及び派遣労働者の保護等に関する法律」といい、伝統的に二者間関係と整理されてきた使用者と被用者の関係に、一定の形式を満たす三者間関係を導入し、「労働力の需給調整」と「派遣労働者の雇用安定」、それに「派遣労働者の福祉・保護」の三点を達成することを目的として 1985 年に制定された。本節の最終的な目的は、派遣法を二者間関係に終始してきた使用者と被用者の関係に第三者を巻き込む制度として解釈することにあるが、派遣法をこのように解釈することは一般的とはいえない。そのため、まず派遣法がたどった経緯を概観し、派遣法が現状の労働市場においてどのような役割を持っているかをまとめ、制度の持つ複雑な背景を解説しつつ、本書の視角を提示していきたい。

（1）　派遣法小史：破綻した立法目的？

　元来、労働者派遣業は、被用者と使用者を仲介する仲介業のひとつとして位置づけられてきた。仲介業の歴史は、本書第 1 章で詳述したように、確実なところでも江戸時代まで遡れるほど古い。労基法にせよ労使交渉制度にせよ、日本における公的な労働市場制度のほとんどは、近代化以降あるいは戦後に新たに導入されたものなので、仲介業は例外的に土着的性質を持つ制度だといえる。

---

[17]　本節は基本的に神林・水町（2014）によっている。詳細な文献はオリジナルの論文にあたっていただきたい。

　同時に、明治中期の産業化以降、仲介業は人身売買や強制労働、中間搾取の温床となっているという認識が広まっていった。そして、仲介業が、職業紹介業と労働者供給事業に整理されるとともに、法的規制の網がかけられるようになった経緯は本書第1章で詳説した通りである。戦後の職安法は職業紹介業のみならず労働者供給事業をも原則として禁止し、日本の労働行政は営利的仲介業を原則として禁圧する法制度を選択したと要約できる。

　ところが、民法では請負契約が典型契約のひとつとして残存し続けていた。そして実態として、職安法上許されない労働者供給関係と、民法上許される請負関係を区別するのは簡単なことではない。

　一方の職安法が禁止する「労働者供給」とは「供給契約に基づいて労働者を他人の指揮命令を受けて労働に従事させること」をいう（第4条6項）。他方の民法上の請負関係は、たとえば何らかの業務遂行を請け、その実施現場を請負元とすることは妨げていない。このとき、労働者は物理的には請負元で働いているので、遂行業務の内容について何らかのかたちで請負元から直接指示されることは大いに考えられる。たとえば会社内の清掃を請け負っているときに、通りがかりの社員が「そこはこういうふうにきれいにしてくれないか」と請負労働者に直接頼む状況は容易に想像できるだろう。このような状態が、「供給契約に基づいて労働者を他人の指揮命令を受けて労働に従事させる」と解釈できるといわれても違和感はない。しかし、そう解釈されてしまうと職安法が禁止する労働者供給事業にあたってしまうのである。

　この問題に対処するために、1948年に請負の形式について厳格な要件が定められた。すなわち、仮に請負契約の形式だとしても、（a）作業の完成について事業主としてのすべての責任を負うこと、（b）労働者を自ら指揮監督すること、（c）使用者としての法律上の責任をすべて負うこと、（d）自ら提供する設備・材料等を使用しまたは専門的な企画、技術を要する作業を行うものであって、単に肉体的な労働力を提供するものでないこと、の四つの要件を満たさない限り、禁止される労働者供給事業にあたるとされたのである（職安法施行規則第4条1項）。

　職安法施行規則で一応の線が引かれたものの、戦後混乱期や高度成長期を通じて、請負と労働者供給の区別は微妙であり続け、時として紛争を生んで

きた。有名な事例が、貿易事務処理の外部委託会社として設立されたマンパワー・ジャパンに職安法違反の疑いがかけられた件である。

　貿易事務は、専門的書類が必要であるにもかかわらず、景気動向によって業務量が大きく変化することなどから、業務委託によって需給調整をスムーズに行おうとする使用者は多く、外資系のマンパワー・ジャパンへの委託需要は根強かった。当時の労働省も、調査はするものの明確な決定はせず、直接的介入は控えられていた。ところが行政管理庁が 1978 年 7 月に「民間職業紹介事業等の指導監督に関する行政監察結果に基づく勧告」を行い、労働省に玉虫色の状態を解決するべきことを迫ったのである。

　これを受けて労働省は、労働者供給事業からある部分を切り出し、その部分のみを適法化する検討を重ね、数年の議論ののち、1986 年 7 月 1 日に施行された派遣法が成立する[18]。すなわち、同法は、それまで職安法が禁止していた労働者供給事業のうち、供給元と雇用契約を結び、供給先の指揮命令を受けて、供給先のために労働に従事させる形態のみを「労働者派遣」として抜き出し、適法としたのである。

　以上のように、派遣法の制定には、民法上許されている請負事業と職安法上許されていない労働者供給事業の区別をつけるという、すぐれて行政的な動機があった。同時に、派遣法の立法過程の実態は、新法の適用範囲を不安定雇用とみなし、その範囲をめぐる労使交渉だったと考えるのが一般的な見方だろう。使用者は業務量の変化を吸収するために間接雇用を利用することをやめず、一部であっても間接雇用を適法化することは、直接雇用を失わせる、いわゆる常用代替の原因となるとする被用者側の意見にも真実味があった。結局、派遣法制定は雇用変動を労使どちらが吸収するかという、すぐれて分配上の関心に論点が集約されることになった。

　それに加え、労働法研究者や経営側が、日本的雇用慣行から脱却する専門的労働市場を創設するというシナリオをつけたところに、新法制定の説得力

---

[18]　ただし、公布は 1985 年 6 月 11 日。また、立法時の名称は「労働者派遣事業の適正な運営の確保及び派遣労働者の就業条件の整備等に関する法律」であり、「派遣労働者の保護」という文言は入っていなかった。通常、特定の法律を年号をもって指示するときには、その成立または公布年とするが、実証分析上は施行期日のほうが重要なので、本節では施行年をとっている。

が増した理由があった。実際、派遣法制定に深く関わった高梨晶は 2009 年の回顧的インタビューのなかで、「女性の多くが BG、OL として働いている時代に、テレックス・オペレーターとして一人前になったり、当時はワープロでしたけれどパソコンが出来る人がいた。英文で貿易実務をやっている人たちもいたわけです。そういう専門職の女性たちは、年功賃金で年功昇進していく一般的な終身雇用の労働市場と棲み分けができるだろうという発想で、専門職を派遣業務として指定する制度を考えました。」と語っている[19]。日経連から『新時代の「日本的経営」』が出版されたのは派遣法制定後 10 年経った 1995 年だが、そこでいう「高度専門能力活用型グループ」は、派遣法制定時の理想と相似していることがわかる。派遣法は、労使交渉の妥協の産物という実態的側面と、日本的雇用慣行からの脱却を目指すという理想論的側面を持ち合わせていた。

　少なくとも立法当初は、後者の側面が無視されることはなかった。たとえば、派遣法の適用対象になるのは専門業務に限られ、ソフトウェア開発、事務用機器操作、通訳・翻訳・速記、秘書、ファイリング、調査、財務処理、取引文書作成、デモンストレーション、添乗、建築物清掃、建築設備運転・点検・整備、受付・案内・駐車場管理、機械設計、放送機器操作、放送番組等演出の 16 業務が指定され、俗に「専門 16 業務」と呼称された[20]。ところが、すでにそこには、ファイリング、建築物清掃という必ずしも専門性が高くない業務が経営側の意向で混入しており、「専門業務としての労働者派遣」という理想的論理は、立法直後から破綻の危機に瀕し、フレキシビリティをめぐる労使交渉という側面が色濃く表れていたことは明白だろう[21]。その結果、適用業務は専門性いかん、あるいは日本的雇用慣行との関係いかんによらず、その時々の労使の力関係によって拡大・縮小することは目に見えていた。

　1990 年代以降になると、規制緩和の大合唱の下、専門的労働市場の創設

という理想論は触れられることもなくなっていく。メカニズムをそのままにして適用範囲が拡大されていくという、労使交渉の結果をそのまま反映するかたちで法改正が相次いだ。1996 年には、研究開発、事業実施体制等の企画・立案、書籍等の製作・編集、広告デザイン、インテリアコーディネーター、アナウンサー、OA インストラクション、テレマーケティング、セールスエンジニア、放送番組の大道具・小道具の作成・設置等の 10 業務が新たに追加され、合計 26 業務が「専門的業務」とされた。

　次いで 1999 年には、適用対象業務は原則として自由化され、港湾運送、建設、警備、医療、物の製造の 5 つのみが禁止業務とされる、いわゆるネガティブリスト化が行われた。日本的雇用慣行を打破する「専門業務としての労働者派遣」というシナリオは、完全に反故にされてしまったといえる[22]。

　労使交渉の結果としての派遣法の改正は以降も続き、2000 年には紹介予定派遣が解禁され、さらに長期不況の中で、労働側の交渉力が減少した2004 年には、1999 年改正で禁止業務とされていた物の製造業務が解禁された。同時に 1999 年改正で自由化された 26 業務についての派遣受入期間の制限が外れ、それ以外の業務についての派遣受入期間が 1 年から最大 3 年まで延長された。

　もちろん、物事が交渉事で決まるのであれば、揺り戻しもある。2008 年のリーマン・ショック後、いわゆる「派遣切り」など派遣労働者等の雇用や生活の不安定さが社会問題化したことを受けて、民主党政権下で行われた2012 年の改正では、日雇派遣の原則禁止、派遣元によるマージン率等の情報公開、派遣労働者の待遇改善、違法派遣の場合の派遣先による労働契約申込みみなしなどが定められ、事業規制を通じた派遣労働者の労働条件の向上が図られるとともに、同法の正式名称と目的規定に「派遣労働者の保護」が明記された。日本的雇用慣行から脱却した専門的労働市場を創設するという遠大な目標はもはや語られず、できてしまった派遣労働者に対する手当を、

---

[22]　新たに適用対象業務とされた 26 業務以外の業務については、派遣受入期間を 1 年に制限することとされ、常用代替を懸念する労働側との妥協が図られたことは、派遣法の規制内容は業務内容の専門性に依存するのではなく、労使交渉という分配の論理で定まることを如実に示している。

労働政策の基本である労働者の保護に立ち返って労使交渉で解決するという政策の方向が明確になったといえる。

　自民党が政権に復帰すると 2015 年には次の改正がなされた。その内容は複雑だが、届出制を廃止して許可制に一本化し、雇用安定措置やキャリアアップ措置と呼ばれる義務を派遣元に課すなど、事業規制をある程度強化した。同時に、派遣労働者と直用被用者との均等待遇について派遣元と派遣先の両方に義務づけ、労働契約申し込みみなし制度が導入されるなど、派遣労働者の雇用安定に関する使用者の義務が追加されている。

　その一方、派遣可能期間を業務によらず 3 年間と限定するものの、過半数組合または過半数代表の意見聴取さえあれば期間を際限なく延長できるようになり、労使自治の下に派遣労働者を制限なく受け入れることができるようになった。

　以上のように、派遣法は 1985 年の制定以後 10 年間は沈黙を守っていたものの、1996 年改正を皮切りに、ほぼ数年に一度の間隔で改正されてきた。改正内容は多岐にわたり、また派遣関係の持つ複雑な論理が入り混じっていることから、各論点については専門的論考に任せたい。しかし本項のように、派遣法の紆余曲折は、一貫して「労使交渉の妥協の産物」としてまとめることもまた可能なことがわかるだろう。派遣法の改正内容が、労使交渉の妥協という分配の論理に支配されたということは、派遣法の目標が、日本的雇用慣行の打破という遠大なものから遠のき、労働市場の需給調整や被用者の労働条件の改善に資するという、伝統的な労働政策の目標にすり替わったと解釈できることは再度強調しておきたい。

（2）　派遣法は労働市場の需給調整に貢献したのか

　それでは、派遣法は、労働市場の需給調整や被用者の労働条件の改善に資したのだろうか。本項では、本書第 2 章で取り上げたマッチング関数の推定という方法で、労働市場のマッチングの効率性を統計的に推定し、その時系列的変化と派遣法の成立・改正との関係を観察することで、派遣法の成立・改正が市場の需給調整機能を改善したかを確かめる。

　用いるデータは、本書第 2 章で用いたデータの実質的な後継である、厚生

労働省『職業安定業務統計』である。1963年から2012年にかけての50年間にわたる全国に関する月次データを採取し、マッチング関数の定数項を推定し派遣法の制定や改正前後で変化があったかどうかを検証しよう。すなわち、y年m月の就職件数の対数値lnh_{ym}を同月の有効求人数と有効求職数のそれぞれの対数値（lnv_{ym}およびlnu_{ym}）に線形回帰する。定数項のシフトを得るために年次ダミー変数d_yおよび月次ダミー変数d_mを挿入し、それぞれの係数を最小二乗法で推定する。

　『職業安定業務統計』はハローワークで集められた求人や求職、マッチングをデータ化したものなので、日本の労働市場全体をカバーしているわけではない。雇用動向や就調からも明らかなように、ハローワーク経由で就職するのは入職者の2割から3割程度にすぎず、比較的非熟練職種に偏っている。しかも、派遣労働者が派遣される場合は職業紹介にあたらないので統計には含まれておらず、このデータは派遣法の需給調整機能へ与えた影響を吟味するのに不適当と考えられるかもしれない。

　とはいえ、派遣法成立は、派遣労働市場と一般労働市場との棲み分けも意図されており、旧来すべてを混在させていたハローワークのマッチングも改善させることは政策目標に包含されていると考えてよい。派遣法の成立・改正により、旧来ハローワークで一部を担っていた短期的な紹介や専門的紹介が派遣業に移っていったとすれば、ハローワークは一般的な常用・パートタイム紹介に注力でき、利用者も混在することがなくなる。

　こうしたマッチングのセグメント化はそれぞれの効率性を改善するだろう。加えて、ハローワーク以外のマッチング、とりわけ派遣業務に関するデータの制約があることを考えると、当座、ハローワークにおけるマッチングを日本全体のマッチングの傾向として代理させ、そこでマッチングの効率性が高まったかどうかを検証するのはそれほど奇異ではないだろう。

　こうして得られた各年次ダミーの推定係数および95％信頼区間を表示したのが、図9-6である。

　図9-6は、いわば日本全体をひとつの労働市場とみなしたときのマッチングのスピードの推移を表している。マッチングのスピードは、高度成長期後半以降第一次石油ショックまで、すでに低下傾向にあり、低成長期に入っ

図 **9-6**　**マッチングの効率性の推移（1963 〜 2012 年）**

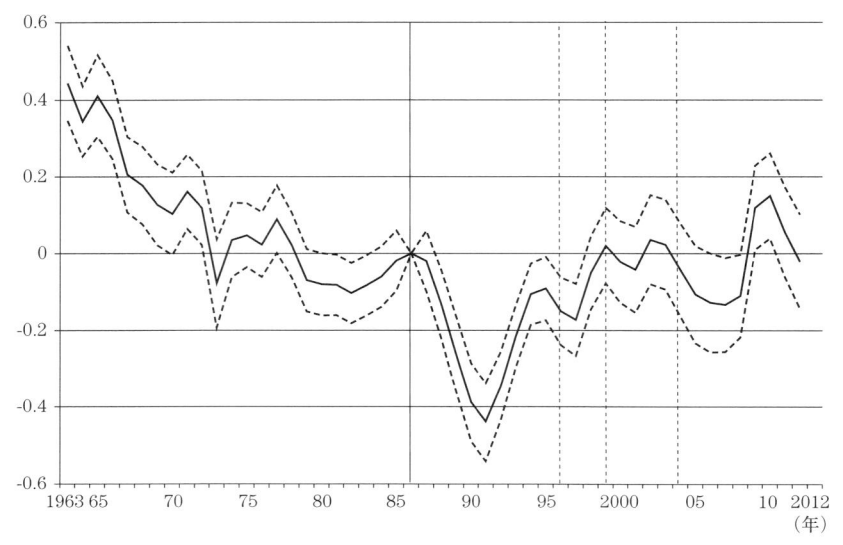

出所：神林・水町（2012）図 1 を筆者改変。推定結果は、
$$lnh_{ym} = 0.52 + 0.61lnv_{ym} + 0.17lnu_{ym} + d_y + d_m$$
$$\quad\quad (1.52)\,(0.06)\quad\quad (0.08)$$
$$\text{R-sq: } 0.92,\ N = 600$$
　で、括弧内は標準誤差。このうち 1986 年をベースとした年ダミーの推定係数と 95 ％信頼区間を表示した。

てからは比較的低位に安定していたと考えられるだろう。派遣法黎明期に使用者側が盛んに論じた労働市場の需給調整機能の改善の必要性も、まったく故(ゆえ)がなかったわけではないのである。

　しかし、皮肉なことにマッチングのスピードは、派遣法施行直後の 1987年より急速に悪化した。ただし、この時期の急速な悪化は一時的だと考えられ、派遣法の制定や改正と定性的に連動しているようにはみえない。50 年間の長期的視点から日本全体のマッチングを観察すると、控えめに評価しても、派遣法の成立・改正が労働市場の需給調整機能に影響を及ぼしたかどうかは、即座に判断できるほど明らかではないといえる。

　もちろん、図 9-6 に示した推定結果を解釈するには留意すべき点がいくつもある。おそらく最も重要なのは、図 9-6 の推定ではいわゆる仮想現実

が措定されておらず、派遣法の成立・改正がなかったと想定した場合の状況
と比較することができないことである。換言すれば、図 9-6 では派遣法施
行直後にマッチングの効率性が急落する様子が見て取れるが、派遣法が成立
していなかったらマッチングの効率性はもっと悪化していたかもしれないと
考えることもできる。

　この問題点を解決するために、派遣法が改正を重ねるたびに変化してきた
対象職種の範囲に着目するのが有用だろう。ある職種が派遣法の対象職種に
入ることで派遣契約を利用できることになり、需給調整機能が改善されたな
らば、当該職種のマッチング関数の定数項も派遣法改正前後で正の方向にシ
フトするはずである。

　その際、仮想現実として比較基準とするべきは、その時点ですでに派遣法
の対象となっていた職種か、その時点以降も派遣法の対象とならなかった職
種である。なかでも 2004 年 3 月 1 日に解禁された製造職種への影響をみる
のが、より直接的だろう。なぜなら『職業安定業務統計』は、64 職種につ
いての有効求人数、有効求職数、就職件数を 2000 年 4 月より月次で公表し
ており、2004 年 3 月前後で製造に関わる職種でマッチングの効率性が改善
されたかを検討するのに格好の材料を提供しているからである。

　では、この職種別データを利用して、次の計量モデルを最小二乗法で推定
する。

$$lnh_{j,ym} = a_j + a_j \cdot D_{after} + D_{after} + \beta^v \cdot lnv_{j,ym} + \beta^u \cdot lnu_{j,ym} + d_{ym}$$
$$+ \varepsilon_{j,ym}$$

ここで j は職種を示しており、D_{after} は派遣法改正の前後を示すためのダ
ミー変数で、2004 年 3 月以前に 0、以降に 1 をとる。このダミー変数と各
職種の定数項 a_j との交差項が、当該職種の労働市場におけるマッチングの
効率性の 2004 年 3 月以降の変化を反映すると解釈できる。次の図 9-7 で、
全 64 種の交差項の推定係数と 95 ％信頼区間を図示した。

　図 9-7 からは、2004 年 3 月前後でのマッチング関数のシフトは職種によっ
て大きく異なり、マッチングのスピードが機械電気技術者と比較して改善し
た職種もあれば悪化した職種もあることがわかる。注目する製造職種につい

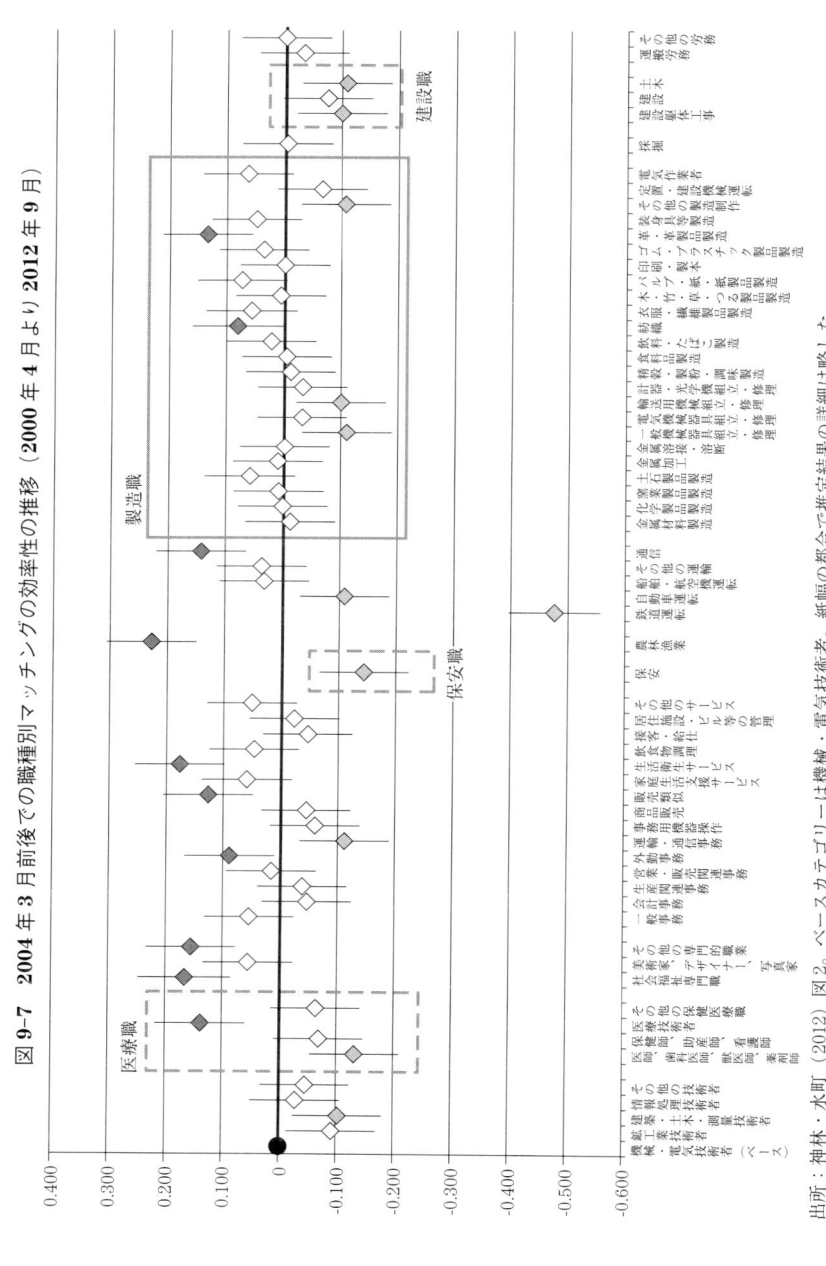

図 9-7　2004 年 3 月前後での職種別マッチングの効率性の推移（2000 年 4 月より 2012 年 9 月）

出所：神林・水町（2012）図 2。ベースカテゴリーは機械・電気技術者。紙幅の都合で推定結果の詳細は略した。

ては、金属材料製造から電気作業者まで24職種のうち、相対的にはっきり
と改善したのは紡織および革・革製品製造の2職種のみだが、逆に相対的に
はっきりと悪化したのも一般機械器具組立・修理、輸送用機械組立・修理、
その他の製造制作の3職種にすぎない。

　この変化を派遣法改正と結びつけて解釈するために、2004年3月以降も
派遣法の対象とならなかった職種の動向と比較してみよう。これらの非解禁
職種は、法律上は、医療、警備、建設、港湾運送の4職種として定義され、
統計上は①医師・薬剤師からその他の保健医療職まで、②保安、③建設躯体
工事から土木までの3つのグループに対応する。図9-7によれば、この3
グループ8職種のマッチングのスピードは、2004年3月以降、基本的には
相対的にみて悪化傾向にあることがわかる。したがって、引き続き派遣法の
対象とならなかったこれらの職種と比較すれば、新たに派遣法の対象とされ
た製造職のマッチングのスピードは改善したと推測できる。このことは、派
遣法の適用が労働市場のマッチングを改善する効果を持ったことを示唆して
いる。

　ところが、2004年改正は単に派遣法を適用できる職種の範囲を広げただ
けではなく、紹介予定派遣の整備や派遣受入期間の長期化、安全衛生配慮義
務の明確化などほかにも制度変更が同時に起こっており、製造職と非解禁3
職種との比較では、労働者派遣の出現そのものの影響なのか、紹介予定派遣
など周辺条件の整備の影響なのかを区別することができない。

　この点を確かめるため、次に、1999年改正ですでに派遣法の対象となっ
ていた職種と製造職種とを、図9-7で比較してみよう。実はこうした既解
禁職種でも、2004年改正以降マッチングのスピードがはっきりと悪化した
職種はそれほど多くはなく、逆にはっきりと改善した職種すらいくつか見ら
れるのである。

　その結果、非解禁職種と比較したときに見られた製造職におけるマッチン
グのスピードの改善は、既解禁職種と比較したときにはそれほど明瞭に見て
取ることはできない。つまり、2004年3月以降の職種別に見たマッチング
のスピードの改善には、派遣労働が利用できることそのものよりも、紹介予
定派遣の条件が整備されたことや派遣受入期間が長期化されたことなどのほ

表 9-1　2004 年 3 月前後での職種別マッチングのスピードの推移（2000 年 4 月より 2012 年 9 月）

サンプル期間 被説明変数 推定方法	2000 年 4 月～2012 年 9 月 対数就職件数 OLS								
	(1)			(2)			(3)		
	係数	標準誤差	p 値	係数	標準誤差	p 値	係数	標準誤差	p 値
2004 年 3 月以降×非解禁職種	-0.076	0.031	0.02	-0.077	0.012	0.00	-0.077	0.012	0.00
非解禁職種	-0.413	0.027	0.00	-1.379	0.036	0.00	-1.379	0.036	0.00
2004 年 3 月以降×既解禁職種	-0.032	0.021	0.12	-0.001	0.008	0.90	-0.001	0.008	0.90
既解禁職種	-0.422	0.017	0.00	-0.788	0.045	0.00	-0.788	0.045	0.00
対数有効求人数	0.474	0.007	0.00	0.591	0.007	0.00	0.591	0.007	0.00
対数有効求職数	0.486	0.007	0.00	0.212	0.010	0.00	0.212	0.010	0.00
2004 年 3 月以降ダミー	YES			YES			YES		
年月ダミー	YES			YES			YES		
職種ダミー	NO			YES			YES		
トレンド	NO			NO			YES		
サンプルサイズ				9584					
決定係数	0.931			0.990			0.990		

注）神林・水町（2012）表 1。オリジナルのソースは厚生労働省『職業安定業務統計』2000 年 4 月から 2012 年 9 月の職種別データ。

うが、より強く影響したことを示唆する。

　上記の推論を統計的に確かめるために、製造職をベースにして、非解禁職種全体を 1 ととるダミー変数、および既解禁職種を 1 ととるダミー変数、の 2 種類のダミー変数を用意し、2004 年 3 月以降を示すダミー変数との交差項とともに挿入して、マッチング関数を推定し直した結果が、表 9-1 である。

　まず製造職と非解禁職種、既解禁職種の 3 グループ間のちがいだけを検討した(1)をみよう。非解禁職種、既解禁職種のダミー変数に対する推定係数は、法改正以前の時期について各々を製造職種と比較したマッチングのスピードを示し、両職種ともに相対的に低かったことがわかる。法改正後の2004 年 3 月以降、製造職と非解禁職種および製造業と既解禁職種の差が拡大したかどうかは、各々の交差項によって示される。すなわち、マッチングのスピードが統計的に有意に拡大したのは製造職と非解禁職種との関係であって、製造職と既解禁職種との差は、やはり拡大したのかもしれないが統計的にゼロと区別するには危険が伴う程度だった。

　この分析結果は、63 種類の職種ダミーを加えて各職種の平均的効率性を制御した（2）、さらに全体のトレンドを加味した（3）でも変わらず、むしろより鮮明になる。図 9-7 から鳥瞰的に看取された職種間の関係は、ある程度統計的にも確からしく判断できることがわかる。

　以上の分析にも留意すべき点はある。具体的には、『職業安定業務統計』で供される職種分類は紹介機関独自の定義によっており、派遣法で規制対象を定義する業務分類とは厳密には一致しない。とはいえ、その不一致が大きいのはデモンストレーションや取引文書作成、ファイリングなどの定義が用いられた旧専門 26 業務であるように思われる。考察対象となっている 1999 年時点での非解禁 5 職種のうち港湾運送を除いた医療、警備、建設、製造の 4 職種との対応関係は、それほど大きな齟齬はないだろう。

　また、図 9-7 の考察対象期間ではハローワーク業務そのものも変化しており、たとえば、2004 年の派遣法改正前後では、システム改装に伴う自己検索機の導入やインターネットの利用が図られるなど、マッチングの効率性に影響を及ぼすと考えられるインフラの改善があった。したがって、図 9-7 で確かめられた影響は、こうしたハローワーク業務の改善によって生じているかもしれない。

　しかし、インフラの改善整備はハローワークが取り扱うすべての職種に対して影響を及ぼすと考えたほうがよい。職種間に異なる影響を及ぼしたとしても、本節で観察されたようなかたちで 3 グループの間の差を生み出す理由となるかは判然としないだろう。

　そのほか、分析期間が足かけ 12 年の長きにわたるため、図 9-7 の方法では循環要因などとの区別がつきにくいという制約もある。

　もとより本節は、派遣法の労働市場の需給調整に対する影響という課題を、ハローワークのデータを用いたマッチング関数の推定という間接的な方法によって検証したにすぎず、確定的な分析とはいいがたい。しかし、派遣法の影響はこのような簡便な分析によってもある程度推察できることは明らかだろう。

（3）　派遣法は雇用の安定や労働条件の改善に貢献したのか

　前項では製造派遣解禁というタイミングを利用して、派遣法が需給調整機能の改善に貢献したかを、マッチング関数という観点から考察した。次に、雇用の安定と労働条件の改善について確かめよう。以降で主に用いる材料は就調である。

　まずは1年間の就業状態の変化をもとに、派遣労働者や他の非正規被用者の雇用の安定性について検討しよう。同様な分析には、就調と同じクロスセクションデータの労調をパネル化したり、いくつかのパネル調査を利用することが考えられるが、派遣労働者の出現率は大きいときでも数％にすぎず、分析に必要なサンプルサイズを確保できるか心許ない。この点、就調では単年100万人を超えるというサンプルサイズゆえに、ある程度派遣労働者が含まれているという見通しがある。

　ただし、この調査では、調査時点の現職については、1987年調査以降、雇用形態の選択肢として派遣労働者が含まれているものの、前職について聞かれているのは2002年調査および2007年調査しかない。したがって、1年間の就業異動の変化が観察可能なのは2001年または2006年からの2回に限られる。幸い、この間には製造派遣の解禁を中心とした2004年改正が含まれるので、2回のちがいを観察することで2004年改正の影響を考察できるだろう。

　雇用の安定性の指標としては平均勤続年数も考えられ、この場合は現職の情報のみで分析可能なので1987年から2007年まで考察対象期間を広げられるという利点がある。しかし、本書第3章でも議論したように、平均勤続年数の大小を雇用の安定の指標とみなすには、就職と離職の構造が時間を通じて一定を保つ場合に限られる。

　たとえば、ある年だけ大規模な採用が行われたとすると、離職の頻度が変化せずとも直後の平均勤続年数は減少し、あたかも雇用の安定が失われてしまったようにもみえる。とくに1990年代以降、派遣労働者が持続的に増加する一方、直用正社員は現状維持もしくは微妙に減少しており、派遣労働者の離職行動が一定を保ったとしても（あるいは離職確率が減少したとして

も）、平均勤続年数は相対的に減少する圧力が存在していた。したがって、本章では、考察期間が 2001 年または 2006 年に限られるという不利な点を考慮したとしても、雇用の安定を示す代理変数としては、平均勤続年数ではなく、より直接的に年間離職率と無業確率を取り上げるほうがよい。

　それでは、2001 年 10 月から 2002 年 10 月までの 1 年間と、2006 年 10 月から 2007 年 10 月までの 1 年間で離職する確率が変化したかどうかを検討しよう。この際、立法目的を鑑み、1 年後時点の無業確率も合わせて取り上げる。何らかの理由によって一度離職しても次の就業先を容易に見つけることができるようにすることが、労働者派遣の機能として意図されているからである。前節で考察した労働市場の流動性と関係する指標でもある。また、1 年間の離職確率と 1 年後の無業確率との関係を確かめるために、いったん離職した有業者に限定して、調査時点での再就業確率についても補足的に分析する[23]。

　このために、就調の 2002 年調査と 2007 年調査の個票を就業形態ごとにプールした上で、調査時点までに離職を経験したかどうかを示す離職ダミー変数（SEP_{it}^{j}）と、調査時点で無業になってしまったかどうかを示す無業ダミー変数を作成する（NON_{it}^{j}）。ともかく雇用が保蔵されたか否かが重要なので、離職理由や無業を続ける理由はここでは問わない。これらの変数を被説明変数とし、2007 年調査ダミー変数（d_{2007}^{j}）と就業者の属性（X_{it}^{j}）に回帰する線形確率モデルを最小二乗法で推定する。

　ここで j で示された就業形態とは、統計上の雇用形態を 4 グループ（正社員、パート・アルバイト、派遣社員、契約社員・嘱託・その他）に再編した上で、会社役員・自営業主・家族従業者・内職者の非被用者を 5 つめのグループとして加えて定義する。また、直用正社員の定年退職の影響を除くた

　この論点は、派遣労働を踏み台として正規労働に転換できるかという議論と似ている。直接派遣労働を扱った研究としてはデンマークのパネルデータをサバイバル分析にあてはめて検討した Jahn and Rosholm（2014）、日本については Tanaka, Esteban-Pretel and Nakajima（2011）の問題意識が重なる。ただし、日本の労働研究では、伝統的な二重構造論や、パートタイマーの基幹化という労使関係論で活発だった議論の影響もあり、派遣労働のみを扱うというよりも、より一般的な非正規労働の経験が後々に正規労働に転換するのに役に立っているかという観点での研究が進められた。

めに調査より 1 年前時点の 18 歳から 54 歳の有業者にサンプルを限定する。したがって推定モデルは、

$$SEP^{j}_{it}, NON^{j}_{it} = a^{j} + d^{j}_{2007}\, X^{j}_{it} + X^{j}_{it}\,\beta^{j} + \varepsilon^{j}_{it}$$

である。いわば、2001 年から 2006 年にかけての年間離職確率と無業確率の平均的変化を、各就業形態内に限定してとらえ、相互に比較することになる。その結果算出された派遣社員での変化分（$\overset{3}{d_{2007}}$）を基準に、そのほかの就業形態で計算された変化分（d^{j}_{2007}）を差分で比較した結果が図 9-8 である。したがって図中正の方向は、派遣社員の離職確率や無業確率が相対的に上昇したことを意味する。

　まずパネル A を見ると、2004 年改正を介した派遣労働者の年間離職確率は、正社員や非被用者と比較すると上昇傾向にあり、この意味では雇用は不安定になっていたことがわかる。ところが、パネル B やパネル C からは、直用のパート・アルバイトや契約社員などとの比較では年間離職確率の変化に統計的に有意な差は認められない。年間離職確率の上昇は派遣労働者だけに起こったわけではなく非正規労働者全体に発生しており、派遣法改正だけの影響とは判断しがたいといえる。

　元来、2004 年改正には、製造派遣解禁のほかにも受入期間制限の撤廃や長期化が取り入れられており、額面上、派遣労働者の雇用期間を長期化させることが意図されていた。ところが現実には、派遣労働者の年間離職確率は正社員と比較するとむしろ上昇しており、他の直用非正規と比較してもはっきりと低下したとは認められないのである。

　図 9-8 でより重要なのは無業確率の変化かもしれない。たとえばパネル B の直用パート・アルバイトとの比較では、派遣労働者の無業確率は 1.3 ％ポイント程度減少している。この傾向はやはり直用非正規被用者である契約社員などと比較しても、やや危険が伴うが、垣間見られる。派遣労働者では他の直用非正規被用者と比較すると、離職確率は上昇しなかった一方で無業確率が低下したことが示唆されよう。

　この点を確かめるために、調査 1 年前時点では就業していたものの、いったん離職したのち調査時点で再就職している確率について同様の分析を行っ

図 9-8：2004 年改正を介した離職確率・無業確率の変化の就業形態間の差異

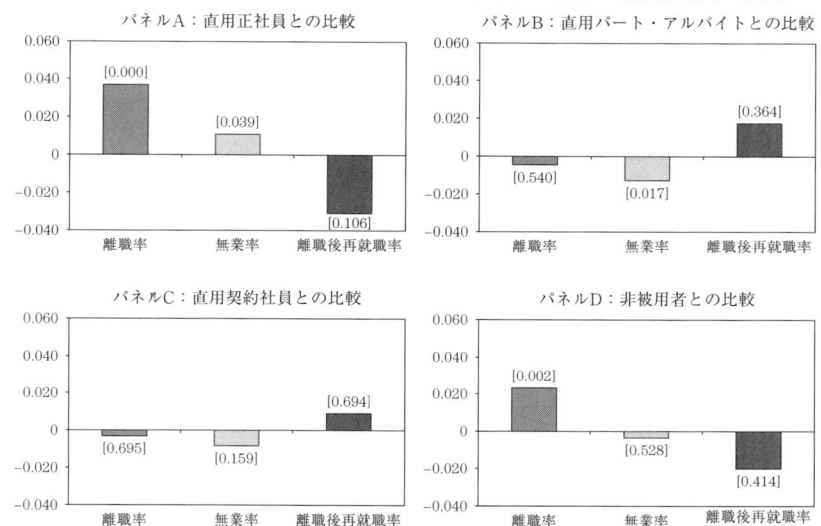

注）神林・水町（2012）図 4 を筆者改訂。オリジナルのソースは就調 2002 年調査および 2007 年
　調査。カギ括弧内は示された差分がゼロと等しいことを帰無仮説にした両側検定の p 値を掲
　載した。

た結果が離職後再就職率である。就調といえども離職したことを所与とした
サンプルサイズは必ずしも大きくなく、推定された 2007 年ダミーの標準誤
差はおしなべて大きい。したがって、即断することはできないものの、推定
結果は、派遣社員の離職後再就職確率は、有用非正規の就業形態との比較の
上では 2002 年から 2007 年にかけて上昇しているかもしれないことを示唆
する。前節のマッチング関数に関する議論をも考え合わせると、2004 年改
正が派遣社員の一つひとつの職場での勤続を長期化したという証拠は得られ
ないものの、次の職を見つけるのを容易にしたと推測できよう[24]。

---

[24]　図 9-8 の推定で最も重要な想定は、2002 年と 2007 年の差違が派遣法の改正からしか
　来ないと前提することだろう。ここでは就業形態間の比較を通じて同期間に派遣社員
　にだけ起こった変化を抽出しているので、観察されるべき独自の変化は、少なくとも
　派遣労働者のみを直接対象としている派遣法の影響と解釈することと矛盾はしない。
　しかし、2002 年と 2007 年の間に派遣社員にだけ影響を及ぼすような何らかの経済変
　動が起こっていたとすると、その限りではないことは明記しておきたい。

　さて、留保付きとはいえ図 9-8 で確かめられた派遣社員の流動性は、彼／彼女らの労働条件を改善したのだろうか。労働条件の代表である時間賃金や年間労働時間の変化で確かめてみよう。就調では所得や労働時間についてのデータは調査時点のみしか格納されていないので、前項のような年間変化をとらえることはできず、各調査時点での所得や労働時間がどのように変化したかを考察できるにとどまるが、1987 年調査から 2007 年調査まで継続して観察できる。したがって、前項で定義した就業形態別に全年次の個票をプールした上で、対数時間賃金（$lnwage_{iy}^{j}$）および年間労働時間（$annualhour_{iy}^{j}$）を被説明変数とする線形回帰モデルを推定し、説明変数として年次ダミーとその他の属性を含める。年次ダミーが各就業形態内の平均的な労働条件のシフトをとらえることになるが、もし派遣労働者だけに特有な動きが観察できたとすれば、それは派遣法の影響を拾ったものかもしれない。

　ただし、図 9-8 との比較を考慮して、サンプルは調査時点で 18 歳から 54 歳の有業者に限った。図 9-9 は、年次ダミーの推定された係数を用いて、派遣社員における 5 年間の変化と、各就業形態における 5 年間の変化を比較したものである。たとえば、正の方向であれば、派遣社員の賃金や労働時間が相対的に増加したことを示す。

　派遣法導入直後の 1987 年から 1997 年までは、派遣社員とそのほかの就業形態でそれほど大きな差が発生したわけではなかったが、1997 年から 2002 年にかけては、他の直用被用者と比較すると時間賃金と年間労働時間がともに減少したことがわかる。不況期であることに加えて、ネガティブリスト化による派遣社員の飛躍的な拡大が、必ずしも労働条件の改善を伴わなかったことが示唆されよう。しかし、2002 年から 2007 年にかけての変化をみると、解釈はそう簡単ではない。その期間では、たとえば正社員に対しては時間賃金が上昇する一方、年間労働時間は減少しており、平均的な労働条件は改善しているからである。この組み合わせは、契約社員などの直用非正規労働者や非被用者との関係においても成立しているが、その一方で、パート・アルバイトに対しては、時間賃金の減少と労働時間の長期化が同時に起こっており、その意味では平均的な労働条件が改善されたとはいいがたい。全体として、本項のような単純な枠組みでは、賃金や労働時間といったさま

図 **9-9**　**1987 年から 5 年間ごとの時間賃金と年間労働時間の変化の就業形態間の差異**

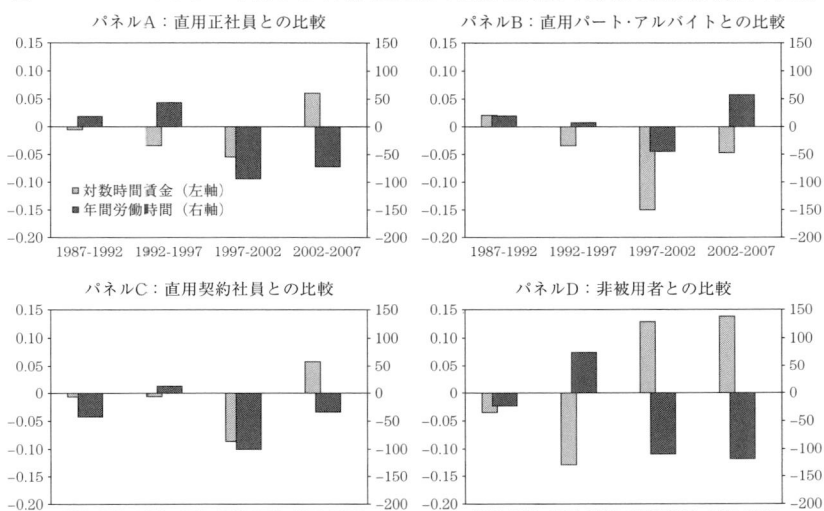

注）神林・水町（2012）図 6 を筆者改訂。オリジナルのソースは就調 2002 年調査および 2007 年調査。

ざまな要因で決まる労働条件に対する影響を抽出するのは困難であることがわかる。

（4）　小括：なぜ派遣労働者は増えなかったのか

以上、本項で書き連ねたことを要約しよう。まず、派遣法の成立と改正の歴史を振り返った。使用者と被用者の二者間関係を原則としてきた日本の法制度に、異質な三者間関係を導入するという意味で画期的だったはずの派遣法は、制定・改正過程が実質的に労使交渉の一手段に取り込まれ、日本的雇用慣行とは異なる選択肢を増やすという構造的論点は立法直後から消えていった。

もちろん、派遣法が日本の労働市場に何らかの影響を及ぼした可能性はある。たとえば需給調整機能について、『職業安定業務統計』の職種別データを用いてマッチング関数を推計したところ、2004 年改正がマッチングのス

ピードの改善につながった可能性があることがわかった。また、就調を用いて年間離職確率・無業確率の推移を分析したところ、やはり 2004 年改正の前後で、派遣労働者の無業確率が他の直用非正規労働者と比較して低下した可能性があり、その意味で雇用の安定性を増したと解釈できる余地もある。

　両者を合わせると、派遣法によって労働市場に一定の流動性が生み出された可能性は一概に否定されるべきではない。しかし、派遣法がその立法目的を十全に達成したともいえないことにも注意しておきたい。同様の手法で派遣労働者の時間賃金や年間労働時間の変化を考察したところ、派遣法の改正によって派遣労働者の労働条件が改善されたとは、必ずしもいえないからである。

　以上の見立てが正しいとすると、派遣法導入を通じた雇用の流動化による果実は、多くが使用者に分配され、必ずしも派遣労働者に帰結しなかったという解釈にもつながる。2012 年以降、派遣労働者の待遇改善に向かって派遣法の改正の舵が切られた背景には、派遣労働者の労働条件の改善が進まなかった現実があったと考えても不思議ではない。結局、頻発した派遣法改正は、派遣労働者の福祉増進という当初の政策目的を十分に達成してこなかった可能性を示唆している。

　加えて、序章でも触れたように、各種統計によれば、派遣労働者は多いときでも 150 万人に届かず、労働市場では少数派の域を出ていない。例として、労調で報告されている派遣労働者の数の推移を図 9-10 に示した。参考のために、同時点での直用パート・アルバイトの数の推移も含めている。

　少なくとも労調によれば、派遣労働者の数は、ピーク時でも 2008 年の 140 万人にとどまり、その数は直用パート・アルバイト 1159 万人の 1 割強、年平均完全失業者数 265 万人の半分強である[25]。派遣法改正が政治問題と化し、労使交渉の焦点とされたからか、世の中に増加した非正社員は派遣労働者が大部分と考える読者も少なくないと思われるが、多数ともいえないのが現実なのである[26]。この統計的事実を、派遣労働者が当初考えられたよりも増えていないと解釈するならば、派遣労働者の労働条件が改善しなかったという先の分析結果も相俟って、現在の派遣法の枠組みが当初の目論見通りには機能していないと議論を進められるだろう。

図 **9-10**　労働者派遣事業所の派遣社員（**1999** 年〜 **2016** 年）

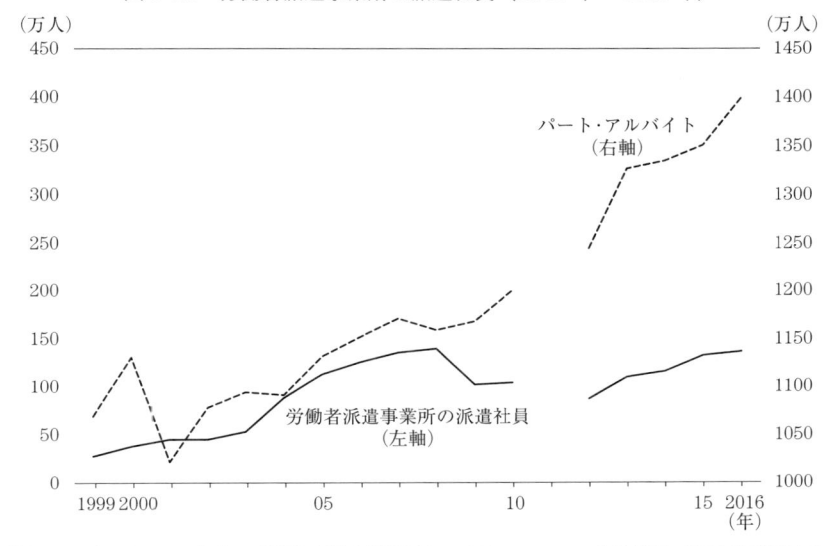

注）1999 年から 2001 年までは労働力調査特別調査の 8 月についての集計結果。2002 年以降は労働力調査詳細調査の 7 〜 9 月平均値。『労働力調査長期時系列データ』表 9 より筆者作成。2011 年は東日本大震災の影響を鑑みて図からは除外した。

---

25)　ただし、厚生労働省『労働者派遣事業報告書の集計結果』によれば、労働者派遣された派遣労働者数はピークの 2008 年度でほぼ 400 万人とされており、労調の 3 倍弱の数値が報告されている。労働者派遣事業報告は、派遣事業所に対する行政上の情報を収集するもので、世帯調査である労調とは異なる。調査設計のちがいは、両調査の乖離の原因のひとつと説明されることが多い。しかし、両調査の定義はそれほど隔たりがあるともいえない。一方の 400 万人とされた派遣労働者数は、常時雇用労働者に加えて登録者であっても 1 年のうち少なくとも 1 日は実際に派遣された人数を数え、もう一方の労調では、月末 1 週間のうち 1 時間でも働いた場合に答えるからである。おそらく両調査の差は、複数の派遣元を掛け持ちしている場合や派遣元との有期契約を繰り返す場合に事業報告では複数数えられること、派遣労働者が労調で他の雇用形態を選択してしまうことなどによると思われるが、詳細は不明である。試みに 2012 年就調を調べてみると、派遣労働者のうち 78.6 ％が週 35 時間以上就労しており、派遣労働者の場合 1 日の労働時間はフルタイムであることが多いと考えられるので、労調の調査期間である月末 1 週間のうちに掛け持ちすることはそれほど多くないと予想されるし、労調の調査票では明確に「労働者派遣事業所の派遣労働者」とあり、もっぱら派遣のような場合を除いて職場での呼称を間違える可能性が高いとはいえず、労調の数字が過小になる理由としては強くない。両調査のちがいは、とりあえずは、事業報告では雇用契約が更新された場合にそれぞれを数える方法によると考えるほうがよいだろう。逆に、両者の差を雇用契約の更新によって生じると考えた場合、ピーク時には、派遣労働者は平均して 1 年に 2 回以上、雇用契約を更新していたことになる。

　この推論には留意すべき点もある。もともと派遣法は、使用者・被用者の二者間関係を、派遣元・派遣先・被用者の三者間関係に分解し、派遣元・被用者の間に雇用関係を、派遣先・被用者の間に指揮命令関係を、派遣元・派遣先の間にサービス供給関係を結ぶかたちに変更したものにすぎない。理屈としては、二者間関係と三者間関係は等価になるはずである。二者間関係時に使用者が負っていた義務は、派遣元との雇用関係か派遣先との指揮命令関係かに遺漏なく分配されるので、総合的には、従前の権利義務関係のうち宙に浮く部分があるわけではない。

　たとえば、派遣労働者に対する時間外労働を考えてみよう。現行法では、時間外労働は指揮命令関係の一環として派遣先が派遣労働者に命じることができるが、労基法によって定められた手順を踏む必要がある。派遣労働者の場合、雇用関係を司るのは原則として派遣元なので、時間外労働についても派遣元で三六協定（労働基準法第36条）を結ぶことが前提とされ、時間外割増賃金も派遣元が支払う義務を負う[27]。労使合意と時間外労働の命令、割増賃金の支払いという法的関係が、三者間関係に過不足なく分配されることがわかる。この法的関係が十分に機能しているのであれば、時間外労働の実施という意味では直用であろうと派遣であろうと無差別になるはずである。少なくとも法律上の理屈としては、二者間関係を三者間関係に分解することによって、労働市場の機能が損なわれることはない。

　ところが人事管理の観点からみると、三者間関係を導入するとうまく機能しなくなる場面がいくつも出てくる。時間外労働の例でいえば、派遣先が支払う派遣サービス料金に割増賃金が自動的に上乗せされることは制度上担保されていない。つまり、場合によっては、派遣先は割増賃金を考慮することなく時間外労働を命じることができる状況が生まれることになる。

---

26)　本書序章でも強調したように、近年の労働政策は、6000万人の就業者、5000万人の被用者の大部分を対象とするような、1000万人単位の政策から、新卒者など100万人単位の比較的小さい集団を対象とする政策に推移してきたが、派遣法にまつわる議論はその最たるものでもあることがわかる。このとき、政策をめぐる議論は必然的に労働市場の全体像ではなく、個々の就業者や個々の世帯の厚生や福祉という分配の問題に直接結びつけられる傾向が生まれるだろう。

27)　なお、派遣法によって時間外労働について派遣契約に明示するという規制が追加されている。

　典型的な事例は、2010 年の労基法改正の折、週 60 時間を超える場合の最低割増賃金率が 50 ％に引き上げられたが、中小企業への適用は 2019 年まで猶予されることで生じた。派遣労働者に対する割増賃金率への適用猶予は、雇用関係を持つ派遣元の企業規模で判断される。したがって、大企業の派遣元から中小企業へ派遣されている派遣労働者がいるとすると、当該被用者には週 60 時間を超える時間外労働に対して 50 ％以上の割増賃金が支払われなくてはならないが、派遣先の中小企業は、直用被用者に対して同様の割増賃金を払う必要はなく、派遣サービスの料金に週 60 時間を超える割増賃金率を入れ込むかどうかは定かではない。労働需要を直用被用者に振り向けると脅すことで、派遣元に対して強気に交渉できるからである。

　また、時間外労働の枠を決める労使交渉も、派遣労働者の場合、期待される機能を実際に果たすかどうかは危うい。なぜなら、派遣元で三六協定を結ぶ際には、稼働している派遣労働者全員を含めた過半数代表を選出する必要があるが、派遣先の業況によって時間外労働の実態が異なることを考えると、派遣元の過半数代表が全体の意見を集約することは簡単ではないからである。

　加えて、少なくとも勤務場所が共通する直用被用者と比較すると、派遣労働者同士が会する場面は多くはないだろう。派遣労働者に三六協定を締結せよといっても、協定に派遣労働者の意思が反映され、時間外労働命令に従わせるに足るだけの正統性を持つかは定かではない。派遣法は、派遣労働者と派遣元の間で取り交わされる個別の派遣契約で時間外労働の上限や割増賃金を約定し、三六協定の形骸化を防ぐ仕組みを持っているが、労使コミュニケーションを媒介として集団的合意を形成し、人事管理の柔軟性を確保するというかたちは崩れていることに変わりはない。

　以上のように整理すると、二者間関係では交換条件として一括で交渉され労使慣行として機能してきた事柄を、三者間関係では該当する当事者にばらばらに分解することによって、事柄間の関連を稀薄にすることがわかる。時間外労働の例でいえば、割増賃金やボーナスや将来の昇進との見合いで決められていた残業命令は、もはや直接の関連を有しない。派遣労働者に対する訓練機会も好例である。すなわち、その確保は雇用責任を持つ派遣元が司る

のが原則だが、普段の仕事の配分を決めるのは指揮命令関係を持つ派遣先であり、やはり両者は直接関連がない[28]。

　日本的雇用慣行を前提とすれば、その帰結としてまず考えられるのは負の影響だろう。割増賃金やボーナスなど金銭的報酬で担保されるという保証がなければ、時間外労働を命令したとしても派遣労働者の士気は上がらない。OJTを中心とした訓練機会の確保と人材育成は、派遣労働者にはそのままでは適用できなくなる。結局、日本的雇用慣行としてまとめられる人事管理施策を三者間関係に置き換えて実行するには、慣行上の細部を別途取り決め再構築せねばならず、少なくない調整費用が発生することが予想できる。派遣法が想定する三者間関係と日本的雇用慣行は、相性がよいとはいえないのである。

　派遣労働者が大方の予想のように拡大しなかった背後には、細部を調整せずに切り分けても生産性が落ちない職場や仕事が、それほど多くなかったという現実を示しているのかもしれない。正規の世界が強固に残存したという本書の指摘とも軌を一にしている。

　ここまで整理すると、派遣法が構想された当初強調されていた「日本的雇用慣行に対する別の選択肢」という言葉に二つの意味があることがわかる。第一の意味は、いままで説明してきたように、現場作業者のインセンティブや教育訓練などはたいして必要ではなく、二者間関係を三者間関係に分解することで少なくとも費用は増加しないという職場や働き方のことを指す。一見すると日本的雇用慣行に覆われていると考えられていた職場でも、技術革新の進行などにより、その優位性を失ってしまったところがあるかもしれない。使用者が、その部分を派遣関係で置き換えることで、組織全体を活性化しようと考え、これこそが「常用代替の懸念」として労使で議論されたと理解できるだろう。

　もう一つの意味が、将来の日本の労働市場を考えるにあたって重要な論点となることを指摘して本項を閉じよう。

　再び時間外労働の例をとる。ここで派遣先と派遣元との関係を考えてみる

---

[28]　派遣先の努力義務。訓練機会の提供ではなく時間的余裕をつくることが求められている。

と、派遣元には派遣先に対して、（派遣料金を上げないのであれば）時間外労働を抑制するように圧力をかける誘因がある。時間外労働をめぐっては、ワーカホリックや非効率な職場慣行など、被用者側に時間外労働を望む要因があることが指摘されることがある。

こうした考え方は、超過労働が将来的な昇進や金銭的報酬に関連づけられることから説き起こされるが、派遣法の場合には、制度的に両者の連関が断ち切られ、派遣元がむしろ残業を抑制する方向で介入できる立場にある。いわば時間外労働の決定に対して、使用者と被用者以外が介入する余地が、派遣法にはビルトインされているともいえる。

もちろん、派遣元は派遣労働者の代理人ではない。派遣労働者が時間外労働をしたいといっても、派遣元の利益が減少するのであれば、派遣先に残業を削減するように交渉するはずだからである。この観点から、派遣法がビルトインされている第三者をうまく機能させられることができないからこそ、派遣関係は少数派にとどまっているという仮説を提示できる。

3　日本の労働市場の制度的基層

以上、本章では、最低賃金や派遣法を例に、労使自治との異質な仕組みとして第三者による介入を取り上げ、その影響力が増してきていることを示した。本来、第三者とは、行政・司法のみならず、取引関係者や企業横断的組織など、労働市場のさまざまな場面で登場できる主体なのだが、労使自治を旨としてきた日本の労働市場ではその存在感は稀薄だった。しかし、とくに2000年代以降、こうした第三者の存在感が増してきていることを、本章では縷々説明してきた。具体的に取り上げた最低賃金や派遣法のみならず、本書第5章で言及した司法改革によって、労働紛争が司法過程に持ち込まれる頻度は増加したし、管理職ユニオンなど一部の企業横断的労働組合の活動も報道等に取り上げられることが多くなったことは、読者もすでに理解されているだろう。これらの動きを労使自治に対する第三者的介入という共通点でまとめると、まさに日本的雇用慣行に対する別の選択肢を示す芽生えがあちこちに顔を出しつつある構図がみえる。

　もちろん、本章で再三強調しているように、最低賃金にせよ派遣法にせよ、現実にこれらの制度に直接影響を受けている被用者は、それぞれの制度に対して 100 万人単位にとどまっており、6000 万人を数える労働市場の多数を形成しているわけではない。また、三者関係を労使自治の枠組みに押し込めようとする最近の派遣法改正に象徴されるように、第三者的介入の機会を労使自治に委ねようとする力学は常に働いている。第三者的介入が標準的なルールを形成する職場や業界はむしろ例外的であるとすらいえるし、この現状認識は本書第Ⅱ部で示してきた正規の世界の強固な残存と合致する。結局、第三者的介入のメカニズムは論理的には注目するべき存在だが、事実としては現在の影響力も将来の動向もいまだにはっきりしない程度でしかない。

　これから、この第三者的介入の頻度が大きくなっていくのか、それともやはり少数派にとどまるのか、将来の日本の労働市場の仕組みを考える上では重要な論点だと主張したい。

コラム③　データ収集の倫理

　今となってはもう大御所となってしまった現代日本の SF 作家神林長平（筆者とは同姓だが血縁も所縁もないのが残念だが）の出世作に、『戦闘妖精・雪風』という一連の小説がある。原作の連載開始は 1979年と実に筆者よりも少々若いだけなのだが、SF ファンの間ではすでに古典の扱いを受けている作品でもある。今世紀に入って OVA 版も製作され、最近アニメーションで本作品を知った方も多いのではないかと思う。スーパーシルフと呼ばれる戦闘機の AI「雪風」が主人公（のひとつ）で、人間とコンピュータとの関係を戦場という極限状態で描き、その間で生じるアイデンティティ・クライシスという SF 小説の古典的主題を扱っている。劇中、雪風に与えられた任務は、戦闘には直接参加せず、戦闘状況をつぶさに記録し、その記録を必ず持ち帰ることであった。そのために、スーパーシルフには最新鋭の装備が惜しみなくつぎ込まれ、特に選抜されたエースパイロットがあてがわれていた。

　筆者がこの雪風を思い出したのは、東日本大震災の後、総務省統計局が被災 3 県において『労働力調査』の実施を断念したというニュースを聞いた時だった。当時筆者は在外研究を一時中断して日本に帰国していた最中だったが、国内でも詳しい事情は報道されず、統計局がやけにあっさりと白旗を掲げたようでならなかった。もちろん、当時の被災地の実際の状況は、大半が避難生活を余儀なくされているばかりか行方不明者の捜索も滞りがちで、実査の拠点となる市役所・役場も機能不全に陥る寸前の状況だっただろう。今となっては、とても統計などと言っている場合ではなかったことは十分に理解できる。それでは筆者はなぜ雪風を思い出したのだろうか。

　筆者は折しも、本研究プロジェクトの一環として戦前日本の公営職業紹介事業のデータを収集している最中で、ちょうど 1923（大正 12）年9 月 1 日に起きた関東大震災に際しての東京市職業紹介所の対応を報告した資料を読んでいるところだった。実証経済学的見地から、震災によってかき乱された労働市場の復元に公営紹介がどれだけ貢献したかを観察するための格好の材料だと考えていたのである。その中で筆者は、震災後一カ月を経ない 9 月 28 日時点で東京市や横浜市など被災地に臨時の悉皆調査（国勢調査）を実施し、被災人口の地理的分布や失職状態を確かめていたことを知った。その結果と、1920 年と 1930 年に実施された国勢調査の結果を比較すれば、関東大震災が労働市場に与えた影響の大きさを知ることができ、公営紹介が労働市場の需給調整に果たす役

割を考察できるというのが分析の主要なアイデアである。

　分析の結果は論文を参照していただくこととして、その臨時国勢調査によれば、本所区、深川区、浅草区、日本橋区、京橋区など隅田川両岸では、調査当時現地に残っていた人だけでも本住所と異なる地点に居住していた避難者が 90 ％を超えている。東京市外へ避難している人々も相当数いたことを考慮すると、これら被災地の中心では、ほぼ全人口が自宅を失っており、壊滅的な打撃を受けていたことがわかる。もちろん公営紹介所そのものも罹災は免れず、震災前の東京市および横浜市にあった 28 カ所の公営紹介所のうち 18 カ所が完全に消失していた。それにも関わらず、当時の日本政府は徐々に再開され始めたばかりの公営紹介所の力を借りてすみやかに人口調査を実施し、復興事業に必要な基礎的数値と地理的分布をはじき出しているのである。各紹介所からの報告を記した文書には、焼け野原に縁者や遺品を探す人々を一人一人捕まえては現住所を質したとあり、調査員の身を守るために警察官も同行したことも記されている。関東大震災は、東日本大震災と比べると被災地が狭い範囲に集中し、地理的に近い非被災地に救援拠点を設けられたことや、福島第一原子力発電所の事故に類する追加要因がなかったことなど、どちらかといえば阪神淡路大震災と似ているかもしれないが、調査員が身の危険を感じるような状況下で人口調査を強行した事実は、筆者に雪風を思い出させるに十分な印象を与えた。

　抽象的に考えれば、緊急時ほどデータに基づいた計画的資源配分が必要になるのは誰もが納得するところだろう。価格メカニズムに任せればよいなどと嘯いてみても、それは平常時にこそ通用する論理であって、医薬品や食料品の到着が一分一秒を争うときに、価格オークションをやっている余裕など、もちろんない。しかし、データがなければ資源配分ができないのも当然の理で、どれだけ迅速に現場の情報を吸い上げ、整理できるかは緊急事態を収拾するのに決定的に重要なはずである。しかし、緊急時に情報の収集に時間と労力を使うということは、すなわち眼前の状況の復元・救助に時間と労力を投入しないという「非倫理的な」行為でもある。

　雪風が置かれたような戦争という極限状況ではスーパーシルフで構成される「ブーメラン部隊」には、運用するだけでかなりの労力とコストをつぎ込まなければならないことは想像に難くない。しかし、それだけではなく、雪風の物語は、このようなタスクの遂行には命令という倫理を超越した強制力が必要なことを暗示してもいるだろう。今次の東日本大震災の場合、少なくとも総務省統計局には「ブーメラン部隊」を編成

するだけの人員も予算もなかったかもしれないが、そもそも緊急時にもデータ収集を継続するべしという、「非倫理的な」断固たる決意もなかったのかもしれない。さすがに総本山たる総務省統計局に盲目的に従ったわけではないだろうが、各省庁の統計部局も軒並み被災3県に対する統計調査を中止してしまった。

これは筆者個人の感想にすぎないが、この綻びはそれほど軽視するべきではないだろう。もちろん、さしあたり統計の連続性が失われたことは残念だが、補整の仕方は工夫できる。むしろ、政府統計の社会的位置付けが実はかなり低いことを自ら露呈してしまったことのほうが将来的には重要だろう。すでに2010年の国勢調査において回収率が低下し、国民が政府統計を軽視しはじめていることは薄々知られてきている。こうした国民の対応が、もしも統計当事者の矜恃のなさを見透かした結果だとすれば、東日本大震災への対応はその傾向を自ら認めてしまったことになるかもしれないと考えるのは筆者の邪推だろうか。

統計調査は調査客体の協力なしには成り立たない。しかし、もし統計調査そのものに非倫理的な本質があるのなら、その非倫理性は私たち統計調査に関わるすべての人が認識するべきだろうし、それを超える公共性があることを、調査客体のみならず、社会に説得するのは何も統計部局だけの役割ではないだろう。

PRIMCED Newsletter No.6（February 2013）所収。
表記は発表当時のままとしている。

終　章

現代日本労働経済学の基本問題

　ここまで、さまざまデータや解釈を提示しつつ、近年の日本の労働市場の全体像を描いてきた。1980 年代以降の日本の労働市場は、労使自治を旨とする正規の世界が強固に残存する一方、自営業セクターを吸収した非正規の世界が膨張を続けたと要約できる（第 II 部）。日本の置かれた条件ゆえに、必ずしも近年の先進諸国にみられた賃金格差の拡大や仕事の二極化がそのまま表れたわけではないが、先進諸国に共通する技能偏向的技術変化やグローバル化の影響も底には流れ続けていた。それと同時に、日本の労働世界を律してきた労使自治の原則にまるで疑義を呈するかのように、第三者の介入する場面が散見されるようになった（第 III 部）。こうした流れを、日本の労働市場の底流とみなせば、これからを占う論点はおのずと明らかになってこよう。

　以下、前章までと比較すると明確な根拠に欠けるが、筆者の憶測を交えながらこれまでの立論を敷衍し、現代の日本の労働市場を整理するための視角を提示して本書の任としたい。

1　自営業セクターの衰退の先にあるもの

　まず、自営業の衰退には底があることは明確に意識すべきだろう。第 8 章でまとめたように、日本における自営業セクター衰退の原因はよくわかっていない。それゆえ、日本における自営業セクターの最低限がどのあたりにあ

るか確かなことはいえないが、労調2016年平均の自営業セクターのシェアは、労働力人口比で10.2%程度となり、すでにOECD諸国の平均と同等の水準に届いている[1]。経済の新陳代謝を保ち技術革新を広めるためには、他国並みの一定の起業が必要と考えると、自営業セクターの減少は近い将来底を打つ可能性が高い。

この現象はさまざまに解釈できる。第一に、被用者の世界の人的資源の供給源が枯渇することを意味する。第4章で示唆したように、自営業セクターから労働力が移動して非正規の世界が形成されてきたと考えると、自営業セクターからの労働力の流出が止まれば、非正規の世界の膨張を支える建材が枯渇するのは当然の理である。真の人手不足が始まるとも言い換えることができる。

とはいえ、自営業セクターの枯渇と人手不足を直に結びつける考え方はそれほど魅力的ではない。かつて日本経済がたどった道筋を遡ると、節目節目で人手不足が喧伝される時代があり、私たちは2000年代以降になって初めて人手不足を経験するわけではないからである。

たとえば第1章で描かれた製糸同盟や供給組合は、局所的に顕在化した人手不足に対応するために工夫された制度という性格を有していた。戦後の集団就職も、都市部での人手不足への制度的対応といえる[2]。1960年代末に地方部から都市部への人口流入が鈍化し、石油ショックが追い打ちをかけて低成長期に突入すると、もはや地方部での過剰労働力は消失したかに思われるようになった[3]。1980年代以降の女性の就業促進や日系外国人労働力の導入に関する諸政策は、人手不足からくる慢性的な賃金上昇圧力があるという経済界の認識に基づいてもいたことが、その証左である[4]。人手不足という現象そのものは、今に始まったことではない。

それに加えて、第4章でも仄めかしたように、自営業セクター縮小の主要因は業主の高齢化に伴う引退行動と考えられ、自営業セクターからの労働力

---

[1]   第8章図8-1。
[2]   加瀬（1997）などを参照のこと。
[3]   吉川（1984）などを参照のこと。
[4]   外国人労働政策については丹野（2007）などを参照のこと。

の流出がそのまま非正規の世界への被用者の流入を意味するわけではない。それゆえ、自営業セクターの衰退が底を打つ前に、非正規の世界への流入メカニズムはすでに機能不全を起こしつつあるという可能性も考えておく必要がある。つまり、自営業セクターの枯渇と人手不足への対応は、関連していることはわかっているが、直接的な関係であることを示す分析はまだまだ発展途上でしかないのである。

　本章ではむしろ、自営業セクターの枯渇は、労働供給という限られた側面だけではなく、日本社会全体に示唆を与えることを強調したい。すなわち、自営業セクターの底打ちの第二の解釈として、自営業セクターが担当していた領域へ単純に進出するというビジネスが成り立たなくなる可能性を指摘しよう。

　自営業セクターの衰退に伴い非正規の世界が膨張するという統計的現象は、たとえば、非正社員を中心としたチェーン・オペレーションを武器とする会社が、店主が引退した店舗を買い取り、顧客や商圏をそのまま引き継ぐというイメージと重なる。現実には、自営業セクターのビジネスをそのままのかたちで引き継ぐのではなく、ロードサイドの大規模店など、投資を重ねて生産性を上昇させつつ参入するのが常態と考えたほうがよいが、自営業セクターが枯渇した場合には、新規参入の留保水準が引き上げられ、より高付加価値のビジネスを展開することが求められるようになると推論できる。端的にいえば、新規に参入したり業容を拡大するときに、パパママストアが競争相手だった時代は終わり、会社組織に基づいてある程度規模の経済などを享受している相手に競争を仕掛けることになる。

　この手の解説は、数十年の昔から経営指南書などで唱えられていた陳腐な仮説でしかなく、場所や業態によっては局所的にすでに展開されているところもあるだろう[5]。しかし、自営業セクターが人口比 10 ％を迎えるという昨今の状況は、局所的な変化ではない。経済社会の全体を考察する際の一般的な競争環境の想定を修正する必要があると解釈でき、そのとき、労働政策も無縁ではいられない。

---

[5]　渥美・島田（1974）は中内功を題材にして小売業におけるチェーンオペレーションの導入時の様子を伝えている。

そもそも日本においては、競争政策と労働政策は別個の政策として観念される傾向が強い。一方は経済産業省や産業組織論、もう一方は厚生労働省や労働経済学というように、異なる官庁や研究分野が担当してきたという事情にもよるだろう。

また、本書で強調してきた労使自治の原則が両者を切り離すことに一役買ってきたことは、すでに多くの論者が企業別組合の宿痾として繰り返し指摘してきたことでもある。理論的にも、製品市場における競争が、いわば陣取り合戦的な様相を呈していれば、競争政策の主な目的は価格規制や出店規制などによる競争抑制となってしまうので、経済活動を萎縮させてしまう副作用がある。理屈として競争政策を積極的に推進する強い理由もなく、わざわざ競争政策と労働政策を抱き合わせる必要も少なかった。

しかし、製品市場の競争が単なる陣取り合戦ではなく、精緻な企業戦略や中長期的投資が必要な水準になると、競争政策の範囲は単なる競争抑制ではなく、イノベーションに関わる外部性の抑制やインフラの整備などにも拡大し、労働政策が暗黙のうちに所与としてきた条件も変わってくる。たとえば、近年の労働政策に関連する競争政策としては、ICT 投資優遇税制や中小企業に対する融資優遇措置などが想起されるが、本来であれば最低賃金の水準上昇や職業訓練における民間委託の導入、高齢者の定年延長・再雇用などの諸施策は、こうした競争政策と連動させて計画・実施されるべきだった。労働政策と競争政策との相互連関という論点は、政策担当者のみならず、研究者も見逃すべきではないだろう。

自営業セクターの底打ちの第三の解釈は、すでに第 8 章で触れている。すなわち、自営業セクターの衰退が、三世代同居世帯の減少など、日本社会の構造の動揺を象徴しているという解釈である。

まず、日本の社会保障制度は家族に依拠しているという理解から出発しよう。典型例は生活保護制度である。現行制度では、民法上の親族間扶養義務を援用することで、政府からの公的扶養を文字通り最後の砦とする順序をとっている。このとき、要保護者であってもまずは親族間扶養に任せられるので、その限りで人々は保護されるべき人物の福祉の水準を気にかける必要はない。親族・家族の全員が扶養を拒否した後で初めて、当該人物を扶養す

るのにどれぐらいの金銭的負担が生じるかが明るみに出る。同様に、老身や病身の介護や乳幼児の育児も、親族・家族というブラックボックスに投げ入れてしまえば、政府も人々もそれ以上関心を持つ必要はない。

　自営業世帯とは、親族・家族というブラックボックスが事業という側面をも抱き込み、さらに融通手段を増やしたものと表現できる。トーゴーサンやクロヨンという言葉は自営業世帯の所得捕捉が難しいことを指し、担税という意味で、自営業世帯は社会的に不公平を生むと理解されてきた[6]。隠された所得が政治家や政党に還流し、社会的不公平を増幅した一因にもなったともいわれている[7]。しかし裏からみると、自営業世帯には財政的にも余裕があり、ブラックボックスとしての能力は人的にも金銭的にも小さくなかったことを示している。第8章で解説した、自営業世帯ではより好ましいワーク・ライフ・バランスを達成できるのではないかという実証研究群は、このアイデアを経済学でよく知られた問題に引き写したものともいえる。

　会社組織もブラックボックスの一種であることには間違いないが、本書の文脈では正規の世界が親族・家族のブラックボックスの恩恵を受けてきたことのほうが重要だろう。たとえば、社員の健康管理や、社員が地域や家庭で求められる社会的責任の遂行などについて、使用者は気を遣う必要はなかった。親族・家族が帰宅後の社員の面倒をみることが、暗黙の前提とできるからである。社員が正規の世界から脱落したとしても、残留者の士気が落ちるなどの経路を除いては、使用者にペナルティがかけられたり、脱落者を保護するのに必要な社会的費用が使用者に課せられる仕組みもない[8] [9]。

　おおまかにいえば、自営業世帯や親族・家族は、いわば、社会の細かな不

---

[6]　捕捉格差の存在を統計的に確かめたのは石（1981）が最初といわれている。

[7]　三鬼（1975）は企業による政治献金を取材したルポルタージュであるが、自営業主による献金もよく言及されている。

[8]　第5章で解説したように、解雇の場面で使用者が最も考慮するのは、解雇されなかった被用者への影響である。解雇が不当だったという裁判所の判断が下りても、就労できなかった期間の休業賃金が補填されるのが通常で、懲罰的な金銭支払いを求められることはほとんどない。また、解雇された被用者が失業した場合、日本における失業給付は給付水準が低いばかりでなくメリット制がとられていないので、解雇していない他の使用者が積み立てた保険料に負担を押しつけることができる制度となっている。つまり、解雇によって社会に発生する諸費用を、使用者は負担しなくてもよい構図になっている。

都合を丸く収める緩衝材（ショック・アブソーバー）のような存在だったと解釈できるだろう。もちろん、ブラックボックスゆえに、内部で起こる個人に対する抑圧などは表沙汰にならず、個人を重んじる近代社会にとって致命的な難点はある。しかし、「とりあえず任せておけば何とかなる」という層として機能していたとはいえないだろうか。

ここで、緩衝材が摩耗すれば、日々変転する社会の挙動はその細部までもいちいち顕在化する。たとえば生活保護制度では、要保護者の福祉の水準について細かな規定が整えられていることはすでによく知られている。老親の介護や、病気のこどもの看病、乳幼児の世話などは、保険や保育として制度化される際、一つひとつのサービスに価格がつけられ、取引として認識される[10]。こうしたサービス価格が効率的に形成されれば、結果として社会厚生は向上するだろう。

しかし、第1章で詳説した職業紹介の事例を待つまでもなく、民間市場の発達を欠いた官製市場の整備は簡単ではない。福祉や介護・保育などの場合、そもそも当該対象者本人がみずからの意思を間違いなく表明できるかも含め、原理的な難点を抱えている可能性すらある。近代社会が生まれて以来、市場競争原理はかなり普及してきたといえるが、最終的にまだ親族・家族が消滅していないという事実は、それなりに重く受け止めるべきだろう。

自営業セクターの枯渇は、清濁併せ呑む社会の緩衝材の役割をどう評価するかという議論の必要を示唆している。

---

9)　本章のこれまでの文脈によれば、使用者が社員の福祉を生産性の範囲でしか考慮しないことは奇異に感じられるかもしれないが、労働法や労働経済学はむしろこの考え方を是としてきた。近代的労働契約とは、独立した個人である使用者と被用者の間で結ばれるべき、仕事と給付の取引関係なのであって、仕事と給付以外の事柄、たとえば被用者の家族事情などについて、個別に交渉材料となることはあれ、一般的に、労働関係の中に内包させる必要はない。また、賃金は限界生産性に一致する水準が望ましく、その他の事柄によって賃金が左右されるのは非効率を生む。現実の労働関係を、いかに整理された仕事と賃金の関係に純化するかが、近代的労働市場を構築する意味だとされてきたといっても過言ではないだろう。この意味では、雇用政策からは社会保障政策的要素を排除するべきなのである。

10)　現実にはサービスひとつひとつを取引するのではなく、バンドルして取引していると考えるべきだが、当座、論理的には違いはない。

2　差別禁止と労使自治

　本書の最後に提示したいもうひとつの大きな論点は、労使自治の原則についてである。賛否はともかく、これまでの日本の労働市場の根幹は、労使自治の原則に支えられてきたといえるが、足下第三者による労使への介入の場面が徐々に増えつつある、というのが本書の見立てである。とくに、膨張してきた非正規の世界では、労使自治の原則が実効的ではないことが第三者による介入を呼び込んでいると表現できるかもしれない。

　立論の順序としては、非正規の世界で労使自治の原則が理想的に働かない原因を探求するほうが先である。しかし、将来の日本の労働市場制度を考えるためには、労使自治の原則と第三者介入のどちらを優先するべきかという議論を避けて通れないことは、現時点で指摘しても差し支えないだろう。

　第5章では、労使自治の原則の現実的重要性を、解雇権濫用法理と就業規則不利益変更法理を用いて解説した。両法理は、正規の世界の根幹を支える法規範と思われるので、現状を理解するためには不可欠な例ではあるが、将来を見通すためには不十分かもしれない。ここでは、近年とみに話題になる男女差別禁止や同一労働同一賃金が、労使自治の原則からみてどう解釈できるかを考えてみよう[11]。

　差別を排除することは、私たちの暮らす現代社会が追求するべき、最も基本的な価値観のひとつである。ところが日本の労働市場においては、差別してはいけないという一般的法規範は、少なくとも実定法の範囲では存在しない。その代わり、性や思想・信条、組合活動、障碍など、特定の理由による差別が、賃金や昇進など、特定の取り扱いについて禁止されるように、差別の類型を一つひとつ列挙して規制する手法がとられている[12]。

　これらの差別規制の論理を要約すると、まず事実として、違法な差別と解釈できるような取り扱いの差が現にあることを前提に、次に、その差が合理

---

[11]　ただし、差別禁止にせよ同一労働同一賃金にせよ、多種多様な側面を包括しており、ここで単純な論理、つまり差別を禁止するという論理だけに還元して理解しようとするのは、議論の正確性を犠牲にしていることには注意されたい。たとえば、均等法は性差別を規制するほか、ハラスメントについても考慮している。

的に説明可能かに焦点を合わせる、となる[13]。賃金や昇進などにみられるように、ある集団と他の集団を比較して格差があることを示すだけであれば、データさえあれば比較的たやすい。したがって、違法な差別を判断する鍵は、論理的には、その差を合理的に説明できるかにある。

より具体的には、誰に対して合理性を証明するかが重要な論点となる。最も単純な回答は、裁判官などの規制主体に証明するというものだろう。このとき、合理性の基準、つまり差別的行為の適用基準は当該労使の外で決められる。差別的行為を単に私人間の争いにとどめず、社会に対する敵対行為だと考えるのであれば、社会の守護者たる第三者が差別的行為を認定するという状況は奇異ではない。また、規制主体など第三者による適用基準の設定・運用には、個別事例に拘泥することなく、一般的な基準を確立することができるという利点もある。

とはいえ、第三者が適切に判断するために必要な情報をすべて集めることができるかについては疑問の余地も残る。ある集団とほかの集団が現時点では一見同じにみえるとしても、将来予想される状況が同じ集団だとは限らないというのが好例だろう。

この将来予想が、当事者では共有できても裁判所など第三者に証明できない場合には、問題が起こるかもしれない。たとえば、現時点で小さな事業所をひとつしか持たない企業が、幹部候補として転勤を容認する職種と、補助業務担当として転勤を制限する職種を設定しているとしよう。この企業は将来事業所網を拡大しようという野望を抱いているが、現時点ではこぢんまりと操業をしているにすぎず、幹部候補と補助業務担当と肩書や処遇を分けたはいいが、実際の仕事は変わらない。使用者と幹部候補とはこうしたビジョンを共有できていたとしても、補助業務担当者として雇われた被用者が雇用差別であると感じ第三者の介入を求めた場合、頼られた第三者はどのように判断すべきだろうか。

---

[12]　法律的には、雇用関係が存在するかどうか微妙な段階での差別に対して、雇用差別禁止法が適用されるかという法律の管轄に関わる問題もあるが、本書では議論を単純にするためにこの点は取り上げない。

[13]　加えて、差別意図の存在について重視する論者も少なくない。

　第三者は将来のビジョンがあるとは確信が持てないから、原則としては、現時点で実現している情報だけをもとに、差別かどうかを判断するのが穏当で、使用者の行為は雇用差別として問われる可能性が高い。この思考実験は、差別問題に対して第三者の介入を認めるということは、多かれ少なかれ、当事者同士でしかわからない事柄は考慮の外に置かれるということを示唆している。

　そして、取り扱いの差の合理性の証明対象に関するもう一方の極端な回答が、差別を受けたと考える当該個人に証明するというものである。本書でいう、労使自治の原則に合致するのは、この方向であることは読者もおわかりだろう。当該個人の納得さえ得られれば差別とされることはなく、差別行為を判断する際に当事者にしかわからない情報を判断に用いることができる点で、第三者による介入と好対照をなしている。

　また、差別禁止政策には被差別集団の利益を増進するという、すぐれて分配政策的な側面もあることも忘れるべきではない。当事者間に解決を任せられれば、差別的行為に対する補償水準を適切に決められる可能性も付け加わることを指摘しておこう。

　もちろんこの枠組みにも重大な難点がある。当事者以外の外側からみて明らかに差別的と思われる行為も、当事者さえ納得してしまえば差別として問うことはできない点が最たるものだろう。

　たとえば、ある使用者がある被用者の賃金を同僚よりも低く抑え超過労働を集中させていたとしよう。実はこの被用者の父親がかつて使用者の恩を受けたことがあり、こどもである被用者はその恩を慮（おもんぱか）って、周りからみると不当とも思える扱いにも納得している。差別であるかどうかを当事者間の認定に任せる限り、このような使用者の行為は差別として問われる可能性は低い。

　両者の解決方法を対比すると、差別的行為の意味づけが異なることに気づくだろう。差別的行為には、差別する当事者と差別される当事者がおり、それ以外に、当事者ではないが当事者と同じ社会に属する人々がいる。同じ社会に属して差別的行為を目撃する人々の感情や判断を留意するべきとする考え方は、いわば差別的行為を社会的行為とみなし、たとえ当事者同士が納得

ずくであったとしても禁じられるべきと考える。他方、一つひとつの差別的
行為については当事者が納得すればよいとする考え方に従えば、社会全体を
概観すると、一見差別的にみえる行為がそこかしこに目につくという状況も
あり得るのである。

　この両極を念頭に置けば、労使自治の原則との関係で、近年喧しい雇用差
別の問題の解決を考察するには、差別的行為をしたと疑いをかけられた使用
者が説明するべき相手をどの範囲とするか、という問いを考えるとわかりや
すい。現実には、当事者の範囲も事例の性格によって濃淡がつくし、判断基
準は両極端の中間的な位置をとるのが普通だが、思考実験としてどちらを優
先するかという方向性を議論するには適切だろう。

　筆者は、差別的行為の認定は、雇用や賃金や労働時間といった具体的労働
条件の決定と比較すると、第三者の役割は重くなるのではないかという直感
を持っているが、おそらく少なからぬ読者と共有できるのではなかろうか。
第三者の登場する場面が増えてきていることと、労働市場における差別的行
為について被用者が敏感になっていることは、偶然の一致ではないだろ
う[14]。この雇用差別問題における第三者的介入への傾斜が、雇用差別とい
う類型であるがゆえの結果なのか、日本の労働市場全体として第三者が介入
する場面が増えていることの結果なのか、見極めが重要になるだろう。

3　結語：労使自治の先にあるもの

　本書全体を通じて、労使自治の原則と第三者的介入を対立的に扱い対比し
てきた。労働市場の一つひとつの現象に注目し、その制度的背景をみれば、
両者は必ずしも対立的ではなく、補完的に共存していることもあろう。しか
し、どちらの方向に舵を切るかという全体的議論は常に用意しておく必要が
ある、というのが本書のメッセージである。なぜなら、日本の労働市場をめ
ぐる制度は、労使自治の原則を前提に設計されていることが多く、原則を変
更するのであれば、大きな摩擦が伴うことが予想され、その準備が必要だか

---

[14]　第5章で紹介した個別紛争窓口では、すでにハラスメントの類の紛争が大きな割合を
　　占めるようになってきている。

らである。

　ここでいう制度とは、労使慣行や法規範のみならず、行政・司法、つまり厚生労働省や都道府県労働局、裁判所労働部の在り方から、統計や労働組合の仕組みにまでも包含していることに注意を促したい。

　行政組織について考えてみよう。労使自治の原則に重きを置く限り、行政が雇用政策についてのシンクタンク機能を備える必要はない。行政に求められるのはまず利害関係者の調整機能だからである。まさに、行政の最も重要な仕事は事務局としての役割を全うすることであって、それに沿った人材育成が求められる。

　このとき、行政官にとって重要なのは何よりも現場の知識であり、労使とのコミュニケーション能力である。労働経済学や労働法などの学術的知識は、労使コミュニケーションに資する限りで知っておくと便利という位置にとどまるだろう。極端にいえば、修士課程まで出て経済学や法律学、統計学を専門的に修めるよりも、2年間現場経験を積んだほうが、行政官としては有用な技能を蓄積できる。学術的知識が必要な場面は、そのつど専門家に助力を請えば十分である。

　また、行政が蓄積すべき情報も、労使単位が基本となり、労使内での被用者個人の情報収集は優先順位が低い。現在、厚生労働省の管轄する労働統計の多くは事業所調査で、被用者に関する情報収集にはあまり熱心ではないことは周知の事実だろう。また、あまり知られていないが、雇用保険会計も、事業所ごとに支払われた保険料が記録されるのみで、被用者個人が支払った保険料は記録に残されていない。現行の労働行政の仕組みが、いかに労使自治の原則と親和的であるかがわかる。

　逆に第三者的介入を重視するのであれば、現行の仕組みを大きく変更する必要がある。まず、行政に代表される第三者的機関には、十分な情報と分析能力を持った人材が集められる必要がある。労働組合についても同様で、たとえば産別労働組合が単組に対して第三者的に行動するのであれば、産別に集うべき人材も変わってくる。行政官や組合役員に必要なのは、利害関係者間の調整能力ではなく、問われた問題について社会的に望ましい回答を指し示す能力になるからである。

　これには専門的な学術知識が必要であることはおろか、世界的に急速に生成・集積される知識に触れ、状況の変化に伴いみずからの技能・知識を常に改訂できる自律的能力が問われる。同時に、統計制度も労使単位ではなく、被用者単位の情報収集にも重きを置かなければならない。少なくとも、ある時点でどの被用者がどのような賃金を受け取り、どのように社会保険と関わっているか、どのような世帯を形成しているかなどの基本情報は、行政当局や組合が意思決定するにあたって必要になってくるだろう。政府の労働統計は被用者に関する情報を収集する際にも事業所経由とする場合が多く、統計実査そのものの変更も視野に入れなければならなくなる。

　ここでは行政の例を強調したが、労使自治の原則は、日本の労働市場の隅々にまで浸透している。労使自治の原則と第三者による介入という対比は、一つひとつの政策の内容のみならず、政策を実行する土台、つまり日本の労働社会の構造に関わる基本問題なのである。

あ と が き

　本書は、筆者の大学院在学以来のおよそ二十年間の研究をまとめたもので、各々の研究の共同研究者のみならず、実に多くの方々の助力の上に成立している。とくに、大学院在学中に指導いただいた岩井克人氏、玄田有史氏、荒木尚志氏、東京都立大学経済学部在勤中にさまざまにお世話をいただいた中村二朗氏、一橋大学経済研究所で議論につき合っていただいた斎藤修氏には、深く感謝申し上げたい。

　また、一人ひとり名前を挙げる余裕がなく申し訳もないが、多くの先輩・同輩・後輩方にもお礼申し上げる。そして何よりも、奉職以来十年以上にわたって本書の執筆を根気よく待っていただいた増山修氏には、感謝の言葉も思いつかない。

　加えて、名前は存じ上げないが、本書で利用したデータの作成に携わったすべての方々にも、厚くお礼申し上げる。本書のデータで筆者自身が作成したものは、第5章に引用した裁判データくらいで、そのほかのデータはすべて、各々の作成者の膨大な努力によって収集・保存・公開されている。筆者は単にそれを利用しただけであって、作成者の方々には、筆者が本書において統計データの有用性を世間に知らしめようと努めたことで、謝意の代わりとなれば幸いである。

　筆者が本書の執筆を通じて感じたさまざまな思いは、直接表現されておらずとも、行間に詰めたつもりである。実際に本書を手にしていただいた方々には、多かれ少なかれ伝わることを願っている。

　私事になるが、大学在学中より筆者のキャリア選択を見守ってくれた家族にもここで改めて感謝したい。また、クリスティアーネ・レーア氏にはアート作品の写真をカバーに使用することを快諾され、許可をいただいた。公益財団法人神林留学生奨学会には出版に際して援助していただいた。お礼申し上げたい。

　最後に、本書を手にすることのできない三人、石川経夫氏、母、妹には、心からの感謝とともに、筆者の半生の報告として本書を捧げたい。

　2017 年 8 月 19 日

東京池袋の寓居にて　　筆　　　者

参 考 文 献

【日本語研究文献】

明坂弥香・三好向洋（2016）「事業所内・事業所間賃金格差の変遷」大阪大学社会経済研究所、ディスカッションペーパー No.985。

朝井友紀子・神林龍・山口慎太郎（2016a）「保育所整備と母親の就業率」『経済分析』第 191 号、123 ～ 154 ページ。

―――――・―――――・―――――（2016b）「育児休業給付金と女性の就業」『経済分析』第 191 号、155 ～ 167 ページ。

渥美俊一・島田陽介（1974）『一兆円企業に挑む男―ダイエー・中内功の人と思想』読売新聞社。

荒木尚志（2015）「日本における集団的労働条件設定システムの形成と展開」『日本労働研究雑誌』661 号、15 ～ 29 ページ。

石弘光（1981）「課税所得捕捉率の業種間格差―クロヨンの一つの推計」『季刊 現代経済』42 号、72 ～ 83 ページ。

石井寛治（1972）『日本蚕糸業史分析―日本産業革命研究序論』東京大学出版会。

猪木武徳（1998）「勤続年数と技能」伊丹敬之・加護野忠男・宮本又郎・米倉誠一郎編『日本的経営の生成と発展』所収、有斐閣、169 ～ 193 ページ。

岩本由輝（1970）「諏訪製糸業地帯における労働者登録制度」『経済学』［東北大学］第 31 巻 4 号。

―――――（1971）「明治末年における諏訪製糸同盟の活動」『経済学』［東北大学］第 33 巻 1 号。

―――――（1972）「諏訪製糸同盟の成立期における活動」高橋幸八郎編『日本近代化の研究（上）』所収、東京大学出版会。

遠藤公嗣（1989）『占領と労資関係政策の成立』東京大学出版会。

太田聰一・神林龍（2009）「労働需要の実現―企業によるサーチ行動と求人経路選択―」大橋勇雄編著『労働需要の経済学』第 6 章、ミネルヴァ書房、192 ～ 228 ページ。

大竹文雄（2005）『日本の不平等』日本経済新聞社。

―――（2004）「整理解雇の実証分析」大竹文雄・大内伸哉・山川隆一（編）『解雇法制を考える（増補版）』所収、勁草書房。

岡崎哲二・奥野正寛（1993）「現代日本の経済システムとその歴史的源流」岡崎哲二・奥野正寛編『現代日本経済システムの源流』第 1 章、日本経済新聞社、1 ～ 34 ページ。

岡谷蚕糸博物館紀要編集委員会（1997、1998）『岡谷蚕糸博物館紀要』第 2 号、第 3 号。

加瀬和俊（1997）『集団就職の時代―高度成長のにない手たち』青木書店。

河綜文（1996）『戦時労働力政策の展開』（東京大学日本史学研究叢書 2）東京大学文学部日本史研究室。

川野温興編（1941）『國営前の職業紹介事業』豊原又男氏古稀祝賀会。

神林龍（1998）「戦前期日本の雇用創出～長野県諏訪郡の器械製糸の例」『日本労働研究雑誌』466 号、54 ～ 68 ページ。

―――（1999）「賃金制度と離職行動～明治後期の諏訪地方の製糸の例」『経済研究』第 51 巻 2 号、124 ～ 135 ページ。

―――（2000）「国営化までの職業紹介制度～制度史的沿革」『日本労働研究雑誌』482 号、12 ～ 29 ページ。

―――（2001）「等級賃金制度と工女登録制度～製糸工女労働市場の成立」岡崎哲二編『取引制度の経済史』第 5 章、東京大学出版会、161 ～ 235 ページ。

―――（2005）「民営紹介は公営紹介よりも「効率的」か～両大戦間期のデータによる検証」『日本労働研究雑誌』536 号、69 ～ 90 ページ。

―――（2008a）「東京地裁の解雇事件」神林龍（編）『解雇規制の法と経済―労使合意形成メカニズムとしての解雇ルール』第 7 章、日本評論社、219 ～ 246 ページ。

―――（2008b）「裁判所における解雇事件」神林龍（編）『解雇規制の法と経済―労使合意形成メカニズムとしての解雇ルール』第 6 章、日本評論社、177 ～ 218 ページ。

―――（2011）「日本における名目賃金の硬直性（1993-2006）―疑似パネ

ルデータを用いた接近」『経済研究』62 巻 4 号、301 〜 317 ページ。

――――（2013）「非正規労働者」『日本労働研究雑誌』633 号、26 〜 29 ページ。

――――（2017）「『就業構造基本調査』にみる賃金格差―『賃金構造基本統計調査』との比較から―」『統計』68 巻 7 号、7 〜 13 ページ。

――――・加藤隆夫（2016）「1980 年代以降の長期雇用慣行の動向」『経済研究』67 巻 4 号、307 〜 325 ページ。

――――・平澤純子（2008a）「ある整理解雇事件の姿」神林龍（編）『解雇規制の法と経済―労使合意形成メカニズムとしての解雇ルール』第 2 章、日本評論社、31 〜 52 ページ。

――――・――――（2008b）「判例集からみる整理解雇事件」神林龍（編）『解雇規制の法と経済―労使合意形成メカニズムとしての解雇ルール』第 3 章、日本評論社、53 〜 116 ページ。

――――・水町勇一郎（2014）「労働者派遣法の政策効果について」『日本労働研究雑誌』642 号、64 〜 82 ページ。

キネマ旬報社（2003）『キネマ旬報ベスト・テン全史：1946-2002』。

黒田祥子・山本勲（2003）「わが国の名目賃金は下方硬直的か？（Part I）―名目賃金変化率の分布の検証―」ディスカッション・ペーパー・シリーズ、2003-J-2、日本銀行金融研究所。

玄田有史（2004）『ジョブ・クリエイション』日本経済新聞社。

――――（2013）『孤立無業（SNEP）』日本経済新聞出版社。

――――・神林龍（2001）「自営業減少と起業支援」猪木武徳・大竹文雄編『雇用政策の経済分析』第 2 章、東京大学出版会、29 〜 74 ページ。

――――・曲沼美恵（2004）『ニート―フリーターでもなく失業者でもなく』幻冬舎。

小池和男（2005）『仕事の経済学（第三版）』東洋経済新報社。

小嶌典明（2009）「なぜ労基法では 1 日 8 時間・時間外割増率 25 ％となったのか」『日本労働研究雑誌』585 号、2 〜 5 ページ。

今野晴貴（2012）『ブラック企業 日本を食いつぶす妖怪』文藝春秋社。

斎藤修（1987）『商家の世界・裏店の世界――江戸と大阪の比較都市史』リ

ブロポート。

――――（1998）『賃金と労働と生活水準』岩波書店。

澤邊みさ子（1992）「職業紹介法施行以後の職業紹介事業の展開」『三田学会雑誌』85 巻 3 号、153 ～ 171 ページ。

篠崎武久（2008）「『賃金構造基本統計調査』の調査方法変更と賃金格差の推移」『人文社会科学研究』（早稲田大学）48 巻、131 ～ 144 ページ。

島田陽一（2002）「解雇規制をめぐる立法論の課題」『日本労働法学会誌』99 号、法律文化社。

末弘嚴太郎（1948）『労働運動と労働組合法』大興社。

高木紘一（1971）「諏訪製糸業における女工保護組合の生成と発展―職業紹介法発展史の一側面―」『山形大学紀要（社会科学）』3 巻 4 号、499 ～ 542 ページ。

高梨晶（2009）「派遣法立法時の原点からの乖離―現行法でも活用の余地はある」『都市問題』100 巻、3 号、25 ～ 26 ページ。

高村直助（1971）『日本紡績業史序説（上・下）』塙書房。

武田安弘（1970）「製糸同盟成立過程の検討」北島正元編『蚕糸業の展開と構造』塙書房。

――――（1971、1972）「製糸同盟の転化と諏訪製糸研究会の成立」『信濃』23 巻 12 号、1004 ～ 1018 ページ、同 24 巻 2 号、149 ～ 166 ページ、同 24 巻 3 号、223 ～ 244 ページ。

――――（1976）「本邦中部諸県に生成展開した『製糸女工保護供給組合』の検討」『信濃』28 巻 6 号、523 ～ 550 ページ、同 7 号、707 ～ 734 ページ、同 11 号、772 ～ 794 ページ、同 12 号、963 ～ 990 ページ。

橘木俊詔（1998）『日本の経済格差―所得と資産から考える』岩波書店。

丹野清人（2007）『越境する雇用システムと外国人労働者』東京大学出版会。

竹前栄治（1982）『戦後労働改革 GHQ 労働政策史』東京大学出版会。

東條由紀彦（1990）『製糸同盟の女工登録制度』東京大学出版会。

年越し派遣村実行委員会（2009）『派遣村 国を動かした 6 日間』毎日新聞社。

豊原又男（1920）『労働紹介』丁未出版社。

―――――（1943）『職業紹介事業の変遷』財團法人職業協會。

内閣府（2011）「賃金の分散の要因分析」政策課題分析シリーズ7内閣府政策統括官（経済分析担当）。

中窪裕也（2010）『アメリカ労働法（第2版）』弘文堂。

―――――（2016）「労働組合法、2つの立法過程と史料研究」ビジネス・レイバー・トレンド、2016年4月号、3-7ページ。

中村隆英（1971）『戦前期日本経済成長の分析』岩波書店。

中村政則（1966）「竜上館笠原家の経営」山口和雄編『日本産業金融史研究、製糸金融篇』東京大学出版会。

―――――（1990）『労働者と農民』小学館。

西川俊作（1966）『地域間労働移動と労働市場―昭和戦前期・繊維労働者の地域間異動―』有斐閣。

西谷敏（2009）「日本の労働法の形成・発展過程における外国法の影響」『近畿大学法科大学院論集』第5号、1〜27ページ。

西村信雄（1965）『身元保証の研究』有斐閣。

仁田道夫（1995）「労使関係と『2つのモデル』」橋本寿朗編『20世紀資本主義I、技術革新と生産システム』第6章、東京大学出版会。

野田進（2000）「労働時間規制立法の誕生」『日本労働法学会誌』95号、81〜112ページ。

間宏（1963）『日本的経営の系譜』日本能率協会。

―――――（1993）『女工登録制度と女工供給（保護）組合』（日本労務管理史資料集、雇用管理、復刻版第三期4）五山堂書店。

濱口桂一郎（2004）『労働法政策』ミネルヴァ書房。

平澤純子（2005）『解雇無効判決後の原職復帰の状況に関する調査研究』JILPT資料シリーズNo.5。

平野隆（2011）「「日本的経営」の歴史的形成に関する議論の変遷：歴史把握と現状認識の関係」『三田商学研究』54巻5号、129〜146ページ。

法政大学大原社会問題研究所（1964）『太平洋戦争下の労働者状態（日本労働年鑑特集版）』東洋経済新報社。

松本真作（2009）「新キャリアマトリックス〜研究開発とその機能」（第37

424

回労働政策フォーラム、総合的職業情報データベース『キャリアマトリックス』の新展開、配布資料）。

三鬼陽之助（1975）『献金金脈』講談社。

村岡悦子（1982）「日本製糸業における労働政策の一齣─新潟県女工保護組合の歴史と活動を中心に─」『近畿大学労働問題研究』16 巻、39 〜 58 ページ。

村上泰亮・公文俊平・佐藤誠三郎（1979）『文明としてのイエ社会』中央公論社。

────（1984）『新中間大衆の時代』中央公論社。

村松久良光（1995）「日本の雇用調整：これまでの研究から」猪木武徳・樋口美雄編『日本の雇用システムと労働市場』日本経済新聞社、57 〜 78 ページ。

山本茂美（1995）『あゝ野麦峠（第 49 版）』角川書店（初版発行 1977 年）。

吉川洋（1984）『マクロ経済学研究』東京大学出版会。

渡辺章（2014）「昭和 20 年労働組合法」『労働組合法立法史料研究（解題篇）』日本労働政策研究研修機構、国内労働情報 14─05、第 1 章、1 〜 83 ページ。

【英語研究文献】

Abegglen, James C. (1958) *Japanese Factory: Aspects of Its Social Organization*, Glencoe, Ill. : Free Press. （占部都美監訳［1958］『日本の経営』東京：ダイヤモンド社）。

Aghion, Philippe, and Patrick Bolton (1997) "A Theory of Trickle-Down Growth and Development," *Review of Economic Studies* Vol. 64, No. 2, pp. 151-172.

Akerman, Anders, Ingvil Gaarder, and Magne Mogstad (2015) "The Skill Complementarity of Broadband Internet," *Quarterly Journal of Economics* Vol. 130, No. 4, pp. 1781-1824.

Allegretto, Sylvia, Arindrajit Dube, and Michael Reich (2011) "Do Minimum

Wages Really Reduce Teen Employment? Accounting for Heterogeneity and Selectivity in State Panel Data," *Industrial Relations* Vol. 50, No. 2, pp. 205–240.

Allen, David, and William Curington（2014）"The Self-Employment of Men and Women: What Are Their Motivations?" *Journal of Labor Research* Vol. 35, No. 2, pp. 143–161.

Anderson, Patricia M., and Simon M. Burgess（2000）"Empirical Matching Functions: Estimation and Interpretation Using State-Level Data," *Review of Economics and Statistics* Vol. 82, Issue 1, pp.93–102.

Andersson Joona, Pernilla（2014）"Female Self-Employment and Children: The Case of Sweden," *IZA DP* No. 8486.

Anxo, Dominique, and Thomas Ericson（2015）"Self-Employment and Parental Leave," *Small Business Economics* Vol. 45, No. 4, pp. 751–770.

Asano, Hirokatsu, Takahiro Ito, and Daiji Kawaguchi（2010）"Why Has the Fraction of Nonstandard Workers Increased? A Case Study of Japan," *Scottish Journal of Political Economy* Vol. 60, No. 4, pp. 360–389.

Ashenfelter, Orley, and Robert S. Smith（1979）"Compliance with the Minimum Wage Law," *Journal of Political Economy* Vol. 87, No. 2, pp. 333–350.

Atalay, Kadir, Woo-Yung Kim, and Stephen Whelan（2014）"The Decline of the Self-Employment Rate in Australia," *Australian Economic Review* Vol. 47, No. 4, pp. 472–489.

Audretsch, David（2007）*The Entrepreneurial Society*, Oxford University Press, New York.

Autor, David H., Alan Manning, and Christopher L. Smith（2016）"The Contribution of the Minimum Wage to US Wage Inequality over Three Decades: A Reassessment," *American Economic Journal: Applied Economics* Vol. 8, No. 1, pp. 58–99.

————, and David Dorn（2013）"Inequality and Specialization: The Growth of Low-Skill Service Jobs in the United States," *American Economic Re-*

view Vol. 103, No. 5, pp. 1553-1597.

―――, Frank Levy, and Richard Murnane (2003) "The Skill Content of Recent Technological Change: An Empirical Exploration," *Quarterly Journal of Economics* Vol. 118, No. 4, pp. 1279-1333.

Banerjee, Abhijit, and Andrew Newman (1993) "Occupational Choice and the Process of Development," *Journal of Political Economy* Vol. 101, No. 2, pp. 274-298.

Basu, Arnab K., Nancy H. Chau, and Ravi Kanbur (2009) "Turning a Blind Eye: Costly Enforcement, Credible Commitment and Minimum Wage Laws," *Economic Journal* Vol. 120, Issue 543, pp.244-269.

Baumol, William (2002) *The Free-Market Innovation Machine*, Princeton University Press, Princeton, NJ.

Bendick, Mark, and Mary Lou Egan (1987) "Transfer Payment Diversion for Small Business Development: British and French Experience," *Industrial and Labor Relations Review* Vol. 40, No. 4, pp. 528-542.

Bentolila, Samuel, and Giuseppe Bertola (1990) "Firing Costs and Labour Demand: How Bad is Eurosclerosis?" *The Review of Economic Studies* Vol. 57, No. 3, pp. 381-402.

Berman, Eli (1997) "Help Wanted, Job Needed: Estimates of a Matching Function from Employment Service Data," *Journal of Labor Economics* Vol.15 No.1, pp.S251-S292.

Black, Jane, David de Meza, and David Jeffreys (1996) "House Prices, the Supply of Collateral, and the Enterprise Economy," *Economic Journal* Vol. 106, No. 434, pp. 60-75.

Blanchflower, David (2000) "Self-Employment in the OECD," *Labour Economics* Vol. 7, No. 5, pp. 471-505.

―――, and Andrew Oswald (1991) "Self-Employment and Mrs. Thatcher's Enterprise Culture," Centre for Economic Performance, Discussion Paper No. 30.

―――・―――(1998) "What Makes an Entrepreneur?" *Journal of La-*

bor Economics Vol. 16, No. 1, pp. 26–60.

————, and Richard Freeman（1997）"The Attitudinal Legacy of Communist Labor Relations," *Industrial and Labor Relations Review* Vol. 50, No. 3, pp. 438–459.

————, Andrew Oswald, and Alois Stutzer（2001）"Latent Entrepreneurship across Nations," *European Economic Review* Vol. 45, pp. 680–691.

Booth, Alliscn L., and Davis J. Snower（1996）*Acquiring Skills : Market Failures, Their Symptoms and Policy Response*, Cambridge University Press.

Broussard, Nzinga, Ralph Chami, and Gregory Hess（2015）"（Why）Do Self-Employed Parents Have More Children?" *Review of Economics of the Household* Vol. 13, No. 2, pp. 297–321.

Burdett, Kenneth, and Dale T. Mortensen（1998）"Wage Differentials, Employer Size, and Unemployment," *International Economic Review* Vol. 39, No. 2, pp. 257–273.

Card, David, Lawrence F. Katz, and Alan B. Krueger（1994）"An Evaluation of Recent Evidence on the Employment Effects of Minimum and Subminimum Wages," *Industrial and Labor Relations Review* Vol. 47, No. 3, pp. 487– 496.

————, and Alan B. Krueger（2000）"Minimum Wages and Employment: A Case Study of the Fast-Food Industry in New Jersey and Pennsylvania: Reply," *American Economic Review* Vol. 90, No. 5, pp. 1397–1420.

Carrington, William, Kristin McCue, and Pierce Brooks（1996）"The Role of Employer/Employee Interactions in Labor Market Cycles: Evidence from the Self-Employed," *Journal of Labor Economics* Vol. 14, No. 4, pp. 571–602.

Cheng, Mariah Mantsun（1997）"Becoming Self-Employed: The Case of Japanese Men," *Sociological Perspectives* Vol. 40, No. 4, pp. 581–600.

Cho, Yoonyoung, David Robalino, and Samantha Watson（2016）"Supporting Self-Employment and Small-Scale Entrepreneurship: Potential Programs to Improve Livelihoods for Vulnerable Workers," *IZA Journal of Labor Policy* 13th April 2016.

Chowdhury, Farzana, Siri Terjesen, and David Audretsch (2015) "Varieties of Entrepreneurship: Institutional Drivers across Entrepreneurial Activity and Country," *European Journal of Law and Economics* Vol. 40. No. 1, pp. 121–148.

Clark, Andrew (2003) "Unemployment as a Social Norm: Psychological Evidence from Panel Data," *Journal of Labor Economics* Vol.21, No.2, pp.323–351.

————, and Andrew Oswald (1994) "Unhappiness and Unemployment," *Economic Journal* Vol. 104, No. 424, pp. 648–659.

————, and Claudia Senik (2006) "The (Unexpected) Structure of "Rents" on the French and British Labour markets," *Journal of Socio-Economics* Vol. 35, No. 2, pp. 180–196.

————, Nathalie Colombier, and David Masclet (2008) "Never the Same after the First Time: the Satisfaction of the Second-Generation Self-Employed: Evidence from the European Community Household Panel Survey and British Household Panel Survey," *International Journal of Manpower* Vol. 29, No. 7, pp. 591–609.

Clark, Kenneth, and Stephen Drinkwater (2000) "Pushed In or Pulled Out? Self-Employment among Ethnic Minorities in England and Wales," *Labour Economics* Vol. 7, pp. 603–628.

Dawson, Christopher, David de Meza, Andrew Henley, and Reza Arabsheibani (2014) "Entrepreneurship: Cause and Consequence of Financial Optimism," *Journal of Economics and Management Strategy* Vol. 23, No. 4, pp. 717–742.

Diamond, Jess, and Ulrike Schaede (2013) "Self-Employment in Japan: A Microanalysis of Personal Profiles," *Social Science Japan Journal* Vol. 16, No. 1, pp. 1–28.

Dickens, William T. (2007) "How wages change: Micro Evidence from the International Wage Flexibility project," *Journal of Economic Perspectives* Vol. 21, No. 2, pp. 195–214.

DiNardo, John, Nicole M. Fortin, and Thomas Lemieux (1996) "Labor Market Institutions and the Distribution of Wages, 1973–1992: A semiparametric approach," *Econometrica* Vol. 64, No. 5, pp. 1001–1044.

Dore, Ronald P. (1973) *British Factory – Japanese Factory*, University of California Press.

Dunn, Thimothy, and Douglas Holtz-Eakin (2000) "Financial Capital, Human Capital, and the Transition to Self-Employment: Evidence from Intergenerational Links," *Journal of Labor Economics* Vol. 18, No. 2, pp. 282–305.

Eurofound (2015) *Upgrading or Polarisation? Long-Term and Global Shifts in the Employment Structure: European Jobs Monitor 2015.*

Evans, David, and Boyan Jovanovic (1989) "An Estimated Model of Entrepreneurial Choice under Liquidity Constraints," *Journal of Political Economy* Vol. 97, No. 4, pp. 808–827.

————, and Linda Leighton (1989) "Some Empirical Aspects of Entrepreneurship," *American Economic Review* Vol. 79, No. 3, pp. 519–535.

Farber, Henry (2007) "Labor market adjustment to globalization: Long-term employment in the United States and Japan," Paper presented at the Trans Pacific Labor Seminar, Santa Barbara, CA.

Flinn, Christopher J. (2006) "Minimum Wage Effects on Labor Market Outcomes under Search, Matching, and Endogenous Contact Rates," *Econometrica* Vol. 74, No. 4, pp. 1013–1062.

Freeman, Richard B., and James L. Medoff (1984) *What Do Unions Do?* Basic Books.

Garibaldi, Pietro (1998) "Job Flow Dynamics and Firing Restrictions," *European Economic Review* Vol. 42, pp. 245–275.

Genda, Yuji, and Ryo Kambayashi (2002) "Declining Self-Employment in Japan," *Journal of the Japanese and International Economies* Vol. 16, pp. 73–91.

430

Goos, Maarten, and Alan Manning (2007) "Lousy and Lovely Jobs: The Rising Polarization of Work in Britain," *Review of Economics and Statistics* Vol. 89, No. 1, pp. 118–133.

Graham, Carol, and Stefano Pettinato (2002) *Happiness and Hardship. Opportunity and Insecurity in New Market Economies*, Brookings Institution Press, Washington DC.

Hall, Robert E. (1982) "The Importance of Lifetime Jobs in the U.S. Economy," *American Economic Review* Vol. 72, No. 4, pp. 716–724.

Hamilton, Barton (2000) "Does Entrepreneurship Pay? An Empirical Analysis of the Return to Self-Employment," *Journal of Political Economy* Vol. 108, No. 3, pp. 604–631.

Hanglberger, Dominik, and Joachim Merz (2015) "Does Self-Employment Really Raise Job Satisfaction? Adaptation and Anticipation Effects on Self-Employment and General Job Changes," *Journal of Labour Market Research* Vol. 48, No. 4, pp. 287–303.

Hipp, Lena, Janine Bernhardt, and Jutta Allmendinger (2015) "Institutions and the Prevalence of Nonstandard Employment," *Socio-Economic Review* Vol. 13, No. 2, pp. 351–377.

Hirschman, Albert O. (1970) *Exit, Voice, and Loyalty: Responses to Decline in Firms, Organizations, and States*, Harvard University Press.

Holtz-Eakin, Douglas, David Joulfaian, and Harvey Rosen (1994) "Entrepreneurial Decisions and Liquidity Constraints," *Rand Journal of Economics* Vol. 25, No. 2, pp. 334–347.

Holzner, Christian, and Makoto Watanabe (2016) "Understanding the Role of the Public Employment Agency," *Tinbergen Institute Discussion Paper* 16–041/VII.

Hopenhayn, Hugo, and Richard Rogerson (1993) "Job Turnover and Policy Evaluation: A General Equilibrium Analysis," *Journal of Political Economy* Vol. 101, No. 5, pp. 915–938.

Hundley, Greg (2001) "Why Women Earn Less than Men in Self-employment," *Journal of Labor Research* Vol. 22, No. 4, pp. 817–829.

Hunter, Janet（2003）*Women and the Labour Market in Japan's Industrialising Economy: the Textile Industry before the Pacific War*, Routledge.

Ikenaga, Toshie, and Ryo Kambayashi（2016）"Task Polarization in the Japanese Labor Market: Evidence of a Long-Term Trend," *Industrial Relations* Vol. 55, No. 2, pp. 267–293.

Ishida, Hiroshi（2004）"Entry into and Exit from Self-Employment in Japan," in Richard Arum and Walter Muller（eds.）, *The Reemergence of Self-Employment: A Comparative Study of Self-Employment Dynamics and Social Inequality*, Princeton: Princeton University Press; pp.348–387.

Jahn, Elke J., and Michael Rosholm（2014）"Looking beyond the Bridge: The Effect of Temporary Agency Employment on Labor Market Outcomes," *European Economic Review* Vol. 65, pp. 108–125.

Kambayashi, Ryo（2007）"The Registration System and the Grade Wage: From cooperation to a market for human capital? A lesson from the Japanese silk reeling industry," in Tetsuji Okazaki（ed.）*Production Organizations in the Japanese Economic Development*, Routledge, pp.39–74.

———（2011）"Wage Inequality in Japan, revisited, presentation at EAJS, Tallin.

———（2013）"The Role of Public Employment Services in a Developing Country: The Case of Japan in the Twentieth Century," *PRIMCED Discussion Paper Series*, No. 40.

———（2014）"Global change in the structure of employment: A note on the Japanese case," draft report received 24 October 2014.

———（2016）"Declining Self-employment in Japan Revisited: A Short Survey," *Social Science Japan Journal* Vol. 20, No. 1, pp. 73–93.

———, and Takao Kato（2016）"Good Jobs and Bad jobs in Japan: 1982–2007," *Center on Japanese Economy and Business（CJEB）Working Paper* No. 348, Columbia University.

——— · ———（2017）"Long-Term Employment and Job Security over

432

the Past 25 Years: A Comparative Study of Japan and the United States," *Industrial Labour Relations Review* Vol.70, No. 3, pp. 359–394.

————, Daiji Kawaguchi, and Izumi Yokoyama (2008) "Wage Distribution in Japan, 1989–2003," *Canadian Journal of Economics* Vol. 41, No. 4, pp. 1329–1350.

———— · ————, and Ken Yamada (2013) "The Minimum Wage in a Deflationary Economy: The Japanese Experience, 1994–2003," *Labor Economics* Vol. 24, pp. 264–276.

———— · Satoshi Tanaka, and Shintaro Yamaguchi (2016) "Changes in Wage Inequality Between and Within-Firm: Evidence from Japan, 1993–2014," mimeograph.

Kato, Takao, and Motoshiro Morishima (2002) "The Productivity Effects of Participatory Employment Practices: Evidence from New Japanese Panel Data," *Industrial Relations* Vol. 41, No. 4, pp. 487–520.

————(2001) "The End of Lifetime Employment in Japan? Evidence from National Surveys and Field Research," *Journal of the Japanese and International Economies* Vol. 15, No. 4, pp. 489–514.

Kawaguchi, Daiji, and Yuko Ueno (2013) "Declining long-term employment in Japan," *Journal of the Japanese and International Economies* Vol. 28, pp.19–36.

————, Hisahiro Naito, and Izumi Yokoyama (2017) "Labor Market Responses to Standard Hours Reduction: Evidence from Japan," *Journal of the Japanese and International Economies* Vol. 43, pp. 59–76.

Knight, Frank (1921) *Risk, Uncertainty and Profit*, Houghton Mifflin, New York.

Koellinger, Philipp, and Roy Thurik (2012) "Entrepreneurship and the Business Cycle," *Review of Economics and Statistics* Vol. 94, pp. 1143–1156.

Lalive, Raphael (2007) "Do Wages Compensate for Workplace Disamenities?" *Applied Economics Quarterly* Vol. 53, No. 3, pp. 273–298.

Lazear, Edward, and Robert Moore (1984) "Incentives, Productivity, and Labor Contracts," *Quarterly Journal of Economics* Vol. 99, No. 2, pp. 275–295.

Lee, David (1999) "Wage Inequality in the United States during the 1980s: Rising Dispersion or Falling Minimum Wage?" *Quarterly Journal of Economics* Vol. 114, No. 3, pp. 977–1023.

Lee, Yoon-Ho Alex, and Daniel Klerman (2016) "The Priest-Klein hypotheses: Proofs and generality," *International Review of Law and Economics* Vol. 48, pp.59–76.

Lindh, Thomas, and Henry Ohlsson (1996) "Self-Employment and Windfall Gains: Evidence from the Swedish Lottery," *Economic Journal* Vol. 106, No. 439, pp. 1515–1526.

Lombard, Karen (2001) "Female Self-employment and Demand for Flexible, Nonstandard Work Schedules," *Economic Inquiry* Vol. 39, No. 2, pp. 214–237.

Machin, Stephen, Alan Manning, and Lupin Rahman (2003) "Where the Minimum Wage Bites Hard: Introduction of Minimum Wages to a Low Wage Sector," *Journal of the European Economic Association* Vol. 1, No.1, pp. 154–180.

Masuda, Tatsuyoshi (2006) "The Determinants of Latent Entrepreneurship in Japan," *Small Business Economics* Vol. 26, pp. 227–240.

Moriguchi, Chiaki, and Emmanuel Saez (2008) "The Evolution of Income Concentration in Japan, 1886–2005: Evidence from Income Tax Statistics," *Review of Economics and Statistics* Vol. 90, No. 4, pp. 713–734.

Neumark, David, J. M. Ian Salas, and William Wascher (2014) "More on Recent Evidence on the Effects of Minimum Wages in the United States," *IZA Journal of Labor Policy* Vol. 3, No. 24.

————, and William Wascher (2000) "Minimum Wages and Employment: A Case Study of the Fast-Food Industry in New Jersey and Pennsylvania: Comment," *American Economic Review* Vol. 90, No. 5, pp. 1362–1396.

Noseleit, Florian (2014) "Female Self-Employment and Children," *Small*

Business Economics Vol. 43, No. 3, pp. 549–569.

OECD (1972) *Manpower Policy in Japan.*

OECD (2017) *Economic Survey of Japan.*

Okamuro, Hiroyuki, and Kenta Ikeuchi (2012) "Work–Life Balance and Gender Differences in Self-Employment Income during the Start–up Stage in Japan," *Global COE Hi-Stat Discussion Paper Series* 260.

Okazaki, Tetsuji (2006) "'Voice' and 'Exit' in Japanese Firms during the Second World War: 'Sanpo' Revisited," *Economic History Review* Vol. 59, No. 2, pp.374–395.

Parker, Simon (2009) *The Economics of Entrepreneurship,* Cambridge University Press, New York.

Petrongolo, Barbara, and Christopher A. Pissarides (2001) "Looking into the Black Box: A Survey of the Matching Function," *Journal of Economic Literature* Vol. 39, No. 2, pp.390–431.

Pissarides, Christopher A. (2000) *Equilibrium Unemployment Theory (2nd ed.)* , MIT Press.

Priest, George, and Benjamin Klein (1984) "The selection of disputes for litigation," *Journal of Legal Studies* Vol.13, pp.1–55.

Rietveld, Cornelius, Hans van Kippersluis, and Roy Thurik (2015) "Self–Employment and Health: Barriers or Benefits?" *Health Economics* Vol. 24, No. 10, pp. 1302–1313.

Rupasinghal, Anil, and Stephan Goetz (2013) "Self-Employment and Local Economic Performance: Evidence from US Counties," *Papers in Regional Science* Vol. 92, No. 1, pp. 141–161.

Sawyer, Malcolm C. (1976) "Income Distribution in OECD Countries," *OECD Economic Outlook: Occasional Studies,* Paris: OECD.

Schumpeter, Joseph (1934) *The Theory of Economic Development,* Harvard University Press, Cambridge, MA.

Skriabikova, Olga, Thomas Dohmen, and Ben Kriechel (2014) "New Evidence on the Relationship between Risk Attitudes and Self-Employment,"

Labour Economics Vol. 30, pp. 176–184.

Svaleryd, Helena（2015）"Self-Employment and the Local Business Cycle," *Small Business Economics* Vol. 44, No. 1, pp. 55–70.

Tanaka, Ryuichi, Julen Esteban-Pretel, and Ryo Nakajima（2011）"Are Contingent Jobs Dead Ends or Stepping Stones to Regular Jobs? Evidence from a Structural Estimation," *Labour Economics* Vol. 18, No. 4, pp. 513–526.

Taylor, Mark（1996）"Earnings, Independence or Unemployment: Why Become Self-Employed?" *Oxford Bulletin of Economics and Statistics* Vol. 58, No. 2, pp. 253–265.

Teulings, Coen N.（2000）"Aggregation Bias in Elasticities of Substitution and the Minimum Wage Paradox," *International Economic Review* Vol. 41, No. 2, pp. 359–398.

———（2003）"The contribution of minimum wages to increasing wage inequality," *Economic Journal* Vol. 113, No. 490, pp. 801–833.

Watanabe, Makoto and Christian Holzner（2015）"Labor Market Equilibrium with Public Employment Agency," *CESifo Working Paper*, No.5245.

Yamazaki, Shin, Shunichi Fukuhara, and Joseph Green（2005）"Usefulness of Five-item and Three-item Mental Health Inventories to Screen for Depressive Symptoms in the General Population of Japan," *Health and Quality Life Outcomes* Vol. 3.

【公刊資料】

岡谷市（1976）『岡谷市史（中巻）』

科学技術庁科学技術政策局（1987）『昭和61年度民間企業の研究活動に関する調査報告』

厚生省『職業紹介統計』（1935年〜1936年）

厚生省職業課職業紹介事業協会『職業時報』（1936年6月〜1939年12月）．

厚生省職業部『労働動態調査結果報告』（第1回〜第7回）

厚生労働省職業安定局（2016）『公共職業安定所（ハローワーク）の主な取組と実績』

中央職業紹介事務局（1928）『女工供給（保護）組合調査』

――――（1930）『東京大阪両市への出稼求職者調』

――――『職業紹介時報』（1921 年 5 月〜 1923 年 3 月）

――――『職業紹介公報』（1923 年 4 月〜 1936 年 5 月）

――――『職業紹介年報』（1923 年〜 1934 年）

『帝國議會衆議院議事速記録 71』東京大学出版会

『帝國議會貴族院議事速記録 64』東京大学出版会

『帝國議會衆議院議事速記録 39』東京大学出版会

『帝國議會衆議院委員會議録 29 第四十四回議會［三］大正九・十年』臨川書店刊

『マイクロフィルム版帝国議会衆議院委員会議録 reel.28 第 73 回議会』臨川書店刊。

東京市社会局（1922）『紹介營業に關する調査』

――――（1932）『東京市職業紹介所紹介事情調査』

東京市役所（1931）『東京市職業紹介所求人事情調査』

――――（1930）『東京市職業紹介所就職者調査』

――――（1935）『東京市職業紹介不成立事情調査』

東京地方職業紹介事務局（1929）『女工紹介顛末』

――――（1923）『管内製絲女工調査』

東京府学務部職業課（1939）『營利職業紹介業に關する調査』

東京府少年職業相談所・東京府職業紹介所（1928）『雇主より見たる職業紹介事業』

東京府職業紹介所（1929）『職業紹介事業と府下の現状』

内閣府『国民生活に関する世論調査』

内務省社会局社会部（1932）『有料職業紹介所の廢止』

日本図書センター（1987）『昭和人名辞典』

農商務省工務局（1910）『工場衛生調査資料』

農商務省商工局（1897）『工場及職工ニ關スル通弊一般』

————（1904）『工場調査要領（第二版）』

労働省（1961）『労働行政史（第一巻）』労働法令協会

【未公刊資料】

（東京大学経済学部所蔵：職業紹介関係文書）

「営利職業紹介廢止ニ關スル意見」社会局社会部職業課（14-2）［請求番号：21-E/179/14-2］

（長野県立歴史館所蔵：長野県行政文書）

「職業紹介所設置報告」［請求番号：大 10/2E/4］

「職業紹介関係書類」［請求番号：大 10/2E/5］

「職業紹介ニ関スル例規」［請求番号：大 10/2E/6］

事 項 索 引

和名表記（五十音順）

人名索引

【著者略歴】

神林　龍（かんばやし・りょう）
1972 年生まれ。1994 年、東京大学経済学部卒業、2000 年、同大大学院
経済学研究科博士課程修了。
東京都立大学助教授、一橋大学経済研究所准教授などを経て
現在、一橋大学経済研究所教授、博士（経済学）。
この間、スタンフォード大学客員研究員、イェール大学客員研究員、
OECD コンサルタント等を歴任。

主な業績
『解雇規制の法と経済』（編）日本評論社、2008 年
『雇用社会の法と経済』（共編）有斐閣、2008 年
『日本の外国人労働力』（共著）日本経済新聞出版社、2009 年
ほか多数。

正規の世界・非正規の世界
──現代日本労働経済学の基本問題

2017 年 11 月 15 日　初版第 1 刷発行
2019 年 6 月 15 日　初版第 4 刷発行

著　者————神林　龍
発行者————依田俊之
発行所————慶應義塾大学出版会株式会社
　　　　　　〒108-8346　東京都港区三田 2-19-30
　　　　　　TEL　〔編集部〕03-3451-0931
　　　　　　　　　〔営業部〕03-3451-3584〈ご注文〉
　　　　　　　　　〔　〃　〕03-3451-6926
　　　　　　FAX　〔営業部〕03-3451-3122
　　　　　　振替　00190-8-155497
　　　　　　http://www.keio-up.co.jp/
装　丁————渡辺弘之
印刷・製本——藤原印刷株式会社
カバー印刷——株式会社太平印刷社

©2017　Ryo Kambayashi
Printed in Japan　ISBN978-4-7664-2482-9